# ଇନ୍ଦ୍ରାଣୀ ନଗରୀ

UA Kathachitra Pvt. Ltd.

# ଇନ୍ଦ୍ରାଣୀ ନଗରୀ

## ଉମାକାନ୍ତ ମହାପାତ୍ର

UA Kathachitra Pvt. Ltd.

ବ୍ଲାକ୍ ଇଗଲ୍ ବୁକ୍ସ

ଭୁବନେଶ୍ୱର, ଓଡ଼ିଶା

**BLACK EAGLE BOOKS**
Dublin, USA

ଇନ୍ଦ୍ରାଣୀ ନଗରୀ / ଉମାକାନ୍ତ ମହାପାତ୍ର

ବ୍ଲାକ୍ ଈଗଲ୍ ବୁକ୍ସ : ଭୁବନେଶ୍ୱର, ଓଡ଼ିଶା • ଡବ୍‌ଲିନ୍, ଯୁକ୍ତରାଷ୍ଟ୍ର ଆମେରିକା

BLACK EAGLE BOOKS

USA address:
7464 Wisdom Lane
Dublin, OH 43016

India address:
E/312, Trident Galaxy, Kalinga Nagar,
Bhubaneswar-751003, Odisha, India

E-mail: info@blackeaglebooks.org
Website: www.blackeaglebooks.org

First Edition in 1990, Lark Books, Bhubaneswar

First International Edition Published by
BLACK EAGLE BOOKS, 2024

**INDRANI NAGARI**
by **Umakanta Mahapatra**

Copyright © UA Kathachitra Pvt. Ltd.

Cover & Interior Design: Ezy's Publication

ISBN- 978-1-64560-322-1 (Paperback)

Printed in the United States of America

ଅଗଷ୍ଟ ୯, ୧୯୯୦

ପାଠକ ପାଠିକାଗଣ ସମୀପେଷୁ,

ସାଧାରଣତଃ ମୁଖବନ୍ଧଟାକୁ ଅବାନ୍ତର ବୋଲି ଲୋକେ ପଢ଼ନ୍ତି ନାହିଁ। ଏଣୁ ଏହି ପୃଷ୍ଠାଟି ନ ପଢ଼ିଲେ ବହିର ରସ ଗ୍ରହଣରେ କିଛି ଅସୁବିଧା ହେବ ନାହିଁ। ତଥାପି ଏହା ମୋର ଏକ ବ୍ୟକ୍ତିଗତ ଦଲିଲ୍ ଯାହାଦ୍ୱାରା କି ଏହି ବହିର ମୂଳ ଉଦ୍ଦେଶ୍ୟ ଅପେକ୍ଷାକୃତ ଶୀଘ୍ର ସ୍ପଷ୍ଟ ହୋଇଯିବ। ପ୍ରଥମତଃ ନାମଟା। ଇନ୍ଦ୍ର ବଦଳୁଥାନ୍ତି, କିନ୍ତୁ ଇନ୍ଦ୍ରାଣୀ ଏକ। ଏହିପରି ଗୋଟିଏ ଗୋଟିଏ ରାଜଧାନୀ ଥାଏ। ସେଗୁଡ଼ିକ ସେହି ଦେଶର, ସେହି ଜାତିର ରାଜଧାନୀ। କୌଣସି ରାଜବଂଶର ନୁହେଁ। ଯଥା- ରୋମ୍, ତାହା କେବଳ ଇଟାଲୀର ରାଜଧାନୀ ନୁହେଁ। ତାହା କ୍ୟାଥଲିକ୍ ଖ୍ରୀଷ୍ଟାନ ଧର୍ମ ଓ ୟୁରୋପୀୟ ସଭ୍ୟତାର ରାଜଧାନୀ। ସେହିପରି ଚୀନ୍‌ର ପେଇଚିଂ। ଏହିମାନେ ହେଲେ ଇନ୍ଦ୍ରାଣୀ। ଏଥିରେ ଦିଲ୍ଲୀ ମଧ୍ୟ ସାମିଲ। ଭାରତରେ ଦିଲ୍ଲୀର ପ୍ରତିଦ୍ୱନ୍ଦୀ ଭାବେ ବାହାରିଛନ୍ତି ପାଟଳୀପୁତ୍ର ଓ ଉଜ୍ଜୟିନୀ। କିନ୍ତୁ ଶେଷକୁ ଦିଲ୍ଲୀ ହିଁ ରହିଛି। ଅନ୍ୟାନ୍ୟ ନଗରୀ ଏମାନଙ୍କ ସଙ୍ଗେ ସମକକ୍ଷ ନୁହଁନ୍ତି।

ଦିଲ୍ଲୀର ଏକ ବ୍ୟକ୍ତିତ୍ୱ ଅଛି ଯାହାକୁ ମୁଁ ସାମ୍‌ନାକୁ ଆଣିବାକୁ ଚେଷ୍ଟା କରିଛି। ଦିଲ୍ଲୀର ବ୍ୟକ୍ତିତ୍ୱ ନାନା ବିରୋଧାଭାସରେ ପରିପୂର୍ଣ୍ଣ। ଏହା ସ୍ୱାଭାବିକ୍ ଏବଂ ବିରୋଧାଭାସ ବା contradiction ଯୋଗୁଁ ବ୍ୟକ୍ତିତ୍ୱର ମହିମା କ୍ଷୁର୍ଣ୍ଣ ହୁଏ ନାହିଁ। ଯେଉଁ ବ୍ୟକ୍ତିତ୍ୱରେ ବିରୋଧାଭାସ ନାହିଁ ତାହା କ୍ଲାନ୍ତିକର କାରଣ ମନୁଷ୍ୟ ଓ ଚିତ୍ର ମଧ୍ୟରେ ତଫାତ୍ ନଥାଏ। ସେହିପରି ଯେଉଁ ନଗରରେ ବିରୋଧାଭାସ ନାହିଁ, ତାହା ନଗର ନୁହେଁ; କୁଲି କ୍ୟାମ୍ପ୍ ହୋଇପାରେ। ଦିଲ୍ଲୀ ଭାରତବର୍ଷକୁ ଦେଇଛି ମହମ୍ମଦ ତୋଗଲକ, କିନ୍ତୁ ତା' ସାଥୀରେ ନିଜାମୁଦ୍ଦିନ ଓ ଅମୀର ଖୁସ୍‌ରୋ।

ତେବେ ଏହି ବହିର ବିଷୟବସ୍ତୁ ଦିଲ୍ଲୀ କେବଳ ନୁହେଁ। ଏହାର ପ୍ରଧାନ ବିଷୟ ହେଲା ଇତିହାସର ଅଧ୍ୟୟନ। ମୋର ବିଶ୍ୱାସ ଯେ ଆମେ ଭାରତୀୟମାନେ ବିଶେଷ କରି ହିନ୍ଦୁମାନେ ଇତିହାସ ପ୍ରତି ଘୋର ଅବିଚାର କରିଛୁ। ପ୍ରଥମ କଥା ଆମେ ନିଜେ ଇତିହାସ ଲେଖିଲୁ ନାହିଁ। ତା'ପରେ ବିଜେତା ଯେଉଁ ଇତିହାସ ଲେଖିଲେ, ସେ ମୁସଲ୍‌ମାନ୍ ହୁଅନ୍ତୁ ବା ଇଂରେଜ ହୁଅନ୍ତୁ, ତାହାକୁ ସତ ବୋଲି ଧରିନେଲୁ। ଏହି ଜାତିର ଆତ୍ମସମ୍ମାନ ଉପରେ ଏକ ସ୍ଥାୟୀ ଆଘାତ ଆଣିଦେଲା। ଗୋଟିଏ ଜାତିର ଇତିହାସରେ ଅନେକ ସମୟରେ ପତନ ଘଟିଥାଏ। ସାମୟିକ ପରାଧୀନତା ପ୍ରାୟ ପ୍ରତ୍ୟେକ ଜାତିର ଇତିହାସରେ ଅଛି। ଚୀନ୍ ଦେଶର କଥା ଧରାଯାଉ। ଏହି ଜାତି ମଧ୍ୟ କେତେଥର ପରାଧୀନ ହୋଇଛି। କିନ୍ତୁ ଏଠାରେ ପଣ୍ଡିତ ଶ୍ରେଣୀ ଉତ୍ତମ ଇତିହାସ ରଚନା କରିଛନ୍ତି ଏବଂ ପରାଧୀନତା ସମୟରେ ଉପବାସରେ ମଧ୍ୟ ତାଙ୍କର ଲେଖା ଚଳାଇଛନ୍ତି। ଜାତିକୁ ସଚେତ କରି ରଖିଛନ୍ତି ଯେ ଚୁନ୍ ହେଲା "ଚିଂ-କୁଓ" ଅର୍ଥାତ୍ କେନ୍ଦ୍ର ଦେଶ। ଆଜି ଏହା ପରାଧୀନ। କିନ୍ତୁ କାଲି ପୁଣି ଏକ ଖାଣ୍ଟି ଚୀନା ରାଜବଂଶ ରାଜତ୍ୱ କରିବ। ଏଥିଲାଗି ପ୍ରସ୍ତୁତ ହୁଅ, ମନବଳ ରଖ। ଏଇଠି ଆମର ଭୁଲ୍। ଆମେ ଇତିହାସକୁ ଭୁଲିଲୁ। ଏହା ମଧ୍ୟ ଭୁଲିଗଲୁ ଯେ ନିଜ ପକ୍ଷର ଦଲିଲ୍ ପେଶ୍ ନ କଲେ ଏକତରଫା ଡିଗ୍ରୀ ହୋଇଯିବ।

ଏଇ ସଂଗ୍ରହର କେତେକ ପ୍ରବନ୍ଧ ସମୟ ସମୟରେ ଭିନ୍ନ ଭିନ୍ନ ପତ୍ରିକାମାନଙ୍କରେ ବାହାରିଛି। ସେଥିଲାଗି ସମାବେଶ, ଝଙ୍କାର, ପାଞ୍ଚଜନ୍ୟ, ସପ୍ତର୍ଷି ଓ ସମ୍ବାଦ ସମ୍ପାଦକମାନଙ୍କୁ ଧନ୍ୟବାଦ ଜଣାଉଛି।

୩୪, ଜୟଦେବ ବିହାର,
ଭୁବନେଶ୍ୱର-୭୫୧୦୦୨

**ଉମାକାନ୍ତ ମହାପାତ୍ର**

## ଦ୍ୱିତୀୟ ମୁଦ୍ରଣ ସମ୍ବନ୍ଧେ

ଆମର ପୂଜ୍ୟ ପିତା ଉମାକାନ୍ତ ମହାପାତ୍ର ଏବଂ ପୂଜ୍ୟା ମାତା ଅନସୂୟା ମହାପାତ୍ରଙ୍କ ପବିତ୍ର ସ୍ମୃତିରେ ଆମେ, ସେମାନଙ୍କର ଦୁଇ ପୁଅ ଓ ବୋହୂ ୟୁ.କେ. କଥାଚିତ୍ର (ପ୍ରା) ଲିମିଟେଡ୍ ନାମରେ ଏକ ପ୍ରକାଶନ ଏବଂ ଫିଲ୍ମ ନିର୍ମାଣ ସଂସ୍ଥା ଗଠନ କରି, ତାଙ୍କର ସ୍ମୃତିକୁ ଅବିସ୍ମରଣୀୟ କରି ରଖିବା ପାଇଁ ପିତାଙ୍କର ସମସ୍ତ ସାହିତ୍ୟ-କୃତି ଗୁଡ଼ିକୁ ପ୍ରଥମେ ପୁନର୍ମୁଦ୍ରଣ କରିବାର କାର୍ଯ୍ୟ ଆରମ୍ଭ କରିଛୁ। ପର୍ଯ୍ୟାୟକ୍ରମେ ସେଗୁଡ଼ିକର ଇଂରାଜୀ ଅନୁବାଦ ମଧ୍ୟ ପ୍ରକାଶ କରାଯିବ।

ଆଜି ଏଠାରେ ତାଙ୍କର ଲଳିତ-ନିବନ୍ଧ ପର୍ଯ୍ୟାୟର 'କପେ ଚା' କିଛି ଗପ' ବହିଟିର ଦ୍ୱିତୀୟ ମୁଦ୍ରଣ ପ୍ରକାଶିତ ହେଉଛି।

ଏହା ସହିତ ଆଜି ପିତାଙ୍କର ଉଣେଇଶତମ ତିରୋଧାନ ଦିବସରେ ତାଙ୍କର 'ଜୀବନ ବହୁରୂପୀ' ଗଳ୍ପ ଗ୍ରନ୍ଥରୁ ଗୋଟିଏ ଗଳ୍ପ 'ଯୋଶେଫ୍'କୁ ହିନ୍ଦୀ ଭାଷାରେ ଚଳଚ୍ଚିତ୍ରରେ ରୂପାୟନ କରିବା ପାଇଁ ମୂଳଦୁଆ ପକାଉଛୁ। ଲକ୍ଷ୍ୟ ଅଛି ୨୦୧୯ ମସିହା ଫେବୃୟାରୀ ୧୦ ତାରିଖ, ମା ସରସ୍ୱତୀଙ୍କ ପୂଜା ଦିନ ଦିଲ୍ଲୀଠାରେ ଏହାର ଲୋକାର୍ପଣ ଉତ୍ସବ କରିବୁ।

ଏଇ ଅବସରରେ ଆପଣମାନେ ଆମର ନିମନ୍ତ୍ରଣ ରକ୍ଷାକରି ଆଜି ଏଇ ଉତ୍ସବରେ ଉପସ୍ଥିତ ଥିବାରୁ ଆପଣଙ୍କର ଶୁଭେଚ୍ଛା ଓ ଆଶୀର୍ବାଦ ବିନୟର ସହିତ ଗ୍ରହଣ କରି କୃତଜ୍ଞତା ଜ୍ଞାପନ କରୁଛୁ। ଇତି।

ଭୁବନେଶ୍ୱର
ତା୦୮.୦୭.୨୦୧୮

**ଅଶୋକ ଏବଂ ସୁରଭି ମହାପାତ୍ର**
**ପୁଷନ୍ ଏବଂ ଜିଲୁ ମହାପାତ୍ର**

# ସୂଚିପତ୍ର

# ଦିଲ୍ଲୀ - ୧

ଭାରତର ରାଜଧାନୀ ଦିଲ୍ଲୀ। ସ୍ୱର୍ଗର ଇନ୍ଦ୍ରାଣୀଙ୍କ ପରି ଚିରନ୍ତନା ଓ ଚିର ନୂତନ। କେତେଥର ଭାଙ୍ଗିଛି। କେତେଥର ପୁଣି ଉଠିଛି। ଦିଲ୍ଲୀର ଇତିହାସ ତ ଇତିହାସ ନୁହେଁ। ଏହା ଏକ ରୋମାନ୍ସ। ସମ୍ରାଟମାନେ ସେମାନଙ୍କ ଔଦ୍ଧତ୍ୟର ପରମ ପରିଚୟ ହିସାବରେ ତାଙ୍କ ନାମକୁ ଦିଲ୍ଲୀ ଉପରେ ଥାପିବାର ବାରମ୍ବାର ଅପଚେଷ୍ଟା କରିଛନ୍ତି। ମହମ୍ମଦ ତୁଗଲକଙ୍କର ତୁଗଲାକବାଦ, ଫିରୋଜଶାହା ତୁଗଲକଙ୍କର ଫିରୋଜାବାଦ, ଶାହାଜାହାନାଙ୍କ ଶାହଜାହାନାବାଦ ଦିଲ୍ଲୀର ଅଂଶ ବିଶେଷ। ମାତ୍ର ଦିଲ୍ଲୀ ସେହି ଦିଲ୍ଲୀ ରହିଛି। ଏହି ଇନ୍ଦ୍ରାଣୀ ନଗରୀର ପ୍ରାଚୀନତମ ନାମ ଇନ୍ଦ୍ରପ୍ରସ୍ଥ। ପାଣ୍ଡବମାନଙ୍କର ରାଜଧାନୀ। ମୟ ଦାନବ ଦ୍ୱାରା ନିର୍ମିତ। କିମ୍ବଦନ୍ତୀ କହେ ଯେ ବର୍ତ୍ତମାନର ପୁରୁଣାକିଲ୍ଲା। ସେହି ଇନ୍ଦ୍ରପ୍ରସ୍ଥ ପ୍ରତିଷ୍ଠିତ।

କୁରୁବଂଶର ରାଜଧାନୀ ଥିଲା ହସ୍ତିନାପୁର। ବର୍ତ୍ତମାନର ମିରଠି ସହର ପାଖାପାଖି। ପାଣ୍ଡବମାନଙ୍କର ନୂଆ ରାଜଧାନୀ ସ୍ଥାପନା ଗଭୀର ବୁଦ୍ଧିମତ୍ତାର ପରିଚାୟକ। ନିଶ୍ଚୟ ଏହା ପାଣ୍ଡବମାନଙ୍କର ବ୍ରେନ୍‌ଟ୍ରଷ୍ଟ ଅର୍ଥାତ୍ ଶ୍ରୀକୃଷ୍ଣଙ୍କର ଉପଦେଶ। ସେତେବେଳେ ନଦୀପଥ ଥିଲା ବ୍ୟବସାୟ ବାଣିଜ୍ୟର ସର୍ବଶ୍ରେଷ୍ଠ ପଥ। ହସ୍ତିନାପୁର ନଦୀ ଉପରେ ଅବସ୍ଥିତ ନୁହେଁ। ଏଣୁ ବାଣିଜ୍ୟ କେନ୍ଦ୍ର ହିସାବରେ ଗଢ଼ିଉଠିବା ସମ୍ଭବ ନଥିଲା। ଇନ୍ଦ୍ରପ୍ରସ୍ଥ ଯେ ଭବିଷ୍ୟରେ ସମୃଦ୍ଧ ଓ ଶକ୍ତିଶାଳୀ ସାମ୍ରାଜ୍ୟର ରାଜଧାନୀ ହେବ ତା ହୁଏତ ସେତେବେଳେ ଦୂରଦୃଷ୍ଟିସମ୍ପନ୍ନ ରାଜନୀତିଜ୍ଞମାନେ ବୁଝିପାରିଥିବେ। ସମସ୍ତେ ଜାଣନ୍ତି ଯେ ପାଣ୍ଡବମାନେ ପାଞ୍ଚଖଣ୍ଡି ଗାଁ ମାଗିଥିଲେ ଏବଂ ଦୁର୍ଯ୍ୟୋଧନ ତାହା ନ ମାନିବାରୁ ପ୍ରଳୟଙ୍କରୀ ମହାଭାରତ ଯୁଦ୍ଧ ହୋଇଥିଲା। ଲୋକମୁଖରେ ଇନ୍ଦ୍ରପ୍ରସ୍ଥର ପ୍ରାକୃତ ରୂପ ହୋଇଥିଲା ଇନ୍ଦ୍ରର ପତ୍। ଆହୁରି ମଧ୍ୟ ଲୋକମୁଖରେ ପ୍ରଚଳିତ ଯେ ଅନ୍ୟ ଚାରିଟି ଗାଁ ହେଲା, ପାନିପତ୍, ସୋନିପତ୍, ବାଗପତ୍ ଓ ତିଲପତ୍। ଏହି ପାଞ୍ଚଖଣ୍ଡ

ଗାଁ ପାଇଥିଲେ ପାଣ୍ଡବମାନେ ଯୁଦ୍ଧ କରିନଥାନ୍ତେ। କେବଳ ଅଭିମାନୀ ଦୁର୍ଯ୍ୟୋଧନ ହିଁ ଘୋଷଣା କରିଥିଲା ଯେ, ସେ ବିନା ଯୁଦ୍ଧରେ ସୂଚ୍ୟଗ୍ର ମେଦିନୀ ଦେବନାହିଁ। ହକ୍ କଥା। କିନ୍ତୁ ସେ ପାଞ୍ଚଖଣ୍ଡି ଗାଁ ଓ ହସ୍ତିନାପୁର ଇତ୍ୟାଦିର ଅବସ୍ଥିତି ବିଷୟରେ ଆମେ କିଛି ଭାବୁ ନାହୁଁ। ତଳେ ଏକ ମାନଚିତ୍ର ଦେଉଛି ଯାହାକି ଏ ବିଷୟରେ ବିଶେଷ ଆଲୋକପାତ କରିପାରେ। ଅବଶ୍ୟ ଧରି ନେଉଛି ଯେ କିମ୍ବଦନ୍ତୀ ମୋଟାମୋଟି ସତ। ହସ୍ତିନାପୁରକୁ ମିରଠି ଓ ଦିଲ୍ଲୀକୁ ଇନ୍ଦ୍ରପ୍ରସ୍ଥ ଧରିବାରେ ଆପତ୍ତି ନହେବା କଥା। ପ୍ରତ୍ନତତ୍ତ୍ୱ ଗବେଷଣା ମଧ୍ୟ ମୋଟାମୋଟି ଏହା ସପକ୍ଷରେ। ମାନଚିତ୍ରରୁ ଗୋଟିଏ ଜିନିଷ ଲକ୍ଷ୍ୟ କରିବାର କଥା ଯେ ଏହି ପାଞ୍ଚଟି ଗ୍ରାମ ଏକ ବିରାଟ ଇଲାକା। ପାନିପତ୍‌ରୁ ତିଲପତ୍ ପ୍ରାୟ ଅଶି ମାଇଲ। ପୁଣି ମଥୁରା ପାଣ୍ଡବଙ୍କର ମିତ୍ରରାଜ୍ୟ। ଏଣୁ ପାଣ୍ଡବ ପ୍ରସ୍ତାବ ମାନିନେବା ଅର୍ଥ ଯମୁନାର ସମସ୍ତ ପଶ୍ଚିମ ଅଞ୍ଚଳରେ ପାଣ୍ଡବଙ୍କର ଅଧିକାର ସ୍ୱୀକାର କରିଯିବା। ତା ଛଡ଼ା କୁରୁ ରାଜ୍ୟକୁ ପଞ୍ଚନଦ, ଗନ୍ଧାର, ବାହ୍ଲିକ ଇତ୍ୟାଦିକୁ ଯାଉଥିବା ବାଣିଜ୍ୟ ପଥ ଉପରେ ପାଣ୍ଡବଙ୍କର ଅଧିକାର ରହିବ। ଏହା ହସ୍ତିନାପୁର ପକ୍ଷରେ ନିରାପତ୍ତା ଦୃଷ୍ଟିରୁ ଗ୍ରହଣଯୋଗ୍ୟ କି ? ଦୁର୍ଯ୍ୟୋଧନର ହଠକାରିତା ଅନ୍ୟଏକ ଦୃଷ୍ଟିଭଙ୍ଗୀରୁ ଗ୍ରହଣଯୋଗ୍ୟ ସ୍ୱାର୍ଥରକ୍ଷା ମଧ୍ୟ କୁହାଯାଇପାରେ, ଯେ ଜିତେ ସେ ହିଁ ଠିକ୍।

ସେ କଥା ଥାଉ। ବର୍ତ୍ତମାନ ମହାଭାରତରୁ ଇତିହାସ ଆଡ଼କୁ ଆସିବା ଦରକାର। ଖ୍ରୀଷ୍ଟପୂର୍ବ ପ୍ରଥମ ଶତାବ୍ଦୀରେ ମୌର୍ଯ୍ୟ ବଂଶର ଏକ ରାଜା ଏହି ନଗରୀର ସ୍ଥାପନା କରିଥିଲେ ବୋଲି କୁହାଯାଏ। ତାଙ୍କର ନାଁ ଦିଲିରୁ କୁଆଡ଼େ ସହରର ନାଁ ଦିଲ୍ଲୀ ହେଲା। ତେବେ ଏ ବିଷୟରେ ସଠିକ କହିବା କଷ୍ଟ। ଇତିହାସର ଏକ ପ୍ରଧାନ ବ୍ୟକ୍ତିତ୍ୱ ହେଲେ ପୃଥ୍ୱୀରାଜ ଚୌହାନ। ତାଙ୍କର ବନ୍ଧୁ ଓ କବି ଚନ୍ଦ ବରଦାଇ ତାଙ୍କର କାବ୍ୟ ପୃଥ୍ୱୀରାଜ ରାସୋରେ ତାଙ୍କୁ ଅମର କରିଯାଇଛନ୍ତି। ଅବଶ୍ୟ ଏହା ଆଗରୁ ତୋମର ରାଜପୁତ୍‌ମାନେ ଦିଲ୍ଲୀରେ ନିଜର ରାଜଧାନୀ ସ୍ଥାପନ କରିସାରି ଥିଲେ। ଏହି ବଂଶର ରାଜା ଅନଙ୍ଗ ପାଳଙ୍କୁ ହିଁ ଆଧୁନିକ ଦିଲ୍ଲୀର ସଂସ୍ଥାପକ ବୋଲି ଗ୍ରହଣ କରାଯାଇପାରେ। କୁତବ୍‌ମୀନାର ପାଖରେ ଯେଉଁ ବିରାଟ ଦୁର୍ଗ ଓ ନଗରୀର ହତା ଭିତରେ ଭଗ୍ନାବଶେଷ ଅଛି, ତାହା ଅନଙ୍ଗପାଳଙ୍କ ଦ୍ୱାରା ହିଁ ପ୍ରତିଷ୍ଠିତ। କୁତବ୍‌ମୀନାରର ହତା ଭିତରେ ଯେଉଁ ଲୌହ ସ୍ତମ୍ଭ ଅଛି ତା ମଧ୍ୟ ଅନଙ୍ଗପାଳ ନେଇଆସି ପ୍ରତିଷ୍ଠା କରିଥିଲେ। ତା'ର ପ୍ରାୟ ଶହେ ବର୍ଷ ପରେ ପୃଥ୍ୱୀରାଜ ଚୌହାନ ଓ ତାଙ୍କ ସ୍ତ୍ରୀ ସଂଯୁକ୍ତା। ସେ ପ୍ରେମ କାହାଣୀ ଓ ସଂଯୁକ୍ତାଙ୍କ ପୃଥ୍ୱୀରାଜଙ୍କ ସଙ୍ଗେ ବିବାହର କାହାଣୀ ତ ଲୋକମୁଖରେ ପ୍ରଚାରିତ। ଦୁଃଖର କଥା ଯେ ଚୌହାନ ସୂର୍ଯ୍ୟ ଏତେ ଶୀଘ୍ର ଅସ୍ତ ହୋଇଗଲା। ତରାଇନ୍‌ର ପ୍ରଥମ ଯୁଦ୍ଧ ପରେ କେହି କଳ୍ପନା ମଧ୍ୟ କରିନଥିବେ ଯେ ପରାସ୍ତ ଓ ଅପଦସ୍ତ ମହମ୍ମଦ ଘୋରୀ ମାତ୍ର ବର୍ଷକ ପରେ ତାଙ୍କର ବିଜେତା ପୃଥ୍ୱୀରାଜ ଚୌହାନଙ୍କୁ ଧୂଳିସାତ କରିଦେବେ।

୧୨୦୦ ଖ୍ରୀଷ୍ଟାବ୍ଦ ପରଠାରୁ ଦିଲ୍ଲୀର ଲିଖିତ ଇତିହାସ ଅଛି। ମୁସଲମାନ୍ ସମ୍ରାଟମାନଙ୍କର ଗୋଟିଏ ଭଲ ଗୁଣ ଯେ ସେମାନେ ଇତିହାସ ଲେଖାଉଥିଲେ ଓ ଐତିହାସିକମାନଙ୍କର ପୃଷ୍ଟପୋଷକତା କରୁଥିଲେ। ଅବଶ୍ୟ ଏ ଇତିହାସ ଏକ ତରଫା। କିନ୍ତୁ ପ୍ରାୟ ସବୁ ଇତିହାସରେ ଏ ଦୋଷ କିଛି ପରିମାଣରେ ଥାଏ। ହିନ୍ଦୁମାନଙ୍କର ଇତିହାସ ପ୍ରତି ଉଦାସୀନତା ବର୍ତ୍ତମାନର ଅଧ୍ୟୟନକାରୀମାନଙ୍କ ପକ୍ଷରେ ଏକ ପ୍ରଚଣ୍ଡ ସମସ୍ୟା। ଏହି ମୁସଲମାନ ଆକ୍ରମଣର କଥା ହିଁ ଧରାଯାଉ। ଇତିହାସ ମୁସଲିମ୍ ଲେଖକମାନଙ୍କ ଗ୍ରନ୍ଥ ଉପରେ ନିର୍ଭର କରି ଲେଖାଯାଇଛି। ସେଥିରୁ ମନେହୁଏ ଯେପରି ପ୍ରଖର ସୂର୍ଯ୍ୟରଶ୍ମି ଆଗରେ ଶିଶିରକଣା ଉଡିଗଲା ପରି ମୁସଲମାନ ଶକ୍ତି ଆଗରେ ହିନ୍ଦୁମାନେ ଉଡିଗଲେ। କିନ୍ତୁ ଗୋଟେ ଦୁଇଟା ସମସ୍ୟା ରହିଯାଉଛି। ଏହି ଅପରାଜେୟ ମୁସଲିମ୍ ଶକ୍ତି ଭାରତରେ ଅର୍ଥାତ୍ ସିନ୍ଧୁ ପ୍ରଦେଶରେ ଦେଖାଗଲା ୬୩୬ ଖ୍ରୀଷ୍ଟାବ୍ଦରେ ଏବଂ ସିନ୍ଧୁରେ ମୁସଲମାନ ରାଜ୍ୟ ସ୍ଥାପିତ ହେଲା ୭୧୧ ଖ୍ରୀଷ୍ଟାବ୍ଦରେ। ତା'ପରେ ଏହି ପରାଜେୟ ଶକ୍ତି ସେଇଠି ଅଟକି ଗଲା। ଭାରତରେ ପକ୍‌କା ମୁସଲିମ

ସାମ୍ରାଜ୍ୟ ସ୍ଥାପନ ହୁଏ ୧୧୯୨ ଖ୍ରୀଷ୍ଟାବ୍ଦରେ ତରାଇନ୍‌ର ଯୁଦ୍ଧରେ ପୃଥ୍ୱୀରାଜ ପରାଜୟ ପରେ। କେଉଁ ଶକ୍ତି ପ୍ରାୟ ପାଞ୍ଚଶହ ବର୍ଷ ଭାରତବର୍ଷକୁ (ଉତ୍ତର ପଶ୍ଚିମର କେତେକ ସ୍ୱଳ୍ପଅଞ୍ଚଳ ବାଦ୍ ଦେଇ) ମୁସଲିମ୍ ବିଜୟରୁ ରକ୍ଷା କରିଥିଲା ? ଏବଂ ସେ ସମୟରେ ଯେତେବେଳେ କି ମୁସଲିମ୍ ଦିଗ୍‌ବିଜୟ ପତାକା ୟୁରୋପରେ ସ୍ପେନ୍‌ଠାରୁ ଭାରତ ମହାସାଗର ପର୍ଯ୍ୟନ୍ତ ବ୍ୟାପି ଯାଇଥିଲା ଏବଂ ୟୁରୋପୀୟ ଖ୍ରୀଷ୍ଟାନ୍ ଶକ୍ତି ଏହା ବିରୁଦ୍ଧରେ ବାରମ୍ବାର ବିଫଳ ହୋଇଥିଲା। ଅନ୍ୟ ଏକ ସମସ୍ୟା ହେଲା ଯେ ଉତ୍ତର ଭାରତରେ ମୁସଲମାନ୍‌ମାନେ ପ୍ରାୟ ଛଅଶହ ବର୍ଷ ରାଜତ୍ୱ କଲେ। କିନ୍ତୁ ଅଧିକାଂଶ ଲୋକସଂଖ୍ୟା ମୁସଲମାନ୍ ହେଲାନାହିଁ। ଏହା ଅନ୍ୟ କୌଣସି ମୁସଲିମ୍ ଶାସିତ ଦେଶରେ ହୋଇନାହିଁ। କେବଳ ସ୍ପେନ୍ ଛଡ଼ା। କିନ୍ତୁ ସେଠାରେ ମୁସଲମାନ୍ ଶାସନ ସ୍ୱଳ୍ପକାଳ ସ୍ଥାୟୀ ଥିଲା। ଏହି ଏକଦେଶଦର୍ଶିତାର ସମସ୍ୟା ଇଂରେଜ ଅମଳରେ ଆହୁରି ଉତ୍କଟ ହୋଇଗଲା। ଭାରତୀୟ ସୈନିକଶକ୍ତି, ଇଂରେଜମାନେ ଯେପରି ପ୍ରଚାର କରନ୍ତି, ସେପରି ନିକୃଷ୍ଟ ନଥିଲା। ଇଂରେଜମାନେ ମଧ୍ୟ ବଡ଼ ବଡ଼ ଯୁଦ୍ଧରେ ଭାରତୀୟଙ୍କଠାରୁ ହାରି ଯାଇଛନ୍ତି। କିନ୍ତୁ ଯେହେତୁ ସେମାନେ ଶେଷ ବିଜୟୀ ଲାଭ କଲେ, ଏଣୁ ତାଙ୍କର ସବୁ ଠିକ୍, ଭାରତୀୟଙ୍କର ସବୁ ଭୁଲ୍। ସେକଥା କେବେ ବାରାନ୍ତରେ ଆଲୋଚନା କରିବାର ବାସନା ରହିଲା।

ବର୍ତ୍ତମାନ ଚାଲନ୍ତୁ ଦିଲ୍ଲୀ ଫେରିଯିବା। ଦାସବଂଶର ପ୍ରଧାନ ସମ୍ରାଟ କୁତ୍‌ବୁଦ୍ଦିନ ଆଇବାକ୍ ଓ ଇଲ୍‌ତୁତ୍‌ମିସ୍ ପୃଥ୍ୱୀରାଜଙ୍କ ଦିଲ୍ଲୀକୁ ନୂଆକରି ଗଢ଼ିବାର ଚେଷ୍ଟା କଲେ। ସେମାନେ ଆଣିଲେ ମଧ୍ୟଏସିଆ ଓ ତୁର୍କ ସ୍ଥାପତ୍ୟ। ତା'ର ନିଦର୍ଶନ କୁତବ୍‌ମୀନାର ଓ ତା ପାଖାପାଖି ଥିବା ଅନ୍ୟାନ୍ୟ ସୌଧ। ତା'ପରେ ଆସିଲେ ଆଲ୍ଲାଉଦ୍ଦିନ୍ ଖିଲିଜି। ସେ ତ ପୁରୁଣା ଦିଲ୍ଲୀ (କୁତବ୍‌ମୀନାର ପାଖାପାଖି) ଅନେକ ସୌଧ ନିର୍ମାଣ କଲେ। କିନ୍ତୁ ଏତିକିରେ ତାଙ୍କ ମନ ପୂରିଲା ନାହିଁ। ସେ ତିଆରି କଲେ ଆଉ ଏକ ସହର। ଏହା ସିରି ଅର୍ଥାତ୍ ବର୍ତ୍ତମାନର ଖେଲଗାଁଓ ପାଖାପାଖି। ଏହା ତୃତୀୟ ଦିଲ୍ଲୀ। ଆଲ୍ଲାଉଦ୍ଦିନ୍ ଅତ୍ୟନ୍ତ ବୁଦ୍ଧିମାନ ଓ କୁଶଳୀ ସମ୍ରାଟ ଥିଲେ। ସେ ଶାସନ ଓ ସାମ୍ରାଜ୍ୟକୁ ଏକ ସୁଦୃଢ଼ ପ୍ରଶାସନିକ ଓ ଅର୍ଥନୈତିକ ଭିତ୍ତି ଉପରେ ସ୍ଥାପନ କରିଥିଲେ। ଆଶ୍ଚର୍ଯ୍ୟର କଥା ଯେ ଏହି ବ୍ୟବସ୍ଥାରେ ପଛରେ ଥିଲେ ଦୁଇଟି ହିନ୍ଦୁ ବ୍ୟବସାୟୀ ଶ୍ରେଣୀ, ମୁଲତାନୀ ଓ ବଂଜରା ଏବଂ ହିନ୍ଦୁ କାୟସ୍ଥ ରାଜସ୍ୱ ଅଧିକାରୀଗଣ। ଏହି ବ୍ୟବସ୍ଥା ପ୍ରାୟ ମୋଗଲ ସମୟ ପର୍ଯ୍ୟନ୍ତ ଦୃଢ଼ ଥିଲା ଏବଂ ପରବର୍ତ୍ତୀ ରାଜପୁରୁଷମାନଙ୍କର ଚରମ ଅପାରଗତା, ସ୍ୱାର୍ଥାନ୍ଧତା ଏବଂ ଲୋଲୁପତା ସତ୍ତ୍ୱେ ଭାରତ ବର୍ଷରେ ଏକ ସମୃଦ୍ଧ ଅର୍ଥନୈତିକ ବ୍ୟବସ୍ଥା ଥିଲା। ଆଲ୍ଲାଉଦ୍ଦିନ୍ କିଛି କମ୍ ଯୋଦ୍ଧା ନଥିଲେ। ରାଣୀ ପଦ୍ମିନୀ ଓ ଦାକ୍ଷିଣାତ୍ୟ ଅଭିଯାନ

କଥା ଛାଡ଼ନ୍ତୁ। ସେଗୁଡ଼ାକ ତାଙ୍କର ଅପରିପକ୍ୱ ଯୁବକ ଅବସ୍ଥାରେ କସରତ। ତାଙ୍କ ରାଜତ୍ୱ କାଳରେ ଅନେକ ମଙ୍ଗୋଲ ଆକ୍ରମଣ ହୋଇଛି। ସେ ସମୟରେ ମଙ୍ଗୋଲମାନେ ଅଜେୟ ବୋଲି ଧରା ଯାଉଥିଲା। ଇସଲାମ୍‌ର ଖଲିଫାଙ୍କ ରାଜଧାନୀ ବାଗବାଦ୍ ମଙ୍ଗୋଲମାନେ ଧ୍ୱଂସ କରିଥିଲେ। ଆଲ୍ଲାଉଦ୍ଦିନ୍ ମଙ୍ଗୋଲମାନଙ୍କୁ ପରାଜିତ କରି ଭାରତରୁ ତଡ଼ି ଦେଇଥିଲେ। ଭାରତୀୟ ଯୁଦ୍ଧ କୌଶଳ ଓ ଶୌର୍ଯ୍ୟର ଏହି କାହାଣୀ ଯଥେଷ୍ଟ ପ୍ରଚାରିତ ହୋଇନାହିଁ ଏବଂ ଆମେମାନେ ଧରି ନେଇଛୁ ଯେ ମଧ୍ୟ ଏସିଆରେ ଆକ୍ରମଣକାରୀ ସବୁବେଳେ ସଫଳ ହୋଇଛନ୍ତି। ଏହା ଠିକ୍ ନୁହେଁ। ମଙ୍ଗୋଲ ଆକ୍ରମଣ ବିଫଳ କରିଦେବାର ନଇସୁଅକୁ ଉଜାଣି ବୁହାଇବା ପରି କଷ୍ଟସାଧ୍ୟ ଓ ଗର୍ବର ବିଷୟ।

ଆଲ୍ଲାଉଦ୍ଦିନ୍‌ଙ୍କ ପରେ ଖିଲିଜି ସୂର୍ଯ୍ୟ ଏକ ରକ୍ତ ସମୁଦ୍ରରେ ଅସ୍ତ ଗଲା। ଏ ସମୟଟା ଦିଲ୍ଲୀର ଇତିହାସରେ ଏକ ଘୃଣ୍ୟ ଓ କଳଙ୍କମୟ ଅଧ୍ୟାୟ। ମଝିରେ ମଲିକ୍ କାଫୁର ନାମକ ଏକ ଗୁଣ୍ଡା ମଧ୍ୟ ସିଂହାସନରେ ବସିଗଲା।

ଏହା ପରେ ତୋଗଲକମାନଙ୍କ ଶାସନ। ଗିୟାସୁଦ୍ଦିନ ଓ ମହମ୍ମଦ ବିନ୍ ତୋଗଲକ ଆଉ ଏକ ନୂଆ ସହର ଗଢ଼ିଲେ- ତୋଗଲକାବାଦ୍। ଆରାବଲୀ ପର୍ବତ ଓ ଯମୁନା ମଧ୍ୟରେ ଏକ ସହର। ବର୍ତ୍ତମାନ ଅବଶ୍ୟ ସେଠି ସହର ନାହିଁ, କିନ୍ତୁ ତୁଗଲକାବାଦ୍ ଦୁର୍ଗ ଅଛି। ଫିରୋଜଶାହା ତୋଗଲକ ଏହି ସହରକୁ ବଢ଼ାଇ ଯମୁନା କୂଳେ କୂଳେ ଫିରୋଜଶାହା କୋଟଲା ପର୍ଯ୍ୟନ୍ତ ନେଇଗଲେ। ଏହାର ନାମ ଦେଲେ ଫିରୋଜାବାଦ୍। ସେ ସମୟର ଅବସ୍ଥାକୁ ଦେଖିଲେ ଦିଲ୍ଲୀ ଥିଲା ମର୍ତ୍ତ୍ୟର ଇନ୍ଦ୍ରପୁରୀ। ସମସ୍ତ ଇସଲାମୀ ଦୁନିଆ ଅର୍ଥାତ୍ ମଧ୍ୟ ଏସିଆ ଓ ମଧ୍ୟ ପ୍ରାଚ୍ୟକୁ ମଙ୍ଗୋଲମାନେ ଛାରଖାର କରିଦେଇଥିଲେ। ତା' ତୁଳନାରେ ଭାରତବର୍ଷ ଦାରୁଲ ଅମନ୍ ଅର୍ଥାତ୍ ଶାନ୍ତିର ଘର। ମୁଲ୍ଲା କୁହନ୍ତୁ, ବ୍ୟବସାୟୀ କୁହନ୍ତୁ, ଶିଳ୍ପୀ କୁହନ୍ତୁ, ଇରାକ୍, ଇରାନ୍, ତୁର୍କିସ୍ତାନ ଇତ୍ୟାଦିରୁ ଗୁଣୀଜନମାନେ ଦିଲ୍ଲୀ ଚାଲି ଆସିଲେ। ଏମାନଙ୍କ ଦ୍ୱାରା ଦିଲ୍ଲୀ ସମୃଦ୍ଧ ହେଲା। କହିବାକୁ ଗଲେ ସେ ସମୟରେ ଦୁନିଆରେ ଦିଲ୍ଲୀ ସବୁଠାରୁ ସମୃଦ୍ଧ ନଗର ବୋଲି ଦାବି କରି ପାରିଥାନ୍ତି।

କିନ୍ତୁ ଏହାକୁ ଛାରଖାର କରିଦେଲା ତିମୁର। ତିମୁରର ଆକ୍ରମଣ ଘୂର୍ଣ୍ଣିବାତ୍ୟା ପରି ଆସିଲା। ଦିଲ୍ଲୀର ହଜାର ହଜାର ଲୋକଙ୍କୁ ବିନା କାରଣରେ ନୃଶଂସ ଭାବରେ ହତ୍ୟା କରାଗଲା। କିନ୍ତୁ ତିମୁର ପ୍ରକୃତରେ କେବଳ ଏକ ଡକାୟତ ଥିଲା। ଦିଲ୍ଲୀ ଲୁଟ୍ କରିନେଇ ତା'ର ପ୍ରିୟ ସ୍ଥାନ ସମରକନ୍ଦକୁ ଫେରିଗଲା। ସାଙ୍ଗରେ ମଣିମୁକ୍ତା, ସୁନାରୂପା ଛଡ଼ା ଆଉ ଏକ ଦାମୀ ଜିନିଷ ନେଇଗଲା। ପ୍ରାୟ କୋଡ଼ିଏ ହଜାର କାରିଗର;

ସମରକନ୍ଦକୁ ସଜେଇବା ପାଇଁ। ଏ ଆକ୍ରମଣ ଫଳରେ ଶାସନ ବ୍ୟବସ୍ଥା ଭାଙ୍ଗିଗଲା। ଆଉ ଦିଲ୍ଲୀ ଅନେକ କାଳ ପର୍ଯ୍ୟନ୍ତ ନିଜ ଗୌରବ ଫେରି ପାରିଲା ନାହିଁ। ଏହା ପରେ ଅବଶ୍ୟ ସୈୟଦ ଓ ଲୋଦିମାନେ ସମ୍ରାଜ୍ୟର ଏକ ପ୍ରତିବିମ୍ବ ବଞ୍ଚାଇ ରଖିଥିଲେ। ଏମାନେ ଦିଲ୍ଲୀକୁ ଦେଇଛନ୍ତି ଲୋଦି ଗାର୍ଡେନ୍। ଅତି ସୁନ୍ଦର ଜାଗା। କିନ୍ତୁ କୌଣସି ଗୋଟିଏ ସୌଧ ମନେରଖିଲା ଭଳି ନୁହେଁ ଏବଂ ବଗିଚା ତ ଆଜିର।

ତା'ପର ଦିଲ୍ଲୀର ନାମ ଦୀନ୍‌ପନାହ। ଏହା ପୁରୁଣାକିଲ୍ଲା, ହାଇକୋର୍ଟ, ମଥୁରା ରୋଡ଼ ଅଞ୍ଚଳ ଏବଂ ବାହାଦୂରଶାହ ଜାଫର ରୋଡ଼ ଯେଉଁଠି ଆଜିକାଲି ସବୁ ଖବର କାଗଜର ଅଫିସ। ଏହି ସହର ମୋଗଲ ସମ୍ରାଟ ହୁମାୟୁନ୍ ଆରମ୍ଭ କରିଥିଲେ। ଶେରଶାହ ହୁମାୟୁନ୍‌ଙ୍କୁ ଭାରତରୁ ବିତାଡିତ କରି ଦେଇଥିଲେ। କିନ୍ତୁ ହୁମାୟୁନ୍‌ଙ୍କ ଅସମ୍ପୂର୍ଣ୍ଣ ନଗରକୁ ସମ୍ପୂର୍ଣ୍ଣ ମଧ୍ୟ କରିଥିଲେ। ଏବେ ତାହାର ନିଦର୍ଶନ ପୁରୁଣା କିଲ୍ଲା। ଆକବର ଓ ଜାହାଙ୍ଗୀର ଦିଲ୍ଲୀରେ ରହୁ ନଥିଲେ। ତାଙ୍କର ଘର ଥିଲା ଆଗ୍ରା। କିନ୍ତୁ ଶାହାଜାହାନ ଦିଲ୍ଲୀ ଫେରି ଆସିଲେ। ସେ ଏକ ନୂତନ ଦିଲ୍ଲୀ ତିଆରି କଲେ। ତାହା ଶାହାଜାହାନାବାଦ ନାମରେ ନାମିତ। ବର୍ତ୍ତମାନର ପୁରୁଣା ଦିଲ୍ଲୀ ଅର୍ଥାତ୍ ପ୍ରାଚୀର ପରିବେଷ୍ଟିତ ଦିଲ୍ଲୀ। ଶାହାଜାହାନ ସମ୍ରାଟ ଏବଂ ଯୋଦ୍ଧା ହିସାବରେ ତ ବେଶ ନାମଜାଦା। କିନ୍ତୁ ସେ କଳାକାର ମଧ୍ୟ। ସେ ସ୍ୱପ୍ନ ଦେଖୁଥିଲେ ଏବଂ ତାକୁ ସାକାର କରୁଥିଲେ ପଥରରେ। ତାଜ୍‌ମହଲ ତାଙ୍କର ମାର୍ବଲ ପଥରର ସ୍ୱପ୍ନ ଏବଂ ସେ ସ୍ୱପ୍ନ ତାଙ୍କ ପ୍ରିୟାର। ଦିଲ୍ଲୀ ମଧ୍ୟ ତାଙ୍କର ସ୍ୱପ୍ନର ରୂପାନ୍ତର। କିନ୍ତୁ ବୋଧହୁଏ ସେ ସ୍ୱପ୍ନ ତାଙ୍କ ନିଜ ବିଷୟରେ। ଏହି ସ୍ୱପ୍ନ ଲାଲ୍ ପଥରରେ। ତାଙ୍କର ଦୁଇଟି ପ୍ରଧାନ କୀର୍ତ୍ତି ଲାଲ୍‌କିଲ୍ଲା ଓ ଜାମା ମସଜିଦ୍। କିନ୍ତୁ ଏଠି ସ୍ଥାପତ୍ୟ ବିଷୟରେ ଆଲୋଚନା କରିବାର ସ୍ଥାନ ନୁହେଁ। ଆମର ଆଲୋଚନା ଦିଲ୍ଲୀର ବ୍ୟକ୍ତିତ୍ୱ ନେଇ।

ପ୍ରସିଦ୍ଧ ଉର୍ଦ୍ଦୁ କବି ମୀର ତକି ମୀରଙ୍କର ଏକ କବିତାର ଅଂଶ ହେଲା:

"ଦିଲ୍ଲୀ କେ ନାଥେ କୁବେ ଆଉର ଆକଏମୁସବ୍‌ବିରକେ
ଜୋ ଶକ୍ଲ ନଜର ଆଇ, ତସବୀର ନଜର ଆଇ।"

ଅର୍ଥାତ୍ ଦିଲ୍ଲୀର ଗଳି ତ ଗଳି ନୁହେଁ। ଚିତ୍ରଶିଳ୍ପୀର କଳାକୃତି। ଯାହା ଆଖିରେ ପଡ଼ିଲା, ତା' ଛବି ସୁନ୍ଦର। ଏଥିରୁ ବୁଝି ପାରୁଥିବେ କବି ଦିଲ୍ଲୀକୁ କେତେ ଭଲ ପାଉଥିଲେ। ମୀର ଯେ ଦିଲ୍ଲୀରେ ସୁଖରେ ଥିଲେ ତା' ନୁହେଁ। ଏପରିକି ଦାରିଦ୍ର୍ୟର କଷାଘାତରେ ଲକ୍ଷ୍ନୌ ପଳାଇବାକୁ ବାଧ୍ୟ ହୋଇଥିଲେ (୧୭୮୨ ଖ୍ରୀଷ୍ଟାବ୍ଦ)। କିନ୍ତୁ ଶେଷରେ ଦିଲ୍ଲୀ ଫେରି ଆସିଥିଲେ। ଆଉ ଜଣେ ଉର୍ଦ୍ଦୁର ମହାନ କବି ଜୌକ୍। ଦିଲ୍ଲୀର ଦୁର୍ଦ୍ଦିନ ଅର୍ଥାତ ଠିକ୍ ସିପାହୀ ବିଦ୍ରୋହ ପୂର୍ବ ସମୟ। ଦିଲ୍ଲୀ ଫକ୍‌କଡ଼

ହୋଇଗଲାଣି । କବି ଓ କଳାକାରଙ୍କୁ ପୋଷିବ କିଏ ? ଅନେକ ଦିଲ୍ଲୀ ଛାଡ଼ି ହାଇଦ୍ରାବାଦ୍, ଲକ୍ଷ୍ନୌ, ରାମପୁର ଇତ୍ୟାଦି ଅନ୍ୟ ଦରବାରକୁ ପଳାଇ ଗଲେ । କିନ୍ତୁ ଉର୍ଦ୍ଦୁର ମହାନ୍ ବିଭୂତିମାନେ ଅର୍ଥାତ୍ ଜୌକ୍, ଗାଲିବ୍, ମୋମିନ୍, ସୌଦା, ଦୁର୍ଦ ଇତ୍ୟାଦି ଦିଲ୍ଲୀ ଛାଡ଼ି ନଥିଲେ । ଜୌକ୍‌ଙ୍କୁ ହାଇଦ୍ରାବାଦ୍‌ରୁ ନିମନ୍ତ୍ରଣ ଆସିଥିଲା । ତା'ର ଉତ୍ତରରେ ସେ କହିଥିଲେ ।

"ହୈ କଦ୍ର ସୁଖନ ଦକ୍‌ଖନମେ ବହୁତ ଲୋକିନ
କୌନ ଯାଏ ଜୌକ୍ ଦିଲ୍ଲୀ ଗଲିୟାଁ ଛୋଡ଼କର:

(ଅବଶ୍ୟ ଏହା ସତ୍ୟ ଯେ ଦକ୍ଷିଣ (ହାଇଦ୍ରାବାଦ୍)ରେ କବିତାର ଉଚ୍ଚକୋଟିର ଗୁଣଗ୍ରାହିତା ଅଛି । କିନ୍ତୁ, ହେ ଜୌକ୍, ଦିଲ୍ଲୀର ଗଳି କିଏ ଛାଡ଼ିକରି ଯିବ ।

ସିପାହୀ ବିଦ୍ରୋହ ଦିଲ୍ଲୀକୁ ଛାରଖାର୍ କରିଦେଲା । ହୁଏତ ଇଂରେଜମାନଙ୍କର ତାହାହିଁ ଉଦ୍ଦେଶ୍ୟ ଥିଲା । ମୋଗଲ ସାମ୍ରାଜ୍ୟ ନାଁରେ ସିପାହୀ ବିଦ୍ରୋହ ହୋଇଥିଲା । ଅତଏବ ମୋଗଲ ରାଜଧାନୀ ଦିଲ୍ଲୀକୁ ହେୟ ଲାଞ୍ଛିତ କରିବା ଦ୍ୱାରା ଇଂରେଜ ଶକ୍ତିର ଗୌରବ ବଢ଼ିବ । କିନ୍ତୁ ଏହି ଦୁର୍ଦ୍ଦିନରେ ମଧ୍ୟ ଦିଲ୍ଲୀ ଏକ ପ୍ରଧାନ ସାଂସ୍କୃତିକ କେନ୍ଦ୍ର ଥିଲା । ସେ ସମୟରେ ଦିଲ୍ଲୀ ତା'ର ସାହିତ୍ୟକ ପରମ୍ପରାକୁ ଭାସ୍ୱର ରଖିଥିଲା । ଗାଲିବ୍, ମୋମିନ୍ ଇତ୍ୟାଦିଙ୍କ ଉତ୍ତରାଧିକାରୀ ପରମ୍ପରା ପ୍ରକାଶ ପାଇଥିଲା ଶେଫ୍‌ତା, ଦାଗ, ଅନବର, ନସିମ୍ ଇତ୍ୟାଦି କବିମାନଙ୍କ ଦ୍ୱାରା । ଏମାନେ ଅବଶ୍ୟ ତାଙ୍କର ପୂର୍ବସୂରୀ ଗାଲିବ୍ ବା ମୋମିନ୍‌ଙ୍କ ବଳିଷ୍ଠ ନଥିଲେ । କିନ୍ତୁ ଉଲ୍ଲେଖଯୋଗ୍ୟ ଅବଶ୍ୟ ଥିଲେ ଏବଂ ସବୁଠାରୁ ବଡ଼କଥା, ଦିଲ୍ଲୀର ବ୍ୟକ୍ତିତ୍ୱକୁ ବଞ୍ଚାଇ ରଖିଥିଲେ ।

■

# ଦିଲ୍ଲୀ - ୨

ଊନବିଂଶ ଶତାବ୍ଦୀର ଶେଷ ଆଡ଼କୁ ଇଂରେଜ ବୁଝିପାରିଥିଲେ ଯେ, ଆଉ କଲିକତାରେ ରାଜଧାନୀ ରଖିବା ଉଚିତ ନୁହେଁ। ଇଂରେଜ ସାମ୍ରାଜ୍ୟ ଉତ୍ତର ପଶ୍ଚିମ ଆଡ଼କୁ ମାଡ଼ି ଯାଇଥିଲା ଏବଂ ତା' ଦ୍ୱାରା ରୁଷ ସାମ୍ରାଜ୍ୟର ବିସ୍ତାର ସହିତ ତାଙ୍କୁ ସମ୍ମୁଖୀନ ହେବାକୁ ପଡ଼ିଲା ସେ ସମୟର ସମସ୍ୟା ପଞ୍ଜାବ, ଆଫଗାନିସ୍ତାନ ଇତ୍ୟାଦି। ଏଣୁ ଗୋଟିଏ କାର୍ଯ୍ୟବାହକ ରାଜଧାନୀ ସିମଲାରେ ମଧ୍ୟ ଗଢ଼ି ଉଠିଥିଲା। ଇଂରେଜମାନଙ୍କ ମଧ୍ୟରେ ଦିଲ୍ଲୀର ଗୁରୁତ୍ୱ ଉପଲବ୍ଧି ହେଲା। ଦିଲ୍ଲୀରୁ ଶାସନ ନକଲେ ସେମାନଙ୍କ ସାମ୍ରାଜ୍ୟର ବୈଧତା ଆସିବ ନାହିଁ। ଏଣୁ ସ୍ଥିର ହେଲା ଯେ, ଇଂଲଣ୍ଡ ରାଜା ପଞ୍ଚମ ଜର୍ଜଙ୍କର ଭାରତ ସମ୍ରାଟ ହିସାବରେ ଦିଲ୍ଲୀରେ ଅଭିଷେକ (CORONATION) ହେବ। ତା' ଦ୍ୱାରା ଇଂରେଜ ରାଜାଙ୍କର ଭାରତ ସହିତ ବ୍ୟକ୍ତିଗତ ସମ୍ପର୍କ ସ୍ଥାପିତ ହେବ।

୧୨ ଡିସେମ୍ବର ୧୯୧୧ରେ ଦିଲ୍ଲୀରେ ପ୍ରସିଦ୍ଧ ଦରବାର ଅନୁଷ୍ଠିତ ହେଲା। ପଞ୍ଚମ ଜର୍ଜ ଦିଲ୍ଲୀକୁ ଭାରତର ରାଜଧାନୀ ବୋଲି ଘୋଷଣା କଲେ। ପଞ୍ଚମ ଜର୍ଜ ଆଦେଶ ଦେଇଥିଲେ ଯେ ନୂତନ ରାଜଧାନୀ ଅତି ସାବଧାନତାର ସହିତ ଗଠନ କରିବାକୁ ହେବ। ପ୍ରଥମେ ସ୍ଥିର ହୋଇଥିଲା ଯେ, ବର୍ତ୍ତମାନ ଦିଲ୍ଲୀ ବିଶ୍ୱବିଦ୍ୟାଳୟ ଅଞ୍ଚଳରେ ରାଜଧାନୀ କରିବାକୁ ହେବ। ସେହି ପାଖରେ ମଧ୍ୟ ଦରବାର ହୋଇଥିଲା। କିନ୍ତୁ ଦେଖାଗଲା ଯେ, ଏହା ସଂକୀର୍ଣ୍ଣ ଓ ବନ୍ୟା ବିପଦ ମଧ୍ୟ ଅଛି। ଏଣୁ ଟାଉନ ପ୍ଲାନିଂ କମିଶନ ଯେଉଁଥିରେ କି ଦିଲ୍ଲୀର ଭବିଷ୍ୟତର ପ୍ରଧାନ ବାସ୍ତୁଗତ ବିଶେଷଜ୍ଞ ଲୁଟୟେନସ୍ ସଭ୍ୟ ଥିଲେ, ଏହି ଉତ୍ତର ଦିଲ୍ଲୀକୁ ନାକଚ କରିଦେଲେ। ତା' ଜାଗାରେ ରାଏସିନାର ପଥୁରିଆ ଅଞ୍ଚଳ ବଛାଗଲା। ଲୁଟୟେନସ୍‌ଙ୍କ ପକ୍ଷରେ ଏପରି ଅବସର ଆଉ ମିଳିପାରି ନଥାନ୍ତା ତାଙ୍କୁ। ଆଉ ଗୋଟିଏ ରୋମ ଗଢ଼ିବାକୁ ଆଦେଶ ଦିଆଗଲା। ଜୀବନର ଏପରି ସୁଯୋଗ ଖୁବ୍ କମ୍ କଳାକାରଙ୍କ ଭାଗ୍ୟରେ ମିଳେ। ଲୁଟୟେନସ୍‌ଙ୍କ ସହଯୋଗୀ

ହେଲେ ସାର ହରବର୍ଟ ବେକର। ଏମାନଙ୍କର ସାହାଯ୍ୟକାରୀ ଥିଲେ ପ୍ରଧାନ ଠିକାଦାର ଶୋଭା ସିଂହ, ଧରମ ସିଂହ, ବଶାଖା ସିଂହ, ସେଠ ହାରୁନ, ନବାବ ଅଲ୍ଲୀ ଓ ଆହୁରି ଅନେକ।

ବର୍ତ୍ତମାନର ରାଷ୍ଟ୍ରପତି ଭବନ ତିଆରି କରିଥିଲେ ସେଠ ହାରୁନ ଓ ପାର୍ଲାମେଣ୍ଟ ଭବନକୁ ଲଛମନ ଦାସ। ନବାବ ଅଲ୍ଲୀ ରାଷ୍ଟ୍ରପତି ଭବନରର ମୋଗଲ ଗାର୍ଡେନ ଲଗାଇଥିଲେ। କିନ୍ତୁ ସବୁଠାରୁ ବଡ଼ ଠିକାଦାର ଥିଲେ ସୁଜାନ ସିଂହ ଓ ତାଙ୍କ ପୁଅ ଶୋଭା ସିଂହ। ସେମାନେ ସେ ସମୟରେ ନୂଆଦିଲ୍ଲୀରେ ବୃହତ ଜାଗା କିଣି ପକାଇଲେ। ତାଙ୍କର ନାଆଁରେ ସୁଜାନ ସିଂହ ପାର୍କ। ନୂଆଦିଲ୍ଲୀର ସମସ୍ତ ସୌଧ ୧୯୩୧ ବେଳକୁ ତିଆରି ସରିଥିଲା। ସମୟ ଲାଗିଥିଲା ପାଖାପାଖି ୨୦ବର୍ଷ ଏବଂ ପ୍ରାୟ ଦେଢ଼ କୋଟି ପାଉଣ୍ଡ ଖର୍ଚ୍ଚ ହୋଇଥିଲା। ସେତେବେଳେ ଟଙ୍କା ଏତେ ଶସ୍ତା ନଥିଲା। ବଡଲାଟ ଲର୍ଡ ହାର୍ଡ଼ିଂଜ ଖର୍ଚ୍ଚ କାଟ କରିବାର ଚେଷ୍ଟା କଲେ। ଏଣୁ ଲୁଟୟେନସ୍ ବଡ଼ ଅଫସୋସ୍ କରି କହିଥିଲେ, ବଡ଼ଲାଟ ଭାବୁଛନ୍ତି ତିନିବର୍ଷ ପରେ ଏ ଜାଗା କିପରି ଦେଖାଯିବ। ଆଉ ଭାବୁଛି ତିନିଶହ ବର୍ଷ ପରେ ଏହାର ରୂପ କ'ଣ ହେବ।

ଅନେକ ଲୁଟୟେନସ୍‌ଙ୍କୁ ସମାଲୋଚନା ମଧ୍ୟ କରିଛନ୍ତି। ଭାରତବର୍ଷରେ ତା'ରି ନିଜସ୍ୱ ବାସ୍ତୁକଳାର ଐତିହ୍ୟ ଥାଉଥାଉ ଗ୍ରୀସ୍, ରୋମାନ୍ ପଦ୍ଧତିର ସ୍ଥାପନାର କିଛି ଅର୍ଥ ହୁଏ ନାହିଁ। ଲୁଟୟେନସ୍ ତାଙ୍କ ସମସ୍ତ ଚେଷ୍ଟା ସତ୍ତ୍ୱେ ମଧ୍ୟ ଶାହାଜାହାନଙ୍କ ସ୍ଥାପତ୍ୟ ଠାରୁ ଅନେକ ପଛରେ। ଏଥିରେ ସେ ଗୌରବର୍ଣ୍ଣ ବିଜେତାର ପ୍ରଚ୍ଛନ୍ନ ଔଦ୍ଧତ୍ୟ ରହିଛି; ତାହା ସ୍ୱୀକାର କରିବାକୁ ହେବ। କିନ୍ତୁ ଲୁଟୟେନସ୍‌ଙ୍କ ସ୍ଥାପତ୍ୟରେ ମଧ୍ୟ ଏକ ବିଶେଷତା ଅଛି। ସେ ଶୂନ୍ୟସ୍ଥାନ (SPACE)କୁ ମଧ୍ୟ ସ୍ଥାପତ୍ୟର ଏକ ମାଧ୍ୟମ ରୂପେ ବ୍ୟବହାର କରିଛନ୍ତି ଏବଂ ଏଥିରେ ଅତ୍ୟନ୍ତ ଦୃଷ୍ଟିମଧୁର ସାଫଲ୍ୟ ଲାଭ କରିଛନ୍ତି। ତାଙ୍କର ପ୍ରଧାନ କୃତୀ ହେଲା ରାଜପଥ। ପୁରାନା କିଲ୍ଲା ବା ପ୍ରାଚୀନ ଇନ୍ଦ୍ରପ୍ରସ୍ଥ ଠାରୁ ଆରମ୍ଭ କରି ଏହା ଧୀରେଧୀରେ ରାଷ୍ଟ୍ରପତି ଭବନକୁ ଉଠି ଆସିଛି। ପ୍ରତ୍ୟେକ ସୌଧ, ଜଳାଶୟ, ରାସ୍ତା, ଗଛ ସବୁ ଏକ ଜୀବନ୍ତ ସମଷ୍ଟି। କ୍ଷମତାର ପ୍ରତୀକ ହେଲା ବଡଲାଟଙ୍କ ନିବାସ ଓ ତା'ର ଦୁଇପଟେ ସେକ୍ରେଟେରିଅଟ୍‌ର ଦୁଇଟି ଦୁର୍ଗପରି ସୌଧ, ନର୍ଥ ବ୍ଲକ୍ ଓ ସାଉଥ ବ୍ଲକ୍। ସତେ ଯେପରି ସିଂହ ଦରଜାର ଦୁଇଟି ଅତିକାୟ ସିଂହ।

ରାଷ୍ଟ୍ରପତି ଭବନରୁ ରାଜପଥ ଆସି ଶେଷ ହୁଏ ଇଣ୍ଡିଆ ଗେଟ୍ ପାଖ ଷଟ୍‌କୋଣ ବଗିଚାରେ। ତା'ର ମଝିରେ ଇଣ୍ଡିଆ ଗେଟ୍। ତା' ଉପରେ ଖୋଦେଇ ହୋଇଛି ଯୁଦ୍ଧରେ ପ୍ରାଣ ଦେଇଥିବା ସୈନିକମାନଙ୍କ ନାମ। ଆଜିକାଲି ସେଠି ଅମର ଯବାନଜ୍ୟୋତି ପ୍ରଜ୍ୱଳିତ। ଏଠି ପ୍ରତ୍ୟେକ ସୌଧ ସ୍ଥାପତ୍ୟ ନୁହେଁ, ଭାସ୍କର୍ଯ୍ୟର ନିଦର୍ଶନ।

ସନ୍ଧ୍ୟା ସମୟରେ ଆକାଶରେ ଆଲୋକର ପରିବର୍ତ୍ତନ ସଙ୍ଗେସଙ୍ଗେ ରାଜପଥରେ ମଧ୍ୟ ଏକ କାଉଁରୀକାଠି ବାଜିଯାଏ। ମନେହୁଏ ଏହାର ପ୍ରାଣ ଅଛି। ଲୁଟୟେନସ୍ ନିଶ୍ଚୟ ଜାମା ମସଜିଦ୍ ସଙ୍ଗେ ସମକକ୍ଷ ହେଲାଭଳି କୌଣସି ସୌଧ ତିଆରି କରିନାହାନ୍ତି। କିନ୍ତୁ ଏକଥା ସତ ଯେ ମୋଗଲମାନେ ରାଜପଥ ପରି କୌଣସି ସ୍ଥାନ ସୃଷ୍ଟି କରିନାହାନ୍ତି।

ହୁଏତ ଲୁଟୟେନସ୍ ମଧ୍ୟ ଭାରତକୁ ଭଲ ପାଉଥିଲେ। ଯଦିଚ ତାହା ବ୍ରିଟିଶ ଶାସିତ ତଥାପି ତାହା ଭାରତ। ରାଷ୍ଟ୍ରପତି ଭବନର ଏକ ସ୍ତମ୍ଭ (ଜୟପୁର କଲମରେ) ଗୋଟିଏ ଲେଖା ଖୋଦିତ ଅଛି ଯାହାର ଓଡ଼ିଆ ଅନୁବାଦ ଏହି ପ୍ରକାରେ ହେବ :

ତୁମ ଚିନ୍ତାରେ ଭରିଦିଅ ବିଶ୍ୱାସ
ତୁମ କର୍ମରେ ସାହସ
ତୁମ ଜୀବନରେ ବଳିଦାନ।

ଆଜି ଶାହାଜାହାନଙ୍କର ଦିଲ୍ଲୀ ନାହିଁ। ଲୁଟୟେନସ୍‌ଙ୍କ ନୂଆଦିଲ୍ଲୀ ମଧ୍ୟ ଜନଗହଳିରେ ଲୁପ୍ତ ପ୍ରାୟ। ଅତିକାୟ ଏବଂ ଅତିଅସୁନ୍ଦର ବହୁମହଲା କୋଠା ବର୍ଷାଦିନର ଛତୁପରି ଚାରିଆଡ଼େ ଫୁଟି ଉଠୁଛି। ଅସୁନ୍ଦର ଦିଗ୍‌ବଳୟ। ସହର ତଳି ବସ୍ତିର କୁତ୍ସିତତାର ଉପାୟ ଅଛି। କିନ୍ତୁ କୋଡ଼ିଏ ତାଲା ଏହି ଆସୁରିକ ଡିଆସିଲି ଡବାର ଔଷଧ କ'ଣ ? ହେ ବିଶ୍ୱକର୍ମା। ତୁମେ ହିଁ ଉପାୟ ଦେଖାଅ।

ଦିଲ୍ଲୀ ଧୀରେଧୀରେ ଯମୁନା କୂଳେକୂଳେ ଦକ୍ଷିଣରୁ ଉତ୍ତର ଆଡ଼କୁ ଗତି କରୁଥିଲା। ଲାଲାକୋଟ, କିଲାରାୟ ପିଥୋରା, ଜହାଁପନାହ, ସିରି, ତୁଗଲକାବାଦ, ଦୀନପନାହି, ଫିରୋଜାବାଦ ଓ ଶାହାଜାହାନାବାଦ ଏବଂ ଶେଷରେ ଇଂରେଜଙ୍କ ନୂଆଦିଲ୍ଲୀ। କିନ୍ତୁ ବର୍ତ୍ତମାନର ଦିଲ୍ଲୀ ଏସବୁ ଗ୍ରାସକରି ଆଖପାଖର ସମସ୍ତ ଗ୍ରାମାଞ୍ଚଳ ମଧ୍ୟ ନିଜ ପେଟରେ ପୂରେଇ ସାରିଲାଣି। ଦିଲ୍ଲୀ ଆଉ ଦିଲ୍ଲୀ ହୋଇନାହିଁ। ସତରେ କ'ଣ ଜନକପୁରୀର ନିବାସୀ କହିପାରିବେ ଯେ ସେ ଦିଲ୍ଲୀର ବାସିନ୍ଦା। ତା'ର ଆଉ ଦିଲ୍ଲୀ ସହିତ ନାଡ଼ିର ସମ୍ପର୍କ ନାହିଁ। ବର୍ତ୍ତମାନ ଦିଲ୍ଲୀ ଏକ ନଗର ନୁହେଁ। ଏହା ଏକ ନଗରର ସମଷ୍ଟି। ଏ ପ୍ରକାର ନାଗରିକ ବ୍ୟକ୍ତିତ୍ୱର ବିକାଶ ଏ ପର୍ଯ୍ୟନ୍ତ ଦିଲ୍ଲୀରେ ହୋଇନାହିଁ। ଲୋକେ ଆଉ ବୁଲିବାକୁ ଇଣ୍ଡିଆ ଗେଟ୍ ଆସୁନାହାନ୍ତି। କାରଣ ଭାରତର ଅନ୍ୟ ଜାଗାର ପର୍ଯ୍ୟଟକମାନଙ୍କର ସେତିକି ପରିଚୟ, ଯେତିକି  ଅନ୍ୟ ଜାଗାର ପର୍ଯ୍ୟଟକମାନଙ୍କର। କୁତବମୀନାର୍ ବା ଲାଲକିଲାକୁ ସେମାନେ ନିଜର ବୋଲି ଭାବି ଶିଖି ନାହାନ୍ତି। କେବଳ ଆଶା କରାଯାଇପାରେ ଯେ, ଭବିଷ୍ୟତରେ ତାଙ୍କ ପିଲାମାନେ ଅନୁଭବ କରିବେ।

ଦିଲ୍ଲୀକୁ ଚିରକାଳ ବାହାରୁ ଲୋକ ଆସୁଥିଲେ ଏବଂ ଅନେକ ରହି ଯାଉଥିଲେ।

ସେମାନେ ନିଜର ଏକ ଏକ ସାହି ମଧ୍ୟ ଗଢ଼ି ନେଉଥିଲେ। ମୋଗଲ କାଳର ନାମ ଦେଖନ୍ତୁ। ଆରବ କି ସରାୟ, ମୁଲତାନି ଢାଞ୍ଚା ଇତ୍ୟାଦି। ବର୍ତ୍ତମାନ ମଧ୍ୟ ଏହାର ଲକ୍ଷଣ ଦେଖାଯାଏ। ଯେପରି ଚିତ୍ତରଞ୍ଜନ ପାର୍କ ବଙ୍ଗାଳି, ପଂପୋଶ କାଶ୍ମିରୀ। ଦିଲ୍ଲୀରେ ବହୁ ଦକ୍ଷିଣ ଭାରତୀୟ ବିଶେଷକରି ତାମିଲ ଓ ମାଲାୟାଲି ସ୍ଥାୟୀ ବାସିନ୍ଦା ହୋଇଗଲେଣି। ସେମାନଙ୍କ ସଂଖ୍ୟା ଏତେ ବେଶୀ ଯେ ବର୍ତ୍ତମାନ ସେମାନଙ୍କର ସମ୍ପର୍କ ତାମିଲନାଡୁ ସହିତ କମି ଯାଉଛି ଏବଂ ସେମାନେ ନିଜନିଜ ମଧ୍ୟରେ ବୈବାହିକ ସମ୍ପର୍କ ସ୍ଥାପନ କରୁଛନ୍ତି। ସେମାନେ ନିଜର ସାଂସ୍କୃତିକ ସମ୍ପର୍କ ବିଷୟରେ ଅତିରକ୍ତ ସଚେତନ। ଦକ୍ଷିଣର ଦିଲ୍ଲୀରେ ନାନା ସ୍ଥାନରେ ଗୋପୁରମ୍ ସଂଯୁକ୍ତ ମନ୍ଦିର। କର୍ଣ୍ଣାଟକ ପଦ୍ଧତିର ସଂଗୀତ ଚର୍ଚ୍ଚା ଯଥେଷ୍ଟ ଏବଂ ଏଥିଲାଗି ଉତ୍ତମ ପ୍ରତିଷ୍ଠାନମାନ ଅଛି। ଅଥଚ ଦିଲ୍ଲୀର ତାମିଲମାନେ ମଧ୍ୟ ଦିଲ୍ଲୀର ସଂସ୍କୃତି ସହିତ କେତେକ'ଟା ଜଡ଼ିତ। ସେମାନେ ବିଶେଷକରି ଟୋକାମାନେ ପଞ୍ଜାବୀ ମିଶ୍ରିତ ହିନ୍ଦୀ କହନ୍ତି। ଦିଲ୍ଲୀର ତାମିଲମାନେ ତାମିଲନାଡୁ ଫେରିବାକୁ ନାରାଜ। ବର୍ତ୍ତମାନ ଏଠି ଏକ ମିଶ୍ରିତ ସଂସ୍କୃତିର ଗଠନ ହେଉଛି। ହୁଏତ ଭବିଷ୍ୟତରେ ଦିଲ୍ଲୀର ତାମିଲ ସଂସ୍କୃତି ଏକ ବିଶିଷ୍ଟ ଓ ନିଜସ୍ୱ ରୂପ ଧାରଣ କରିବ। ଅନ୍ୟାନ୍ୟ ପ୍ରାଦେଶିକ ସଂସ୍କୃତିର ଏଭଳି ବିକାଶର ସମ୍ଭାବନା ବିଶେଷ ନୁହେଁ। ପଞ୍ଜାବୀଙ୍କ ସମସ୍ୟା ହେଲା ଯେ, ପଞ୍ଜାବ ଅତି ପାଖରେ। ଏଣୁ ଦିଲ୍ଲୀରେ ଏକ ସ୍ୱତନ୍ତ୍ର ପଞ୍ଜାବୀ ସଂସ୍କୃତି ଗଢ଼ି ଉଠିପାରୁ ନାହିଁ। ଅଥଚ ପଞ୍ଜାବୀ ଭାଷା କେତେକ ପରିମାଣରେ ସମସ୍ତଙ୍କୁ ପ୍ରଭାବିତ କରୁଛି। କିନ୍ତୁ ମୋ ମତରେ ଦିଲ୍ଲୀର ପଞ୍ଜାବୀମାନଙ୍କର ମଧ୍ୟ ଭବିଷ୍ୟତରେ ଏକ ନିର୍ଦ୍ଦିଷ୍ଟ ସାଂସ୍କୃତିକ ସତ୍ତା ନିଶ୍ଚୟ ବିକଶିତ ହେବ। ସେଥିଲାଗି ଆଉ କିଛି ସମୟ ଲାଗିବ। ପଞ୍ଜାବୀ ସାମୂହିକ ମନ ଉପରେ ଦେଶ ବିଭାଜନ ଓ ତା'ର ଆନୁସଙ୍ଗିକ ଅ-ସୁରକ୍ଷାର ଭାବନା ଏପର୍ଯ୍ୟନ୍ତ ବଳିୟାନ। ଯେତେବେଳେ ତାହା ଚାଲିଯିବ, ପଞ୍ଜାବୀ ସମାଜ ଯାହାକି ଏ ପର୍ଯ୍ୟନ୍ତ ଆର୍ଥିକ ସ୍ଥିରତା ଉପରେ ବଳ ଦେଉଥିଲା ତା'ର ସଂସ୍କୃତି ସତ୍ତା ଅବଶ୍ୟ ପ୍ରକାଶ କରିବ ଏବଂ ତାହା ଅନେକାଂଶରେ ପଞ୍ଜାବର ସାଂସ୍କୃତିକ ପ୍ରକାଶ ଠାରୁ ଭିନ୍ନ ହେବ। କାରଣ ପଞ୍ଜାବର ପଞ୍ଜାବୀ ସଂସ୍କୃତି ଗ୍ରାମ ଓ ଛୋଟ ସହରକୁ ଭିତ୍ତିକରି ଗଢ଼ି ଉଠିଛି ଏବଂ ଦିଲ୍ଲୀର ପଞ୍ଜାବୀ ସଂସ୍କୃତି ହେବ ମହାନଗରର।

■

# ମୋଗଲ ସାମ୍ରାଜ୍ୟର ଅସ୍ତରାଗ - ୧

ସୂର୍ଯ୍ୟାସ୍ତର ଯେ ବିଶେଷ ଏକ ସୌନ୍ଦର୍ଯ୍ୟ ଅଛି, ତା' ସମସ୍ତଙ୍କୁ ସ୍ୱୀକାର କରିବାକୁ ହେବ। ଏହା ଦିବସର ମୃତ୍ୟୁ ଓ ରାତ୍ରିର ଜନ୍ମ। ସେହିପରି ସୂର୍ଯ୍ୟୋଦୟ ରାତ୍ରିର ମୃତ୍ୟୁ ଓ ଦିବସର ଜନ୍ମ। ଏଥିଲାଗି ସଂସ୍କୃତରେ ସନ୍ଧ୍ୟା ସମୟଟା ଉଭୟ ଲାଗି ପ୍ରଯୁଜ୍ୟ। ଏହା ଏକ ପରିବର୍ତ୍ତନର ସମୟ। ପ୍ରାକୃତିକ ସନ୍ଧ୍ୟା ବିଷୟରେ ତ ସମସ୍ତେ ଜାଣନ୍ତି। କିନ୍ତୁ ରାଜନୈତିକ ଓ ସାମାଜିକ ସନ୍ଧ୍ୟା ମଧ୍ୟ ଅତ୍ୟନ୍ତ ଚିତ୍ତାକର୍ଷକ ଓ କୌତୂହଳ ଉଦ୍ଦୀପକ। ଆସନ୍ତୁ, ମୋଗଲ ସାମ୍ରାଜ୍ୟର ସନ୍ଧ୍ୟା ଉପରେ ଦୃଷ୍ଟିପାତ କରିବା। ମୋଗଲ ସାମ୍ରାଜ୍ୟ ପକ୍ଷାଘାତକ୍ଲିଷ୍ଟ ବୃଦ୍ଧ। ଯୁବକ ଶକ୍ତିସବୁ, ଯଥା- ମରାଠା, ରୋହିଲା, ଇଂରେଜ ଇତ୍ୟାଦି ଅପେକ୍ଷା କରି ବସିଛନ୍ତି, ବୁଢ଼ା କେବେ ମରିବ। ଯଦିଚ ବୁଢ଼ା ପଙ୍ଗୁ ଓ ଅକ୍ଷମ ତଥାପି ବୁଢ଼ାର ଆଗରୁ ଏପରି ନାମଡାକ ରହିଯାଇଛି ଯେ ସେ ଥାଉ ଥାଉ ତା' ସମ୍ପତ୍ତି ଉପରେ ହାତଦେବା ଅସମ୍ଭବ। ପାରସ୍ୟର ନାଦିରଶାହ ଆକ୍ରମଣ କରି ଦିଲ୍ଲୀରୁ ମୟୂର ସିଂହାସନ ଓ ଅଗଣିତ ମୂଲ୍ୟବାନ ବସ୍ତୁ ଏବଂ ଧନରତ୍ନ ଲୁଟିକରି ଚାଲିଗଲାଣି। କିନ୍ତୁ ନାଦିରଶାହର ଆକ୍ରମଣ ଝଣ୍ଟିଆଭୂତ ଭଳି ଆସିଲା ଓ ଗଲା। ଦିଲ୍ଲୀ ଓ ଭାରତବର୍ଷକୁ ନେଇ ଯେଉଁମାନେ ଖେଳୁଆଡ଼ ହୋଇଥିଲେ ସେମାନେ କିଛି ଶିଖିଲେ ନାହିଁ। ଅବସ୍ଥା ଯଥାପୂର୍ବଂ ତଥା ପରଂ।

ସମୟ ଅଷ୍ଟାଦଶ ଶତାବ୍ଦୀର ପ୍ରଥମାର୍ଦ୍ଧ ଓ ତା' ପାଖାପାଖି। ଏ ସମୟରେ ରାଜନୈତିକ ଅବସ୍ଥା କ'ଣ ଥିଲା ସେ ବିଷୟରେ ଅନେକ କାଗଜପତ୍ର ମିଳେ ଓ ତାହା ମନୁଷ୍ୟର ନୀଚତାର ଏକ ସୁଦୀର୍ଘ ତାଲିକା। ଦଗାବାଜୀ, କୃତଘ୍ନତା, କ୍ଷୁଦ୍ର ସ୍ୱାର୍ଥ ସର୍ବସ୍ୱତା ଇତ୍ୟାଦିର ଏକ କ୍ଳାନ୍ତିକର ଖତିଆନ। ତେବେ ଏ କ୍ଷମତାଶାଳୀ ଜୁଆଡ଼ିଙ୍କୁ ବାଦ୍ ଦେଲେ ସାଧାରଣ ଲୋକେ ତ ଫେର ଚଳୁଥିବେ। ତାଙ୍କ ଜୀବନଯାତ୍ରା କିପରି ଥିଲା ? ତାଙ୍କର ସୁଖ ଦୁଃଖର ଖବର କ'ଣ ? ଏ ବିଷୟରେ ସାଲାରଜଙ୍ଗ୍ ଏକ ଡାଇରି ଲେଖିଥିଲେ। ତା'ର ନାମ ମୁରକ୍କା-ଇ-ଦିଲ୍ଲୀ। ଏଥିରୁ ଜନସାଧାରଣଙ୍କ ଦୈନନ୍ଦିନ

ଜୀବନଯାତ୍ରାର ଏକ ସୁନ୍ଦର ଚିତ୍ର ମିଳେ। ଯେତେଦୂର ଜଣାପଡ଼େ, ଏହି ରାଜନୈତିକ ମଲ୍ଲଯୁଦ୍ଧ ଜନତାର ଜୀବନ ଉପରେ ଯେପରି ବେଶି ପ୍ରଭାବ ପକାଇ ପାରିନଥିଲା। ତେବେ ସୁରକ୍ଷାର ଅଭାବ ବ୍ୟାପକ ଭାବେ ଅନୁଭୂତ ହେଉଥିଲା। କାଲି କ'ଣ ହେବ ତା' ଅନିଶ୍ଚିତ। ଏଣୁ ଖାଅ, ପିଅ, ମୌଜ୍ କର। କାଲିକି କିଏ ଥିବ କିଏ ନଥିବ କହିବା ମୁସ୍କିଲ। ନୈତିକତାର ସମସ୍ତ ମାନ ଭୁଷୁଡ଼ି ଯାଇଥିଲା। ମୁଲ୍ଲା ମସଜିଦ୍‌ରେ ବକ୍ତୃତା ଦେଉଥିଲା। ଲୋକେ ମଧ୍ୟ ତାକୁ ଶୁଣୁ ଥିଲେ। କିନ୍ତୁ ଜନମାନସ ଉପରେ ତାହା କୌଣସି ପ୍ରଭାବ ପକାଇପାରୁ ନଥିଲା। ଧର୍ମ ହୋଇ ଯାଇଥିଲା ବାହ୍ୟ ଆଚରଣ ସର୍ବସ୍ୱ। ଦିଲ୍ଲୀ ଓ ତା' ଆଖପାଖରେ ବହୁତ ଦରଘା ଅର୍ଥାତ୍ ପୀର ବା ମୁସଲମାନ ସନ୍ଥଙ୍କ କବର। ଦରଘାକୁ ସିଆରତ୍ ବା ତୀର୍ଥ କରିବାକୁ ଯିବା ଅତ୍ୟନ୍ତ ଜନପ୍ରିୟ ହୋଇ ଯାଇଥିଲା। ଯଥା ରବିବାର ଶେଖ ନସିରୁଦ୍ଦିନ ଚିରାଗଦିଲ୍ଲୀଙ୍କ ଦିନ। ସେଦିନ ତାଙ୍କ ଦରଘାକୁ ଯିବା କଥା। ସେହିପରି ବୁଧବାର ହଜରତ ନିଜାମୁଦ୍ଦିନଙ୍କର, ଗୁରୁବାର କୁତବମୀନାର ପାଖରେ ମେହେରୌଲିରେ ହଜରତ କୁତବୁଦ୍ଦିନଙ୍କ ଲାଗି ଉଦ୍ଦିଷ୍ଟ। ଏହି ଦିନମାନଙ୍କରେ ଦରଘାରେ ବହୁତ ଲୋକ ହେଉଥିଲେ। ତା'ସାଙ୍ଗେ ସାଙ୍ଗେ ବହୁତ କିଣାବିକା ହେଉଥିଲା। ତା'ଛଡ଼ା ଏସବୁ ସ୍ଥାନରେ ପ୍ରେମିକ ପ୍ରେମିକାଙ୍କ ଦେଖା ହେବାର ବହୁତ ସୁବିଧା। ପ୍ରଥମେ ତ ଧର୍ମସ୍ଥାନ। ଏଣୁ ସନ୍ଦେହର ଅବକାଶ କମ୍। ପୁଣି ଗୁପ୍ତ ପ୍ରେମ ହେଉ ବା ଗୁପ୍ତଚର ବୃତ୍ତି ହେଉ ମିଳନ ସ୍ଥଳ ବା ଇଂରେଜୀରେ ଯାହାକୁ କହନ୍ତି Rendizvous ହୁଏତ ଏକଦମ ନିରୋଳା ସ୍ଥାନରେ ହେବ ନଚେତ୍ ଗହଳି ଜାଗାରେ।

ପର୍ବପର୍ବାଣୀ ଖୁବ୍ ଧୂମଧାମରେ ହେଉଥିଲା। ଇଦୁଲ୍ ଫିତର୍, ଇଦୁଜୁହା ବା ବକ୍ରିଇଦ୍, ମହରମ୍, ହୋଲି, ଦୀପାବଳୀ ଓ ଦଶହରା ଖୁବ୍ ଜାକଜମକରେ ହେଉଥିଲା। କିନ୍ତୁ ହିନ୍ଦୁ-ମୁସଲମାନ୍ ଉଭୟ ଏକ ପର୍ବ ପାଳନ କରୁଥିଲେ। ତା'ର ନାମ ବସନ୍ତ। ଏହା ବସନ୍ତ ପଞ୍ଚମୀରୁ ଆରମ୍ଭ ହୋଇ ସପ୍ତାହେ ଚାଲୁଥିଲା। ସପ୍ତାହଟା ଯାକ ନାଚ ଗାନା ଓ କଓ୍ୱାଲୀ। ଶେଷଦିନ ଏକ କାଳ୍ପନିକ ପୀରଙ୍କ କବରରେ ମହୋତ୍ସବ ହେଉଥିଲା। ଉତ୍ସବ ଆରମ୍ଭ ହେଉଥିଲା ପୀରଙ୍କ କବରକୁ ମଦରେ ଧୋଇ। ଭକ୍ତଗଣ ଅବଶ୍ୟ ପାଦୁକ ପାଉଥିବେ। ବୋଧହୁଏ ଏହା ଜନସାଧାରଣଙ୍କର ଏକ ସ୍ୱତଃସ୍ଫୁର୍ତ୍ତ କାର୍ଯ୍ୟକ୍ରମ। ଦୁଃଖଦ ବାସ୍ତବିକତାକୁ ଭୁଲିଯିବାର ଏକ ସାମୂହିକ ପ୍ରୟାସ। ଏହି ପର୍ବ ଲାଗି କୌଣସି ପରିଚାଳନା ସମ୍ମତି ନଥିଲା। କିନ୍ତୁ ମୋଟାମୋଟି ଏକ ବୁଝାମଣା ଥିଲା ଓ ସବୁ ସୁରୁଖୁରୁରେ ହୋଇ ଯାଉଥିଲା।

ସେ ସମୟର ବଡ଼ ଓ ସୌଖୀନ ବଜାର ଥିଲା ଚାନ୍ଦିନୀଚୌକ ଓ ଚୌକ

ସାଦୁଲ୍ଲା ଖାଁ। ଚୌକ ସାଦୁଲ୍ଲା ଖାଁ ଆଉ ନାହିଁ। ଏଠି ଅତ୍ୟନ୍ତ ଭିଡ଼ ହେଉଥିଲା। ରାସ୍ତା କଡ଼େକଡ଼େ ଅଦ୍ଭୁତ ଦୃଶ୍ୟ। ଗୋଟିଏ ଜାଗାରେ ବାଇ ନାଚ ହେଉଛି। ପ୍ରଚୁର ଦେଖଣାହାରୀ। ତା' ପାଖରେ ଜଣେ ମୌଲବୀ ସାହେବ ଏହି ନାଚ ଦେଖାଳି ପାପିଷ୍ଠଗଣଙ୍କର ଶେଷ ବିଚାରର ଦିନ। ଭାଗ୍ୟରେ କ'ଣ ଅଛି ତା' ବିଷୟରେ ଏକ ଓଜସ୍ୱିନୀ ବକ୍ତୃତା ଝାଡୁଛନ୍ତି। ଦେଖଣାହାରୀ ତାଙ୍କୁ ମଧ୍ୟ ଦି' ଚାରି ପଇସା ପକାଇ ଦେଇ ଯାଉଛନ୍ତି। ତା' ପାଖରେ ଜ୍ୟୋତି ହାତ ଦେଖୁଛନ୍ତି। ନିକଟରେ ଦବେଇବାଲା। ଭିନ୍ନ ଭିନ୍ନ ରୋଗର ଲକ୍ଷଣ ସମ୍ପର୍କରେ ଏମିତି ବର୍ଣ୍ଣନା ଦେଉଛନ୍ତି ଯେ ରୁମ ଟାଙ୍କୁରି ଉଠିବ ଏବଂ ସେଥିଲାଗି ସେ କିପରି ହିମାଳୟରେ ନିଜର ଜୀବନ ବିପନ୍ନ କରି ମାଙ୍କଡ଼ ଓ ଭାଲୁମାନଙ୍କ ଠାରୁ ନାନା ଚେରମୂଳୀ ସଂଗ୍ରହ କରୁଛି ଏବଂ ତା' ସବୁ ପ୍ରାୟ ବିନା ମୂଲ୍ୟରେ ବିକ୍ରୀ କରୁଛି ତା'ର ବିଶଦ ବିବରଣୀ, ତା'ର ଦବେଇ ପାଚନ ଶକ୍ତି ଆଉ ଏକ ଶକ୍ତି ବିଷୟରେ ଯାହା ସହଜେ ଅନୁମେୟ। ଯତ୍ରତତ୍ର ମଦ ଦୋକାନ। ସେ ସମୟରେ ଦିଲ୍ଲୀର ଦୁଇଟା ବଡ଼ ମୋହଲ୍ଲା ବା ଅଂଶ କସାଲପୁରା ଓ ନାଗଲ ଗଣିକାଳୟରେ ପୂର୍ଣ୍ଣ। ସେ ସମୟରେ କେତେକ ଗଣିକା ରାଜା ଉଜୀରଙ୍କ ପରି ପ୍ରସିଦ୍ଧି ଲାଭ କରିଥିଲେ ଏବଂ ହାତୀରେ ଯିବା ଆସିବା କରୁଥିଲେ। ଏମାନେ କେବଳ ସମାଜର ଉଚ୍ଚସ୍ତର ସହିତ ସମ୍ପର୍କ ରଖୁଥିଲେ ଏବଂ କଳାକାର ଓ ସଂଗୀତଜ୍ଞ ହିସାବରେ କାମ କରୁଥିଲେ।

ମୋଟମୋଟି ଦିଲ୍ଲୀ ସେ ସମୟରେ ପଞ୍ଚମକାର ଉପାସନାରେ ମତ୍ତ। ଭବିଷ୍ୟତ ବିଷୟରେ କାହାର କିଛି ଚିନ୍ତା ନଥିଲା। କାରଣ ଭବିଷ୍ୟତ ଯେ ଅନ୍ଧକାରମୟ ସେ ବିଷୟରେ କାହାର କିଛି ସନ୍ଦେହ ନଥିଲା। କିନ୍ତୁ ସେ ସମୟରେ ଏପରି ଏକ କ୍ଷୁଦ୍ର ବୀଜ ବପନ କରାଗଲା ଯାହାର ଫଳ ସୁଦୂର ପ୍ରସାରିତ। ମୋଗଲ ଦରବାର ଦୁଇ ଭାବରେ ବିଭକ୍ତ ହୋଇଗଲା। ଇରାନୀ, ତୁରାନୀ ଓ ଅନ୍ୟ ବିଦେଶାଗତ ଅମୀର ଉମରା ଭାରତୀୟମାନଙ୍କୁ ଛୋଟଲୋକ ବୋଲି ଭାବୁଥିଲେ। ଫଳରେ ଏକ ସ୍ୱଦେଶୀ ପାର୍ଟି ଗଢ଼ି ଉଠିଲା। ରାଜପୁତମାନଙ୍କ କଥା ସ୍ୱତନ୍ତ୍ର। ସେମାନେ ମୋଗଲ ଦରବାରରେ ଥିଲେ ମଧ୍ୟ ତାଙ୍କର ସବୁବେଳେ ନିଜ ଦେଶ ରାଜପୁତାନା ସହିତ ଯୋଗସୂତ୍ର ଥିଲା। ଏବଂ ସେମାନେ ସମ୍ରାଟଙ୍କ ଦୟା ଉପରେ ଏତେ ନିର୍ଭରଶୀଳ ନଥିଲେ। କିନ୍ତୁ ହିନ୍ଦୁସ୍ତାନୀ ମୋଗଲମାନଙ୍କର ସ୍ଥାନ ଉଚ୍ଚ ନଥିଲା। ଏହାଙ୍କର ନେତୃତ୍ୱ ନେଲେ ସୈୟଦ ଭ୍ରାତା।

ଏ ଦୁଇଜଣ ବିହାରୀ ଅବଦୁଲ୍ଲା ଖାଁ ଓ ହୋସେନ ଅଲ୍ଲୀ ଲଟରୀ ଜିତିଗଲେ। ଏମାନଙ୍କ ଯୋଗ୍ୟତା ବିଷୟରେ କୌଣସି ସନ୍ଦେହ ନଥିଲା। କିନ୍ତୁ ଆଉରଙ୍ଗଜେବଙ୍କ ପରେ ଏମାନଙ୍କ ଦୁର୍ଦ୍ଦିନ ଆସି ଯାଇଥିଲା। ଏମାନେ ଫରୁକସିୟାରଙ୍କୁ ସମର୍ଥନ କଲେ

ଓ ୧୭୧୩ ଖ୍ରୀଷ୍ଟାବ୍ଦରେ ଜହାନଦାର ଶାହଙ୍କୁ ବିତାଡ଼ିତ କରି ଫରୁକସିୟାରଙ୍କୁ ସିଂହାସନରେ ବସାଇଲେ। କିନ୍ତୁ ବିଦେଶୀ ପାର୍ଟି ସୈୟଦ ଭ୍ରାତାମାନଙ୍କୁ ସହିପାରୁନଥିଲେ। ସୈୟଦ ଭ୍ରାତୃଦ୍ୱୟ ଭାରତୀୟ ହେବାରେ ଗର୍ବ ଅନୁଭବ କରୁଥିଲେ ଓ ବିଦେଶୀ ମୁସଲମାନ୍ ଅପେକ୍ଷା ଭାରତୀୟ ହିନ୍ଦୁମାନଙ୍କୁ ବେଶୀ ବିଶ୍ୱାସ କରୁଥିଲେ। ଫରୁକସିୟାର ମସ୍ତବଡ଼ ଭୁଲ୍ କଲେ। ସେ ସୈୟଦ ଭ୍ରାତାଙ୍କ ଅଭିଭାବକତ୍ୱ ପସନ୍ଦ ନକରି ବିଦେଶୀ ପାର୍ଟି ସଙ୍ଗେ ମିଶି ଆରମ୍ଭ କଲେ ସୈୟଦ ଭ୍ରାତାଙ୍କ ବିରୁଦ୍ଧରେ ଷଡ଼ଯନ୍ତ୍ର। ଏସବୁ ଚାଲାକି ସୈୟଦ ଭ୍ରାତାଙ୍କ ପାଖେ ଚାଲିବା ଅସମ୍ଭବ। ଫରୁକସିୟାରଙ୍କୁ ଅନ୍ଧ କରି ଦିଆଗଲା ଓ ସେ ଆଜୀବନ ବନ୍ଦୀ ହେଲେ।

କିନ୍ତୁ ସୈୟଦ ଭ୍ରାତାଦ୍ୱୟ କାର୍ଯ୍ୟତଃ ସମ୍ରାଟ ହେଲେ ମଧ୍ୟ ଆଇନଗତ ଭାବରେ କେବଳ ତିମୁରଙ୍କ ବଂଶଧର ହିଁ ମୋଗଲ ସମ୍ରାଟ ହୋଇପାରିବେ। ଏଣୁ ଏମାନେ ଅନେକ ଚିନ୍ତା ଓ ତତୋଽଧିକ ଅଲୋଚନା ପରେ ସ୍ଥିର କଲେ ଯେ, ଆଉରଙ୍ଗଜେବ୍‌ଙ୍କର ନାତି ମୃତ ସମ୍ରାଟ ଆଦିମ-ଓସ୍ୱାନଙ୍କ ସାନଭାଇ ରଫି-ଓସ୍ୱାନଙ୍କ ଜ୍ୟେଷ୍ଠପୁତ୍ର  ଯୁବକ ମହମ୍ମଦ ଇବ୍ରାହିମ୍‌ଙ୍କୁ ସିଂହାସନରେ ବସାଇବେ। ଏଣୁ ତତ୍‌କ୍ଷଣାତ ଦୂତ ରଫି-ଓସ୍ୱାନଙ୍କ ହାବେଲୀ ଅର୍ଥାତ ପ୍ରାସାଦକୁ ପଠାଗଲା। ଦୂତଗଣଙ୍କର ହାବେଲୀରେ ଆଗମନ ଓ ତା' ସଙ୍ଗେସଙ୍ଗେ ତାରସପ୍ତକ ସ୍ୱରରେ ନାରୀ କଣ୍ଠରୁ କରୁଣ ରୋଦନ ଓ ଅଶ୍ରାବ୍ୟ ଅଭିସଂପାତ।

ଏହାର କାରଣ ସ୍ପଷ୍ଟ। କେତେଦିନ ହେଲା ଦିଲ୍ଲୀରେ ପ୍ରଚଣ୍ଡ ଗୁଜବ ଯେ ଫରୁକସିୟାରଙ୍କ ସମୟ ସରିଲାଣି। ଦିଲ୍ଲୀ ତ ଚିରକାଳ ଗୁଜବ ଉପରେ ନିର୍ଭରଶୀଳ (କଥାଟା ବର୍ତ୍ତମାନ ମଧ୍ୟ ସତ୍ୟ। କେତେ ଲୋକ ଏଥିରୁ ମୋଟା ପଇସା କରିଥାଆନ୍ତି)। କିନ୍ତୁ ସୈୟଦ ଭ୍ରାତା କାହା ମୁଣ୍ଡରେ ସୁନା କଳସ ଢାଳିବେ ତା ଅନିଶ୍ଚିତ ଏବଂ ଯେ ସମ୍ରାଟ ସେ ତା ପ୍ରତିଦ୍ୱନ୍ଦ୍ୱୀ ଅର୍ଥାତ୍ ଅନ୍ୟାନ୍ୟ ମୋଗଲ ବଂଶୀୟ ଶାହାଜାଦାମାନଙ୍କୁ ସେ ବକ୍ରିଇଦ୍‌ର ବକ୍ରି ପରି କତଲ କରିବ ତା' ତ ଦିଲ୍ଲୀର ଗଜମୂର୍ଖ ମଧ୍ୟ ଜାଣେ। ଅତଏବ ଦୂତମାନଙ୍କୁ ଦେଖି ମହିଳାମାନେ ବୁଝିଗଲେ ଯେ ଫରୁକସିୟାର ଆଉଟ୍। ଆଉଜଣେ ବାଦ୍‌ଶାହା ହୋଇ ସାରିଲାଣି ଓ ସେ ତା' ଗାଦି ନିଷ୍କଣ୍ଟକ କରିବାକୁ ମହମ୍ମଦ ଇବ୍ରାହିମଙ୍କୁ ଧରିବାକୁ ଲୋକ ପଠାଇଛି। ସେମାନେ ମୋଗଲ ଘର ମହିଳା। ଏତିକି ବୁଝିପାରିବେନି।

ମସ୍ତ ପ୍ରାସାଦ। ଅସଂଖ୍ୟ କୋଠରୀ। ବହୁ ଅଗଣା। ବହୁ ସିଡ଼ି। ଆଉ ଏ ପ୍ରକାର ଝାମେଲା ତ ରାଜବଂଶରେ ସ୍ୱାଭାବିକ। ଏଣୁ କେତେଟା ଗୁପ୍ତଘର, ଦୁଇଚାରିଟା ଗୁପ୍ତ ସୁଡ଼ଙ୍ଗ ନଥିଲେ ତ ପ୍ରାସାଦ ହୋଇପାରିବ ନାହିଁ। ହାରେମର ମହିଳାଗଣ ମହମ୍ମଦ ଇବ୍ରାହିମ ଓ ତାଙ୍କ ସାନଭାଇ ରଫଉଦୌଲାଙ୍କୁ କୁଆଡ଼େ ପାର କରିଦେଲେ। ଦୂତଗଣ

ଯେତେ ବୁଝାଇବାକୁ ଚେଷ୍ଟା କରୁଛନ୍ତି, ଶୁଣେ କିଏ? ଏଣେ ସୈୟଦ ଭ୍ରାତାଙ୍କ ହାତରେ ସମୟ ବଡ଼ କମ। ଯଦି ଜଣା ପଡ଼ିଯାଏ ଯେ ଫରୁକସିୟାର ଗାଦିଚ୍ୟୁତ ଓ ଆଉ କେହି ତା' ସ୍ଥାନ ଦଖଲ କରିନାହିଁ ତାହେଲେ ଯେକୌଣସି ମୋଗଲ ବଂଶଧର ନିଜକୁ ସମ୍ରାଟ ଘୋଷଣା କରିଦେଇପାରେ। ଫଳ ଅତି କମ୍‌ରେ ଗୃହଯୁଦ୍ଧ। ତେଣୁ ସେମାନେ ଲୋକ ପରେ ଲୋକ ପଠାଉଛନ୍ତି।

ଦୂତଗଣ ଗୁପ୍ତଘର ସନ୍ଧାନରେ ଚାଲିଲେ ଏବଂ ସଂଗେସଂଗେ ଆରମ୍ଭ ହେଲା ଛାଞ୍ଚୁଣୀ, ଡଙ୍କି ଓ ଅନ୍ୟାନ୍ୟ ମାରଣାସ୍ତ୍ର ଦ୍ୱାରା ଦୂତଗଣଙ୍କ ଉପରେ ନିଷ୍ଠୁର ଆକ୍ରମଣ। ଗୋଟେ ବିରାଡ଼ିଠାରୁ ଛୁଆ ଛଡ଼ାଇଲେ ସେ କି ଉଗ୍ରମୂର୍ତ୍ତି ଧାରଣ କରେ ତା ତ ଜାଣ। ଏ ମହିଳାମାନଙ୍କ ଦେହରେ ତିମୁର ଓ ଚେଙ୍ଗିଜ ଖାଁଙ୍କ ରକ୍ତ। ପୁଣି ଭାବନ୍ତୁ ତାଙ୍କର ଖାସ୍ ମୋଗଲ ବବର୍ଚ୍ଚିଖାନା। ସେଠି ଗୋଟାଗୋଟା ଛେଳି ରୋଷ୍ଟ ହୁଏ। ସେଠି କେତେ ଅସ୍ତ୍ରଶସ୍ତ୍ର ନଥିବ। ପ୍ରକ୍ଷେପାସ୍ତ୍ର ହିସାବରେ ଖଣ୍ଡିଆ ଜୋତା, ଭଙ୍ଗା ପଥର ଇତ୍ୟାଦିର ଘରେ ଅଭାବ ନାହିଁ। ଏଣେ ଦୂତଗଣ କିଛି କରିପାରିବେ ନାହିଁ। କାରଣ ଶାନ୍ତିଭଙ୍ଗକାରିଣୀଗଣ ଭବିଷ୍ୟତ ସମ୍ରାଟଙ୍କର ମା, ମାଉସୀ, ପିଉସୀ, ଖୁଡ଼ି ଇତ୍ୟାଦି। କାଲି ଏହିମାନେ ହିଁ ଆଦେଶ କରିବେ- ୟହ ହାରାମଜାଦା ମୁହେଁ ଲାତ ମାରା ଥା। ବନ୍ଦ କରଦୋ ଇସକୋ ପିଞ୍ଜରା ମେ। ଏ ବଦମାସ୍‌ର ସମସ୍ତ ସମ୍ପତ୍ତି ଲୁଟ୍ କର। ଏଣୁ ଦୂତଗଣ ନାଚାର। କେବଳ ଆଲ୍ଲାଙ୍କର ଶପଥ, ରସୁଲଙ୍କର ଦୋହାଇ ଦେଇ କହୁଛନ୍ତି ଯେ ସେମାନେ କେବଳ ହଜୁରଙ୍କୁ ତାଙ୍କ ହକର ସିଂହାସନରେ ବସାଇବା ପାଇଁ ନେବାକୁ ଆସିଛନ୍ତି। କିନ୍ତୁ ମୋଗଲ ମହିଳାଗଣ କାହିଁକି ବିଶ୍ୱାସ କରିବେ? ଚାଲିଛି ଆକ୍ରମଣ। ଏଣେ ସୈୟଦମାନଙ୍କ ଠାରୁ ଘନଘନ ତାଗିଦା। ଶୀଘ୍ର ଆଣ। ନଚେତ୍ ଜିଅନ୍ତା ଚମଡ଼ା ଉତାରି ଦିଆଯିବ।

ଚରମ ବିପଦରେ ପଡ଼ିଲେ ମନୁଷ୍ୟର ବୁଦ୍ଧି କିପରି ଖେଳେ ତାହା ପ୍ରକୃତରେ ଆଶ୍ଚର୍ଯ୍ୟ। ଏ ସମୟରେ ଏକ ଅପ୍ରତ୍ୟାଶିତ ଘଟଣା ଘଟିଗଲା। ଏକ ବାଳକ ଧୀରେ ଧୀରେ ହବେଲୀ ଆଡ଼କୁ ବଜାରରୁ ଆସୁଥିଲା। ପରିଧାନ ଅଧା ମଇଳା ପାଇଜାମା ଓ କୁରୁତା। ହଠାତ୍ ଜଣେ ଦୂତ ତାକୁ ଚିହ୍ନି ପକାଇଲା। ଆରେ ଯେ ତ ମହମ୍ମଦ ଇବ୍ରାହିମ୍‌ଙ୍କ ସବା ସାନଭାଇ ରଫିଉଦରାଜତ। ମହିଳା ମହଲା ଜାଣିବା ଆଗରୁ ଦୂତଗଣ ପିଲାକୁ ଧରି ଚମ୍ପଟ ଲାଲକିଲାକୁ। ତା'ର ସ୍ୱରରେ ବାମା କଣ୍ଠର ଚିତ୍କାର। ଖାଣ୍ଟି ମୋଗଲାଇ ଅଭିସମ୍ପାତ। ଓଡ଼ିଆରେ ତା'ର ସ୍ୱାଦ ଏପରି ହେବ- ହେ ମହାପ୍ରୁ, ବାଡ଼ିପଡ଼େ, ଅଲପେଇସେ କୋଡ଼ପୋଁଛା ରଫିକୁ ନେଇ ପଳେଇଲେ। ଗଛ ଜଳିଯାଉ ତାଙ୍କ ଉପରେ। ଇତ୍ୟାଦି। ଏଣେ ସୈୟଦ ଭ୍ରାତା ଦ୍ୱୟ ଏ ପିଲାକୁ ଦେଖି ରାଗି ଖୁନ୍।

କମବଖତ, ନାଦାନ, ତୁମ ଉପରେ ଖୋଦାର ରଜବ, ହାଜାର ଲାନତ୍, କ'ଣ ଧରି ଆଣିଛ। ସମ୍ରାଟ ହେବେ ବଡ଼ଭାଇ। ଏ ବଚ୍ଚାକୁ କ'ଣ ଧରି ଆଣିଛ। କିନ୍ତୁ ଦୂତଗଣ ସେ ମହିଳାଙ୍କ ଆକ୍ରମଣରେ ଏତେ ବିବ୍ରତ ହୋଇଯାଇଥିଲେ ଯେ ସଫାସଫା କହିଦେଲେ ହଜୁର, ଜାନମାଲର ମାଲିକ। କିନ୍ତୁ ସେ ଶଇତାନର ଶାଶୂମାନଙ୍କ ଠାରୁ ଯାହା ଆଣି ପାରିଛୁ ତା ନେଇ ସନ୍ତୁଷ୍ଟ ହୁଅନ୍ତୁ। ଆଉ ଦ୍ୱିତୀୟଥର ସେଠାକୁ ଯାଇପାରିବୁ ନାହିଁ।

ଭ୍ରାତାଦ୍ୱୟ ବୁଦ୍ଧିମାନ। ବୁଝିଗଲେ ଯେ ଆଉଥରେ ଚେଷ୍ଟାକଲେ ଅତ୍ୟନ୍ତ କେତେ ଘଣ୍ଟା ସମୟ ଲାଗିଯିବ। ତା' ମଧ୍ୟରେ ଅନ୍ୟ ଦଳ ବିପଦ ସୃଷ୍ଟି କରିପାରେ ଏବଂ ଯେ ସମ୍ରାଟ ହେଉ ରାଜ୍ୟ ତ ଚଳାଇବୁ ଆମେ ଦୁଇ ଭାଇ। କଲମ ଓ ତରବାରୀ ଉଭୟ ଆମ ହାତରେ। ଏ ବାଳକକୁ ସମ୍ରାଟ କଲେ କ୍ଷତି କ'ଣ? ରାଜ ରକ୍ତ ତ ଅଛି। ପ୍ରକୃତରେ ସୈୟଦ ଦ୍ୱୟଙ୍କର ଫରାସୀ ସମ୍ରାଟ ଚତୁର୍ଦ୍ଦଶ ଲୁଇଙ୍କ ପରି କହିବାର ଅଧିକାର ଥିଲା: L'INDE, C'EST, NOUS ଅର୍ଥାତ୍ ହିନ୍ଦୁସ୍ତାନ, ସେ ତ ଆମେ ଦୁଇ ଭାଇ। ଆଉ ସମ୍ରାଟ? ସେ ତ ଆମର କଣ୍ଢେଇ। ଖାଲି ରାଜରକ୍ତ ଥିଲେ ହେଲା। ଦୁଇ ଅଭିଭାବକ ବାଳକ ସମ୍ରାଟଙ୍କୁ ଧରି ଚାଲିଲେ ଦିଓ୍ୱାନେ ଖାସ୍‌କୁ। ସମ୍ରାଟଙ୍କର ଅଭିଷେକ। ଅମୀର ଉମରା ହାତ ଯୋଡ଼ି ଠିଆ ହୋଇଛନ୍ତି। ସେମାନଙ୍କ ମସ୍ତକରେ ମହା ମୂଲ୍ୟବାନ କିଂଖାବର ପଗଡ଼ି। ଦେହରେ ଶୁଭ୍ର ମଲମଲର ଅଙ୍ଗରଖା, ଯାହା ଭିତରୁ ଜରିର ସଦରାର ସୁନେଲି ରଙ୍ଗ ଦେଖାଯାଉଛି। ଅଣ୍ଟାରେ କାଶ୍ମିରୀ ଶାଲର ବହୁମୂଲ୍ୟ କମରବନ୍ଧ ଏବଂ ସେଥିରୁ ଝୁଲୁଛି ମଣିମାଣିକ୍ୟ ଖଚିତ ତରବାରୀ। ସେମାନଙ୍କ ବେକରେ ମୁକ୍ତା ହାର ଓ ହାତରେ ହୀରକାଙ୍ଗୁରୀୟ। ପାଦରେ ସୁନା ଜରିର କାମକରା ସଲିମଶାହି ଜୋତା। ଏମାନଙ୍କର ଯେ ମାଲିକ ଦିଲ୍ଲେ ଶୁଭାନୀ (ଈଶ୍ୱରଙ୍କ ପାର୍ଥିବଛାୟା) ରଫି-ଉଦ-ଦରାଜତ ମୋଗଲ ସିଂହାସନରେ ବସିବାକୁ ଚାଲିଛନ୍ତି। ପରିଧାନ ମଇଳା ପାଇଜାମା ଓ କୁରୁତା। ଠିକ୍ ହଂସ ମଧ୍ୟେ ବକ ଯଥା। ଅମୀର ଉମରା ନଇଁ ନଇଁ କୁର୍ଣ୍ଣିଶ କରୁଛନ୍ତି। ଏହି ବାଳକ ବର୍ତ୍ତମାନ ଆଇନତଃ ଦୀନ ଦୁନିୟାର ମିଲକ। ଦିଲ୍ଲୀଶ୍ୱରୋବା ଜଗଦୀଶ୍ୱରୋବା।

■

# ମୋଗଲ ସାମ୍ରାଜ୍ୟର ଅସ୍ତରାଗ ୨
# (ତିନିଜଣ କବି)

କିନ୍ତୁ ଏହି ସମସ୍ତ ସମୟଟା କେବଳ ଏହି ହାସ୍ୟାସ୍ପଦ ଘଟଣାବଳୀର ସମଷ୍ଟି ନୁହେଁ। ଏହା ଉର୍ଦ୍ଦୁ ସାହିତ୍ୟର ଇତିହାସରେ ଅତି ମହତ୍ତ୍ୱପୂର୍ଣ୍ଣ ସମୟ। ଏହି ସମୟରେ ଉର୍ଦ୍ଦୁର ନିଜ ରୂପ ସ୍ପଷ୍ଟ ହେଲା ଏବଂ ବଳିଷ୍ଠ ପ୍ରତିଭାଶାଳୀ କବିମାନେ ଏହାକୁ ସମୃଦ୍ଧ କଲେ। ତେବେ ମୁଁ ତ ଉର୍ଦ୍ଦୁ ସାହିତ୍ୟର ଇତିହାସ ଲେଖିବାକୁ ବସି ନାହିଁ। ମୁଁ କେବଳ ସେହି ଅସ୍ତରାଗ ରଞ୍ଜିତ ସାହିତ୍ୟିକ ଆକାଶର ଶୋଭା ସମ୍ବନ୍ଧରେ ଆପଣଙ୍କୁ କିଛି ଧାରଣା ଦେବାର ଚେଷ୍ଟା କରିବି। ମୋର ଇଚ୍ଛା ତିନିଜଣ କବିଙ୍କ ସହିତ ପାଠକଙ୍କର କିଞ୍ଚିତ ପରିଚୟ କରାଇବା।

ପ୍ରଥମେ ଆସିଲେ ମୀର ତକି ମୀର। ଅସ୍ତରାଗ ପ୍ରଥମ ଅଂଶର ପ୍ରାୟ ସମ ସାମୟିକ। ତା'ପରେ ଊନବିଂଶ ଶତକର ପ୍ରଥମ ଭାଗ। ୧୮୫୮ରେ ତ ମୋଗଲ ସାମ୍ରାଜ୍ୟର ଆନୁଷ୍ଠାନିକ ଶେଷକୃତ୍ୟ ମହାରାଣୀ ଭିକ୍ଟୋରିଆଙ୍କୁ ଭାରତ ସାମ୍ରାଜ୍ଞୀ ଘୋଷଣା କରି ସମାପ୍ତ ହେଲା। ସେ ସମୟର ଦୁଇଜଣ କବିଙ୍କ ବିଷୟରେ କିଛି କହିବାର ବାସନା ଅଛି। ସେମାନେ ହେଲେ ଗାଲିବ୍ ଓ ମୋମିନ୍। ଗାଲିବ୍ ଯେ ଉର୍ଦ୍ଦୁର ମହାନ କବି ଏ ବିଷୟରେ ସନ୍ଦେହର ଅବକାଶ ନାହିଁ। ଆଲୋଚନା କେବଳ ଏଇଥିପାଇଁ ହୋଇପାରେ ଯେ, ଗାଲିବ୍ କ'ଣ ଉର୍ଦ୍ଦୁର ସର୍ବଶ୍ରେଷ୍ଠ କବି କି ? ଗାଲିବ୍‌ଙ୍କର ନିଜର ପ୍ରତିଭା ସମ୍ବନ୍ଧରେ କୌଣସି ସନ୍ଦେହ ନଥିଲା। ତାଙ୍କ ଭାବନାଟା ସଂସ୍କୃତ କବି ଭବଭୂତିଙ୍କ ପରି କାଳ ନିରବଧି ଓ ପୃଥିବୀ ବିପୁଳା। ମୋର ସମାନଧର୍ମା କେହି ଭବିଷ୍ୟତରେ ହୋଇପାରେ। ପ୍ରଥମେ ସେ ଅସଦ ଉପନାମରେ ଲେଖୁଥିଲେ ଯାହାକି ତାଙ୍କ ନାମର (ମିର୍ଜା ଅସଦୁଲ୍ଲା ଖାଁ) ଏକ ସଂକ୍ଷିପ୍ତ ରୂପ। ପରେ ଗାଲିବ୍ ଉପନାମ

ବ୍ୟବହାର କଲେ। ଗାଲିବ୍‌ର ଅର୍ଥ ଉଚ୍ଚ ବା ମହାନ୍। ସେ ନିଜର ପ୍ରତିଭା ସମ୍ବନ୍ଧରେ କହିଛନ୍ତି :

ହୈଁ ଅଉରଭି ଦୁନିଆଁ ମେଁ ସୁଖନବର ବହୁତ ଅଚ୍ଛେ
କହତେ ହେଁ କି ଗାଲିବକା ହୈ ଅନ୍ଦଜେ ବୟା ଅଉର।

ଅର୍ଥାତ୍ ସଂସାରରେ ଅନେକ ଭଲ ଭଲ କବି ଅଛନ୍ତି। କିନ୍ତୁ ଲୋକେ କହନ୍ତି ଯେ ଗାଲିବ୍‌ର ବର୍ଣ୍ଣନାଶୈଳୀ ହିଁ ଭିନ୍ନ ବସ୍ତୁ। ଏଥି ସହିତ ଅବଶ୍ୟ ଅଧମ ଏକମତ। ତେବେ ଏ କବି ଯଦି କାହାର ଶ୍ରେଷ୍ଠତ୍ୱ ସ୍ୱୀକାର କରନ୍ତି ତା'ହେଲେ ନିଶ୍ଚୟ ତାଙ୍କର ପ୍ରତିଭା ଉଚ୍ଚକୋଟୀର ହୋଇଥିବ। ଗାଲିବ୍ ମୀର ତକି ମୀରଙ୍କର ଶ୍ରେଷ୍ଠତା ସ୍ୱୀକାର କରିଛନ୍ତି ନିମ୍ନଲିଖିତ ପଦରେ :

ରେଖ୍‌ତାକେ ତୁମ୍ ହି ନହିଁ ହୋ ଉସ୍ତାଦ
ଅଗଲେ ଜମାନେ ମେ କୋଇ ମୀର ଭି ଥା।

ଅର୍ଥାତ୍, ଗାଲିବ୍, ତୁ ଉର୍ଦ୍ଦୁର ଏକମାତ୍ର ଗୁରୁ ନୋହୁଁ। ପୂର୍ବ କାଳରେ ଜଣେ ମୀର ମଧ୍ୟ ଥିଲା। ଏପରି ସମ୍ମାନ ଯେ ଗାଲିବ୍ କାହାକୁ ଦେବେ, ପରିକଳ୍ପନା କରିବା ମଧ୍ୟ କଷ୍ଟ। ତେବେ ତାଙ୍କ କଥା ଅକ୍ଷରେ ଅକ୍ଷରେ ସତ୍ୟ। ମୀର ଅତି ଗଭୀର ଭାବକୁ ଅତି ସରଳ ଭାଷାରେ ପ୍ରକାଶ କରିବାରେ ଅଦ୍ୱିତୀୟ। ମୀର ସ୍ୱୀକାର କରୁଥିଲେ ଯେ, ସାହିତ୍ୟିକ ଦାୟିତ୍ୱ ହେଲା ସତ୍ୟକୁ ପ୍ରକାଶ କରିବାକୁ ହେବ। ସେଥିଲା ଯେତେବଡ଼ ମୂଲ୍ୟ ଦେବାକୁ ପଡୁନା କାହିଁକି। ତାଙ୍କର ଗୋଟିଏ ଶେର୍‌ରେ କହିଛନ୍ତି :

ମୌସମ୍ ଆୟା ତୋ ନଖ୍‌ଲେଦାର ପର ଐ ମୀର
ସରେ ମନସୁର କା ବାର ଆୟା।

ଏହି ଦ୍ୱିପଦୀର ବ୍ୟାଖ୍ୟା ଆବଶ୍ୟକ। ମନସୁର ପ୍ରଥମ ସୁଫି। ସେ ଘୋଷଣା କଲେ ଅନଲହକ ଅର୍ଥାତ୍ ମୁଁ ସତ୍ୟ। ମୁଲ୍ଲାଗଣଙ୍କର ଘୋର ଅତ୍ୟାଚାର ଶେଷରେ ମନସୁରଙ୍କର ପ୍ରାଣଦଣ୍ଡରେ ଯାଇ ସମାପ୍ତ ହେଲା। କବି କହିଛନ୍ତି, ମନସୁରର ମୃତ୍ୟୁ ଶେଷକଥା ନୁହେଁ। ଯେତେଥର ବସନ୍ତ ଆସିବ ଏକ ନୂତନ ସତ୍ୟଭାଷୀ ମନସୁରର ମସ୍ତକ ଫାଶୀଦେବା ଗଛରେ ଝୁଲିବ। ଅର୍ଥାତ୍ ସତ କହିବାକୁ ହେବ ଓ ତା'ର ମୂଲ୍ୟ ପାଇଁ ପ୍ରାଣ ମଧ୍ୟ ଦେବାକୁ ହେବ। ଗତ ପରିଚ୍ଛେଦରେ ହୁଏତ ମନେହେବ ମୂଲ୍ୟବୋଧ ଲୋପ ପାଇଥିଲା। ପୂରାପୂରି ନୁହେଁ, କେତେ ଜଣଙ୍କର ମୂଲ୍ୟବୋଧ ଥିଲା ଓ ସେମାନେ ତା'ର ମୂଲ୍ୟବୋଧ ମଧ୍ୟ ଦେଇଥିଲେ। ମୀର ଯଦିଚ ପ୍ରାଣଦଣ୍ଡ ପାଇ ନଥିଲେ ତେବେ ନବେବର୍ଷର ଦୀର୍ଘ ଜୀବନ ଅଭାବ, ଦାରିଦ୍ର୍ୟ ଓ ଅଶାନ୍ତିରେ ହିଁ କଟାଇଛନ୍ତି।

ମୀର ଗାଲିବ୍‌ଙ୍କର ପୂର୍ବସୂରୀ। ଏଣୁ ତାଙ୍କୁ ପ୍ରଶଂସା କଲେ ଗାଲିବ୍‌ଙ୍କର ପ୍ରତିଷ୍ଠା

ଉପରେ ଆଞ୍ଚ ଆସୁନଥିଲା। ଗାଲିବ୍ ତାଙ୍କର ସମସାମୟିକ କବିଙ୍କର ଏପରି ପ୍ରଶଂସା କରିଛନ୍ତି କି ? ହଁ, ଜଣଙ୍କର ଏବଂ ଥରେ। କିନ୍ତୁ ସେଭଳି ପ୍ରଶଂସା ମୁଁ କୁତ୍ରାପି ଶୁଣି ନାହିଁ। ମନେହୁଏ ଏପରି ପ୍ରଶଂସା କେବଳ ଗାଲିବ୍ ହିଁ କରିପାରନ୍ତି।

ଗାଲିବ୍‌ଙ୍କର ଜଣେ ସମସାମୟିକ କବି ଥିଲେ ମୋମିନ୍ ଖାଁ ମୋମିନ୍। ସେ ମଧ୍ୟ କମ୍ ଦାମ୍ଭିକ ନଥିଲେ। ଗାଲିବ୍‌ଙ୍କର ଅତିଶୟ ଫାର୍ସିନିଷ୍ଠ ଉର୍ଦ୍ଦୁକୁ ତାଚ୍ଛଲ୍ୟ କରି କହିଥିଲେ - ହାଁ ଅସଦୁଲ୍ଲା ଖାଁ। ଫରାସୀ ମେ କୁଛ କହତେ ହେଁ। ଯଦି ଫକୀର ମୋହନ ମଧୁସୂଦନ ରାଓଙ୍କ ବିଷୟରେ କହିଥାନ୍ତେ ହଁ, ମଧୁବାବୁ ସଂସ୍କୃତରେ ଭଲ ଲେଖାଲେଖି କରୁଛନ୍ତି ତା'ହେଲେ ଭାବଟା ଅନେକଟା ସେହି ଭଳି ହୋଇଥାନ୍ତା।

ମୋମିନ୍ ଏକ କବିତାରେ ଲେଖିଥିଲେ:

ତୁମ୍ ମେରେ ପାସ ହୋତେ ହୋ ଗୋୟା
ଯବ କୋଇ ଦୁସରା ନେହିଁ ହୋତା।

ଯେତେବେଳେ ତୁମେ ମୋ ପାଖରେ ଥାଅ, ମନେହୁଏ ଯେପରି ଆଉ କେହି ନାହାଁନ୍ତି। ଅର୍ଥାତ୍ ତୁମେ ଉପସ୍ଥିତ ଥିଲେ ଅନ୍ୟ କାହାର ଉପସ୍ଥିତି ହିଁ ଅବାନ୍ତର। କେବଳ ତୁମେ ଥିବା ହିଁ ସତ୍ୟ। ଏହା ପଢ଼ି ଗାଲିବ୍ କହିଲେ, ମୋମିନ୍ ଖାଁ, ମେରା ସାରା ଦିଓ୍ୟାନା ଲେଲୋ। ମୁଝେ ୟହ ସେର ଦେଦୋ। ଅର୍ଥାତ୍, ମୋର ସମସ୍ତ କାବ୍ୟକୃତି ନେଇଯାଅ। ମୋତେ କେବଳ ଏହି ପଦଟି ଦେଇଦିଅ। ଏପରି ପ୍ରଶଂସା କେତେଜଣ କବି ଅନ୍ୟ ଜଣେ କବିର କରିପାରନ୍ତି ?

ଗାଲିବ୍‌ଙ୍କର ଫାରସୀ ବାଇ ନିଶ୍ଚୟ ଏକ ଦୁର୍ଭାଗ୍ୟ। ଗାଲିବ୍‌ଙ୍କର ତାଙ୍କ ଫାରସୀ ବ୍ୟାକରଣ ଓ ଅଳଙ୍କାରରେ ପାଣ୍ଡିତ୍ୟ ସମ୍ବନ୍ଧରେ ଅନେକ ଗର୍ବ ଥିଲା ଓ ଅନ୍ୟାନ୍ୟ ଫାରସୀ ଜ୍ଞାନୀ ମୌଲବୀଗଣଙ୍କ ସହିତ ଅଯଥାରେ କନ୍ଦଳଲିପ୍ତ ହୋଇ ନିଜର ସମୟ ଓ ଶକ୍ତି ଅପଚୟ କରିଛନ୍ତି। ଗାଲିବ୍ ଗଦ୍ୟରେ କୌଣସି ଗ୍ରନ୍ଥ ଲେଖି ନାହାନ୍ତି। କିନ୍ତୁ ପ୍ରଚୁର ଚିଠି ଲେଖିଛନ୍ତି। ସେଥିରେ ଏପରି ମାର୍ଜିତ ଓ ସୌଷ୍ଠବମୟ ଶୈଳୀ ଦେଖାଯାଏ ଯାହାକି ବର୍ତ୍ତମାନ ଆଦରଣୀୟ। ସେହି ଅନ୍ଦାଜେବୟାଁ ଯାହାକି ପଦ୍ୟରେ ପ୍ରତି ଛତ୍ରରେ ଉଦ୍‌ଭାସିତ, ତାହା ତାଙ୍କର ପଦ୍ୟରେ ମଧ୍ୟ ଜାଜ୍ଜ୍ୱଲ୍ୟମାନ। ଗାଲିବ୍ ଭାରତ ଓ ଦିଲ୍ଲୀର ଏକ ଘଟଣାବହୁଳ ସମୟର ସାକ୍ଷୀ। ଏଣୁ ତାଙ୍କ ଅଙ୍ଗେ ନିଭାଇବା କଥା ଯଦି ଲେଖି ଯାଇଥାନ୍ତେ ତା' ହୁଏତ ବାବରଙ୍କ ଆତ୍ମଜୀବନୀ ପରି ଅମର ଗ୍ରନ୍ଥ ହୋଇଥାନ୍ତା। ତାଙ୍କ ଚିଠିରେ ଯେଉଁ ନମୁନା ମିଳେ ତା' ଅତ୍ୟନ୍ତ ଚିତ୍ତାକର୍ଷକ। ଭାଷା ଅତି ସରଳ ଏବଂ ମନେ ହେବ ଯେପରି ଆପଣଙ୍କ ପାଖରେ ବସି ଅଡ୍ଡା ଦେଉଛନ୍ତି। ବିଶେଷକରି ସିପାହୀ ବିଦ୍ରୋହ ସମୟର ଅତି ପ୍ରାଣବନ୍ତ ଚିତ୍ର ତାଙ୍କ ଚିଠିରୁ ମିଳେ। ତଳେ କେତେଟି ଉଦାହରଣ ଦେଲି।

"ଛାତରେ ଚଢ଼ି କେତେକ ଗୋରା ଆମ ଘର ଭିତରେ ପଶି, ମୋତେ ମୋ ପିଲା ଛୁଆଙ୍କୁ ଓ କେତେକ ପୁଣ୍ୟବନ୍ତ ପ୍ରତିବେଶୀମାନଙ୍କୁ ଧରି କର୍ଣ୍ଣେଲ ବ୍ରାଉନ ପାଖକୁ ନେଇଗଲେ। ମୋତେ ପଚାରଗଲା 'ତୁମେ ମୁସଲମାନ୍?' ମୁଁ କହିଲି 'ଆଜ୍ଞା, ଅଧା ମୁସଲମାନ୍। ପଚରାଗଲା- ଅଧା ମୁସଲମାନ୍ କ'ଣ? ମୁଁ ଉତ୍ତର ଦେଲି- ଆଜ୍ଞା, ମଦ୍ୟପାନ କରେ। କିନ୍ତୁ ଘୁଷୁରି ମାଂସ ଖାଏ ନାହିଁ।

ପାଠକେ ଜାଣିଥିବେ ଯେ ମଦ୍ୟପାନ ଓ ଘୁଷୁରି ମାଂସ ମୁସଲମାନ୍ ଧର୍ମରେ ହରାମ ଅର୍ଥାତ୍ ନିଷିଦ୍ଧ। ଅବଶ୍ୟ ମଦ୍ୟପାନ ଦିଗରେ ଗାଲିବ୍ଙ୍କ ପରି ବହୁ ବ୍ୟତିକ୍ରମ ଦେଖାଯାଏ।

ଆଉ ଗୋଟିଏ ଚିତ୍ର ଦେଖନ୍ତୁ। ଏହା ମଧ୍ୟ ତାଙ୍କ ଚିଠିରୁ ଉଦ୍ଧୃତ। ଯେଉଁମାନେ ବିଦ୍ରୋହରେ ପ୍ରାଣ ହରାଇଲେ ତାଙ୍କ ବିଷୟରେ।

ଯେଉଁମାନେ ପ୍ରାଣ ହରାଇଲେ ତାଙ୍କ ଭିତରୁ କିଏ ମୋର ଶିଷ୍ୟ, କିଏ ମୋର ବନ୍ଧୁ, କିଏ ମୋର ପ୍ରିୟା। ହାୟ ଏତେ ଲୋକ ମଲେ ଯେ, ମୁଁ ଯେତେବେଳେ ମରିବି ମୋ ଲାଗି ଲୁହ ଟୋପାଏ ଗଡ଼ାଇବାକୁ ମଧ୍ୟ କେହି ନଥିବେ। ଯଦି ପୁଣିଥରେ ଦେଖାହୁଏ ତ' ତାହା ସେହି ଶେଷ ବିଚାରର ଦିନ। କିନ୍ତୁ ସେଠି ଆଉ କ'ଣ ଦେଖାହେବ। ସେଦିନ ତ' ପାପୀ ଅଲଗା। ପୁଣ୍ୟାତ୍ମା ଅଲଗା। ଶିଆ ଭିନ୍ନ ସୁନ୍ନୀ ଭିନ୍ନ।

ଏହି ବିଷାଦ ମଧ୍ୟରେ ଲକ୍ଷ୍ୟ କରନ୍ତୁ ଗାଲିବଙ୍କର ଜୀବନ ଦର୍ଶନ। ମନୁଷ୍ୟର ବିଚାରର ଦାୟିତ୍ୱ ଭଗବାନଙ୍କର। ମନୁଷ୍ୟ କେବଳ ମନୁଷ୍ୟକୁ ଭଲ ପାଇବ। ଆଉ ଏକ ସ୍ଥାନରେ ସେ ନିଜ ବିଷୟରେ ଲେଖିଛନ୍ତି :

ଯଦି କେଉଁଦିନ ଭୁଲ୍‌ରେ ନମାଜ ପଢ଼ିଥାଏ ତାହେଲେ ମୁଁ କାଫେର। ଯଦି କେଉଁଦିନ ମଦ ନଖାଇଥାଏ ତାହେଲେ ମୁଁ ପାପୀ। ହେତୁପାଇବା ଦିନଠାରୁ ପଚାଶ ବର୍ଷ ହେଲା ଏ ବର୍ଣ୍ଣ ଗନ୍ଧର ସଂସାରରେ ବିଚରଣ କରୁଛି। କେତେ ସ୍ନେହ, କେତେ କୃପା, କେତେ ପ୍ରେମ ପାଇଛି। କିନ୍ତୁ ଏବେ ଲାଗୁଛି ମୁଁ ଯେପରି ଏଠି ଅପରିଚିତ। କେବଳ ସ୍ମୃତି ହିଁ ସମ୍ବଳ।

ଗାଲିବ୍ ନିଜର ସୃଷ୍ଟି ପ୍ରତି ବହୁ ଅବିଚାର କରିଛନ୍ତି। ନିଜର କାବ୍ୟ ସଂକଳନ ନିଜେ କଲେ ଏବଂ ସେଥିରେ ନିଜର ଯୁବକ ସମୟର ବହୁ ଲେଖା ବାଦ ଦେଲେ ଯାହା ମଧ୍ୟରେ ଅନେକ ଉଚ୍ଚକୋଟୀର କବିତା ଥିଲା। ସେଥିରୁ ଅଧିକାଂଶ ଲୁପ୍ତ ହୋଇଗଲା। ଗଦ୍ୟର ନମୁନା ତ ଦେଖିଲେ। ତେବେ ଯେଉଁ ସମ୍ଭାବନା ସଫଳ ହୋଇ ନାହିଁ ତା' ଲାଗି ଶୋକ କଲେ ଆଉ କ'ଣ ହେବ? ଗାଲିବ୍ ନିଜେ କହିଛନ୍ତି :

ମୁଦ୍‌ଦତ ହୁଆ ମରଗୟା ଗାଲିବ୍ ପର ୟାଦ୍ ଆତା ହୈ
ଉସ୍‌କା ୟହ କହନା କି ୟୁ ହୋତା ତୋ କ୍ୟା ହୋତା ।

ଅର୍ଥ, ଗାଲିବ କେଉଁ କାଳୁ ମଲାଣି । ତେବେ ତା'ର ସେହି କହିବା ମନେପଡ଼େ । ଯଦି ଏପରି ହୋଇଥାନ୍ତା ତେବେ କ'ଣ ହୋଇଥାନ୍ତା । ଏଣୁ ଏହି ଅସ୍ତରାଗର ବର୍ଣ୍ଣନା ସେହି ଗାଲିବ୍‌ଙ୍କର ଏକ କବିତାର ଅନୁବାଦରେ ଶେଷ କରାଯାଉ । ଏହା ତାଙ୍କର ପ୍ରସିଦ୍ଧ ଗଜଲର ଅନୁବାଦ, ଏହା ଚାରିପଦର (ଶେର୍) ଗଜଲ । ପ୍ରତ୍ୟେକ ପଦ ସ୍ୱୟଂ ସମ୍ପୂର୍ଣ୍ଣ ।

୧
ପ୍ରିୟା, ପଦେ ପଦେ ସେହି ପ୍ରଶ୍ନ ତୁ କ'ଣ, ତୁ କିଏ
ଏ କିପରି ବିଚିତ୍ର ସଂଳାପ କହ ତ ?

୨
ଯଦି ଦେହ ଭସ୍ମୀଭୂତ, ହୃଦୟ କି ବଞ୍ଚି ଯାଇଥିବ ?
କେଉଁ ଆଶା ନେଇ ହାୟ, କି ଖୋଜୁଛ ଭସ୍ମସ୍ତୁପ ମଧ୍ୟେ ?

୩
ଧମନୀରେ ପ୍ରବାହ ତା ମାତ୍ର ଏକ ଶାରୀରିକ କ୍ରିୟା
ଯଦି ଝରେ ଅଶ୍ରୁ ହୋଇ, ତେବେ ସିନା ରକ୍ତର ସାଫଲ୍ୟ !

୪
ହରାଇ ବାକ୍ ଶକ୍ତି, ସେହି ଭଲ । ଯଦି ଥାଆନ୍ତା
କିପରି ବା କହିଥାନ୍ତି, କି ଆଶା ମୁଁ ରଖିଛି ମନରେ ?

ଗାଲିବ୍‌ଙ୍କର ସ୍କଚ୍ ହୁଇସ୍କି ପ୍ରତି ଅତ୍ୟନ୍ତ ଦୁର୍ବଳତା ଥିଲା । ସେ ଓଲଡ୍ ଟମ୍ ନାମକ ହୁଇସ୍କିର ଭକ୍ତ ଥିଲେ । ତାଙ୍କ ଚିଠିରେ ମୁଲ୍ଲାଜୀଙ୍କ ସଙ୍ଗେ କଥୋପକଥନର ଏକ ନମୁନା ଦେଖନ୍ତୁ ।

ମୁଲ୍ଲାଜୀ କହିଲେ- ମଦ ଛାଡ଼ । ମୁଁ ପଚାରିଲି- ମଦ ଖାଇଲେ କଣ ହୁଏ ? ସେ କହିଲେ- ମଦ୍ୟପର ପ୍ରାର୍ଥନା ଭଗବାନ ସ୍ୱୀକାର କରନ୍ତି ନାହିଁ । ମୁଁ କହିଲି- ଯଦି ଏକ ବୋତଲ ଓଲ୍‌ଡ ଟମ୍ ଏବଂ ତା' ସହିତ ଉପଯୁକ୍ତ ଖାଦ୍ୟ ଓ ଏହା ସବୁ ହଜମ କରିଯିବାର ସ୍ୱାସ୍ଥ୍ୟ ଥାଏ ତାହେଲେ ଆଉ କେଉଁ ଦୁର୍ଲଭ ସମ୍ପଦ ଲାଗି ପ୍ରାର୍ଥନା କରିବି ?

# ମୋଗଲ ସାମ୍ରାଜ୍ୟର ଅସ୍ତରାଗ - ୩
# ଦୁଇ ସମ୍ରାଟ ଏବଂ ଦୁଇ ବନ୍ଦର

ସିପାହୀ ବିଦ୍ରୋହ ଭାରତ ଇତିହାସର ଯୁଗାନ୍ତକାରୀ ଘଟଣା । ଇଂରେଜ ଐତିହାସିକଗଣ ଯାହା କୁହନ୍ତୁ ନା କାହିଁକି, ଏ ବିଦ୍ରୋହ ଉତ୍ତର ଭାରତରେ ବେଶ୍ ସାଫଲ୍ୟ ଲାଭ କରିଥିଲା । ମଇ ୧୮୫୭ ରୁ ମାର୍ଚ୍ଚ ୧୮୫୮ ପର୍ଯ୍ୟନ୍ତ କହିବା ମୁସ୍କିଲ ଥିଲା ଯେ ଫଳ କ'ଣ ହେବ । ତେବେ ଇଂରେଜ ଜାଣିଲେ । ତା' ପରେ ଯାହା ହେଲା ତା' ଅବର୍ଣ୍ଣନୀୟ । ଇଂରେଜମାନେ ଦେଖାଇଥିବା କ୍ରୁରତାର ତୁଳନା ମିଳିବା ମୁସ୍କିଲ । ଲର୍ଡ଼ କ୍ୟାନିଂ ଭାଇସରୟ ହୋଇ ଆସିବା ପରେ କେତେକ ଇଂରେଜଙ୍କୁ ଏଥିଲାଗି କିଛି ଶାସ୍ତି ଦେଇଥିଲେ ଏବଂ ଫଳତଃ ତାଙ୍କର ବହୁ ସମାଲୋଚନା ହୋଇଥିଲା । ତା'ର ଉତ୍ତରରେ ସେ ଲେଖିଥିଲେ "ମୁଁ ପଛେ ସମସ୍ତ କଟୁମନ୍ତବ୍ୟ ଶୁଣିବି, କିନ୍ତୁ ସେ ଘଟଣାବଳୀକୁ ଦୁନିଆ ଆଗରେ ପ୍ରକାଶ କରିବି । ଏତିକି ଯଥେଷ୍ଟ ଯେ ଭବିଷ୍ୟତରେ ଯେପରି ଏହା ନ ହୁଏ, ତା'ର ବ୍ୟବସ୍ଥା କରିଛି ।" ଏଣୁ ପାଠକେ ଅନୁମାନ କରି ନିଅନ୍ତୁ ।

୧୪ ସେପ୍ଟମ୍ବର ୧୮୫୬ରେ ଇଂରେଜ ଦିଲ୍ଲୀ ଦଖଲ କଲେ । ସେନାପତି ଜନ୍ ନିକଲସନ୍‌ଙ୍କୁ ଏଥିଲାଗି ଅବଶ୍ୟ ପ୍ରାଣ ଦେବାକୁ ହୋଇଥିଲା । ବୃଦ୍ଧ ବାହାଦୂର ଶାହାଙ୍କର ଏକ ହାସ୍ୟାସ୍ପଦ ବିଚାର କରାଯାଇ ତାଙ୍କୁ ନିର୍ବାସନ ଦଣ୍ଡ ଦିଆଗଲା ଏବଂ ବ୍ରହ୍ମଦେଶର ରେଙ୍ଗୁନ୍‌ରେ ତାଙ୍କୁ ଶାସ୍ତି କାଟିବାକୁ ହେଲା । ତା' ଆଗରୁ ପ୍ରାୟ ତାଙ୍କ ଆଖି ଆଗରେ ତାଙ୍କ ପୁଅ ଓ ନାତିମାନଙ୍କୁ ହତ୍ୟା କରାଯାଇଥିଲା । ଏହାପରେ ଅନ୍ୟ ସବୁ ଦଣ୍ଡ ଶବ ଉପରେ ଖଡ଼୍‌ଗାଘାତ ପରି । କେବଳ ଗୋଟିଏ ଜିନିଷ, ଗୋଟିଏ ଅଭାବ ଲାଗି ବୃଦ୍ଧ ବାହାଦୂରଶାହ ଶେଷ ପର୍ଯ୍ୟନ୍ତ କାନ୍ଦୁ ଥିଲେ । ତାହା ଏହି ଅଭାବ

ଯେ ତାଙ୍କର ଶେଷ ଶୟନ ଅର୍ଥାତ୍ କବର ମାତୃଭୂମିରେ ହୋଇପାରିବ ନାହିଁ। ବାହାଦୂରଶାହ ଉର୍ଦ୍ଦୁର ପ୍ରସିଦ୍ଧ କବି। ସେ ଜଫର ଉପନାମାରେ ଲେଖୁଥିଲେ। ତାଙ୍କର ଏକ ପ୍ରସିଦ୍ଧ ଗଜଲର ଏକ ଅଂଶ ହେଲା,

କିତନା ବଦନସୀବ ଜଫର କେ ଲିୟେ

ଦୋ ଗଜ ଜମିନ ନ ମିଲ ସକି କୁଏ ୟାର ମେଁ।

"ଜଫର କି ହତଭାଗ୍ୟ, ତାକୁ ପ୍ରିୟ କଡ଼ରେ ଶେଷ ଶୟନ ଲାଗି ଦୁଇଗଜ ମାଟି ମଧ୍ୟ ମିଳିଲା ନାହିଁ।"

ହତଭାଗ୍ୟ ଜଫର୍ ନିର୍ବାସିତ ହେଲେ ବ୍ରହ୍ମଦେଶକୁ। କିନ୍ତୁ ନିୟତିରେ ପରିହାସ ଯେ ସେହି ବ୍ରହ୍ମଦେଶରେ ରାଜାଙ୍କୁ ନିର୍ବାସିତ ହୋଇ ଶେଷ ଜୀବନ କଟାଇବାକୁ ପଡ଼ିଲା। ଭାରତବର୍ଷରେ ଏବଂ ତା' ମଧ୍ୟ ଏକ ଅଖ୍ୟାତ କ୍ଷୁଦ୍ର ବନ୍ଦରରେ। ମହାରାଷ୍ଟ୍ରର ରତ୍ନଗିରି ନିକଟବର୍ତ୍ତୀ ସିନ୍ଧୁ ଦୁର୍ଗ। ଏହିଠାରୁ ଶିବାଜୀଙ୍କ ନୌସେନାନୀ (ମରାଠୀରେ ସର୍ ଖେଲ, ଇଂରେଜୀରେ ଆଡ଼ମିରାଲ) କୋଣାଜୀ ଅଙ୍ଗ୍ରେ ଇଂରେଜ ଓ ପର୍ତ୍ତୁଗୀଜ୍ ନୌଶକ୍ତି ସଙ୍ଗେ ପ୍ରତିସ୍ପର୍ଦ୍ଧା କରୁଥିଲେ। ମରାଠା ଶକ୍ତିର ତିରୋଧାନ ସଙ୍ଗେ ସଙ୍ଗେ ସମସ୍ତ କୋଙ୍କଣ ଉପକୂଳ (ବମ୍ବେଠାରୁ ଗୋଆ ପର୍ଯ୍ୟନ୍ତ) ଗଭୀର ସୁସୁପ୍ତିରେ ନିମଗ୍ନ ହେଲା। ବାହାଦୂର ଶାହ ତ ଥିଲେ ବୃଦ୍ଧ। କିନ୍ତୁ ବ୍ରହ୍ମଦେଶର ଶେଷରାଜା 'ଥିବ୍‌ବ' ସତେଇଶ ବର୍ଷର ଯୁବକ। କଥିତ ଅଛି ଯେ ତାଙ୍କୁ ନିଜର ଜିନିଷ ନେବାକୁ ମାତ୍ର ଦଶମିନିଟ୍ ସମୟ ଦିଆଯାଇଥିଲା। ଇଂରେଜ ଏଠି ତାଙ୍କ ଲାଗି ଏକ ପ୍ରାସାଦ ତିଆରି କରିଦେଇଥିଲେ ଏବଂ ସେ ତାଙ୍କ ମୃତ୍ୟୁ ପର୍ଯ୍ୟନ୍ତ (୧୯୧୬) ଏହିଠି ରହୁଥିଲେ। ବର୍ତ୍ତମାନ ସେ ପ୍ରାସାଦ ହୋଇଛି ଏକ ପଲିଟେକ୍‌ନିକ୍ ଏବଂ ତାଙ୍କର ବଂଶଧରମାନେ କିଏ ଡ୍ରାଇଭର, କିଏ ମିସ୍ତ୍ରୀ ଇତ୍ୟାଦି। ବାହାଦୂର ଶାହଙ୍କ ବଂଶଧରମାନଙ୍କ ଅବସ୍ଥା ତଦ୍ରୂପ। ତେବେ ବାହାଦୂର ଶାହ ଅମର। ଶେଷ ମୋଗଲ ସମ୍ରାଟ ବୋଲି ନୁହେଁ। ତାଙ୍କ ବହୁ ଆଗରୁ ପ୍ରମାଣିତ ହୋଇ ସାରିଥିଲା ଯେ ମୋଗଲ ସମ୍ରାଟ ଏକ ହାସ୍ୟକର ପ୍ରତିଷ୍ଠାନ। ବାହାଦୂର ଶାହଙ୍କ ପିତାମହ ଶାହ ଆଲମ ଦ୍ୱିତୀୟଙ୍କ ବିଷୟରେ କଥିତ ଥିଲା।

ଶାହଆଲମ (ଅର୍ଥ ସୃଷ୍ଟିର ସମ୍ରାଟ)

ଦିଲ୍ଲୀ ସେ ପାଲମ (ଅର୍ଥାତ ରାଜ୍ୟ ଦିଲ୍ଲୀରୁ ପାଲମ,

ଯେଉଁଠି ବର୍ତ୍ତମାନ ଦିଲ୍ଲୀ ବିମାନ ବନ୍ଦର)

ବାହାଦୂର ଶାହାଙ୍କର ଥିଲା କବିତ୍ୱ ଶକ୍ତି। ନିଜେ ଉଲ୍ଲେଖଯୋଗ୍ୟ କବି ତ ଥିଲେ। କିନ୍ତୁ ତାଠାରୁ ବଡ଼ କଥା ଥିଲା ତାଙ୍କର ଗୁଣଗ୍ରାହୀତା। ତାଙ୍କର କ୍ଷମତା ପ୍ରାୟ

ଲାଲକିଲା ମଧ୍ୟରେ ସୀମିତ ଥିଲା। କିନ୍ତୁ ତାଙ୍କ ରାଜସଭାରେ ଯେତେ ମହାନ୍ କବି ଥିଲେ ତା' ଭାବିଲେ ଆଶ୍ଚର୍ଯ୍ୟ ଲାଗେ। ତାଙ୍କର ସଂରକ୍ଷଣ ପାଇ ବହୁ ପ୍ରତିଭାର ବିକାଶ ହୋଇ ପାରିଥିଲା। ତଥାପି ସେ ବୋଧହୁଏ ଅନେକ ଆଗରୁ ତାଙ୍କର ଓ ତାଙ୍କ ଶ୍ରେଣୀର ଶେଷ ପରିଣତି କ'ଣ ବୁଝି ପାରିଥିଲେ। ତାଙ୍କର କବିତାରେ ଦେଖିବାକୁ ମିଳେ ଏକ ଘୋର ହତାଶ। ତାଙ୍କର ଏକ ଗଜଲ୍‌ରେ ସେ କହିଛନ୍ତି।

ନଁ କିସକେ ଆଁ ନୂରହୁଁ, ନ ପିସକେ ଦିଲ୍‌କା କରାର ହୁଁ,
ଜୋ କିସକେ କାମ ନ ଆସକା, ମୈଁ ମୁସ୍ତଗୁବାର ହୁଁ।
(ମୁଁ କାହା ଆଖିରେ ଜ୍ୟୋତି ନୁହେଁ, କାହା ହୃଦୟର ଶାନ୍ତି ନୁହେଁ
ମୁଁ ମୁଠାଏ ଧୂଳି ଯାହାକି କାହାର ଦରକାରରେ ଲାଗିଲା ନାହିଁ।)

ତେବେ ଶେଷ ପର୍ଯ୍ୟନ୍ତ  ସେ ନିଜର ଆତ୍ମସମ୍ମାନ ଏବଂ ଦେଶାତ୍ମବୋଧ ଜାଜ୍ୱଲ୍ୟମାନ କରି ରଖିଥିଲେ। ସେ ସମୟରେ ଇଂରେଜମାନଙ୍କର ଭାରତୀୟଙ୍କ ପ୍ରତି ଏପରି ତାଚ୍ଛଲ୍ୟ ଭାବ ଆସି ନଥିଲା ଏବଂ କେତେକ ଇଂରେଜ ଉର୍ଦ୍ଦୁ ଭାଷାରେ କବିତା ମଧ୍ୟ ଲେଖୁଥିଲେ। ସିପାହୀ ବିଦ୍ରୋହ ସମୟରେ ଜଣେ ଇଂରେଜ ଅଫିସର ତାଙ୍କ ପାଖକୁ ଲେଖି ପଠାଇଲେ।

ଦମ୍‌ଦମେ ମେଁ ଦମ୍ ନହିଁ, ଅବ୍‌ସାକ୍ କୌନ୍ ହୈ ଜଂଗଜ
ବସ୍, ବାହାଦୂର ଶାହ ଚଲ ଚୁକି, ତେରା ହିନ୍ଦୁସ୍ଥାନକୀ।
(ବାହାଦୂର ଶାହ, ତୁମର ଦମଦମା ନାମକ ତୋପରେ ଆଉ ଦମ୍ ନାହିଁ।
ଯୁଦ୍ଧର ଚେଷ୍ଟା ବୃଥା। ଭାରତର ଅସୀଗ୍‌ଳନା ଶେଷ ହେଲା)

ତାର ଉତ୍ତର ସେ ଏକ କବିତାରେ ଦେଲେ:

ହିନ୍ଦିୟୋଁ ମେ ବୁ ରହେଗି ଯବ ତଲକ ଇମାମ କି
ତବ ତୋ ଲନ୍ଦନ୍ ତକ ଚଲେଗି ତେଗ୍ ହିନ୍ଦୁସ୍ତାନ କି।

(ଭାରତୀୟଙ୍କ ମଧ୍ୟରେ ଯେ ପର୍ଯ୍ୟନ୍ତ ନିଷ୍ଠାର ଗନ୍ଧ ମଧ୍ୟ ଥିବ, ଭାରତର ତରବାରୀ ଲଣ୍ଡନ ପର୍ଯ୍ୟନ୍ତ ମଧ୍ୟ ପ୍ରଦର୍ଶିତ ହେବ।) ତାଙ୍କ ଉକ୍ତି କେତେକାଂଶରେ ସଫଳ ହୋଇଛି।

ଥିବଙ୍କ ବ୍ରହ୍ମଦେଶରେ ସାଂସ୍କୃତିକ ଇତିହାସରେ ସ୍ଥାନ ଅଛି କି ନାହିଁ ସେ ବିଷୟରେ ମୋର କୌଣସି ଧାରଣା ନାହିଁ। ତେବେ ବ୍ରହ୍ମଦେଶ ସରକାର ତାଙ୍କର ଶେଷ ସ୍ୱାଧୀନ ରାଜାଙ୍କର ସ୍ମୃତିରକ୍ଷା ବିଷୟରେ କିଛି କରିଥିବାର ମୁଁ ଜାଣେ ନାହିଁ। କିନ୍ତୁ ବାହାଦୂର ଶାହଙ୍କ ଲାଗି ସରକାରୀ ଚେଷ୍ଟାର ଆବଶ୍ୟକତା ନାହିଁ। (ଅବଶ୍ୟ ସେଥିରେ ହେଳା କରାଯାଇ ନାହିଁ) ଦିଲ୍ଲୀର ଲାଲକିଲା ହିଁ ତାଙ୍କର ସ୍ମାରକ ଏବଂ ତା'ଠାରୁ ବଡ଼ ତାଙ୍କର ସମସାମୟିକମାନଙ୍କର ସାହିତ୍ୟିକ ଅବଦାନ।

ହତଭାଗ୍ୟ ଜଫର ବହୁଦିନରୁ ଇହସଂସାରରୁ ଗଲେଣି । ତେବେ ତାଙ୍କ କାହାଣୀ ମନେ ପକାଇଲେ ସ୍ୱତଃସ୍ଫୂର୍ତ୍ତ ଭାବେ ମୁହଁରୁ ବାହାରି ଆସେ,

"ଜିନ୍ଦାବାଦ୍, ଶାହ ଶାହ ବାହାଦୂର ଶାହ"

■

# ତିନି ନାୟିକା

ମୋଗଲ ସାମ୍ରାଜ୍ୟର ପ୍ରତିଷ୍ଠାତା ବାବର। ପୂରା ନାମ ଜହିରୁଦ୍ଦିନ ମହମ୍ମଦ ବାବର। କିନ୍ତୁ ସେ କେବେହେଲେ ନିଜକୁ ମୋଗଲ କହି ନାହାନ୍ତି। ଆପଣ ଯଦି ତାଙ୍କୁ ମୋଗଲ କହିଥାଆନ୍ତେ ତେବେ ଆପଣଙ୍କ ଭାଗ୍ୟରେ କ'ଣ ଘଟିଥାନ୍ତା କହିବା ମୁସ୍କିଲ। ହୁଏତ ଗରଦନ ଯାଇଥାନ୍ତା। ସେ ଜଣେ ଉଚ୍ଚକୋଟୀର କବି ଓ ଲେଖକ ଥିଲେ। ବିଶେଷ କରି ତାଙ୍କ ଆତ୍ମଜୀବନ "ବାବର ନାମା" ପୃଥିବୀର ସାହିତ୍ୟକ ଗନ୍ତାଘରର ଅମୂଲ୍ୟ ସମ୍ପଦ। ତାଙ୍କ ଲିଖିତ ଏକ ଫରାସୀ କବିତାର ମୋଟାମୋଟି ଅନୁବାଦଟା ଏହିଭଳି:

"ଯଦି ମୋଗଲ ଦେବଦୂତ ମଧ୍ୟ ହୁଏ, ତାହାଲେ
ବି ସେ ନୀଚକର୍ମରେ ପ୍ରବୃତ୍ତି ହେବ। ଏହା ସ୍ୱର୍ଣ୍ଣା-
କ୍ଷରରେ ଲିପିବଦ୍ଧ ଯେ ମୋଗଲ ନାମ ହିଁ ଘୃଣ୍ୟ।
ମୋଗଲ ଲଗାଇଥିବା ଫସଲକୁ କେହି ଛୁଇଁବ
ନାହିଁ। କାରଣ ମୋଗଲ ବୀଜ ହିଁ ଅତି ନିକୃଷ୍ଟ।"

କେବଳ ଏହିଠାରେ ନୁହେଁ। ନାନା ସ୍ଥାନରେ ଗଦ୍ୟ ଓ ପଦ୍ୟରେ ସେ ନିଜର ମତ ସ୍ପଷ୍ଟ କରି ଯାଇଛନ୍ତି। ଅଥଚ ଏହି ମୋଗଲ ନିନ୍ଦୁକଙ୍କ ନାମ ଚିରକାଳ ପାଇଁ ଇତିହାସ ପୃଷ୍ଠାରେ ରହିଗଲା ମୋଗଲ ସାମ୍ରାଜ୍ୟର ପ୍ରତିଷ୍ଠାତା ରୂପେ। ଏହାଠାରୁ ବଡ଼ ପରିହାସ ଆଉ କ'ଣ ହୋଇପାରେ ?

ଥରେ ସେ ସମରକନ୍ଦ ଓ ଉଜ୍‌ବେକିସ୍ଥାନ ମଧ୍ୟବର୍ତ୍ତୀ ଅଞ୍ଚଳରେ ଗୋଟିଏ ଝରଣା ପାଖରେ ପହଞ୍ଚି ପାଣି ପିଇଲେ। ସେଠି ତାଙ୍କ ସ୍ୱରଚିତ କବିତାର ଦୁଇଛତ୍ର ପଥରରେ ଖୋଳାଇ ଦେଇଥିଲେ। ସେ କବିତାର ଅର୍ଥ ହେଲା:

'ମୋ ପରି କେତେ ଆସିଲେ, ଏଠି ବିଶ୍ରାମ ନେଲେ ଓ ଚାଲିଗଲେ। ଆଖି ପତା ପଡ଼ିଲା ବେଳକୁ ଆଉ ନାହାନ୍ତି। ଯଦି ମୋର ବାହୁବଳ ଦ୍ୱାରା ସଂସାରଟାକୁ ମଧ୍ୟ

ଜୟ କରେ, ତେବେ ମଧ୍ୟ ସଂସାର ଏଠି ରହିଯିବ ଓ ମୁଁ ଚାଲିଯିବି। କବରରେ ଏକୁଟିଆ ହିଁ ରହିବାକୁ ପଡ଼ିବ।"

ସେତେବେଳେ ବାବରଙ୍କର ବୟସ ମାତ୍ର କୋଡ଼ିଏ। ବାବରଙ୍କର ଜୀବନ ଅତିଶୟ ଘଟଣା ବହୁଳ। ଆଜି ରାଜେନ୍ଦ୍ରାସନ ତ' କାଲି ଫକୀର ଓ ପଅରିଦିନ ପୁଣି ରାଜେନ୍ଦ୍ରାସନ। ଏସବୁ ଭିତରେ କିନ୍ତୁ ଏକ ଅଦଭୂତ୍ ନିର୍ଲିପ୍ତତା ଓ ତୀକ୍ଷ୍ଣଦୃଷ୍ଟିରେ ସବୁ ଦେଖିଯିବାର ଏକ ଅଦମ୍ୟ ସ୍ପୃହା ତାଙ୍କ ଲେଖାରେ ସ୍ପଷ୍ଟ। ତାଙ୍କର ଏକ ଫରାସୀ କବିତାକୁ ଓଡ଼ିଆ ଅକ୍ଷରରେ ଦେଉଛି। ଅବଶ୍ୟ ଅନୁବାଦ ସହ। ଆଶାକରେ ଆପଣ ତା'ର କିଛି ସ୍ୱାଦ ପାଇପାରିବେ।

"ନାମ୍ ନାନେ ଗର୍ ଖୁରଦ୍ ମର୍ଦେ ଖୁଦାୟ
ବଜଲେ ଦରବେଶାଁ କୁନଦ୍ ନୀମେ ଦିଗର୍।
ହସ୍ତ ଇକଲିମ୍ ଅର୍ ବଗୀରଦ୍ ବାଦଶାହା
ହମ ଚୂନାଁ ଦର ବଂଦେ ଇକଲିମେ ଦିଗରୁ।"

ଅର୍ଥ:-ଯଦି ଜଣେ ଭକ୍ତ ପାଖରେ ଖଣ୍ଡିଏ ରୁଟି ଥାଏ, ତେବେ ସେ ତାକୁ ଦୁଇଖଣ୍ଡ କରି ଖଣ୍ଡିଏ ଖାଇବ ଓ ଅନ୍ୟ ଖଣ୍ଡକ ସାଧୁ (ଦରବେଶ)ମାନଙ୍କ ମଧ୍ୟରେ ବାଣ୍ଟି ଦେବ। କିନ୍ତୁ ଜଣେ ରାଜା ପାଖରେ ଯଦି ସାତଟା ରାଜ୍ୟ ଥାଏ, ତେବେ ମଧ୍ୟ ସେ ଆଉ ଗୋଟିଏ ରାଜ୍ୟ ଲାଗି ଲୋଭ କରିବ।

ବାବରଙ୍କ ପ୍ରବଳ ଆତ୍ମବିଶ୍ୱାସ କଠିନ ପରିସ୍ଥିତିମାନଙ୍କରେ ତାଙ୍କୁ ସହାୟ ହୋଇଥିଲା। ଅନେକ ସମୟରେ ମୁଷ୍ଟିମେୟ ସୈନ୍ୟ ନେଇ ପରାକ୍ରମୀ ଶତ୍ରୁଙ୍କୁ ଆକ୍ରମଣ କରିଛନ୍ତି। ରଣକୌଶଳ ବା ଟାକ୍‌ଟିକସ୍ ଉପରେ ତାଙ୍କର ଥିଲା ଈଶ୍ୱରଦତ୍ତ ଅଧିକାର। ସବୁଠାରୁ ବାହାଦୂରୀ ହେଲା ହାରି ପଳାଉ ଥିବା ସମୟରେ ମଧ୍ୟ ନିଜ ସେନା ଉପରେ ନିୟନ୍ତ୍ରଣ ରଖି ପାରୁଥିଲେ। ସେ ଯେତେ ଯୁଦ୍ଧ ଜିତିଛନ୍ତି, ସେହି ପରିମାଣରେ ହାରିଛନ୍ତି ମଧ୍ୟ। କିନ୍ତୁ ଶେଷରେ ସେ ହିଁ ତ ସାମ୍ରାଜ୍ୟ ସ୍ଥାପନ କରିବାକୁ ସମର୍ଥ ହେଲେ।

ଏହି ଅଶ୍ୱପୃଷ୍ଠର ଜୀବନରେ ମଳୟ ମଧ୍ୟ ବହିଥିବ। ସେ ବିଷୟରେ ନିଜ ଆତ୍ମଜୀବନରେ ସେପରି କିଛି ଲେଖି ନାହାନ୍ତି ଯଦିଚ ସାମାନ୍ୟ କିଛି କିଛି ଇଙ୍ଗିତ ମିଳେ। ଅବଶ୍ୟ ନିଜର ପ୍ରେମ କାହାଣୀ ନିଜେ କହିବାରେ ଲଜ୍ୟା ହେବା ସ୍ୱାଭାବିକ। କିନ୍ତୁ ଅନ୍ୟାନ୍ୟ ପୁତ୍ରରୁ ବାବରଙ୍କ ଏକ ପ୍ରେୟସୀଙ୍କର ପରିଚୟ ମିଳେ। ଗୁଲବଦନ୍ ବେଗମ୍ ତାଙ୍କୁ 'ଆଫଗାନୀ ଆଗାଚ୍ଚ' ବୋଲି କହିଛନ୍ତି। ଆକବର ନାମା ଓ ତଓ୍ୟାରିଖ-ହାଫିଯେ-ରହିମତଖାନୀରେ ମଧ୍ୟ ଏହାଙ୍କର ଅନେକ ଉଲ୍ଲେଖ ଅଛି। ଏହାଙ୍କୁ କେତେ ସ୍ଥାନରେ ବେଗା ବେଗମ୍ ମଧ୍ୟ କୁହାଯାଇଛି। ଆଗା ଓ ବେଗ୍ ଉଭୟ ଉଚ୍ଚ ସମ୍ମାନ

ସୂଚକ। ବାବର ଆଫଗାନସ୍ଥାନରେ ଥିବାବେଳେ ୟୁସୁଫଜାଇ ଉପଜାତି ସହିତ ସମ୍ପର୍କରେ କେତେକ ସମସ୍ୟା ଦେଖା ଦେଲା। ୟୁସୁଫଜାଇ ଏବଂ ଅନ୍ୟ ଉପଜାତିମାନଙ୍କର ସରକାର ବା ରାଜାଙ୍କ ସାଥୀରେ ସମ୍ପର୍କଟା ସହଯୋଗ ଓ ସଂଘର୍ଷର ବିଚିତ୍ର ସମନ୍ୱୟ। ଉପଜାତିମାନେ ରହନ୍ତି ଅନୁର୍ବର ଓ ଦୁର୍ଗମ ପାହାଡ଼ରେ। ଏଣୁ ଏମାନେ ଲୁଟ୍‌ପାଟ୍ କରିବାକୁ ବାଧ। ପୁଣି ରାଜାଙ୍କ ସେନାରେ ଯୋଗଦେବା ଏହି ଉପଜାତିର ଯୁବକମାନଙ୍କର ଏକ ପ୍ରଧାନ କର୍ମ। କାରଣ ଏଥିରେ ଦରମା ତ ମିଳେ। ପୁଣି ବେଳେ ବେଳେ ସରକାରୀ ଲୁଟ୍‌ତରାଜର ସୁବିଧା ମଧ ମିଳେ। କେତେକ କାରଣରୁ ବାବରଙ୍କ ସଙ୍ଗେ ୟୁସୁଫଜାଇମାନଙ୍କର ଗୋଳମାଳ ହୋଇଯାଇଥିଲା ଓ ସେମାନେ ଯୁଦ୍ଧ ଲାଗି ପ୍ରସ୍ତୁତ ହେଉଥିଲେ। ବାବରଙ୍କର ଦୁଃସାହସର କଦାପି ଅଭାବ ନଥିଲା। ଆଗରୁ ୟୁସୁଫଜାଇମାନଙ୍କର ଗିରିଦୁର୍ଗ ଅର୍ଥାତ୍ ସଙ୍ଗରୁ ସବୁ ଅତି ମଜ୍‌ବୁତ୍। ବାବର ନିଜେ ଫକୀର ବେଶରେ ସମସ୍ତ ଅଞ୍ଚଳ ଦେଖିବାକୁ ବାହାରି ଗଲେ। ସେ ସମୟରେ ବକରିଦ୍ ପର୍ବ। ବାବର ଭିକ୍ଷା ମାଗି ମାଗି ୟୁସୁଫଜାଇ ସର୍ଦ୍ଦାର ମନ୍‌ସୁରଙ୍କ ତମ୍ବୁ ପାଖରେ ପହଞ୍ଚିଲେ। ସେଠି ଥିଲେ ମନ୍‌ସୁରଙ୍କ କନ୍ୟା ମୁବାରିକା। ଚାରି ଚକ୍ଷୁର ମିଳନ ହେଲା। ମୁବାରିକା ଫକୀରଙ୍କୁ ଭିକ୍ଷା ଦେଲେ ଦୁଇଖଣ୍ଡ ନାକ୍ ରୋଟି ଆଉ ତା' ଭିତରେ ମାଂସ। ବାବର ଆଉ ଖାଇବେ କ'ଣ ? ଭିକ୍ଷାନ୍ନକୁ ଗୋଟିଏ ବିଶେଷ ପଥର ତଳେ ଚାପା ଦେଇ ସଙ୍ଗେ ସଙ୍ଗେ ଫେରି ଆସିଲେ ଏବଂ ମନ୍‌ସୁରଙ୍କ ଝିଅ ସହିତ ବିବାହର ନିମନ୍ତେ ପ୍ରସ୍ତାବ ପଠାଇଲେ। ଉତ୍ତର ଆସିଲା ଯେ ମନ୍‌ସୁରଙ୍କର କୌଣସି କନ୍ୟା ନାହିଁ। ବାବର ତାଙ୍କୁ ସେଇ ବିଶେଷ ପଥର ଲେଉଟାଇ ରୁଟି ବାହାର କରିବାକୁ କହିଲେ। ଆଉ ନାହିଁ କରିବାର ଉପାୟ ନଥିଲା। ବିବାହର ପ୍ରଥମ ରାତ୍ରିରେ ରାଣୀ ମୁବାରିକା ନିଜର ପିତୃକୁଳ ୟୁସୁଫଜାଇମାନଙ୍କ ପ୍ରତି ମିତ୍ରତାର ଭିକ୍ଷା ମାଗିଥିଲେ ଏବଂ ବାବର ତା' ସ୍ୱୀକାର କରିଥିଲେ।

ବାବରଙ୍କର ଶେଷ ଇଚ୍ଛା ଥିଲା କାବୁଲର ଏକ ବଗିଚାରେ ମୁକ୍ତ ଆକାଶ ତଳେ ତାଙ୍କୁ କବର ଦିଆଯିବ ଏବଂ କବର ଉପରେ କୌଣସି ଛାତ ରହିବ ନାହିଁ ଏବଂ ସେଠି କେହି ଦରସ୍ୱାନ୍ ମଧ୍ୟ ନଥିବେ। ବାବରଙ୍କ ମୃତ୍ୟୁ ପରେ ବିବି ମୁବାରିକା ବାବରଙ୍କ ଶବ ନେଇ ବାହାରିଲେ କାବୁଲ, ବଲ୍ଲଭଙ୍କର ଶେଷ ଇଚ୍ଛା ପୂରଣ କରିବାକୁ। ଶାହେ କାବୁଲ ପାହାଡ଼ରେ ଢ଼ାଲୁରେ ବାବରଙ୍କ ଶେଷ ଶୟନ କରାଇ ଦିଆଗଲା।

ବାବରଙ୍କ ଅଣନାତି ଜାହାଙ୍ଗୀର। ପ୍ରଥମ ନାମ ସଲିମ। ସିଂହାସନ ଆରୋହଣ କରି ନୂତନ ନାମ ଗ୍ରହଣ କଲେ ନୁରୁଦ୍ଦିନ ମହମ୍ମଦ ଜାହାଙ୍ଗୀର ବାଦଶାହା ରାଜୀ। ତା'ପରେ ସେ କ'ଣ କଲେ। ତା' ଏକ ଭିନ୍ନ ଶୀରଃପୀଡ଼ା (ଯଥା-ଶେର୍ ଆଫଗାନର ମୃତ୍ୟୁ, ନୁର୍‌ଜାହାନଙ୍କର ସମ୍ରାଜ୍ଞୀ ହେବା ଇତ୍ୟାଦି)। ବର୍ତ୍ତମାନ ଯୁବରାଜ ସମୟର

ଘଟଣା ନିଆଯାଉ। କଥିତ ଅଛି ଯେ ସେ ଅନାରକଲୀ ନାମ୍ନୀ ଏକ ସୁନ୍ଦରୀ ଦାସୀର ଖାପଚରେ ପଡ଼ି କୁଳର କଳଙ୍କ ହେବାର ସମ୍ଭାବନା ଦେଖାଯିବାରୁ ପିତା ଆକବର ଏକ ସରକାରର କର୍ମ ଦେଖାଇ ସେଠାରୁ ଆଗ ସଲିମ୍‌କୁ ବିଦା କଲେ ଓ କଳିର ମୂଳ ଉକ୍ତ ଅନାରକଲୀକୁ ଜୀଅନ୍ତା ଗୋଟିଏ କାନ୍ଥରେ ଭର୍ତ୍ତି କରି ଆଉ ଗୋଟିଏ କାନ୍ଥ ଠିଆ କରିଦେଲେ। ଅବଶ୍ୟ ମୁଁ ଏପରି ଝାମେଲା କରିବାର ଆବଶ୍ୟକତା ଏ ପର୍ଯ୍ୟନ୍ତ ବୁଝିପାରି ନାହିଁ। ନିଶ୍ଚୟ ମୋଗଲ ଅମଲାତନ୍ତ୍ରରେ ଅତି ବିଚକ୍ଷଣ ଗୁମ୍‌ଖୁନ୍ ବିଶେଷଜ୍ଞମାନେ ଥିଲେ। ଲାସ୍ ଗାଏବ୍ କରିବା ବିଦ୍ୟା କ'ଣ ଆଜିର ?

ତେବେ କଥାଟା ଟ୍ରାଜେଡ଼ି ନିଶ୍ଚୟ। ଟ୍ରାଜେଡ଼ିର ସଫଳତା ହେଲା କାବ୍ୟ ସୃଷ୍ଟି। ଅନାରକଲୀର କାହାଣୀ ଅନେକ ଲୋକଗୀତ ଓ ଅନେକ କାବ୍ୟର ବିଷୟବସ୍ତୁ। ସିନେମା ଯୋଗୁ ସମସ୍ତେ କାହାଣୀକୁ ଜାଣି ଯାଇଛନ୍ତି। କାହାଣୀର ପ୍ରାମାଣିକତା ସମ୍ବନ୍ଧରେ ଯଦିଚ କେତେକ ସନ୍ଦେହ ଅଛି, ତଥାପି ଏହା ସତ୍ୟ ଯେ ଅନାରକଲୀ ପରି ଘଟଣା ସେତେବେଳେ ଘଟୁଥିଲା। କେବଳ ହତଭାଗିନୀର ମୃତ୍ୟୁର ପଦ୍ଧତିରେ କିଞ୍ଚିତ ହେରଫେର୍ ହୋଇଥାଇପାରେ। ସେ ହତଭାଗିନୀ ଅବଶ୍ୟ। କିନ୍ତୁ ତା'ର ନିଷ୍ଫଳ ପ୍ରେମ ତାକୁ ମହାନତା ମଧ୍ୟ ଦେଇଛି ଏବଂ ସଂସାର ତାକୁ ସ୍ୱୀକାର କରିବାକୁ ବାଧ୍ୟ ହୋଇଛି। କାରଣ ସେ ପ୍ରେମର ଗୌରବରେ ତା'ର ଜୀବନର ତୁଚ୍ଛତାକୁ ଜୟ କରିବାକୁ ସମର୍ଥ ହୋଇଛି। ସେ ଟ୍ରାଜେଡ଼ିର ନାୟିକା। ସେ ଦିବ୍ୟାଙ୍ଗନା।

କିନ୍ତୁ ମହାକାଳ ପଟ୍ଟ ପରିବର୍ତ୍ତନ କଲେ। ସେହି ପ୍ରସିଦ୍ଧ ମୟୂର ସିଂହାସନରେ ବସିଲେ ଜଣେ ମୂର୍ତ୍ତିମାନ ପ୍ରହସନ। ଜାହାନଦାର ଶାହା। ସେ ସଲିମ୍‌ଙ୍କ ପରି ପିଲା ନଥିଲେ। କିନ୍ତୁ ପ୍ରେମରେ ପଡ଼ିବା ଲାଗି ତ ଆଉ ସରକାରୀ ଚାକିରୀରେ ଭର୍ତ୍ତି ଭଳି ନିର୍ଦ୍ଧାରିତ ବୟସ ସୀମା ନାହିଁ। ଏ ମହିଳାଙ୍କ ନାମ ଲାଲକୁଅଁର। ତାଙ୍କୁ ଏକାଥରକେ କରିଦେଲେ ଇମିତିୟାନ ବେଗମ୍। ତା'ପରେ ଯାହା କଲେ ତାହା ଅତିଶୟ ହାସ୍ୟାସ୍ପଦ। ଲାଲକୁଅଁରର ଏକ ଭାଇ ସାରଙ୍ଗୀ ବାଦକ। ସେ ହୋଇଗଲା ମୁଲତାନର ଗଭର୍ଣ୍ଣର। ଭାବନ୍ତୁ ମୁଲତାନ୍ ମୋଗଲ ସାମ୍ରାଜ୍ୟର ଦ୍ୱାର ପରି। ସେଠାରୁ ଇରାନର ଆକ୍ରମଣ ଓ ଆଫଗାନ୍ ଡକାୟତି ସମ୍ଭାଳିବାକୁ ହେବ। ଏଣୁ ସାରଙ୍ଗୀ ବାଦକ ସେଠି ଯେଉଁ ରାଗ ପ୍ରସ୍ତୁତ କରିଥିବେ ତା ଅନୁମେୟ।

ବାଦଶାହା ଓ ଲାଲକୁଅଁର ପ୍ରକାଶ୍ୟ ରାସ୍ତାରେ ମଦ୍ୟପାନ କରୁଥିଲେ। ମନେହୁଏ ଆଜିକାଲିର ଚା' ଦୋକାନ ପରି ସେତେବେଳେ ଦିଲ୍ଲୀର ଯନ୍ତ୍ର ତନ୍ତ୍ର ମୈଖାନା ବା ମଦ ଦୋକାନ ଏବଂ ରାସ୍ତାରେ ଠିଆହୋଇ ଠକ୍ କରି ଏକ ପାତ୍ର ମାରିଦେଇ ହେଉଥିଲା। ଏହିପରି ଦୋକାନ ଦୋକାନ ବୁଲି ଆପଣ ଘରକୁ ଫେରି ପାରନ୍ତି ବା

ନର୍ଦ୍ଦମାରେ ଗଡ଼ିପାରନ୍ତି; ଯେପରି ରୁଚି। ସାଧାରଣତଃ ସମ୍ଭ୍ରାନ୍ତ ଲୋକ ଚାଲି କରି ଯାଉନଥିଲେ। ସହର ଭିତରେ ଯାନ ଥିଲା ପାଲିଙ୍କି ବା ସୁସଜ୍ଜିତ ବଳଦଗାଡ଼ି ଯାହାକୁ ରଥ ମଧ୍ୟ କୁହାଯାଉଥିଲା। ହଜୁର ବାଦଶାହା ସଲାମତ ମଧ୍ୟ ତାଙ୍କ ପିଆରୀ ଲାଲକୁଅଁରକୁ ବଗଲ୍‌ଦ୍ଵବା କରି ପରିଭ୍ରମଣରେ ଥିଲାବେଳେ ଘରୁ ବାହାରନ୍ତି ନାହିଁ। ତେବେ ରାସ୍ତାରେ ଲୋଫର ଶ୍ରେଣୀ ମଉଚ୍ଛବ କାରଣ ବାଦଶାହାଙ୍କର ଦରାଜଦିଲ୍ ଖଇରାତ୍ ଯୋଗୁଁ କେହି ତୃଷାର୍ତ୍ତ ରହନ୍ତି ନାହିଁ। ବାଦଶାହା ଦିନେ ଶାହି ବୈଲ୍‌ଗାଡ଼ି (ବଳଦଗାଡ଼ି)ରେ ପରିଭ୍ରମଣ ଲାଗି ବାହାରିଛନ୍ତି। ସାଙ୍ଗରେ ଅବଶ୍ୟ ଲାଲ୍‌କୁଅଁର। କିଛି ସମୟ ପରେ ବାଦଶାହ ବେଅକ୍ତିୟାର। ପ୍ରାୟ ବେହୋସ୍। ଗାଡ଼ିବାଲା ମଧ୍ୟ ପ୍ରଚୁର ଚଢ଼େଇଚି। କୌଣସି ମତେ ବାଦଶାହ ଓ ଲାଲ୍‌କୁଅଁରକୁ ଗାଡ଼ିରେ ଭର୍ତ୍ତିକରି ଲାଲ୍‌କିଲ୍ଲା ଚାଲିଲା। ତା' ମଧ୍ୟରେ ଗାଡ଼ିବାଲାର ମଧ୍ୟ ହୋସ୍ ଗୁମ୍। କିନ୍ତୁ ବଳଦ ଦୁଇଟା ଉତ୍କୃଷ୍ଟ ଓ ପ୍ରଶିକ୍ଷିତ। ସେ ବାଟ ଠିକ୍ ଚିହ୍ନନ୍ତି। ଠିକ୍ ଲାଲ୍‌କିଲ୍ଲା ଭିତରକୁ ଗଲେ ଓ ଶାହିମହଲ ଆଗରେ ଠିଆହେଲେ। ଲାଲ୍‌କୁଅଁ ରର କିଞ୍ଚିତ୍  ହୋଶ ଥିଲା। ଏଣୁ ସେ କୌଣସି ପ୍ରକାରେ ଟଳି ଟଳି ଭିତରକୁ ଗଲା। ବାଦଶାହାଙ୍କ କଥା ଆଉ କେହି ଭାବି ନାହାନ୍ତି। ତାପରେ ବଳଦ ଦୁଇଟା ଆପେ ଆପେ ବୈଲଖାନା (ଗୁହାଳ) ଆଡ଼େ ଗଲେ।

ହଠାତ୍ ଖୋଜା ପଡ଼ିଲା ବାଦଶାହ କାହାନ୍ତି। ଏ ଅତି ବିପଜ୍ଜନକ ପରିସ୍ଥିତି। କାରଣ ଘଟଣା ଯଦି ପ୍ରକାଶ ହୋଇଯାଏ ତେବେ କୌଣସି ତିମୁର ବଂଶଜ ଜୁଆଡ଼ି ଭାଗ୍ୟ ପରୀକ୍ଷା ଲାଗି ବାହାରି ପଡ଼ିପାରେ ଓ ନିଜକୁ ସମ୍ରାଟ ଘୋଷଣା କରିଦେଇପାରେ। ଫଳ ଅତିକମ୍‌ରେ ଗୃହଯୁଦ୍ଧ ଓ ଅବବ୍ୟସ୍ଥା। ହଠାତ୍ କୌଣସି ବୁଦ୍ଧିମାନ ଥାଳି ହଜିଲେ ମାଠିଆ ଅଣ୍ଡାଳିବା ପଦ୍ଧତିରେ ବୈଲ୍‌ଖାନା ଦେଖିବାକୁ ଗଲା ଏବଂ ବୈଲ୍‌ଗାଡ଼ି ଦିଲ୍ଲୀଶ୍ୱରୋବା ଜଗଦୀଶ୍ୱରୋବାଙ୍କୁ ଚିତ୍ ପଡ଼ିଥିବା ଆବିଷ୍କାର କଲା। ଏ ଯାତ୍ରା ସେହି ଦୁର୍ଭାଗ୍ୟରୁ ରକ୍ଷା ପାଇଗଲା।

ଭଲଟାୟାର କହିଛନ୍ତି ଯେ ଇତିହାସର ପୁନରାବୃତ୍ତି ହୁଏ। କିନ୍ତୁ ପ୍ରଥମ ଥର ତାହା ଟ୍ରାଜେଡ଼ି ଓ ଦ୍ୱିତୀୟ ଥର ତାହା ଫାର୍ସ। ଅନାରକଲୀ ଟ୍ରାଜେଡ଼ି ଓ ଲାଲକୁଅଁର ଫାର୍ସ। ତାହେଲେ ବିବି ମୁବାରିକା ? ସେ ଏ ସବୁ ଉପରେ। ସେ ହେଲେ ରବିନ୍ଦ୍ର ନାଥଙ୍କ ଭାଷାରେ:

ତୁମି ରବେ ନୀରବେ ହୃଦୟ ମମ
ନିଭୃତ ନିବିଡ଼ ପୂର୍ଣ୍ଣିମା ନିଶୀଥିନୀ ସମ
ମମ ଜୀବନ ଯୌବନ, ମମ ଅଖିଲ ଭୁବନ
ତୁମି ଭରିବେ ଗୌରବେ ନିଶିଥିନୀ ସମ।

# ଅର୍ଥନୀତି ଓ ଆଲାଉଦ୍ଦିନ୍

ଇତିହାସରେ ସଦର ରାସ୍ତା ଛାଡ଼ିଦେଲେ ଗଳିର ସଂଖ୍ୟା ଅନେକ। ବାରାଣସୀ ନଗରୀଠାରୁ ମଧ୍ୟ ବେଶୀ। ଆଜି ମୋର ଇଚ୍ଛା ଖିଲିଜୀ ବଂଶ ନାମକ ରାଜପଥରୁ ବାହାରି ଥିବା ଗଳି ଭିତରେ ପଶିବା। ପଶିବା ମାତ୍ରେ ହିଁ ସ୍ୱନାମଧନ୍ୟ ଆଲ୍ଲାଉଦ୍ଦିନ୍ ଖିଲିଜୀଙ୍କୁ ଭେଟିବାକୁ ପଡ଼େ, ତେବେ ସେ ଗୋଦାମରଦି ପଦ୍ମିନୀ କାହାଣୀ ପେଶ୍ କରିବାର କୌଣସି ମତ୍‌ଲବ୍ ମୋର ନାହିଁ। ଏ ମହାଶୟଙ୍କର ଅନ୍ୟାନ୍ୟ କୀର୍ତ୍ତି ମଧ୍ୟ କମ୍ ରୋଚକ ନୁହେଁ। ଆଲ୍ଲାଉଦ୍ଦିନ୍ ଖିଲିଜୀ ସମ୍ରାଟ ଜଲାଉଦ୍ଦିନ୍‌ଙ୍କର ଜାମାତା। ଅନ୍ୟାନ୍ୟ ସୁତ୍ରରୁ ଜଣାଯାଏ ଯେ ଆଲ୍ଲାଉଦ୍ଦିନ୍ ଦୁଃସାହସୀ ଓ କୁଶଳୀ ସୈନିକ ଥିଲେ। କିନ୍ତୁ ଏପରି ସୈନିକ ସେ ଯୁଦ୍ଧରେ ଯଥେଷ୍ଟ ଥିଲେ। ଯୁଦ୍ଧରେ ପ୍ରତିପକ୍ଷର ଆକ୍ରମଣ ଅପେକ୍ଷା ସ୍ତ୍ରୀ ଓ ଶାଶୁଙ୍କର ବାକ୍ୟବାଣରେ ସେ ବେଶୀ ଜର୍ଜ୍ଜରିତ ହେଉଥିଲେ। ଶେଷରେ ବିରକ୍ତ ହୋଇ ଭାଗ୍ୟ ପରୀକ୍ଷା ଲଟେରୀ ଲଗାଇ ଦେଲେ-ଦେବଗିରି ଅଭିଯାନ। ଲୁଟ୍‌ରେ କଳ୍ପନାତୀତ ଧନରତ୍ନ ମିଳିଲା। ତା’ ହେଲା ଆଉ ଗୋଟିଏ ସମସ୍ୟା। ଏ ଲୁଟ୍ ମାଲ୍ ରାଜକୋଷରେ ଦିଆଯିବ କି ନାହିଁ? ଯଦି ଦିଆଯାଏ, କେତେ ଦିଆଯିବ? ଆଲାଉଦ୍ଦିନ୍‌ଙ୍କର ଚିନ୍ତାଧାରା ମୌଳିକ ସମାଧାନ ବାହାର କଲା। ସମ୍ରାଟ୍ ଜଲାଉଦ୍ଦିନ୍‌ଙ୍କୁ ସାଡ଼ମ୍ବରେ ଦାଓ୍ୱତ୍ କଲେ ଏବଂ....ଖତମ୍। ବର୍ତ୍ତମାନ ସେ ଆଲ୍ଲାଉଦ୍ଦିନ୍ ଖିଲିଜୀ ସୁଲତାନ୍-ଏ-ହିନ୍ଦ୍।

ସୁଲତାନ୍ ହେବା ପରେ ତାଙ୍କର ମୌଳିକତା ନୂଆ ନୂଆ ଭଙ୍ଗୀରେ ପ୍ରକାଶମାନ ହେଲା। ମଦ ଖାଇବାରେ ଆଗରୁ ଥିବା ସବୁ ରେକର୍ଡ଼ ସେ ଭାଙ୍ଗିବାରେ ଲାଗିଲା। ଏପରି ଲୋକର ତ ସଙ୍ଗୀ ଅଭାବ ହୁଅନ୍ତି ନାହିଁ, ଆଉ ବିଶେଷକରି ସେ ଯେତେବେଳେ ବାଦ୍‌ଶାହ। ଏପ୍ରକାର ମାଲ୍ ଯେ ଉଚ୍ଚଚିନ୍ତା ଓ ମହତ୍ ଆକାଂକ୍ଷାର ପରିପୋଷକ ଏକଥା ଅଜଣା ନୁହେଁ। କେଉଁ ଏକ ବିଶେଷ ମାନସିକ ଅବସ୍ଥାରେ ସେ ଘୋଷଣା କଲେ ଯେ

ତାଙ୍କର ଦୁଇଟି କର୍ମ କରିବାର ଅଛି- (୧) ସମସ୍ତ ଜଗତକୁ ଏକ ନୂତନ ଧର୍ମରେ ଦୀକ୍ଷିତ କରିବାକୁ ହେବ।

ହୁଲସ୍ଥୁଲକାଣ୍ଡ। ବାଦ୍‌ଶାହ ଅତ୍ୟଧିକ ମଦ୍ୟପାନ କଲେ ବା ଦେଶ ବିଜୟପୁର ଅଭିଳାଷ ପୋଷଣ କଲେ କାହାର କିଛି କହିବାର ନଥିଲା। ଏହା ରାଜୋଚିତ କର୍ମ ଓ ବାସନା। କିନ୍ତୁ ନୂତନ ଧର୍ମ? ତୋବା ତୋବା। ମୁଲ୍ଲା ମହଲରେ ସୃଷ୍ଟି ହୋଇଥିବା ପ୍ରଚଣ୍ଡ ବିକ୍ଷୋଭ କ୍ରମେ ଜନତା ମଧ୍ୟରେ ବ୍ୟାପିଗଲା। ରାଜାଙ୍କର ଇହକାଳ ଉପରେ ଅଧିକାର ଥାଇପାରେ, ମାତ୍ର ପରକାଳ ଉପରେ ହସ୍ତକ୍ଷେପ ଅସହ୍ୟ, ବିଶେଷ କରି ସେମାନଙ୍କ ପକ୍ଷରେ ଯେଉଁମାନେ ଅନ୍ୟର ପରକାଳ ଉପରେ ନିର୍ଭର କରି ନିଜର ଇହକାଳ ଚଳାନ୍ତି।

ସେତେବେଳେ ଦିଲ୍ଲୀର କୋତ୍‌ୱାଲ୍ (ସର୍ବୋଚ୍ଚ ପୋଲିସ୍ ଅଫିସର୍) ବୃଦ୍ଧ ଆଲାଉଲାମୁଲକ୍। ଭଦ୍ରଲୋକ ଅତିରିକ୍ତ ମୋଟା ହୋଇଥିବାରୁ ଜଣେ ନ ଧରିଲେ ଉଠି ବସି ପାରୁ ନଥିଲେ, ଏଣୁ ଦରବାରରୁ ଛୁଟି ପାଇଥିଲେ। କେବଳ ବିଶେଷ ଦରକାର ହେଲେ ଆସୁଥିଲେ। କିନ୍ତୁ ତାଙ୍କର ଚକ୍ଷୁ-କର୍ଣ୍ଣ ସଜାଗ। ଜନତାର ନାଡୀ ଉପରେ ସବୁବେଳେ ଟିପ ରଖିଥାନ୍ତି। ସେ ସମ୍ରାଟଙ୍କୁ ସାବଧାନ୍ କରିଦେଲେ।

୧- ଖବରଦାର୍, ଧର୍ମ ସାଙ୍ଗରେ ଲାଗ ନାହିଁ, ସମ୍ଭାଳି ପାରିବ ନାହିଁ।

୨- ପୃଥିବୀ ଜୟର ଇଚ୍ଛା ସାଧୁ, କିନ୍ତୁ ତା' ଆଗରୁ କେତେକ ଛୋଟ ଛୋଟ ସମସ୍ୟାର ସମାଧାନ ଆବଶ୍ୟକ। ପ୍ରଥମେ ବିଦ୍ରୋହୀ ଜମିଦାର ଓ ସେନାପତିମାନଙ୍କୁ ସାବାଡ଼ କରିବାକୁ ହେବ। ତା'ପରେ ଏହି ବାରମ୍ବାର ଘଟୁଥିବା ମଙ୍ଗୋଲ୍ ଆକ୍ରମଣକୁ ରୋକିବା ଦରକାର।

ସମ୍ରାଟ କେତେଟା ଆକାଶରେ ଉଡିବା ଛାଡ଼ି ମାଟିକୁ ଆସିଲେ। ଦୁଇଟି ଘଟଣା ଦ୍ୱାରା ଆଲାଉଲାମୁଲ୍‌କଙ୍କର ଚେତାବନୀର ସତ୍ୟତା ପ୍ରମାଣିତ ହେଲା। ଆଲ୍ଲାଉଦ୍ଦିନ୍‌ଙ୍କୁ ହତ୍ୟା କରିବାର ଏକ ଉଦ୍ୟମ ହେଲା ଏବଂ ମଙ୍ଗୋଲମାନେ ଦିଲ୍ଲୀର ଖୁବ୍ ନିକଟକୁ ଚାଲି ଆସିଥିଲେ। ଆଲାଉଦ୍ଦିନ୍ ଏକ ଅତି ଆଧୁନିକ ବ୍ୟବସ୍ଥା ଗ୍ରହଣ କଲେ। ସମୁଦାୟ ଅବସ୍ଥା ପର୍ଯ୍ୟାଲୋଚନା କରି ଭବିଷ୍ୟତ କାର୍ଯ୍ୟପନ୍ଥା ସମ୍ବନ୍ଧରେ ଏକ ରିର୍ପୋଟ ଦେବା ପାଇଁ କମିଟି ଟିଏ ଗଠନ କଲେ। ମୁଁ ଜାଣିବାରେ ଭାରତର ଇତିହାସରେ ଏହା ସର୍ବ ପ୍ରଥମ କମିଟି। ଆଗରୁ ଯଦି କମିଟି ବସିଥାଏ ତା'ର କୌଣସି ଇତିହାସ ନାହିଁ। ଜଣନ୍ତି ତ, ଏ ନଶ୍ୱର ସଂସାରରେ ଇତିହାସ ଲେଖିବା ବିଷୟରେ ହିନ୍ଦୁମାନେ ଅତ୍ୟନ୍ତ ଢ଼ିଲା ଥିଲେ। ଆମର ମାଦଳା ପାଞ୍ଜି ଓ ଅସାମରେ ବୁରୁଜିଂ ଏହାର ବ୍ୟତିକ୍ରମ। ଯଥା ସମୟରେ କମିଟି ଏକ ସାରଗର୍ଭକ ପେଶ୍ କଲେ। ଅତି ଦୁଃଖର କଥା, ସେ ରିର୍ପୋଟ୍‌ର

ନକଲ ନାହିଁ, ତେବେ କମିଟିର ସୁପାରିଶ ସମ୍ବନ୍ଧୀୟ ତଥା ଇତିହାସରୁ ବିଶେଷ କରି ଜିୟାଉଦ୍ଦିନ୍ ବରାନୀଙ୍କର ତାରାଖ୍-ଇ-ଫିରୋଜସାହୀରୁ ମିଳେ। କମିଟିର ସୁପାରିଶ୍ ହେଲା। ଯେ ସୁଲତାନ୍ ବ୍ୟକ୍ତିଗତ ଭାବରେ ରାଜ୍ୟର ଶାସନ ବ୍ୟବସ୍ଥାରେ ବେଶୀ ଅଂଶ ଗ୍ରହଣ କରିବା ଆବଶ୍ୟକ। ଅର୍ଥାତ୍ ସୁରା ଓ ସୁନ୍ଦରୀଙ୍କର ପରିମାଣ ଓ ସଂଖ୍ୟା ହ୍ରାସ ପାଇବା ଦରକାର। ଅବଶ୍ୟ ସମ୍ରାଟ ବ୍ରହ୍ମଚାରୀ ହୁଅନ୍ତୁ ବୋଲି କହିବାର ମୁର୍ଖତା କେହି କରି ନ ଥିଲେ। ତା' ଛଡ଼ା କମିଟି ନିମ୍ନୋକ୍ତ ନିର୍ଦ୍ଦିଷ୍ଟ ସୁପାରିଶ୍‌ମାନ କରିଥିଲେ-

୧- ମଦ୍ୟପାନର ବିଶେଷ ପ୍ରଚଳନ ହେତୁ ପ୍ରଜାଙ୍କ ମୁଣ୍ଡ ଖରାପ ହୋଇଯାଉଛି। ଫଳତଃ ସେମାନେ କାହାକୁ ମାନୁନାହାନ୍ତି ଓ ଅଯଥା ବକ୍‌ବକ୍ କରୁଛନ୍ତି।

୨- ଉଚ୍ଚ ଅଧିକାରୀବର୍ଗ, ଅର୍ଥାତ୍ ଅମୀର୍-ଉମରାଙ୍କ ଭିତରେ ବହୁତ ବେଶୀ ବୈବାହିକ ସମ୍ପର୍କ ହେଉଥିବାରୁ ସମସ୍ତେ ସମସ୍ତଙ୍କ କୁଟୁମ୍ବ ହୋଇଯାଉଛନ୍ତି। ସେମାନେ ଦଳବଦ୍ଧ ହୋଇ ସମ୍ରାଟଙ୍କୁ ମାନୁନାହାନ୍ତି।

୩- ଜନତାର ଆର୍ଥିକ ଅବସ୍ଥା ବେଶୀ ସ୍ୱଚ୍ଛଳ ହୋଇଯିବାରୁ ସେମାନଙ୍କ ମନରେ ଗର୍ବ ହେଉଛି ଓ ସେମାନେ ବିଦ୍ରୋହ କରୁଛନ୍ତି।

ପ୍ରଥମ ଓ ତୃତୀୟ ସୁପାରିଶ୍ ଉପରେ କାର୍ଯ୍ୟନୁଷ୍ଠାନ କରାଯାଇଥିଲା। ଦ୍ୱିତୀୟ ସୁପାରିଶ୍ ଉପରେ କାର୍ଯ୍ୟନୁଷ୍ଠାନ ବୋଧହୁଏ ସମ୍ଭବ ହୋଇପାରି ନ ଥିଲା। ଆସ୍ତେ ଆସ୍ତେ ଜନସାଧରଣଙ୍କଠାରୁ ଟଙ୍କା ପଇସା, ସୁନା ଇତ୍ୟାଦି କାଢ଼ି ନିଆଗଲା। ଉଦ୍ଦେଶ୍ୟ ହେଲା ଯେ ସେମାନେ ସଂସାର ଚଳାଇବାରେ ବ୍ୟସ୍ତ ରହିଲେ ଆଉ କୌଣସି ଗଣ୍ଡଗୋଳ ପାଇଁ ସମୟ ପାଇବେ ନାହିଁ। କିନ୍ତୁ ଏ କଟକଣାରୁ ହିନ୍ଦୁ ବ୍ୟବସାୟୀ ଗୋଷ୍ଠୀକୁ ଛାଡ଼ି ଦିଆଯାଇଥିଲା। ସେତେବେଳେ ଦିଲ୍ଲୀ ଓ ଉତ୍ତର ଭାରତର ପ୍ରାୟ ସମସ୍ତ ବ୍ୟବସାୟ ମୁଲ୍‌ତାନୀ ଓ ସାହାମାନଙ୍କ ହାତରେ। ଉଭୟ ହିନ୍ଦୁ। ମୁଲତାନୀମାନେ ନାନା ସ୍ଥାନରୁ ଖାଦ୍ୟସାମଗ୍ରୀ, ଲୁଗାପଟା ଓ ଅନ୍ୟାନ୍ୟ ଜିନିଷ ଆମଦାନୀ କରୁଥିଲେ। ସାହାମାନେ ମହାଜନ। ଏମାନେ ବ୍ୟବସାୟ ଲାଗି ପୁଞ୍ଜି ଯୋଗାଉଥିଲେ। ଏମାନଙ୍କ ପାଖରୁ ଟଙ୍କା ପଇସା ବା ୱାର୍କିଂ କ୍ୟାପିଟାଲ କାଢ଼ିନେଲେ ସାରା ଦିଲ୍ଲୀ ଯେ ଠୋ ଠୋ ଉପାସରେ ମରିଯିବ ଏକଥା ଦିବାଲୋକ ପରି ସ୍ପଷ୍ଟ। ପୁଣି ବିଚରା ହିନ୍ଦୁ ବ୍ୟବସାୟୀର କୌଣସି ରାଜନୈତିକ ଅଭିଳାଷ ନ ଥିଲା। ଏଣୁ ସମ୍ରାଟଙ୍କ ପକ୍ଷରେ ସମ୍ପୂର୍ଣ୍ଣ ନିରାପଦ।

ଏହାପରେ ଆଉ ଏକ ବୈପ୍ଳବିକ ପଦକ୍ଷେପ- ଜମିଦାରୀ ଉଚ୍ଛେଦ। ତା'ର ପ୍ରଧାନ ଉଦ୍ଦେଶ୍ୟ ହେଲା ବିଦ୍ରୋହ ଦମନ ଓ ବିଦ୍ରୋହ କରିବା ଅସମ୍ଭବ କରିଦେବା। ଆଲାଉଦ୍ଦିନ୍ ଠିକ୍ ବୁଝିଥିଲେ ଯେ ସାଧାରଣ ପ୍ରଜା ବିଦ୍ରୋହ କରନ୍ତି ନାହିଁ। ତାଙ୍କର ରାମାୟ ସ୍ୱସ୍ତି, ରାବଣାୟ ସ୍ୱସ୍ତି। ମଫସଲର ଜମିଦାରମାନେ ହିଁ ଏଥିରେ ମାତନ୍ତି

କାରଣ ତାଙ୍କର ଅର୍ଥବଳ ଓ ଲୋକବଳ ଉଭୟ ଅଛି। ସାଧାରଣ ପ୍ରଜା ତାଙ୍କର ବିରୁଦ୍ଧାଚରଣ କରିପାରିବେ ନାହିଁ। ଏହି ଜମିଦାର ଶ୍ରେଣୀର ମେରୁଦଣ୍ଡ ଭାଙ୍ଗିଦେଲେ ସମ୍ରାଟ୍ ନିରାପଦ। ଅତଏବ ସ୍ଥିର ହେଲା ଯେ ରୟତମାନେ ସରକାରଙ୍କୁ ଖଜଣା ଦେବେ। ଏଥିଲାଗି ସରକାରୀ କର୍ମଚାରୀ ମଧ୍ୟ ନିଯୁକ୍ତ ହେଲେ। ଜମିଦାରମାନଙ୍କର ଖଜଣା ଆଦାୟ କରିବା କ୍ଷମତା ରହିଲା ନାହିଁ। ପୂର୍ବ ରାଜାମାନେ ଦେଇଥିବା ଜାଗିରରୁ ସବୁ ଖାସ୍ କରାଗଲା। ଆଗରୁ ଜମିଦାରୀମାନେ ଅନନ୍ୟୋପାୟ ନ ହେବା ପର୍ଯ୍ୟନ୍ତ ରାଜକୋଷରେ ଖଜଣା ଜମା କରୁ ନଥିଲେ। ପରିବର୍ତ୍ତିତ ବ୍ୟବସ୍ଥାଯୋଗୁଁ କିଛି ପରିମାଣରେ ତୋଷରପାତ ହେବା ସତ୍ତ୍ୱେ ରାଜକୋଷକୁ ଯଥେଷ୍ଟ ବେଶୀ ରୋକଡ଼୍ ଅର୍ଥାତ୍ ଟଙ୍କା ଆସିଲା।

ତା'ପରେ ଆହୁରି କେତେକ ପଦକ୍ଷେପ ନିଆଗଲା। ସମ୍ରାଟଙ୍କ ବଳ ତାଙ୍କର ସେନା। ସେନାବାହିନୀ ସନ୍ତୁଷ୍ଟ ନ ରହିଲେ ସମ୍ରାଟ ନିରାପଦ ନୁହନ୍ତି। ଜଣେ ସିପାହୀଙ୍କୁ କେତେ ଦରମା ଦିଆଯିବ ତାହା ଅବଶ୍ୟ ରାଜକୋଷର ଅବସ୍ଥା ଉପରେ ନିର୍ଭର କରେ। ଦରମା ନିର୍ଦ୍ଧାରିତ ହେବାପରେ ସେତିକିରେ ଚଳିବା ପାଇଁ ଦରଦାମ୍ କିପରି ହେବା ଦରକାର ତାହା ବିଚାର କରାଗଲା। ଉଦ୍ଦେଶ୍ୟ ହେଲା, ସୈନିକର ସପରିବାର ଚଳିବା ପାଇଁ ଦରମା ଯଥେଷ୍ଟ ହେଉଥିବ, କିନ୍ତୁ ସେଥିରୁ କିଛି ବଳୁ ନଥିବ। ଚଳି ନପାରିଲେ ସେ ବିଦ୍ରୋହ କରିପାରେ। ଟଙ୍କା ଜମା କଲେ ସେ ଚାକିରି ଛାଡ଼ିଦେଇପାରେ ଓ ସ୍ୱାଧୀନ ଜୀବନଯାପନ କରିବାକୁ ଇଚ୍ଛା କରିପାରେ, ଅର୍ଥାତ୍ ଅମାନିଆ ହୋଇପାରେ। ଏଣୁ ଦରଦାମ୍ ଓ ଦରମାର ଅତି ସୂକ୍ଷ୍ମ ସମନ୍ୱୟ ଆବଶ୍ୟକ।

ଆଲାଉଦ୍ଦିନ୍‌ଙ୍କ ସମୟରେ ଦରମାହାର ସମ୍ବନ୍ଧୀୟ ତଥ୍ୟ ମୋ ପାଖରେ ନାହିଁ, ତେବେ ଅନ୍ୟ ସମୟର ତଥ୍ୟ ଉପରେ ଭରିକରି କିଛି ଆଲୋଚନା କରାଯାଉ। ଜଣେ ସୈନିକକୁ କେତେ ଦରମା ଦେବା ଉପରେ ଭିତ୍ତି କରି କିଛି ଆଲୋଚନା କରାଯାଉ। ଜଣେ ସୈନିକକୁ କେତେ ଦରମା ଦେବା ଉଚିତ୍ ଏ ବିଷୟରେ ଜାହାଙ୍ଗୀର ଯୁବରାଜ ଥିବା ସମୟରେ ତାଙ୍କ ପିତା ଆକବରଙ୍କ ସହିତ କିଛି କଟୁ ପତ୍ର ବିନିମୟ ହୋଇଥିଲା, ଆଜିକାଲି ଅର୍ଥବିଭାଗ ସହିତ ଯେପରି ହୁଏ। ସେଥିରୁ ଜଣାପଡ଼େ ଯେ ଜାହାଙ୍ଗୀର ତାଙ୍କ ସୱାର (ଅଶ୍ୱାରୋହୀ)ମାନଙ୍କୁ ମାସକୁ କୋଡ଼ିଏ ଟଙ୍କା ବେତନ ଦେଉଥିଲେ ଯାହାକି ଆକବର (ଅର୍ଥାତ୍ ତୋଡ଼ରମଲ୍ଲଙ୍କର ଅର୍ଥ ବିଭାଗ) ପନ୍ଦର ଟଙ୍କାକୁ କମାଇ ଦେବାକୁ ଚାହିଁଥିଲେ। ସେ ସମୟରେ ଟଙ୍କାକୁ ଅଢ଼େଇମହଣ ଅର୍ଥାତ୍ ଶହେ ସେର (ଏକ କ୍ୱିଇଣ୍ଟାଲରୁ କିଛି କମ୍) ଗହମ ମିଳୁଥିଲା। ଏ ବର୍ଷ ଗହମର ଖରିଦ୍ ମୂଲ୍ୟ କ୍ୱିଣ୍ଟାଲ ଦାମ୍ ହେଲା ପ୍ରାୟ ଦେଢ଼ଶହ ଟଙ୍କା। ତା'ହେଲେ ଜଣେ ସୱାରର ଦରମା

ହେଲା ଆଜିର ଟଙ୍କାରେ ମାସକୁ ପ୍ରାୟ ତିନିଶହ ଟଙ୍କା। ଯାହାକୁ ୨୫୦ ଟଙ୍କାକୁ କମାଇ ଦେବାର ପ୍ରସ୍ତାବ ଥିଲା।

ବାସ୍ତବିକ କିନ୍ତୁ ଏ ଦରମା ଯେତେ ପର୍ଯ୍ୟନ୍ତ ଜଣାପଡୁଛି ତାହା ନଥିଲା। ସଓ୍ୱାରକୁ ନିଜର ଘୋଡ଼ା ଓ ନିଜର ଅସ୍ତ୍ର ନେଇ ହାଜର ହେବାକୁ ପଡୁଥିଲା। ଘୋଡ଼ା ଓ ହତିଆର ଖର୍ଚ୍ଚ ଦୁଇ ହଜାର ଉପରେ। ସେ ସମୟରେ ଫ୍ରି ରେସନ୍ କି ଫ୍ରି ଡ୍ରେସ୍ ନଥିଲା। ଏ ଦରମାରେ ଚଳିଯାଇ ହେବ, ଆଉ ବେଶି କିଛି ନୁହେଁ। ଅବଶ୍ୟ ସେ ସମୟରେ ଲୋକେ ଅର୍ଥନୈତିକ କାରଣରୁ ସେନାରେ ଯୋଗ ଦେଉଥିଲେ। ପ୍ରସିଦ୍ଧ ଯୋଦ୍ଧା ଜାତିମାନେ ସାଧାରଣତଃ ଅତ୍ୟନ୍ତ ଅନୁର୍ବର ଅଞ୍ଚଳର ବାସିନ୍ଦା। ପୁଣି ସେନାରେ ରହିଲେ ଆଇନସଙ୍ଗତ ଭାବେ କିଛି ଡକାୟତିରେ ସୁବିଧା ଥିଲା।

ଦରମା ତ ସ୍ଥିର ହୋଇଗଲା, କିନ୍ତୁ ଦରଦାମ୍ ଆୟତ୍ତ ନ ହେଲେ ତ ସବୁ ଭୁଷୁଡ଼ିଯିବ। ସେ ସମୟରେ ବଂଜାରା ନାମକ ଏକ ଜାତି ଥିଲେ। ଏମାନେ ମଧ୍ୟ ହିନ୍ଦୁ। ବଂଜରାମାନେ ଥୋଡ଼ିଆ ବଳଦ ବେପାରି। ସମଗ୍ର ଉତ୍ତର ଭାରତରେ ପରିବହନ ବ୍ୟବସ୍ଥା ଉପରେ ଏମାନଙ୍କର ଏକଚାଟିଆ ଅଧିକାର। ଆଲାଉଦ୍ଦିନ୍ ଏମାନଙ୍କ ଉପରେ ଝପ ପକାଇଲେ। ତା'ଛଡ଼ା ଦେଶରେ ଶାନ୍ତି ଓ ସ୍ଥିରତା ବଜାଇ ରଖିବା ଏମାନଙ୍କର ସ୍ୱାର୍ଥର ଅନୁକୂଳ କାରଣ। ବାଟଘାଟରେ ନିରାପତ୍ତା ଉପରେ ଏମାନଙ୍କର ଲାଭକ୍ଷତି ନିର୍ଭର କରୁଥିଲା। ଠିକ୍ ସମୟରେ ସହରମାନଙ୍କରେ ଖାଦ୍ୟଦ୍ରବ୍ୟ ଆଣି ପହଞ୍ଚାଇବା ଦାୟିତ୍ୱ ଏମାନଙ୍କୁ ଦିଆଗଲା। ତା'ପରେ ସେମାନଙ୍କୁ ସରକାରୀ ଏଜେଣ୍ଟ ଭାବରେ ଚାଷୀଠାରୁ କିଣିବାରେ କ୍ଷମତା ମଧ୍ୟ ଦିଆଗଲା। ଏମାନେ ହିଁ ସାଧାରଣ ବଣ୍ଟନ ବ୍ୟବସ୍ଥାର ପ୍ରଥମ ଘଟକ। ସେ ସମୟର ସମସ୍ୟା ମଧ୍ୟ ଅନେକଟା, ଆଜିକାଲିର ସମସ୍ୟା ପରି। ମୁଦ୍ରାସ୍ଫୀତି, ପୁଞ୍ଜି ଲଗାଣ, ସରକାରୀ ବିତରଣ ବ୍ୟବସ୍ଥା ଆଜିପରି ସେ ସମୟର ସମସ୍ୟା ମଧ୍ୟ ଥିଲା। ସେ ସମୟର କାର୍ଯ୍ୟପ୍ରଣାଳୀ ଆଜିଠାରୁ ବେଶ୍ ପୃଥକ ନୁହେଁ, ଖାଲି ଯାହା ସ୍ଥଳବିଶେଷରେ ଟେକ୍‌ନୋଲଜିର ପ୍ରଭେଦ।

ଆଲାଉଦ୍ଦିନ୍ ବୋଧହୁଏ ସୁଲତାନ୍ ରାଜତ୍ୱର ବା ପଠାନ୍ ରାଜତ୍ୱର ସର୍ବଶ୍ରେଷ୍ଠ ଶାସକ। ସେ ଠିକ୍ ବୁଝିଥିଲେ ଯେ ଥରେ ଆକ୍ରମଣ କରି ଲୁଟ୍‌ପାଟ୍ କରିନେବା ଓ ସମ୍ରାଜ୍ୟ ଚଳାଇବା ଅଲଗା ଅଲଗା କଥା। ପ୍ରଥମ କାର୍ଯ୍ୟ ପାଇଁ ଏକ ଦକ୍ଷ ସେନା ହିଁ ଯଥେଷ୍ଟ, କିନ୍ତୁ ସମ୍ରାଜ୍ୟ ଲାଗି ଆବଶ୍ୟକ ଏକ ସୁଦୃଢ଼ ଅର୍ଥନୈତିକ ମୂଳଦୁଆ। ତାଙ୍କର ପରବର୍ତ୍ତୀ ସମ୍ରାଟ ଓ ସେମାନଙ୍କର ସାମନ୍ତମାନଙ୍କର ଶତ ଅପଚେଷ୍ଟା ସତ୍ତ୍ୱେ ମୁଲ୍‌ତାନୀ, ସାହା ଓ ବଂଜରାମାନଙ୍କୁ ନେଇ ଆଲାଉଦ୍ଦିନ୍ ଯେଉଁ ଅର୍ଥନୈତିକ ସୌଧ ଗଢ଼ିଥିଲେ, ତାହା ବାବରଙ୍କ ସମୟ ପର୍ଯ୍ୟନ୍ତ ଓ ତା'ପରେ ବି ଥିଲା। ଏହା ହିଁ ବାବରଙ୍କୁ ଭାରତବର୍ଷ

ପ୍ରତି ଆକୃଷ୍ଟ କରିଥିଲା। ବାବର ବି ବୁଝିଥିଲେ ଯେ ଭାରତବର୍ଷର ସୁଦୃଢ଼ ଅର୍ଥନୈତିକ ମୂଳଦୁଆ ଉପରେ ସାମ୍ରାଜ୍ୟ ଗଢ଼ାଯାଇ ପାରିବ।

ଫରାସୀ ଭାଷାରେ ପ୍ରବାଦଟିଏ ଅଛି– ଯେ ଯେତେ ପରିବର୍ତ୍ତନ ହୁଏ, ସେତିକି ସବୁ ଆଗଭଳି ରହିଯାଏ। (More things change, more they remain the same)। କଥାଟା ଆଦୌ ମିଥ୍ୟା ନୁହେଁ।

# ଚିଲିୟାଁୱାଲା ଯୁଦ୍ଧ ଓ ଇତିହାସ ଅଧ୍ୟୟନ

ଭାରତର ଇତିହାସକୁ ଯେପରି ଆମ ପାଖରେ ଉପସ୍ଥିତ କରାଯାଏ, ତା' ବିଷୟରେ ମୋର କେତେକ ଗୁରୁତର ଆପତ୍ତି ରହିଛି। ଯଦିଚ ସମସ୍ତେ କହନ୍ତି ଯେ, ଇତିହାସ ନିରପେକ୍ଷ ହେବା ଉଚିତ। କିନ୍ତୁ କ'ଣ ସତରେ ତାହା ହୁଏ ? ପ୍ରଥମ କଥା ହେଲା ଇତିହାସ ଲେଖୁଛି କିଏ ? ଯେତେଯାହା କହନ୍ତୁ ଇତିହାସ ଯୁଦ୍ଧ ବିଗ୍ରହର ଇତିହାସ ଏବଂ ଯେ ହାରେ ତା'ର ତ ମୋଟାମୋଟି ସମୂଳ ବିନାଶ। ଏଣୁ ପରାସ୍ତର ପକ୍ଷର ନିଜ କଥା କହିବାର ଅବକାଶ ପ୍ରାୟ ନାହିଁ। ଅଧିକାଂଶ କ୍ଷେତ୍ରରେ ଇତିହାସ ବିଜେତାର। ଗୋଟିଏ ଇଂରାଜୀ କଥା ପଢ଼ିଥିଲି। କାହାର ଲେଖା ମନେ ନାହିଁ। ସେଥିରେ ଏକ ନିଷ୍ଠୁର ସତ୍ୟ ଉଦ୍‌ଘୋଷିତ ହୋଇଥିଲା। ଉଦ୍ଧୃତି ତଳେ ଦେଲି।

Treachery is always a failure. For if it succeeds, who will dare to call it treachery?

ବିଶ୍ୱାସଘାତକତା ସବୁବେଳେ ଅସଫଳ। କାରଣ ଯଦି ସଫଳ ହୋଇଯାଏ ତାକୁ ବିଶ୍ୱାସଘାତକତା ବୋଲି କହିବାର ସାହସ କାହାର ?

ମୋଟ୍ କଥା ହେଲା ଇତିହାସ ଜୟର ଇତିହାସ। ଏଣୁ ମହାଭାରତର ପ୍ରଥମ ନାମ କୁଆଡ଼େ ଥିଲା ଜୟ। ବିଜୟୀ ମଧ୍ୟ ସବୁବେଳେ ବିଜୟୀ ହୁଏ ନାହିଁ। ଅନେକଥର ହାରେ ମଧ୍ୟ। କେବଳ ଶେଷ ଯୁଦ୍ଧରେ ବିଜୟୀ ହିଁ ବିଜୟୀ ହୁଏ। ଏଣୁ ବିଜେତାର ପ୍ରୋପାଗଣ୍ଡା ତନ୍ତ୍ର ଲାଗିଯାଏ ଇତିହାସ ରଚନା କରିବାରେ। ଉଦ୍ଦେଶ୍ୟ ପରାଜିତର ମନୋବଳ ଭାଙ୍ଗିଦେବା ଯେପରି ସେ ଏହି ପରାଜୟକୁ ଶେଷ ପରାଜୟ ବୋଲି ମାନିନେବ। ଏହା ଆର୍ଯ୍ୟ କରିଛନ୍ତି ଅସୁରଙ୍କ ବିରୁଦ୍ଧରେ। ମୁସଲମାନ୍ କହିଛନ୍ତି କାଫେର ଅର୍ଥାତ୍ ଅଣ ମୁସଲମାନ୍‌ଙ୍କ ବିରୋଧରେ ଏବଂ ଇଂରେଜ କରିଛନ୍ତି ତିବତ୍ କଳାଙ୍କ ବିରୋଧରେ। ଆମକୁ କୁହାଯାଇଛି ଯେ ଭାରତବାସୀ ସଦାସର୍ବଦା ବିଦେଶୀ

ଆକ୍ରମଣକାରୀଙ୍କ ଠାରୁ ପରାଜିତ ହୋଇଛନ୍ତି। ଯେପରି ଏହା ହିଁ ବିଧି ନିର୍ଦ୍ଦିଷ୍ଟ। ସବୁ ଜାତିର ଉତ୍‌ଥାନ ପତନ ରହିଛି। ଭାରତରେ ଥିବା ସାମ୍ରାଜ୍ୟରେ ମଧ୍ୟ ଏସିଆ ଅନେକ ସମୟରେ ସାମିଲ ହୋଇଛି। ନହେଲେ ତୁର୍କିସ୍ତାନର ଅନେକ ଅଞ୍ଚଳକୁ ସଂସ୍କୃତରେ ବାହ୍ଲିକ କୁହାଯାଇ ନଥାନ୍ତା। ଏଇଠି ପରାଜିତ ଜାତିର ନେତା ଓ ବୁଦ୍ଧିଜୀବୀଗଣଙ୍କ କର୍ତ୍ତବ୍ୟ ହେଲା ସେହି ଜାତୀୟତାକୁ ଜାଗ୍ରତ ରଖିବା ଯେପରିକି ଜାତି ବର୍ତ୍ତମାନର ପରାଜୟକୁ ଶେଷ ପରାଜୟ ବୋଲି ସ୍ୱୀକାର କରିନନିଏ। ଅପ୍ରାସଙ୍ଗିକ ହେଲେ ମଧ୍ୟ ଏହିଠାରେ ଭାରତ ଓ ଚୀନ୍ ମଧ୍ୟରେ ପାର୍ଥକ୍ୟ ଦେଖାଯାଇପାରେ। ଚୀନ୍ ମଧ୍ୟ ବହୁକାଳ ଧରି ବିଦେଶୀ ଶାସନରେ ରହିଛି। କିନ୍ତୁ ଚୀନ୍‌ର ବୁଦ୍ଧିଜୀବୀଗଣ ସବୁବେଳେ ଗୋଟାଏ ଭାବଧାରା ବଞ୍ଚାଇ ରଖିପାରିଥିଲେ। ଲୋକଙ୍କର ବିଶ୍ୱାସ ଥିଲା ଯେ ଦିନେ ନା ଦିନେ ଏହି ବିଦେଶୀ ସାମ୍ରାଜ୍ୟ ତାହା ମଙ୍ଗୋଲ ହେଉ ବା ମାଞ୍ଚୁ ହେଉ ଧ୍ୱଂସ ହେବ ଏବଂ ତା' ସ୍ଥାନ ଏକ ଖାଣ୍ଟି ଚୀନା ରାଜବଂଶ ଗ୍ରହଣ କରିବ। 'କାର୍ଲୋହୟୋ' ନୀରବଧି ବିପୁଳାଚ ପୃଥ୍ୱୀ। ଦୁଃଖର କଥା ଆମେ ଏହି ପବିତ୍ର କର୍ତ୍ତବ୍ୟ ପାଳନରେ ଅସଫଳ ହିଁ ହୋଇଛୁ।

ଏହିଠାରେ ମୁଁ ଏପରି ଏକ ଯୁଦ୍ଧ ବିଷୟରେ ଆଲୋଚନା କରିବାକୁଯାଉଛି ଯେଉଁଥିରେ କେବଳ ଇଂରେଜ୍‌ମାନେ ହାରିଥିଲେ ତା ନୁହେଁ, ସେଥିରେ ଇଂରେଜ୍ ଜେନେରାଲମାନେ ଅତି ଅପାରଗତାର ପରିଚୟ ଦେଇଥିଲେ। ଏହା ଚିଲିୟାଁୱାଲା ଯୁଦ୍ଧ। ଆପଣମାନଙ୍କ ଭିତରୁ ଅନେକ Lord Tennysonଙ୍କ ଇଂରାଜୀ କବିତା Charge of the Light Brigade ପଢ଼ିଥିବେ। ଏହା ଘଟିଥିଲା କ୍ରିମିୟା, ୧୮୫୧ ସାଲରେ ରୁଷିଆ ବିରୋଧରେ। ସେ କବିତାର ପ୍ରସିଦ୍ଧ ପଙ୍‌କ୍ତି ହୁଏତ ଆପଣଙ୍କର ମନେଥିବ :

There's not to reason why  
There's not to make reply  
There's but to do and die.

ଏହି Charge of the Light Brigade ଇଂରେଜମାନଙ୍କ ରଣକୌଶଳରେ ଚରମ ଅପାରଗତାର ପରିଚୟ। ବୀରତ୍ୱ ନୁହେଁ। ବୀରତ୍ୱ ଓ ରଣକୌଶଳ ଭିନ୍ନ ଭିନ୍ନ ବୃକ୍ଷର ଫଳ। ଲର୍ଡ଼ ଲୁକାନ (Lord Lucan) (କ୍ରିମିୟା ଯୁଦ୍ଧରେ ଇଂରେଜ୍ ସେନାପତି) ଏହାପରେ ବଡ଼ ମନମରା ହୋଇ ଯାଇଥିଲେ। ସ୍ୱାଭାବିକ ମଧ୍ୟ। ଜେନେରାଲ ଏଥିରେ ଲର୍ଡ଼ ଲୁକାନଙ୍କୁ ବୁଝାଇବାକୁ ଚେଷ୍ଟା କଲେ ଯେ ଯୁଦ୍ଧରେ କେତେବେଳେ ଏପରି ବିପର୍ଯ୍ୟୟ ହୋଇଥାଏ। ଉଦାହରଣ ସ୍ୱରୂପ ଜେନେରାଲ କହିଲେ ଯେ, ଚିଲିୟାଁୱାଲା

ତୁଳନାରେ ଲାଇ ବ୍ରିଗେଡ୍ ବିପର୍ଯ୍ୟୟ କିଛି ନୁହେଁ। ଏଣୁ ଚିଲିୟାଁୱାଲାରେ ଇଂରେଜ୍‌ଙ୍କର ଘୋର ବିପର୍ଯ୍ୟୟ ହୋଇଥିଲା। କିନ୍ତୁ ଇଂରେଜ୍ ଐତିହାସିକ ଏହାକୁ ଚାପି ଦେଇଛନ୍ତି ଓ ଆମେ ମଧ୍ୟ ବିଶେଷ ଏ ବିଷୟରେ ଜାଣିବାକୁ ଚେଷ୍ଟା କରୁ ନାହୁଁ।

ଶିଖ ସେନା ଝେଲମ୍ ନଦୀ କୂଳରେ ଚିଲିୟାଁୱାଲାରେ ଛାଉଣୀ ପକାଇଛି। ଜାନୁଆରୀ ୧୩, ୧୮୪୬। ସମୟଟା ୧୮୪୫-୪୬ର ଇଂରେଜ-ଶିଖ୍ ଯୁଦ୍ଧ। ଅଳ୍ପ ଦିନ ତଳେ ଫିରୋଜ୍‌ଶାହରେ (୨୨ ଡିସେମ୍ବର ୧୮୪୫) ଇଂରେଜ ସେନା ଶିଖ୍‌ମାନଙ୍କ ହାତରୁ ବେଶ୍ ମାଡ଼ ଖାଇଛି। ବ୍ରିଟିଶ ରକ୍ଷା ପାଇଗଲେ ବାହୁବଳରୁ ନୁହେଁ, ଲାଞ୍ଚ ବଳରୁ। ଠିକ୍ ସମୟରେ ଜଣେ ଶିଖ୍ ସେନାପତି ତେଜ୍ ସିଂହ ଆକ୍ରମଣରୁ ବିରତ ହେଲେ। କାରଣ ଅନୁମେୟ। ଏଥରକ ଶିଖ୍ ପକ୍ଷର ସେନାପତି ଶେର ସିଂହ। ଶେର ଅର୍ଥାତ୍ ସିଂହ। ସେ ସିଂହ ଶିକାରକୁ ଅପେକ୍ଷା କଲା ପରି ନିଜର ସେନାକୁ ନଦୀକୂଳର ଜଙ୍ଗଲରେ ଲୁଚାଇ ରଖିଛନ୍ତି। ଇଂରେଜ ପକ୍ଷର ସେନାପତି ଖୋଦ୍ ଜଙ୍ଗିଲାଟ୍ (Commander-in-Chief ) ସାର ହିଉ ଗୋଫ୍। ବ୍ରିଟିଶ୍ ସେନା ପ୍ରାୟ ଦିନ ଦୁଇଟା ବେଳେ ପହଞ୍ଚିଲା। ଚାରିଆଡ଼ର ତଲାସି ନନେଇ ସେଇଠି ଛାଉଣି ପକାଇବାର ଆଦେଶ ଦିଆଗଲା। ଛାଉଣୀର ତମ୍ବୁ ସବୁ ଶେର ସିଂହଙ୍କର ତୋପର ଲାଇନରେ ପଡୁଥିଲା। ଏଣୁ ଶିଖ୍ ତୋପ ଗୋଳାବାରି ଆରମ୍ଭ କରିଦେଲେ। 'କାଲା ଆଦମୀ'ମାନଙ୍କର ଏପରି ବେଆଦବୀ ଦେଖି ତ ଜଙ୍ଗୀଲାଟ ରାଗ୍ ଖୁନ୍। ସେ ଆକ୍ରମଣର ଆଦେଶ ଦେଇଦେଲେ। ବ୍ରିଟିଶ୍ ସେନା ଜଙ୍ଗଲ ଭିତରକୁ ପଶିଗଲା। ତା'ପରେ ସେନାପତିଙ୍କର ଆଉ କୌଣସି କର୍ତ୍ତୃତ୍ୱ ରହିପାରିଲା ନାହିଁ। ବ୍ରିଗେଡ଼ିଅର ପେନିକ୍ୱିକ୍‌ଙ୍କ ପାଖରେ ତିନୋଟି ବାଟାଲିଅନ୍ ଥିଲା। ୨୪ ନମ୍ବର ପଲଟନ ଥିଲେ ଗୋରା ପଦାତିକ ଏବଂ ୨୫ ନମ୍ବର ଓ ୪୫ ନମ୍ବର ପଦାତିକ ଥିଲେ ଦେଶୀ ସିପାହୀ। ୨୪ ନମ୍ବର ପଲଟନ, ୨୫ ଓ ୪୫ଠାରୁ ଶୀଘ୍ର ଆଗକୁ ଚାଲିଗଲା। ଜଙ୍ଗଲରୁ ବାହାରି ଦେଖିଲେ କେତୋଟି ଛୋଟ ହ୍ରଦ। ତା' ପଛରେ ଶିଖ୍ ସେନା, ପଦାତିକ, ଘୋଡ଼ା ସୱାର ଓ ଗୋଲନ୍ଦାଜ (ତୋପ) ଛକି ରହିଛନ୍ତି। ଏପରି ଅବସ୍ଥାରେ ନିଜର ସହାୟକ ସେନା ଆସିବା ଆଗରୁ ୨୪ ପଦାତିକ ଚାର୍ଜ କରିଦେଲା। ଉଦ୍ଦେଶ୍ୟ ଶିଖ୍ ତୋପ ଦଖଲ କରିନେବା। ପ୍ରଥମେ ତୋପରୁ ଗ୍ରେପଶଟ୍ ବୃଷ୍ଟି। ତା' ପଛେ ପଛେ ଶିଖ୍ ଘୋଡ଼ା ସବାର ଆକ୍ରମଣ। ଗୋରା ତକ ଛତ୍ରଭଙ୍ଗ ଦେଲେ। ତାଙ୍କ ଦେଖାଦେଖି ଅନ୍ୟମାନେ ମଧ୍ୟ। ବ୍ରିଗେଡିଅର ଓ ତାଙ୍କ ପୁଅ ମଧ୍ୟ ଏଥିରେ ପ୍ରାଣ ହରାଇଲେ। ୨୪ ନମ୍ବରର ୨୯ ଜଣ ଅଫିସରଙ୍କ ମଧ୍ୟରୁ ୧୩ଜଣ ମୃତ ଓ ୧୦ ଜଣ ଆହତ। ଏଣେ ଆଉ ଜଣେ ବ୍ରିଟିଶ୍ ସେନାପତି ବ୍ରିଗେଡିଅର ପୋପ୍ ଶିଖ୍ ଘୋଡ଼ାସୱାର ଆକ୍ରମଣ ସମୟରେ ଆଦେଶ ଦେବାରେ ଗୋଲମାଲ କରିବାରୁ ବିନାଯୁଦ୍ଧରେ ତାଙ୍କ ବ୍ରିଗେଡ଼ ଛତ୍ରଭଙ୍ଗ ଦେଲା।

ଏହାର ଫଳ ବ୍ରିଟେନ୍‌ରେ ଦେଖାଗଲା। ବ୍ରିଟେନ୍‌ରେ କ୍ଷମତାସୀନ ଲୋକମାନେ ଭାବି ମଧ୍ୟ ପାରିଲେ ନାହିଁ ଯେ, ଏହି କାଳା ଆଦମୀମାନେ ଇଂରେଜ୍ ସେନାଙ୍କୁ ରୋକି ନେବେ। ନେପୋଲିଅନ୍‌ଙ୍କୁ ୱାଲଟର୍‌ରେ ହରେଇଥିବା ଡିଉକ୍ ଅଫ୍ ଉଏଲିଂଟନ୍ ନିଜେ ଭାରତ ଯିବାକୁ ବାହାରିଥିଲେ। ତେବେ ଏ ଯୁଦ୍ଧରେ ଦେଖାଗଲା ଯେ ବ୍ରିଟିଶ ରଣକୌଶଳ ସେପରି କିଛି ନୁହେଁ। ସେ ସମୟରେ ଅସ୍ତ୍ରଶସ୍ତ୍ର ଦିଗରୁ ମଧ୍ୟ ଭାରତୀୟ ଓ ବ୍ରିଟିଶ୍‌ଙ୍କ ବେଶୀ ପ୍ରଭେଦ ନଥିଲା। କାରଣ ବହୁ ୟୁରୋପୀୟ ସେନାପତି ଓ କାରିଗର ଭାରତୀୟ ରାଜାମାନଙ୍କ ପାଖେ କାମ କରୁଥିଲେ। ବିଶେଷକରି ରଣଜିତ୍ ସିଂହ ତ ତାଙ୍କ ସେନାକୁ ଅତି ଉତ୍ତମ ଭାବେ ଗଢ଼ିଥିଲେ ଏବଂ ରଣକୌଶଳରେ ଇଂରେଜ୍ ସେନାଠାରୁ ଶିଖ ସେନା କମ୍ ନଥିଲା। ତେବେ ଇଂରେଜ ଜିତିଲେ କାହିଁକି ? ପଲାସୀ ପରଠାରୁ ବାରମ୍ବାର ଗୋଟିଏ କଥା ଦେଖାଯାଇଛି। ଇଂରେଜମାନେ ଭାରତୀୟଙ୍କ ବିଶ୍ୱାସଘାତକତା କିଣି ପାରିଛନ୍ତି। ଦ୍ୱିତୀୟ ସମସ୍ୟା ହେଲା ଯେ, ଭାରତୀୟମାନେ କୂଟନୀତିରେ ଅପାରଗତାର ପରିଚୟ ଦେଇଛନ୍ତି ଯାହାକି କୌଟିଲ୍ୟଙ୍କ ଦାୟାଦମାନଙ୍କ ପକ୍ଷରେ ପରିତାପର ବିଷୟ।

ଏଥର ଦେଖାଯାଉ ଇଂରେଜ୍‌ମାନେ କି କି ଭୁଲ୍ କରିଥିଲେ:

୧) ଚାରିଆଡ଼ ପର୍ଯ୍ୟବେକ୍ଷଣ ନକରି ଛାଉଣି କରିଥିଲେ।

୨) ଦିନ ୨ଟା ବେଳେ ଅଜଣା ସ୍ଥାନରେ ଆକ୍ରମଣ ଆଦେଶ ଦେବା, ଯେତେବେଳେ ସୂର୍ଯ୍ୟାସ୍ତକୁ ତିନିଘଣ୍ଟା ଅଛି କି ନାହିଁ, ଏବଂ ଚାରିଆଡ଼େ ଘନ ଜଙ୍ଗଲ।

୩) ସେନା ଉପରେ ସେନାପତିମାନେ ନିୟନ୍ତ୍ରଣ ହରାଇଦେବା।

ଏହି ଭୁଲ୍ କୌଣସି ଜୁନିୟର୍ ଅଫିସର୍ କରିନାହିଁ। ଖୋଦ୍ ଜଙ୍ଗିଲାଟ୍‌ଙ୍କର ଆଦେଶ। ଏଭଳି ଅପାରଗତା ସତ୍ତ୍ୱେ ଇଂରେଜ ଭାରତ ଜିଣିଲେ କିପରି ଭାବି ଆଶ୍ଚର୍ଯ୍ୟ ହେବାକୁ ହୁଏ। ଭାରତୀୟଙ୍କର ପରାଜୟର କାରଣ ଅନେକ। କିନ୍ତୁ ତାହା ଯୁଦ୍ଧକ୍ଷେତ୍ରର ଅପାରଗତା ନୁହେଁ। ପ୍ରଧାନ କାରଣ ହେଲା ନିଜ ରାଜାଙ୍କ ପ୍ରତି ନିଷ୍ଠାପରାୟଣ ଆନୁଗତ୍ୟର ଅଭାବ। ଦେଶ କଥା କହୁନାହିଁ, କାରଣ ସେ ସମୟରେ ଦେଶାତ୍ମବୋଧ ଭାବନାଟା ପ୍ରାଚ୍ୟ ଦେଶମାନଙ୍କରେ ସ୍ପଷ୍ଟ ହୋଇ ନଥିଲା। ସେତେବେଳେ ଭାରତୀୟ ରାଜନୈତିକ ପରିସର ଅତ୍ୟନ୍ତ ସଂକୀର୍ଣ୍ଣ ଥିଲା। ଯଦିଚ ନମକ୍ ଖାଇବା କଥାଟାର ମହତ୍ତ୍ୱ ଦିଆ ହେଉଥିଲା, କିନ୍ତୁ ତାହା ନମାନିବା ଏବଂ ନିଜ ସ୍ୱାର୍ଥକୁ ସର୍ବୋପରି ଦେଖିବା ସାଧାରଣ କଥା ହୋଇ ଯାଇଥିଲା। ଇଂରେଜମାନେ ସିରାଜଉଦ୍ଦୌଲାଙ୍କୁ ଜିଣିଛନ୍ତି ଅସୀବଳରେ ଯେତେନୁହେଁ, ଲାଞ୍ଚବଳରେ ତା'ଠୁ ବେଶୀ। ପଲାସୀ ଯୁଦ୍ଧ ପରେ ଲୋକମୁଖରେ ଏକ ଗୀତ ପ୍ରଚଳିତ ଥିଲା, ଯାହାକି ପଲାସୀ ଯୁଦ୍ଧ ବିଷୟରେ ଟିକିଏ ଭିନ୍ନ ଦୃଷ୍ଟିକୋଣ ଦେଖାଏ।

ଛୋଟ ଛୋଟ ତେଲେଙ୍ଗା ଗୁଲ ଲାଲ କୁର୍ତ୍ତି ଗାୟେ,
ହାଁଟୁ ଗେଡ଼େ ମାର୍‌କେ ତୀର ମୀରମଦନେର୍ ଗାୟେ
ପଡ଼େ ଯାଏ ମୀରମଦନ, ଖାଡ଼ା ମୋହନ ଲାଲ
ଜାଫର ଅଲିର ବେଇମାନିତେ, ନବାବେର ହଲ କାଲ୍।

ତା' ପରର ଘୃଣ୍ୟ କାହାଣୀ। ଯଥା– ନନ୍ଦକୁମାରଙ୍କ ଫାସୀ ଇତ୍ୟାଦି ତ' ଇତିହାସରେ ବେଶ୍ ପ୍ରସିଦ୍ଧ। ସେ ସମୟର ଇଂରେଜ କର୍ତ୍ତାମାନେ କମ୍ ଲାଞ୍ଚଖୋର୍ ଓ ଲମ୍ପଟ ନଥିଲେ। କିନ୍ତୁ ଗୋଟିଏ ଜିନିଷ ସେମାନଙ୍କ ପାଖେ ଥିଲା। ତା' ହେଲା ଦେଶାତ୍ମବୋଧ। ସେମାନେ ଥିଲେ ସାର୍ ଫ୍ରାନସିସ୍ ଡ୍ରେକ୍‌ଙ୍କ ପରି ଜଳଦସ୍ୟୁଙ୍କ ଉତ୍ତରାଧିକାରୀ। ଯଦିଚ ନୈତିକତାର ଧାର ଧାରୁ ନଥିଲେ, ଇଂଲଣ୍ଡ ଲାଗି କିନ୍ତୁ ଭଲମନ୍ଦ ସବୁ କରିବାକୁ ପ୍ରସ୍ତୁତ ଥିଲେ।

ଏଣେ ସାଧାରଣ ଇତିହାସ, ଯାହାକି ବିଶେଷ କରି ଇଂରେଜ ଐତିହାସିକଙ୍କ ମୂଳଦୁଆ ଉପରେ ପ୍ରତିଷ୍ଠିତ। ଆମ ଅବସ୍ଥାକୁ ବିକୃତ କରି ଦେଖାଇଛି। ସତରେ କ'ଣ ଅବସ୍ଥା ଏପରି ଖରାପ ଥିଲା? ମୋର ସନ୍ଦେହ ହୁଏ। ପ୍ରଥମ ଜିନିଷ ହେଲା, ହିନ୍ଦୁ ମୁସଲିମ୍ ବିଦ୍ଵେଷ ନଥିଲା। ଉପରେ ଉଦ୍ଧୃତ ହୋଇଥିବା ଲୋକଗୀତରୁ ଜଣାପଡ଼ିବ ଯେ ନବାବ୍ ସିରାଜଉଦ୍ଦୌଲାଙ୍କର ଦୁଇଜଣ ବିଶ୍ଵସ୍ତ ଏବଂ ନିଷ୍ଠାପର ସେନାପତି ହେଲେ ମୀର୍ ମଦନ ଓ ମୋହନଲାଲ। ଜଣେ ହିନ୍ଦୁ ଓ ଜଣେ ମୁସଲମାନ୍। ଏବଂ ବିଶ୍ଵାସଘାତକ ମୀରଜାଫର ତ ନବାବଙ୍କ ସମଧର୍ମା। ଏହି ସମୟର ଅର୍ଥାତ ଆଉରଙ୍ଗଜେବ ଓ ଇଂରେଜଙ୍କର ମଧ୍ୟବର୍ତ୍ତୀ ସମୟର ଦୁଇଜଣ ମହାନୁଭବଙ୍କ ପ୍ରତି ମୋର ଭକ୍ତି ରହିଛି। ଜଣେ ହେଲେ ପେଶୱା ବାଜିରାଓ ପ୍ରଥମ ଏବଂ ଅନ୍ୟ ଜଣକ ହେଲେ ମହାରାଜା ରଣଜିତ୍ ସିଂହ। ରଣଜିତ୍ ସିଂହଙ୍କର ଦରବାରରେ ହିନ୍ଦୁ, ମୁସଲମାନ୍, ଶିଖ୍, ଖ୍ରୀଷ୍ଟିୟାନ ସମସ୍ତ ଗୁଣୀଜନଙ୍କର ଆଦର ଥିଲା। ଦିୱାନ ଗୋଦରମଲ, ଜେନେରାଲ ଭେଞ୍ଚୁରା, ହରି ସିଂହ ନଲୱା ଓ ଅନେକ ମୁସଲମାନ୍ ସେନପତିମାନେ ଶିଖ୍ ସାମ୍ରାଜ୍ୟକୁ ଠିଆ କରିଥିଲେ। ରଣଜିତ୍ ସିଂହଙ୍କ ରାଜସଭା ଓ ସେନା ସମସ୍ତଙ୍କ ଲାଗି ଖୋଲା ଥିଲା। ଚିଲିୟାଁୱାଲା ବେଳକୁ ଆଉ ହରି ସିଂହ ନଲୱା ବା ଦିୱାନ ଗୋଦରମଲ ନଥିଲେ। କିନ୍ତୁ ତାଙ୍କ ଶିଷ୍ୟ ଶେର ସିଂହଙ୍କର ଯୁଦ୍ଧ କୌଶଳ ବିଷୟରେ ଆଗରୁ ବର୍ଣ୍ଣନା ହୋଇଛି।

ପେଶୱା ବାଜିରାଓଙ୍କର ଗୋଲନ୍ଦାଜ ବାହିନୀ ଅତି ଶକ୍ତିଶାଳୀ ଥିଲା। ତା'ର କମାଣ୍ଡର ଥିଲେ ଇବ୍ରାହିମ ଖାଁ ଗର୍ଦୀ। ବାଜିରାଓଙ୍କ ପ୍ରେୟସୀ ମସ୍ତାନୀ ନାମ୍ନୀ ଏକ ମୁସଲିମ୍ ମହିଳା ଥିଲେ। କେବଳ ଧର୍ମ ଭିନ୍ନ ଥିବାରୁ ମହାରାଣୀ ହୋଇପାରି ନଥିଲେ। କିନ୍ତୁ ସେ ବାଜିରାଓଙ୍କର ପ୍ରକୃତ ସଙ୍ଗିନୀ ଥିଲେ ଏବଂ ବାଜିରାଓଙ୍କ ମୃତ୍ୟୁ ସମ୍ବାଦ

ଶୁଣିବା କ୍ଷଣି ପ୍ରାଣ ହରାଇଥିଲେ। ଏତିକି ଉଦାହରଣ ଯଥେଷ୍ଟ। ଆଉ ଶେଷରେ ୧୮୫୭ର ହିନ୍ଦୁ ମୁସଲମାନ୍ ଏକତାର ଅଗ୍ନିଗର୍ଭ ନିଦର୍ଶନ। ତୃତୀୟ ପାନିପତ ଯୁଦ୍ଧରେ ଅହମଦ୍ ଶାହ ଅବଦଲୀଙ୍କ ଠାରୁ ମରାଠାମାନଙ୍କର ପରାଜୟକୁ ଇଂରେଜ ଐତିହାସିକ ଓ ତାଙ୍କ ଭାରତୀୟ ଚେଲାମାନେ ଖୁବ୍ ବଡ଼କରି ଦେଖାଇବାର ଚେଷ୍ଟା କରିଛନ୍ତି। 'ପାନିପତର ଯୁଦ୍ଧକ୍ଷେତ୍ରରେ ମରାଠା ସୂର୍ଯ୍ୟ ଚିରକାଳ ଲାଗି ଅସ୍ତ ହୋଇଗଲା'। ଫଳତଃ ଭାରତୀୟ ଜନମାନସରେ ରହିଯାଇଛି ଯେ ପାନିପତର ଯୁଦ୍ଧ ଭାରତୀୟ ଇତିହାସକୁ ସବୁବେଳେ ନୂଆମୋଡ଼ ଦେଇଆସିଛି।

ମୋ ମତରେ ପାନିପତର ଯୁଦ୍ଧ ସବୁକୁ ଅଯଥା ଗୁରୁତ୍ୱ ଇତିହାସରେ ଦିଆଯାଇଛି। ଭାରତୀୟ ଇତିହାସରେ ପ୍ରଥମ ପାନିପତ ଯୁଦ୍ଧର ସ୍ଥାନ ଅବଶ୍ୟ ଗୁରୁତ୍ୱପୂର୍ଣ୍ଣ। କିନ୍ତୁ ମୋ ମତରେ ଭାରତର ଇତିହାସ ପାଇଁ ୧୧୯୨ର ତରାଇନ୍‌ର ଯୁଦ୍ଧ କମ୍ ଗୁରୁତ୍ୱପୂର୍ଣ୍ଣ ନୁହେଁ, କାରଣ ଏହାପରେ ଦିଲ୍ଲୀରେ ପ୍ରଥମ ମୁସଲିମ୍ ରାଜତ୍ୱ ସ୍ଥାପିତ ହେଲା। ଦ୍ୱିତୀୟ ପାନିପତ ଯୁଦ୍ଧ ହିମୁଙ୍କ ବିରୁଦ୍ଧରେ। ହିମୁ ମୋଗଲ ଦୁର୍ବଳତାର ସୁଯୋଗ ପାଇ ନଜକୁ ବିକ୍ରମାଦିତ୍ୟ ଘୋଷଣା କରିଥିଲେ ଠିକ୍ । କିନ୍ତୁ ସେ ଥିଲେ ଆଦିଲ ଶାହ ସୁରଙ୍କର ସେନାପତି। ଅନେକ ଐତିହାସିକ ମତ ଯେ ବାଲାଜୀରାଓ ପେଶୱା, ସଦାଶିବ ରାଓ ଭାଉ ବିଶ୍ୱାସରାଓ ଇତ୍ୟାଦି ପ୍ରଧାନ ମରାଠା ନେତୃଗଣଙ୍କର ମୃତ୍ୟୁରେ ମରାଠାଶକ୍ତି ନେତୃତ୍ୱହୀନ ହୋଇଗଲା। କଥାଟା କେତେକାଂଶରେ ସତ। କିନ୍ତୁ ତା'ପରେ ପ୍ରାୟ ପଚାଶବର୍ଷ କାଳ ମରାଠା ଶକ୍ତି ଭାରତର ଇତିହାସରେ ଅତି ମହତ୍ତ୍ୱପୂର୍ଣ୍ଣ ଅଂଶଗ୍ରହଣ କରିଥିଲା। ଅହମଦ ଶାହ ଅବଦଲୀ ଯୁଦ୍ଧରେ ଜିତି ମଧ୍ୟ ଭାରତରେ ରହି ପାରି ନଥିଲେ। ମରାଠା ହାରିଲେ ଇଂରେଜଙ୍କ ଠାରୁ ଏବଂ ତା' ସହିତ ତୃତୀୟ ପାନିପତର କୌଣସି ସମ୍ପର୍କ ନାହିଁ। ଏହା ନିଶ୍ଚିତ ଯେ ପାନିପତର ଦାରୁଣ କ୍ଷତି ସତ୍ତ୍ୱେ ମରାଠାମାନଙ୍କର ଏକ ଅନ୍ତର୍ନିହିତ ଶକ୍ତି ଥିଲା ଯେ ସେମାନେ ପୁଣି ଠିଆ ହୋଇପାରିଲେ। ମରାଠା ଶକ୍ତିର ପ୍ରକୃତ ଟ୍ରାଜେଡ଼ି ଅନ୍ୟତ୍ର। ତାହା ଟ୍ରାଜେଡ଼ି କାରଣ ଏଥିରେ ମନୁଷ୍ୟର ହାତ ନାହିଁ। ମରାଠା ଇତିହାସରେ (ଭାରତ ଇତିହାସରେ ମଧ୍ୟ) ତିନିଜଣ ଯୁଗଜନ୍ମା ବ୍ୟକ୍ତି ହୋଇଛନ୍ତି। ଛତ୍ରପତି ଶିବାଜୀ, ପେଶୱା ବାଜିରାଓ ପ୍ରଥମ ଓ ମହାଦଜୀ ସିନ୍ଧିଆ। ଏମାନଙ୍କୁ ଭଗବାନ ଦୀର୍ଘାୟୁ କରି ନଥିଲେ। ଏମାନେ ସୃଷ୍ଟି କର୍ମ ତ କରିଗଲେ, କିନ୍ତୁ ପାଳନ (ଯାହାକୁ ଇଂରାଜୀରେ Consolidation କହନ୍ତି) କରିବାକୁ ସମୟ ପାଇଲେ ନାହିଁ।

ଇତିହାସ ଲେଖିବାର ନିରପେକ୍ଷ ଦୃଷ୍ଟିଭଙ୍ଗୀ (ଇଂରାଜୀରେ Objectivity) ଅତି ଆବଶ୍ୟକ ଜିନିଷ। କିନ୍ତୁ ଅଧିକାଂଶ କ୍ଷେତ୍ରରେ ଉପାଦାନ Objectivity ନୁହେଁ।

ଧରନ୍ତୁ ଆମର ପୁରାଣ ସବୁ। ତାକୁ ଇତିହାସ ବୋଲି ନ ଧରିଲେ ମଧ୍ୟ ଇତିହାସ ଭିତ୍ତିକ ବା proto-history ତ' ଧରିବେ। ସେ ସମୟର ଗୋଟିଏ ଗୋଟିଏ ଯୁଦ୍ଧର ସୈନ୍ୟ ସଂଖ୍ୟା କୋଟି କୋଟି। ହୁଏତ ସେ ସମୟରେ ଲୋକସଂଖ୍ୟା ହିଁ କୋଟିଏ ନଥିବ। ତା'ପରେ ମୁସଲମାନ ସମୟର ସମସ୍ୟା ତ ଆଗରୁ ଆଲୋଚନା ହୋଇଛି। ଏଣୁ ଏଠି ବୁଦ୍ଧିଜୀବୀମାନଙ୍କ ପକ୍ଷରେ ବିରାଟ ସମସ୍ୟା। ନିଜର ନିରପେକ୍ଷତା (Objectivity) ରକ୍ଷା କରିବେ ନା ଦେଶର ହିତରେ ଯାହା ହେବ ତା' କହିବେ। ପୁଣି ଦେଶର ହିତ କିଏ କହିବ? ସରକାର, ବିରୋଧୀ ଦଳ ନା ବିବେକ?

ଏହି ବିଷୟରେ ଚୀନ୍‌ର ପଣ୍ଡିତ ଶ୍ରେଣୀ ନମସ୍ୟ। ଆଜି ନୁହେଁ, ଶହେବର୍ଷ ହେଲା ନୁହେଁ, ପ୍ରାୟ ଦୁଇହଜାର ବର୍ଷଧରି ଚୀନ୍‌ର ଜାତୀୟ ଭାବଧାରାକୁ ବଞ୍ଚାଇ ରଖିଛନ୍ତି। ପୃଥିବୀରେ ଚୀନ୍‌ର ସ୍ଥାନ ବିଷୟରେ କୌଣସି ଦ୍ୱିମତ ନାହିଁ। ଚୀନ୍ ପୃଥିବୀରେ କେନ୍ଦ୍ର ଦେଶ। (ଚ୍ୟୁକୁଓ) ସଭ୍ୟତାର ଉତ୍ସ। ସାମୟିକ ଭାବେ ପରାଧୀନ ହୋଇପାରେ। ଦେଶରେ ଗୃହଯୁଦ୍ଧ ଯୋଗୁ ଚରମ ବିଶୃଙ୍ଖଳା ଦେଖା ଦେଇପାରେ। ଦେଶରେ ନାନା ପ୍ରକାର ବିପତ୍ତି ଓ ଅରାଜକତା ହୋଇପାରେ। କିନ୍ତୁ ରାତି-ପ୍ରଭାତ ହେବ ଏବଂ ଚୀନ୍‌ରେ ଏକ ପ୍ରକୃତ ସ୍ୱଦେଶୀ ଶାସନ ହେବ। ସୋନେ ହାନ୍, ଟାଙ୍ଗ୍ ବା ମିଙ୍ଗ ରାଜତ୍ୱ ସାଥୀରେ ଚୀନ୍‌ର ଜନସାଧାରଣଙ୍କୁ ଏକାତ୍ମବୋଧ କରିବାକୁ ଉତ୍ସାହିତ କରିଛନ୍ତି ଏବଂ ବହୁଳ ପରିମାଣରେ ସଫଳ ହୋଇଛନ୍ତି। ସେମାନେ ଚୀନ୍‌କୁ ଏପରି ଏକ ଏକତା ସୂତ୍ରରେ ବାନ୍ଧିବାରେ ସକ୍ଷମ ହୋଇଛନ୍ତି ଯାହା ଅବଶ୍ୟ ଅନୁକରଣୀୟ। ଆମ ପାଖରେ ମଧ୍ୟ କଞ୍ଚାମାଲ ଅଛି। ଏ ଜିନିଷଟି ଅନୁଭବ କଲି ଆସାମରେ। ଗୋଟିଏ ପୂଜା ଲାଗି ସଂକଳ୍ପ ମନ୍ତ୍ରରେ ଆସିଲା 'ଜମ୍ବୁଦ୍ୱୀପେ, ଭାରତ ଖଣ୍ଡେ, ଲୋହିତ୍ୟ ତୀରେ...'। ସ୍ନାନ ମନ୍ତ୍ରରେ ମଧ୍ୟ ଗଙ୍ଗା, ଗୋଦାବରୀ, ନର୍ମଦା, ସିନ୍ଧୁ, କାବେରୀ। କିନ୍ତୁ ଏହା କେବଳ ସଂସ୍କୃତ ମନ୍ତ୍ରରେ ରହିଯାଇଛି। ତୀର୍ଥଯାତ୍ରା ମଧ୍ୟ ଏହି ଉଦ୍ଦେଶ୍ୟରେ ବ୍ୟବହାର କରିହେବ। ଗୋଯୀ, କୁମ୍ଭ ସ୍ଥାନରେ ଲକ୍ଷ ଲକ୍ଷ ଲୋକ ସଂଗମରେ ଦିନକରେ ଗାଧୋଉଛନ୍ତି। କିନ୍ତୁ ଆମେ ଶିକ୍ଷିତ ସମ୍ପ୍ରଦାୟ କ'ଣ ଏହି ଏକାତ୍ମବୋଧ ଜନମାନସରେ ପ୍ରତିଫଳିତ କରିପାରିଛୁ? ଖାଲି ସାଂସ୍କୃତିକ ଏକତା ହିଁ ନୁହେଁ। ଭାରତୀୟ ଜନମାନସରୁ ପରାଧୀନତାର ଗ୍ଲାନି ନିଷ୍କାସନ କରିବାକୁ ହେବ। ଏଥିଲାଗି ଚିଲିୟାଁୱାଲା ପରି ଇତିହାସ ଖୋଜିଲେ ବହୁ ମସଲା ମିଳିବ। ମୁଁ ସ୍ୱାଧୀନତା ପୂର୍ବର ଦେଶୀୟ ରାଜ୍ୟ ସବୁ ଦେଖିଛି। ସେଠି ଅନ୍ୟାୟ ଅତ୍ୟାଚାର ବିଷୟରେ ଢେର ଲେଖା ହୋଇଛି। କିନ୍ତୁ ଇଂରାଜୀରେ ଗୋଟିଏ କଥା ଅଛି Give the devil his due. ପ୍ରଥମ କଥା ହେଲା କୌଣସି ଦେଶୀୟ ରାଜ୍ୟରେ ହିନ୍ଦୁ ମୁସଲମାନ୍ ସମସ୍ୟା ପ୍ରାୟ ନଥିଲା। ହାଇଦ୍ରାବଦ୍‌ରେ ଏହି

ସମସ୍ୟା ଦେଖାଦେଲା ୧୯୪୬ ପରେ, ଯେତେବେଳେ ଷ୍ଟେଟ୍ ବ୍ୟାଙ୍କମାନଙ୍କ ଅସ୍ତିତ୍ୱ ଶଙ୍କାକୁଳ ହୋଇଗଲା। ସାଧାରଣତଃ ଆଦିବାସୀମାନେ ଭଲରେ ଥିଲେ। ବ୍ରିଟିଶ୍ କିଲ୍ଲାମାନଙ୍କରେ ଅନେକ ସମୟରେ ଆଦିବାସୀ ମେଳି ହୋଇଛି। ଯଦି ଷ୍ଟେଟ୍‌ରେ କେବେ ହୋଇଛି ତା'ହେଲେ ଷ୍ଟେଟ୍ କୋର୍ଟ ଅଫ୍ ୱାର୍ଡସ୍ ଥିବା ସମୟରେ। ସାମ୍ପ୍ରଦାୟିକ ଦଙ୍ଗା ତ' ବ୍ରିଟିଶ କିଲ୍ଲାମାନଙ୍କରେ ପ୍ରାୟ ହେଉଥିଲା। ଏଥିରୁ କ'ଣ କିଛି ଅର୍ଥ ବାହାର କରିବେ ନାହିଁ ? ଭାରତୀୟ ରାଜାଙ୍କର ଶାସନ ଆଉ ଯାହା ଦୁର୍ଗୁଣ ଥାଉ, ସାମ୍ପ୍ରଦାୟିକ ଶାନ୍ତି ଓ ଆଦିବାସୀଙ୍କ ପ୍ରତି ନ୍ୟାୟ ତ' ଦେଉଥିଲେ। ଏଥିରେ ଅତିକମ୍‌ରେ କଳା ଲୋକେ ସଫଳ ହୋଇଥିଲେ।

ରୋମାନ୍ କାଥଲିକ୍ ଧର୍ମରେ ଗୋଟିଏ ପ୍ରଥା ଅଛି। କାହାକୁ ସେଣ୍ଟ୍ ବୋଲି ସ୍ୱୀକାର କଲା ଆଗରୁ ଏକ ବିରାଟ ଏନକ୍ୱାରୀ ହୁଏ। ଏଥିରେ ଜଣେ ରହନ୍ତି Devil's Advocate. ସେ ପ୍ରାର୍ଥୀଙ୍କୁ କାହିଁକି ଏ ପଦବୀ ନ ଦିଆଯିବ ସେଥିଲାଗି ସମସ୍ତ ପ୍ରମାଣ ସଂଗ୍ରହ କରନ୍ତି ଓ ତା' ଉପରେ ମକଦ୍ଦମା ଲଢନ୍ତି। ଆମର ମଧ୍ୟ ଇତିହାସର ସ୍ୱୀକୃତ ତଥ୍ୟ ସବୁକୁ ଡେଭିଲ୍‌ସ ଆଡଭୋକେଟ ଦୃଷ୍ଟିରୁ ଦେଖିବାର ସମୟ ହୋଇଛି।

■

# ଟୋପି

ଆମେ କଲେଜରେ ପଢୁଥିଲା ବେଳେ କଟକରେ ମୁସଲମାନ୍ ସମାଜ ବିକ୍ଷୁବ୍ଧ ହୋଇ ଉଠିଥିଲା। ଆମେ ଶୁଣୁଥିଲୁ ଯେ, କଟକର ମୁସଲମାନ୍ ସମ୍ପ୍ରଦାୟ ଦୁଇ ଦଳରେ ବିଭକ୍ତ। ଗୋଲ୍‌ଟୋପି ଓ ଲମ୍ବାଟୋପି। ଅବଶ୍ୟ ଆମର ପରିଚିତ ମୁସଲମାନ୍‌ମାନେ ସାଧାରଣତଃ ଟୋପି ପିନ୍ଧୁ ନ ଥିବାରୁ ଆମେ ତା'ର ବିଶେଷ ପାର୍ଥକ୍ୟ ଜାଣି ପାରୁନଥିଲୁ। ପରେ ଜାଣିଲୁ ଯେ, ଏ ଗୋଲ୍‌ଟୋପି ଲମ୍ବାଟୋପି କଥାଟା ସାଧାରଣ ଲୋକେ ବ୍ୟବହାର କରନ୍ତି। କିନ୍ତୁ ଜାଣିବା ବାଲା ଲୋକେ କହନ୍ତି ଯେ, ଗୋଲ୍‌ଟୋପି ବାଲା ହେଲେ ଦେଓବନ୍ଦୀ ଓ ଲମ୍ବାଟୋପିବାଲା ହେଲେ ଆଜମ୍‌ଗଡ଼। ଆମ ପକ୍ଷରେ ଉଭୟ ନାମ ଅତ୍ୟନ୍ତ ଅପରିଚିତ। ଏଣୁ ଏହି ବିଷୟରେ ବିଶେଷ କୌତୁହଳ ନଥିଲା।

ପରେ କପାଳର ଗର୍ଦ୍ଦିଶ୍‌ରେ ମୋତେ ହିଁ ଟୋପି ପିନ୍ଧିବାକୁ ପଡ଼ିଲା ଏବଂ ସେଥିରେ ଅତି ସ୍ପଷ୍ଟ ହୋଇଗଲା ଯେ ଅଧିକାଂଶ କ୍ଷେତ୍ରରେ ଶିର ଅପେକ୍ଷା ଶିରସ୍ତାଣ ବେଶି ମହତ୍ତ୍ୱପୂର୍ଣ୍ଣ। କାରଣ ତା' ଦ୍ୱାରା ତୁମର ଜାତି, ଗୋତ୍ର ଅର୍ଥାତ୍ ସାମାଜିକ ସ୍ଥାନ ତତ୍‌କ୍ଷଣାତ୍ ନିର୍ଦ୍ଦିଷ୍ଟ ହୋଇଯାଏ। କବିବର ରାଧାନାଥ ଲେଖିଛନ୍ତି- "ଲାଲ ପଗଡ଼ିକି ନ ଡରଇ କିଏ ?" ଯଦି ଆପଣ ପାରାଟ୍ରୁପ୍ ରେଜିମେଣ୍ଟ୍‌ର ବେରେ ପିନ୍ଧିଛନ୍ତି, ତାହା ହେଲେ ଅନ୍ୟଜଣେ ପାରାର ସୈନିକ ତତ୍‌କ୍ଷଣାତ୍ ଆପଣଙ୍କୁ ଭାଇ ବୋଲି ଧରିନେବ। ଟୋପିରେ ହିଁ କେତେ ଜାତି ବିଚାର। ଟୋପିର ଦୁଇଟା କାମ। ସାଙ୍ଗେ ସାଙ୍ଗେ ମେଳ ଓ ପ୍ରଭେଦ। ତା ଆଉ ବେଶି ବୁଝେଇବା ଦରକାର ନାହିଁ। ଟୋପିର ଏପରି କିଛି କିମିଆ ନଥିଲେ ଗାନ୍ଧିଜୀ ନିଜ ନାଁକୁ ଟୋପି ସଙ୍ଗେ ଯୋଡ଼ିଥାନ୍ତେ ?

ପିଲାଦିନୁ ବହୁ ଉତ୍ତମ ମଧ୍ୟମ କରାହୋଇ ଗୋଟାଏ କଥା ଏ କଙ୍କ୍ରିଟୋପମ ଶକ୍ତ ମୁଣ୍ଡରେ ପୂରାଇ ଦିଆଯାଇଛି ଯେ "ହିରଣ୍ୟମୟେଣ ପାତ୍ରେଣ ସତ୍ୟସ୍ୟା ପିହିତମ୍ ମୁଖମ୍"। ଏଣୁ ସତ୍ୟ କେଉଁଠି ଲୁକ୍‌କାୟିତ ତାହା ବିନା ଗବେଷଣାରେ ଜାଣିବା

ସମ୍ଭବ ନୁହେଁ। ମୁଁ ଭାବିଲି ଯେ ଟୋପିର ଏତେ ମହତ୍ତ୍ୱ ହେଲା କିପରି ? ଏବଂ ପଗଡ଼ି ଓ ଟୋପି ଏବଂ ସାହେବ ହ୍ୟାଟ ମଧ୍ୟରେ କି ସମ୍ପର୍କ ଓ କି ପ୍ରଭେଦ। ଏଥିଲାଗି କିଞ୍ଚିତ ଇତିହାସ, ଭୂଗୋଳ ଓ ସମାଜଶାସ୍ତ୍ରର ଆଲୋଚନା ଅପରିହାର୍ଯ୍ୟ।

ଆମ ଦେଶରେ ବୋଧହୁଏ ଟୋପି ନଥିଲା। କିନ୍ତୁ ପଗଡ଼ି ବା ଉଷ୍ଣୀଶ ନିଶ୍ଚୟ ଥିଲା। ଭାରତର ଅଧିକାଂଶ ଅଞ୍ଚଳରେ ପ୍ରଚଣ୍ଡ ଖରା ଓ ଅନେକ ସମୟରେ ବେଶ୍ ଶୀତ। ଏଥିରୁ ମୁଣ୍ଡକୁ ବଞ୍ଚାଇବା ନିହାତି ଆବଶ୍ୟକ ଏବଂ ଏହା ଲମ୍ବା କନା ହୋଇଥିବାରୁ ଅନେକ ଦରକାରରେ ଲାଗିପାରେ। ତା' ଛଡ଼ା ମୁଣ୍ଡକୁ ଠେଙ୍ଗା, ଶର, ଖଣ୍ଡା ଇତ୍ୟାଦିର ଆଘାତରୁ କିଛି ସୁରକ୍ଷା ଦେଇପାରେ। ଥଣ୍ଡା ଥିଲେ କାନ ଦୁଇଟାକୁ ଘୋଡ଼ାଇ ଦିଆଯାଇପାରେ। ଧୂଳି ଉଡୁଥିଲେ ପଛର ଅଂଶଟାକୁ ଖୋଲି ମୁହଁ ଓ ନାକ ଉପରେ ବାନ୍ଧିଦେଲେ ଧୂଳି ପଶି କାଶର କଷ୍ଟରୁ ରକ୍ଷା ମିଳେ ଇତ୍ୟାଦି ଇତ୍ୟାଦି। ଏଣୁ ଓଡ଼ିଆରେ ମଧ୍ୟ ଗୋଟିଏ ଢ଼ଗ ଅଛି।

"ମୁଣ୍ଡରେ ଠେକା ପାଦରେ ତେଲ
ବଇଦ ସଙ୍ଗତେ କରିବ ଗେଲ।"

ଅର୍ଥାତ୍ ପଗଡ଼ି ବାନ୍ଧିବାଟା ସ୍ୱାସ୍ଥ୍ୟରକ୍ଷାର ଏକ ପ୍ରଥମ ନିୟମ। ତା' ଛଡ଼ା ଆଉ ଏକ ପ୍ରଧାନ କାରଣ ମଧ୍ୟ ଅଛି। ଚନ୍ଦାମୁଣ୍ଡ ଓ ପାଚିଲା ବାଳ ଲୁଚେଇବାର ଏହାଠାରୁ ବଳି ପ୍ରଚଣ୍ଡ ପଦ୍ଧତି ଆଉ କ'ଣ ? ଏବଂ କିଏ ଏହାର ବିଜ୍ଞାପନ ଦେବାକୁ ଚାହେଁ। ଏଣୁ ପଗଡ଼ିଟା ପୁରୁଷତ୍ୱ ସହିତ ଜଡ଼ିତ ହୋଇଗଲା। ଏବଂ ମୋ ମତରେ ତା'ଠାରୁ ବଳି ସୁନ୍ଦର ଶିରଭୂଷଣ ଆଉ ନାହିଁ। ଏବଂ ପ୍ରକୃତରେ ଏହା ଅଶ୍ୱାରୋହୀର ଯୋଗ୍ୟ ମସ୍ତକାଭରଣ। ଆପଣ ଯଦି ରାଷ୍ଟ୍ରପତିଙ୍କ ଅଙ୍ଗରକ୍ଷକମାନଙ୍କର ପରେଡ୍ ଦେଖିଛନ୍ତି, ତା'ହେଲେ ବୁଝି ପାରୁଥିବେ। ସବୁ ହେଲେ ମଧ୍ୟ ପଗଡ଼ିଟା ବାହାରେ ମାନେ ଖୋଲା ଆକାଶତଳେ ଏବଂ ପ୍ରଚଣ୍ଡ ବିରାଟ ଦରବାର୍ ହଲ୍‌ରେ ମଧ୍ୟ ଚଳି। କିନ୍ତୁ ଘର ଭିତରେ ମାନେ ନାହିଁ। ଏଣୁ ଘରକୁ ଆସିଲେ ପଗଡ଼ି କାଢ଼ିଦେବା ବିଧି। କିନ୍ତୁ ଉତ୍ତର ଭାରତରେ ଗୋଟିଏ ମାନ୍ୟତା ଥିଲା ଯେ ଖୋଲା ମୁଣ୍ଡରେ ବଡ଼ମାନଙ୍କୁ ଦେଖାଦେବା ଅତ୍ୟନ୍ତ ବେଆଦବି। ଏହି କାରଣରୁ ହିଁ ଉତ୍ତର ଭାରତରେ ସ୍ତ୍ରୀମାନଙ୍କର ଓଢ଼ଣା ଦେବା ପ୍ରଥା।

ଏଣୁ ଘର ଭିତରେ ମୁଣ୍ଡକୁ ଘୋଡ଼େଇବାକୁ ଟୋପିର ଆବିଷ୍କାର। ଆଗରୁ କହିଛି ଯେ ଆମ ଦେଶରେ ଟୋପି ନଥିଲା। କଥାଟା ପୂରାପୂରି ଠିକ୍ ନୁହେଁ। ଆମ ଦେଶରେ ବର୍ଷା ବହୁଳ ଅଞ୍ଚଳରେ ପଗଡ଼ିଟା ମୋଟେ କାର୍ଯ୍ୟକାରୀ ନୁହେଁ। ଏଣୁ ସେମାନେ ଖରାବର୍ଷା ଉଭୟରୁ ନିଜକୁ ରକ୍ଷା କରିବାକୁ ଏକ ହ୍ୟାଟ୍ ଭଳିଆ ଜିନିଷ ଆବିଷ୍କାର

କରିଥିଲେ। କିନ୍ତୁ ତା' ମଧ୍ୟ ବାହାରେ ବ୍ୟବହାର କରିବା ଲାଗି। ସେ ସବୁ ଜାଗାରେ ଘର ଭିତରେ ଖୋଲା ମୁଣ୍ଡରେ ରହିବା ହିଁ ପ୍ରଥା।

ମୁସଲମାନ୍ ବା ଆଫଗାନ୍‌ମାନେ ଯେତେବେଳେ ଭାରତକୁ ଆସିଲେ, ସେମାନେ ମଧ୍ୟ ପଗଡ଼ି ବାନ୍ଧୁ ଥିଲେ। କିନ୍ତୁ ତାଙ୍କ ପଗଡ଼ି ହେଲା ଅନ୍ୟ ରକମ। ପ୍ରଥମେ ଏକ ସୁଚୀଘନ କୋନିକାଲ ଟୋପି ପିନ୍ଧା ହେଉଥିଲା, ଯାହାର ନାମ ଥିଲା କୁଲ୍ଲା। ତା' ଉପରେ ପଗଡ଼ି ବନ୍ଧା ହେଉଥିଲା। ପରେ ଏହିଥିରେ ହିଁ ଘରେ ପିନ୍ଧିବା ପାଇଁ ନାନା ରକମର ଟୋପି ବାହାରିଲା ଓ ଧୀରେ ଧୀରେ ଚଳୁ ହୋଇଗଲା। ପଗଡ଼ି କେତେକ ବିଶେଷ ଶ୍ରେଣୀ ଓ ଜାତି ମଧ୍ୟରେ ରହିଗଲା ଏବଂ ଉତ୍ତର ଭାରତରେ ସାଧାରଣ ହିନ୍ଦୁ, ମୁସଲମାନ୍ ଟୋପି ହିଁ ପିନ୍ଧିଲେ। କିନ୍ତୁ ତା'ର ପ୍ରକାର ଅସଂଖ୍ୟ।

ମୁଁ ଯେତେବେଳେ ପିଲାଦିନେ ଉତ୍ତର ପ୍ରଦେଶ (ସେ ସମୟର ଯୁକ୍ତ ପ୍ରଦେଶ)ରେ ଥିଲି ଅନେକ ରକମର ଟୋପି ଦେଖିବାକୁ ମିଳୁଥିଲା। ପ୍ରଥମ ହେଲା କଳାରଙ୍ଗର ଫେଲ୍‌ଟରେ ତିଆରି ହୋଇଥିବା ଏକ ଗୋଲ୍ ଟୋପି। ଏହା ସାଧାରଣତଃ ହିନ୍ଦୁ ବ୍ୟବସାୟୀ ଶ୍ରେଣୀରେ ଦେଖାଯାଉଥିଲା। ତା' ଛଡ଼ା ଫେଲ୍‌ଟର ଆଉ ଏକ ପ୍ରକାର କଳାଟୋପି ଥିଲା ଯାହା ଗାନ୍ଧୀ ଟୋପି ଭଳି ଚିପି ଦେଲେ ସମାନ ହୋଇ ଯାଉଥିଲା। ଏହି ଟୋପି ଅମଲାବର୍ଗ କାୟସ୍ଥମାନଙ୍କ ଭିତରେ ବେଶୀ ଥିଲା। ମୁସଲମାନ୍‌ଙ୍କ ଭିତରେ ଖରାଦିନେ ଚିକନ୍ କାମ କରାହୋଇଥିବା ଦୁପଲ୍ଲୀ ଟୋପି ବେଶୀ ଚଳୁ ଥିଲା। ଯେଉଁମାନେ ବେଶୀ ମୁସଲମାନ୍ ରାଜନୀତିରେ ଥିଲେ, ସେମାନେ ଟ୍ୟାସେଲ୍ ଲାଗିଥିବା ନାଲିରଙ୍ଗର ପେଜ୍ ଟୋପି ବା କଳା ଚମଡ଼ା ବା ଭେଲଭେଟ୍‌ର ଲମ୍ବା ଟୋପି ପିନ୍ଧୁ ଥିଲେ୍ ଯାହା କାଳକ୍ରମେ ଜିନ୍ନା କ୍ୟାପ୍ ବୋଲି ପ୍ରସିଦ୍ଧ ହୋଇଥିଲା। ଏଠି ପେଜ୍ କ୍ୟାପ୍‌ର ଟିକିଏ ଇତିହାସ ବର୍ଣ୍ଣନା କରାଯାଉ। ଏ ଟୋପି ପ୍ରଥମେ ସର୍ ସୈୟଦ ଅହମ୍ମଦ ଚଳୁ କଲେ। ସେ ମୁସଲମାନ୍‌ମାନଙ୍କ ମଧ୍ୟରେ ଇଂରେଜୀ ଶିକ୍ଷା ବିସ୍ତାରର ଚେଷ୍ଟାକଲେ ଏବଂ ତା' ଦ୍ୱାରା ମୁଲ୍ଲା ସମ୍ପ୍ରଦାୟର ଅତିରିକ୍ତ ଚକ୍ଷୁଶୂଳ ହୋଇଥିଲେ। ମୁଲ୍ଲା ଶ୍ରେଣୀ ତାଙ୍କୁ ବିଧର୍ମୀ କହିବାକୁ ମଧ୍ୟ ପଶ୍ଚାତ୍‌ପଦ ହୋଇ ନାହିଁ। ତାଙ୍କ ଲାଗି ମୁଲ୍ଲାମାନେ ଏକ ଅଦ୍‌ଭୂତ ନାମକରଣ ସୃଷ୍ଟି କଲେ। "ନୈଚରା" ଅର୍ଥାତ୍ ସେ ନେଚର (Nature) କୁ ମାନୁଥିଲେ। ଅର୍ଥାତ୍ ମୁସଲମାନ୍‌ଙ୍କୁ ବିଜ୍ଞାନ ଚର୍ଚ୍ଚା କରିବାକୁ ପ୍ରବର୍ତ୍ତାଉ ଥିଲେ। କାଳକ୍ରମେ ଏହା ଆଲିଗଡ଼ ମାର୍କା ମୁସିଲିମ୍‌ମାନଙ୍କର ଚିହ୍ନ ହୋଇଗଲା ଏବଂ ଏମାନଙ୍କ ଭିତରୁ ଅନେକ ଯେ ଅତ୍ୟନ୍ତ କଟ୍ଟର୍ ମୁସଲମାନ ଥିଲେ, ତା' ନିଃସନ୍ଦେହ। କିନ୍ତୁ ଅଧିକାଂଶ ଭଦ୍ର ଶିକ୍ଷିତ ଲୋକ ଗୋଟିଏ ଛୋଟିଆ ଟୋପି ପିନ୍ଧୁ ଥିଲେ। ତାହା ଶେରୱାନୀର କନାରେ ହେଉଥିଲା

ଏବଂ ପ୍ରତ୍ୟକ ଶେରଓ୍ୱାନୀର ମ୍ୟାଚ୍ କରା ଟୋପି ଥିଲା। ଏହି ଟୋପି ତିଆରିରେ ଠିକ୍ ଗାନ୍ଧୀ ଟୋପି ପରି।

କେବଳ ଗାନ୍ଧୀ ଟୋପି ଧଳା ଖଦଡ଼ରେ ହେଉଥିଲା ଏବଂ ତା' ସବୁ ରଙ୍ଗ ସାଙ୍ଗେ ମ୍ୟାଚ୍ କରେ ବୋଲି ଧରା ଯାଉଥିଲା। ଏଣୁ ସେ ସମୟରେ ଖାଲି ମୁଣ୍ଡ ଗଣତି ନୁହେଁ, ମୁଣ୍ଡ ଚିହ୍ନଟ ମଧ୍ୟ ହୋଇ ଯାଉଥିଲା। କିଏ କଂଗ୍ରେସୀ, କିଏ ଲିଗ୍, କିଏ କାୟସ୍ଥ, କିଏ ବଣିଆ ଉହିଁଦେଲେ ହିଁ ଜଣା ପଡ଼ିଯାଉଥିଲା। ଏଣୁ ପ୍ରତ୍ୟକର ସ୍ଥାନ ଓ ପଦ ମର୍ଯ୍ୟାଦା ଠିକ୍। ଏହାର ଖିଲାପ କଲେ ସାମାଜିକ ଶାସ୍ତି ଭୋଗିବାକୁ ହେଉଥିଲା।

ଟୋପି ଓ ପଗଡ଼ିର ଗୋଟେ ସାଲିସ ମଧ୍ୟ ଦେଖାଯାଇଥିଲା। ତା' ଏକ ଛୋଟ ପଗଡ଼ି ଯାହା ଆଗରୁ ରେଡ଼ିମେଡ୍ ବନ୍ଧା ହୋଇ ମିଳୁଥିଲା ଏବଂ ତାକୁ ଟୋପି ପରି ପିନ୍ଧି ଓ କାଢ଼ି ହେଉଥିଲା। ଆଗେ ଅନେକ ଓକିଲ ମୁକ୍ତାର ଏହି ପ୍ରକାର ପଗଡ଼ି ପିନ୍ଧୁଥିଲେ ଯାହାର ନାମ ଥିଲା ଶମ୍ଲା। ତା' ଛଡ଼ା ଏପରି ରେଡ଼ିମେଡ୍ ପଗଡ଼ି ମହାରାଷ୍ଟ୍ର ଓ ମହୀଶୂରରେ ମଧ୍ୟ ଥିଲା। କିନ୍ତୁ ଖାଣ୍ଟି ପଗଡ଼ି ଦେଖିଲେ କହିହେଉଥିଲା ଯେ, ସେ ହୁଏତ ଶିଖ୍ ବା ପଠାନ୍। ନହେଲେ କୌଣସି ନେବର ଷ୍ଟେଟ୍ର କର୍ମଚାରୀ ଏବଂ ପ୍ରତ୍ୟେକଙ୍କୁ ପଗଡ଼ି ଦେଖି ଚିହ୍ନି ମଧ୍ୟ ହେଉଥିଲା।

ଏମାନଙ୍କଠୁ ଆଉ ଏକ ଶ୍ରେଣୀର ଅଲଗା ଲୋକ ଥିଲେ, ଯେଉଁମାନଙ୍କୁ କୁହାଯାଉଥିଲା ମଡ଼ର୍ଣ୍ଣ। ଅର୍ଥାତ୍ ଏପରି ଭାରତୀୟ ଥିଲେ ଯେଉଁମାନେ ଅନେକଟା ପାଶ୍ଚାତ୍ୟ ଜୀବନ ପ୍ରଣାଳୀ ଗ୍ରହଣ କରି ନେଇଥିଲେ। ସେମାନେ ସାଧାରଣତଃ ବାରିଷ୍ଟର ବଡ଼ ଡାକ୍ତର ବା କଭେନେଣ୍ଟେଡ୍ ସର୍ଭିସର ଭାରତୀୟ ଅଫିସର୍। ଏମାନେ ସାଧାରଣତଃ ପାଶ୍ଚାତ୍ୟ ପୋଷାକ ପିନ୍ଧୁଥିଲେ ଓ ଶିଖ୍ ହୋଇ ନଥିଲେ ମୁଣ୍ଡରେ ପାଶ୍ଚାତ୍ୟ କାଇଦାମାଫିକ୍ ହ୍ୟାଟ୍ ପିନ୍ଧୁ ଥିଲେ। ଏହି ପୋଷାକ ଓ ଶିରାଭରଣ ଶାସନ ଗୋଷ୍ଠୀର ହୋଇଥିବାରୁ ଅସଂଖ୍ୟ କୃତ୍ସା ସତ୍ତ୍ୱେ ବହୁ ପରିମାଣରେ ଅନୁକରଣ କରାହେଉଥିଲା। ଫଳତଃ ମଧ୍ୟବିତ୍ତ ଓ ନିମ୍ନମଧ୍ୟବିତ୍ତ ଶ୍ରେଣୀ ପୁରୁଷଙ୍କ ଭିତରେ ଲୁଗାପଟାର ଏକ ଅଦ୍‌ଭୂତ୍ ସମନ୍ୱୟ ଦେଖିବାକୁ ମିଳୁଥିଲା। ଅନେକ ସମୟରେ ଏହା ଏପରି ଅଦ୍‌ଭୂତ୍ ଯେ, ହାସ୍ୟ ସମ୍ବରଣ କରିବା କଷ୍ଟ। ସେତେବେଳର ମାଡ୍ରାସି ହେଡ୍ କ୍ଲର୍କରଙ୍କର ପୋଷାକ ଥିଲା ମୁଣ୍ଡରେ ମହୀଶୁର ପଗଡ଼ି, କୋଟ୍, ସାର୍ଟ ଓ ନେକଟାଇ। ସାର୍ଟଟା ଧୋତି ଭିତରେ ଖୋସା ଓ ଗୋଡ଼ରେ ଚଟି। ଉତ୍ତର ଭାରତରେ ହିନ୍ଦୁ ମୁସଲମାନ୍ କିରାନୀଙ୍କ ଡ୍ରେସ୍ ଥିଲା ଧଳା ପାଇଜାମା, ଧଳା ବା ରଙ୍ଗୀନ ସାର୍ଟ, ଯାହାର କଲାର ବୋତାମ ବନ୍ଦ କରାହେଉଥିଲା ଏବଂ ତା' ସହିତ କୋଟ୍ ଏବଂ ମୁଣ୍ଡରେ ଛୋଟ କଳାଟୋପି। ଚଟି ପିନ୍ଧିଥିବା ବେଆଦବି ବୋଲି ଧରାଯାଉଥିଲା ଏବଂ ଲୋକେ ସାଧାରଣତଃ ହାଫ୍ ସୁ ପିନ୍ଧୁଥିଲେ। ସେ ଡ୍ରେସ୍ ଯେପରି

ଶିକ୍ଷିତ ଭାରତର ପ୍ରତୀକ । ଇଂରେଜୀ ପୋଷାକ ପିନ୍ଧିବାକୁ ଇଚ୍ଛା, କିନ୍ତୁ ପୂରାପୂରି ଇଂରାଜୀ ହେବାର ସାହସ୍‌ର ଅଭାବ । ଏଣୁ ନିଜ ଐତିହ୍ୟ ପ୍ରତି ଏକ ତାଚ୍ଛଲ୍ୟ ଭାବ ଏବଂ ଅନୁକରଣ ପୂରା କରିବାର ସାହସର ଅଭାବ ହେତୁ ଏକ ମାନସିକ ସମନ୍ୱୟର ଅଭାବ ଦେଖାଯାଉଥିଲା ।

ଏଥିରୁ ଅବଶ୍ୟ ଗୋଟିଏ କଥା ବାହାରିଲା । ଶିରର ଆଚ୍ଛାଦନ କେବଳ ତା'ର ବ୍ୟବହାରିକତା ଲାଗି ପିନ୍ଧାଯାଏ ନାହିଁ । ଏହା ଏକ ପ୍ରତୀକ ଓ ଶିରସ୍ତ୍ରାଣ ବଦଳାଇବା; ଅନେକ ସମୟରେ ଶିର ବଦଳାଇବା ସଙ୍ଗେ ସମାନ । ଲାଲା ହରି ଦୟାଲ ଟୋପି କାଢ଼ି ଫେଲ୍‌ଟ ହ୍ୟାଟ୍ ପିନ୍ଧ ହୋଇଗଲେ, L.H.Dyal, Esqr । ଏହା କେବଳ ଟୋପି ବଦଳାଇବା ନୁହେଁ । ସମସ୍ତ ସଭ୍ୟତା ଓ ଐତିହ୍ୟ ବଦଳିଗଲା । ଏହା କ'ଣ ପୁର୍ନଜନ୍ମର କାମ ? ଅଥଚ କି ପୀଡ଼ାହୀନ ପଦ୍ଧତିରେ ସମ୍ପନ୍ନ ହେଲା ! ମୁଁ ସମାଜ ଶାସ୍ତ୍ର ପଣ୍ଡିତଗଣଙ୍କୁ ଅନୁରୋଧ କରୁଛି, ଏ ବିଷୟରେ କିଞ୍ଚିତ ଗବେଷଣା କରିବାକୁ । ବର୍ତ୍ତମାନ ସମାଜରେ ଯେଉଁ ସଂଘାତ୍ ଦେଖାଯାଉଛି ତା' କେତେ ପରିମାଣରେ ଟୋପି ପରି ସରଳ ଓ ଶସ୍ତା ଅନ୍ୟ ଦୁନିଆକୁ କିଛି ସମୟ ଲାଗି ଖସି ଯିବାର ରାସ୍ତାର ଅଭାବ ଦାୟୀ । ଏଥିରେ ଆଉ କିଛି ହେଉ ନହେଉ କେତେଜଣଙ୍କୁ ଡକ୍ଟରେଟ୍ ତ' ମିଳିଯିବ ।

ବର୍ତ୍ତମାନ ସେହି ଗୋଲ୍‌ଟୋପି ଓ ଲମ୍ବାଟୋପି କଥାକୁ ଫେରି ଆସିବା । ପରେ କାର୍ଯ୍ୟ କ୍ଷେତ୍ରରେ ଜାଣିଲି ଯେ ଦେଓବନ୍ଦରେ ଏକ ପୃଥିବୀ ପ୍ରସିଦ୍ଧ ଇସଲାମୀ ବିଦ୍ୟାଚର୍ଚ୍ଚାର ଅନୁଷ୍ଠାନ ଅଛି । ଏହି ସ୍ଥାନର ସୁପଣ୍ଡିତ ମୌଲାନାମାନଙ୍କର ଧାର୍ମିକ ସିଦ୍ଧାନ୍ତ ସମ୍ବନ୍ଧରେ ଅନେକ ମତଭେଦ ଏବଂ ତାଙ୍କର ଖଣ୍ଡନ ମଣ୍ଡନ ଶାସ୍ତ୍ରଲାପ ବୁଝିବା ମୋ ପକ୍ଷରେ ଓ କଟକର ସାଧାରଣ ମୁସଲମାନ୍ ପକ୍ଷରେ ଅସମ୍ଭବ । ଏଣୁ ସେ ସମସ୍ତ କଥାଟାକୁ ଏକ ପ୍ରତୀକରେ ସମଷ୍ଟିଭୂତ କଲା ଗୋଲ୍‌ଟୋପି ଓ ଲମ୍ବାଟୋପି । ପଣ୍ଡିତ, ପାଠକ ବର୍ଗ, ମୁରୁକିହସା ଦିଅନ୍ତୁ ନାହିଁ । ଗୋଟେ ଜାତି ଯୁଦ୍ଧ କରେ ତା'ର ପତାକାର ସମ୍ମାନ ପାଇଁ । କେତେ ସହସ୍ର ଅକାତରେ ପ୍ରାଣବଳି ଦିଅନ୍ତି । କିନ୍ତୁ ସେ ପତାକାର କନାର ଦାମ୍ ପାଞ୍ଚଟଙ୍କା ମାତ୍ର । କ'ଣ ସେମାନଙ୍କ ଜୀବନ ଏତେ ଶସ୍ତା ନା ପତାକା ଏକ ଅମୂଲ୍ୟ ବାସ୍ତବତାର ପ୍ରତୀକ ? ଏଣୁ ପ୍ରତୀକ ତା'ର ସମ୍ମାନର ହକ୍‌ଦାର ।

ସେହି ଗୋଲ୍-ଲମ୍ବା ଟୋପି ଝଗଡ଼ା ସମୟରେ ଏକ ଆମୋଦଜନକ କଥା ମନେ ପଡ଼ିଲା । ସେମିନାରୀ ସ୍କୁଲଠାରୁ ମଙ୍ଗଳାବାଗ ଆସିବା ରାସ୍ତାରେ ସେ ସମୟରେ ଆଲୁଅର କୌଣସି ବନ୍ଦୋବସ୍ତ ନଥିଲା ଏବଂ ସେ ରାସ୍ତାରେ ପଡୁଥିଲା ମୁସଲିମ୍ କବର ସ୍ଥାନ ଓ ତା'ର କିଛି ପରେ ଛେଳି କଟା ହେବା କଂସେଇଖାନା । ଅନ୍ଧାର ରାତିରେ ଏପଟକୁ ଯିବାଲାଗି କାହାର ଆଗ୍ରହ ନଥିଲା । ହଠାତ୍ ଏକ ଗୁଜବ ଶୁଣାଗଲା

ଯେ ଠିକ୍ ରାତି ତିନିଟା ବେଳକୁ ସେ ରାସ୍ତାରେ ଏକ ଅଦ୍‌ଭୂତ୍ ଦୃଶ୍ୟ ଦେଖିବାକୁ ମିଳୁଛି। ଏକ ମୂର୍ତ୍ତି କବର ସ୍ଥାନ ଓ ଛେଳିହଣାଘର ମଝିରାସ୍ତାରେ ବୁଲୁଛି। ସେ ମୂର୍ତ୍ତି ଗୋଟେ ଡେଙ୍ଗା ଲୋକ ପରି। ଫକୀର ପରି ଡ୍ରେସ୍, ମୁଣ୍ଡରେ ଟୋପି କି ପଗଡ଼ି ଜାଣି ହେଉନାହିଁ। ସେ ମୂର୍ତ୍ତି ବେକରେ ଦୁଇଟି ତବଲା ଝୁଲାଇଛି ଓ ତାକୁ ବଜାଉଛି ଏବଂ ତାଳ ଦେଇ ନାଚୁଛି। ବହୁଲୋକ ଏହାକୁ ଦେଖିବାର କୁହାଯାଉଛି। କିନ୍ତୁ କୌଣସି ଦେଖିଥିବା ଲୋକ ସହିତ ଚାକ୍ଷୁସ ପରିଚୟ ହୋଇପାରିନାହିଁ। କେତେକ ଲୋକ କହୁଛନ୍ତି ଏହା ଖପ୍‌ସ (ଅର୍ଥାତ୍ ମିଆଁ ଭୂତ), କେତେକ କହୁଛନ୍ତି ଡକାୟତ ଏବଂ ଆଉ କେତେକ ମଧ୍ୟ କହୁଛନ୍ତି ଏହା ସି.ଆଇ.ଡ଼ି.।

ହେ ସୁଶୀଳ ପାଠକ, ଆପଣ ଏହା ମଧ୍ୟରୁ ହିରଣ୍ମୟ ପାତ୍ରର ମୁଖ ଉନ୍ମୋଚନ କଲେ କି ? ଦେଖନ୍ତୁ ଏଠି କି ପ୍ରତୀକ। ଜନତା ତା'ର ଭୟର କାରଣ ସବୁ ଏକତ୍ରିତ କରି ଏକ କାଳ୍ପନିକ ମୂର୍ତ୍ତି ଗଠନ କରିଛି। ଲୋକେ ଡରନ୍ତି ଭୂତକୁ, ଚୋର, ଡକାୟତକୁ। ପୁଲିସ୍ ମଧ୍ୟ ଭୟର କାରଣ। କିନ୍ତୁ ଏଥିରେ ସେମାନେ ନେଇଛନ୍ତି ପୁଲିସର ସେହି ଶାଖାକୁ ଯାହା ଗୋପନୀୟ କାର୍ଯ୍ୟ କରୁଥିବାରୁ ଭୂତ ସାଙ୍ଗେ ମଧ୍ୟ ସାମିଲ୍। ଧରନ୍ତୁ ତାକୁ ନାଁ ଦେଲୁ ଭୟ ଦେବତା। ଏହି ଅପଦେବତା ସଙ୍ଗେ ସାରା ଜୀବନଟା ଲଢ଼ିଯିବାକୁ ହେବ।

■

# ଲୈଲା ଓ ରାଧା-ଏକ ବିଶ୍ଳେଷଣ

ଲୈଲା ମଜନୁ କଥାଟା ହିନ୍ଦୀ ଚଳଚିତ୍ର ଦୟାରୁ ଆପଣ ନିଶ୍ଚୟ ଶୁଣିଥିବେ। ତା' ସାଥୀରେ ନିଶ୍ଚୟ ଭାବି ନେଇଥିବେ ଯେ ଏହା ମଧ୍ୟ ଏକ ଚିରପରିଚିତ ପ୍ରେମିକ ପ୍ରେମିକା କାହାଣୀ। ସନାତନ ପଦ୍ଧତିରେ ଏହି କାହାଣୀର ପରିଣତି ବିବାହ ବା ମୃତ୍ୟୁ (ଅନେକ ରସିକଙ୍କ ମତରେ ଉଭୟ ମୋଟା ମୋଟି ଏକ ଜିନିଷ)। ଲୈଲା ମଜ୍‌ନୁର କାହାଣୀ ଦୁଇଧାଡ଼ିରେ ଶେଷ କରାଯାଇପାରେ। ମଜ୍‌ନୁର ପ୍ରକୃତ ନାମ କୈସ୍। ସେ ଲୈଲାକୁ ପ୍ରେମ କରୁଥିଲା। ଲୈଲାର ବିବାହ କୌଣସି ସୁଲତାନ୍ ସହିତ ହୋଇଗଲା। ଫଳରେ କୈସ୍ ପାଗଳ ହୋଇଗଲା। ସେହି ଦିନଠାରୁ ତା'ର ନାମ ହୋଇଗଲା ମଜ୍‌ନୁ, ଅର୍ଥାତ୍ ପାଗଳ। ଲୈଲାକୁ ତାର ସ୍ୱାମୀ ପାଖକୁ ଓଟରେ ବସାଇ ନେଇଗଲେ। ମଜ୍‌ନୁ ପାଗଳ ହୋଇ ମରୁଭୂମିରେ ବୁଲୁଥିଲା ଓ ଓଟର କରାଭାନ୍ ଦେଖିଲେ ସେଠି ତା'ର ଲୈଲାକୁ ଖୋଜୁଥିଲା ଏବଂ ଶେଷରେ ଦିନେ ସେହି ମରୁଭୂମିରେ ଇହଲୀଳା ସାଙ୍ଗ କଲା। ଗୋଟିଏ କିମ୍ବଦନ୍ତୀ ଅଛି ସେ ଲୈଲା କାଳି ଥିଲା, କିନ୍ତୁ ସୁନ୍ଦରୀ ଅବଶ୍ୟ ଥିଲା। ତା' ନହେଲେ ସୁଲତାନ୍ ବାଦ୍‌ଶାହ କାହିଁକି ତାକୁ ଲୋଡ଼ି ଲୋଡ଼ି ବାହା ହୋଇଥାନ୍ତେ? ସେତେବେଳେ ମଧ୍ୟ ପ୍ରାଚ୍ୟର ଅଧିକାଂଶ ସୁଲତାନ୍ ସୁନ୍ଦରୀ ସଂଗ୍ରହ କରୁଥିଲେ। ଆଜିକାଲି ଲୋକେ ଡ଼ାକ ଟିକଟ ସଂଗ୍ରହ କଲାଭଳି। ଆପଣ ତ' ଜାଣନ୍ତି ଯେ ଡାକଟିକଟ ସଂଗ୍ରହକାରୀମାନେ ଅନ୍ତର୍ଦେଶୀୟ ପତ୍ର ସଂଗ୍ରହ କରନ୍ତି ନାହିଁ। ଏଣୁ ଏହା ନିର୍ବିବାଦ ଯେ ଲୈଲା ଅସାଧାରଣ ସୁନ୍ଦରୀ ଥିଲା। କିନ୍ତୁ ଲୈଲାର ସାର୍ଥକତା ସାଧାରଣ ନାରୀଠାରୁ ଅନେକ ଉପରେ। କାରଣ ତା'ର ସୌନ୍ଦର୍ଯ୍ୟ ନାରୀ ବିଶେଷର ସୌନ୍ଦର୍ଯ୍ୟ ହିଁ ନୁହେଁ; ତାହା ଏକ ନୂତନ ସଂସାର, ଏକ ନୂତନ ଜୀବନ। ଏହି ଲୈଲାକୁ ଚିହ୍ନିବାର ସବୁଠାରୁ ପ୍ରଶସ୍ତ ମାଧ୍ୟମ ସାହିତ୍ୟ। ସାହିତ୍ୟ ଦିଏ ଆମକୁ ଅନେକ ନୂତନ ଚକ୍ଷୁ। ଟିକିଏ

ଚେଷ୍ଟା କଲେ କବି ବା ଲେଖକଙ୍କର ଅନ୍ତର୍ଦୃଷ୍ଟିରୁ କିଛିଟା ଆମେ ମଧ୍ୟ ପାଇଯାଉ ଏବଂ ତା' ଦ୍ୱାରା କେତେକ ପରିକାଶରେ ତ୍ରିକାଳଦର୍ଶୀ ହୋଇଯାଉ ।

ପ୍ରକୃତରେ ଅସଲ ଲୋକ ହେଲା ମଜ୍‌ନୁ । କାରଣ ଲୈଲାକୁ ଆମେ ପାଉ ଏକ ଲକ୍ଷ୍ୟ, ଏକ ଧେୟ ହିସାବରେ । କିନ୍ତୁ ଯେ ତାକୁ ଧ୍ୟାନ କରୁଛି, ଯେ ସେ ଲକ୍ଷ୍ୟ ପଛରେ ଛୁଟିଛି, ସେ ପାଗଳ ହୋଇପାରେ, କିନ୍ତୁ ଲକ୍ଷ୍ୟ ଅପେକ୍ଷା ବେଶୀ ମହତ୍ତ୍ୱପୂର୍ଣ୍ଣ । କାରଣ ସେ ମାନବୀୟ, ସେ ଗତିଶୀଳ ଅର୍ଥାତ Dynamic । ପ୍ରତି ଯୁଗରେ କେତେ ମଜ୍‌ନୁ ସୃଷ୍ଟି ହୋଇଛନ୍ତି ଏବଂ ସେମାନେ ସେହିପରି ଲୈଲା ମଧ୍ୟ ପାଇଛନ୍ତି । ଏ ବିଷୟରେ ଉର୍ଦ୍ଦୁରେ ଏକ ଆପ୍ତବାକ୍ୟ ଅଛି-

"ମଜ୍‌ନୁକେ ଦମ୍‌କା ରୌନକ୍ ମୁଦ୍ଦତ୍ ହୁଇ ସିଧାରେ
ଅବାକେୟାଁ ନଜଦ୍‌କେ ବଗୋଲେ ମହମିଲକୋ ଢୁଁଢ଼ତେ ହେଁ ।

ଅର୍ଥ-କେଉଁ କାଳୁ ତ' ମଜ୍‌ନୁ ତା'ର ଶେଷ ନିଃଶ୍ୱାସ ତ୍ୟାଗ କଲାଣି । କିନ୍ତୁ ଏ ପର୍ଯ୍ୟନ୍ତ କାହିଁକି ମରୁଭୂମିର ଝଡ଼ ଓଟର ହାଉଦା ଖୋଜି ବୁଲୁଛି ?

ଏହାର ବ୍ୟାଖ୍ୟା ଆବଶ୍ୟକ । ଆଗରୁ କହିଛି ଯେ କୈସ୍ ଲୈଲା ବିରହରେ ପାଗଳ ହୋଇଯାଇଥିଲା । ଲୈଲାକୁ ଓଟର ବନ୍ଦ ହାଉଦାରେ ବସାଇ ସୁଲତାନ୍‌ର ଅନ୍ତଃପୁରକୁ ନେଇଗଲେ । ପାଗଳ ମଜ୍‌ନୁ ନଦବ (ଇରାକରେ ଏକ ଅଞ୍ଚଳ) ମରୁଭୂମିରେ ପ୍ରତି କାରାଭାନ୍‌ରେ ତା'ର ଲୈଲାକୁ ଖୋଜି ବୁଲୁଥିଲା । ମଜ୍ ପାର୍ଥିବ ମୃତ୍ୟୁ ପରେ ପରେ ମଧ୍ୟ ମଜ୍‌ନୁର ନିଃଶ୍ୱାସ ଝଡ଼ ହୋଇ ସେହି ସନ୍ଧାନରେ ଲାଗୁଛି । ଅର୍ଥାତ୍ ଲୈାଲାର ବିରହ ବେଦନା ଓ ତା' ସହିତ ମିଳନର ତୃଷ୍ଣା କୌଣସି ପାର୍ଥିବ ମଜ୍‌ନୁ ଉପରେ ନିର୍ଭରଶୀଳ ନୁହେଁ । ଏ ସନ୍ଧାନ ଚିରନ୍ତନ । କିନ୍ତୁ କାହାର ଓ କାହିଁକି ?

ମଜ୍‌ନୁ ଚିରନ୍ତନ ବିଦ୍ରୋହୀ । ମଜ୍‌ନୁ ତା'ର ଭାଗ୍ୟଦତ୍ତ ଅବସ୍ଥାକୁ ସ୍ୱୀକାର କରିବାକୁ ରାଜି ନୁହେଁ । ସେ ମଧ୍ୟ ଲୈଲାକୁ ଭୁଲିଯାଇ ଅନ୍ୟ ଏକ ସ୍ତ୍ରୀଲୋକ ସହିତ ଘର ସଂସାର କରିପାରିଥାନ୍ତା । ତା'ଦ୍ୱାରା ହୁଏତ କିଛି ସୁଖ ସ୍ୱାଚ୍ଛନ୍ଦ୍ୟ, କିଛି ଶାନ୍ତି ମଧ୍ୟ ଯୋଗାଡ଼ କରି ପାରିଥାନ୍ତା । କିନ୍ତୁ ସେଥିଲାଗି ପ୍ରଥମ ସର୍ତ୍ତ ହେଲା ଭାଗ୍ୟଠାରେ ଆତ୍ମ ସମର୍ପଣ । ଏହା କେତେକ ମନୁଷ୍ୟଙ୍କ ପକ୍ଷରେ ସମ୍ଭବ ନୁହେଁ । ଗ୍ରୀକ୍ ପୁରାଣରେ ପ୍ରମେଥିୟସକୁ କେହି ନିଆଁ ଚୋରି କରିବାକୁ ବାଧ୍ୟ କରି ନଥିଲା । କିନ୍ତୁ ଭାଗ୍ୟ ସହିତ ସଂଘର୍ଷ କରିବା ଏବଂ ତା' ଉପରେ ବିଜୟ ପାଇବାର ଅର୍ଥ ହେଲା ମନୁଷ୍ୟର ସ୍ୱାଧୀନତା ଘୋଷଣା । ସେ ଅବସ୍ଥାରେ ଦାସ ନୁହେଁ । ଏଣୁ ଲୈଲାର ସନ୍ଧାନ ଏକ ନାରୀ ବିଶେଷର ସନ୍ଧାନ ନୁହେଁ । ତା' ମଜ୍‌ନୁର ସ୍ୱତନ୍ତ୍ରତାର ସନ୍ଧାନ । ଲୈଲାର ପ୍ରେମ ବଳରେ ସେ

ନିଜକୁ ପାରିପାର୍ଶ୍ୱିକ ଅବସ୍ଥାରେ ବନ୍ଧନରୁ ମୁକ୍ତ କରିବାର ଚେଷ୍ଟା କରୁଛି। ଲୈଲା ନଥିଲେ ମଧ୍ୟ ସେ ଚେଷ୍ଟାର ଶେଷ ନାହିଁ।

ଏ ଭାବଧାରା ମଧ୍ୟପ୍ରାଚ୍ୟରେ ନିଜକୁ ସୁଫୀ ମତ ମାଧ୍ୟମରେ ପ୍ରକାଶ କଲା ପ୍ରଥମ ସୁଫୀ ମନସର। ସେ ଘୋଷଣା କଲେ 'ଅନଲହକ୍' ଅର୍ଥାତ ମୁଁ ସତ୍ୟ। ଏପରି ବୈପ୍ଲବିକ ଭାବଧାରା ମୁଲ୍ଲା ପ୍ରତି ଅସହ୍ୟ। ମନସୁର୍‌ଙ୍କୁ ଅଶେଷ ଯନ୍ତ୍ରଣା ଭୋଗ କରାଇ ସାରିଲାପରେ ପ୍ରାଣଦଣ୍ଡ ଦିଆଗଲା। କିନ୍ତୁ ମୁଲ୍ଲା ସୁଫୀ ମତକୁ ପ୍ରାଣଦଣ୍ଡ ଦେଇପାରିଲା ନାହିଁ। ଆଉରଙ୍ଗଜେବ୍ ସୁଫୀ ମତର ଘୋର ବିରୋଧୀ ଥିଲେ। ପ୍ରଥମ କାରଣ ଏହା ମୁଲ୍ଲା ପ୍ରଚ୍ଚରିତ ଇସଲାମ୍‌ର ସ୍ୱରୂପକୁ ବିନା ପ୍ରଶ୍ନରେ ମାନିବାକୁ ପ୍ରସ୍ତୁତ ନଥିଲା, ଏବଂ ତା' ଠାରୁ ବଡ଼ କାରଣ ଯେଉଁ ଜ୍ୟେଷ୍ଠଭ୍ରାତା ଦାରାଶିକୋହଙ୍କୁ ହତ୍ୟା କରି ସେ ସିଂହାସନରେ ବସିଥିଲେ, ସେହି ଦାରା ଥିଲେ ସୁଫୀ ମତ ଅନୁଯାୟୀ। ଆଉରଙ୍ଗଜେବ୍ ସେ ସମୟର ପ୍ରଧାନ ସୁଫୀ ସାଧକ ସରମଦଙ୍କୁ ମୃତ୍ୟୁଦଣ୍ଡ ଦେଇଥିଲେ।

ସୁଫୀ ମତରେ ଲୈଲା ପରମାତ୍ମା ଓ ମଜ୍‌ନୁ ଜୀବାତ୍ମା। ମରୁଭୂମି ଇହସଂସାର ଯାହା ମଧ୍ୟରେ ମଜ୍‌ନୁ ଅର୍ଥାତ୍ ଜୀବାତ୍ମା ଲୈଲା ରୂପୀ ପରମାତ୍ମାକୁ ଖୋଜି ବୁଲୁଥାଏ। ଭାରତୀୟ ଭକ୍ତିବାଦରେ ଭଗବାନ ପ୍ରେମିକ, ଭକ୍ତ ପ୍ରେମିକା। ଅନ୍ତତଃ ବୈଷ୍ଣବ ଭକ୍ତିବାଦରେ ସୁଫୀ ମତ ଭାରତକୁ ଆସି ଏଠାର ଜଳବାୟୁରେ ଖୁବ୍ ପରିପୁଷ୍ଟ ହେଲା। ତା'ର କେତେକ ଭାରତୀୟକରଣ ମଧ୍ୟ ହେଲା। ଲୈଲାର ନୂତନ ନାମ ହେଲା ପଦ୍ମାବତୀ। ଆଶ୍ଚର୍ଯ୍ୟ ହୁଅନ୍ତୁ ନାହିଁ। ମଲିକ୍ ମହମ୍ମଦ ଜାୟସୀ ହିନ୍ଦୀର ମହାକବି। ତୁଳସୀ ଦାସଙ୍କ ପୂର୍ବସୂରୀ। ଏହାଙ୍କୁ ମହାକାବ୍ୟ 'ପଦମାବତ୍'ର ନାୟିକା ପଦ୍ମାବତୀ ସେହିପରି ପରମାତ୍ମାଙ୍କ ପ୍ରତୀକ।

ତେବେ ଭାବିବାର କଥା ଏପରି ସାଧୁସନ୍ଥମାନେ ରୀତିମତ ପାର୍ଥିବ ପ୍ରେମ ନେଇ ଏତେ ଲେଖାଲେଖି କରିଛନ୍ତି କାହିଁକି ? ଇସଲାମ୍‌ରୁ କିଛି ଉଦାହାରଣ ଦେଲି। ବୈଷ୍ଣବ ଭକ୍ତକବିଙ୍କ ବିଷୟରେ କହିବା ଅନାବଶ୍ୟକ। ପାଠକ ତା' ଭଲଭାବରେ ଜାଣନ୍ତି। ତେବେ ସମସ୍ତ ଦାର୍ଶନିକ ଓ ଧାର୍ମିକ ଚୋପା ଛଡ଼ାଇ ଦେଲେ ପ୍ରକୃତ ମଞ୍ଜିଟି କ'ଣ ? ମୋର କ୍ଷୁଦ୍ର ବୃଦ୍ଧିରେ ଅନ୍ଧର ସନାତନ ହସ୍ତୀଦର୍ଶନ ପଦ୍ଧାରେ ଯେଉଁ ଲାଙ୍ଗୁଡଟି ଧରି ପାରିଛି ତା' ଆପଣଙ୍କର ସେବାରେ ନିବେଦନ କଲି। ଭଗବଦ୍ ଭକ୍ତିର ସ୍ୱରୂପ କଥାରେ ପ୍ରକାଶ କରିବା ବୋଧହୁଏ ଅସମ୍ଭବ। କାରଣ ସେ ସ୍ତରରେ ବାସ୍ତବତା ଭାଷାରେ ପ୍ରକାଶ କରାଯାଇପାରିବ ନାହିଁ। ଆପଣ କହନ୍ତି ଏ ଆମ୍ବଟା ଚିନି ପରି ମିଠା। କିନ୍ତୁ ଯେ ଜୀବନରେ କେବେ ମିଠା ଖାଇ ନାହିଁ। ତାକୁ ତ' ଆମ୍ବର ମିଠା ବୁଝେଇ ପାରିବ ନାହିଁ। ଏଣୁ ଏସବୁ କେବଳ ତୁଳନା ଦ୍ୱାରା ହିଁ ବୁଝାଯାଇ ପାରିବ।

ଠିକ୍ ଏହି କାରଣରୁ ଭାଷା ପୂର୍ଣ୍ଣ ଅର୍ଥ ବୁଝାଇବାରେ ଅକ୍ଷମ। ଅତଏବ ତୁଳନା ପାଇଁ ଏକ ମାନବୀୟ ସମ୍ପର୍କକୁ ରୂପକଭାବେ ଗ୍ରହଣ କରାଯାଏ। ଏଥିଲାଗି ହୁଏତ ନାରୀ ଓ ପୁରୁଷର ପ୍ରେମ ବା ମାତା ଓ ସନ୍ତାନର ପ୍ରେମ। ବାତ୍ସଲ୍ୟ ରସର ପ୍ରଧାନ ପ୍ରତୀକ ରୂପେ ଯଶୋଦା, ଦୁର୍ଗା ଓ ମେରୀ। ଏହା ମାଧ୍ୟମରେ ଯେଉଁ ମହତ୍ ଲୋକକୁ ଉଠିବାରେ ସୋପାନ ମିଳିଯାଏ ତାହା ଅବର୍ଣ୍ଣନୀୟ! ବଙ୍ଗଳାରେ ଉତ୍ତମ ଶ୍ୟାମସଙ୍ଗୀତ, ସ୍ୱର ଦାସଙ୍କ ଭଜନ ଇତ୍ୟାଦି ଶ୍ରୋତାକୁ କେଉଁ ଦିବ୍ୟ ଲୋକକୁ ଉଠାଇନିଏ। 'କୋଇଲି ଲୋ ପୁତ୍ର ମୋର ମଥୁରାକୁ ଗଲା'-ଏହାର ଆବେଦନ ମଧ୍ୟ ଅତି ଶକ୍ତିଶାଳୀ। ରୋମାନ୍ କ୍ୟାଥଲିକ୍ ପ୍ରାର୍ଥନା AVE MARIA ର ଅର୍ଥ ବୁଝିଲେ ଲୋକ କାନ୍ଦି ପକାଇବେ।

କିନ୍ତୁ ଏହା ମଧ୍ୟ ଯଥେଷ୍ଟ ହୁଏ ନାହିଁ। ଏହାଠାରୁ ମଧ୍ୟ ଗଭୀର ନାରୀ ଓ ପୁରୁଷର ପ୍ରେମ। ସଚରାଚର ଏହାହିଁ ଭକ୍ତିର ଭାଷା ରୂପେ ଗୃହୀତ ହୋଇଛି। ସେହି ଅସୀମ ଓ ଅନନ୍ତ ତୃଷ୍ଣା, ଆତ୍ମାର ପରମାତ୍ମା ସହିତ ମିଳନର ବିକଳତା ବୁଝେଇବାକୁ ହେଲେ ନାରୀ ପୁରୁଷର ପ୍ରେମ ମାଧ୍ୟମରେ କେତେଟା ଆଭାଷ ଦେଇହେବ। ବିଦ୍ୟାପତିଙ୍କ ରାଧା ଏହି ଆକାଂକ୍ଷା, ଏହି ତୃଷ୍ଣାକୁ ପ୍ରକାଶ କରିଛନ୍ତି, "ଜନମ ଅବଧି ହମ ରୂପ ନିହାରିଲ, ନୈନ ନ ତରପିତ ଭେଲ।" କାରଣ ସେ ରୂପ ଅନନ୍ତ ଏବଂ ତାକୁ ଦେଖିବାର ତୃଷ୍ଣା ମଧ୍ୟ ଅନନ୍ତ। ସାଧାରଣତଃ ଏହି ସନ୍ଧାନ ଚାଲିବ ଅନନ୍ତ କାଳ ପାଇଁ। କିନ୍ତୁ କୌଣସି କୌଣସି ଭାଗ୍ୟବାନ (ନା ଭାଗ୍ୟବତୀ) ଏପରି ଏକ ଅଭିଜ୍ଞତା ଲାଭ କରିବାକୁ ସମର୍ଥ ହୁଅନ୍ତି ଯାହାପରେ ଅନ୍ୟସମସ୍ତ ଅଭିଜ୍ଞତା ଅର୍ଥହୀନ ଓ ଅବାନ୍ତର। ସେହି ବିଦ୍ୟାପତିଙ୍କ ଭାଷାରେ:

"ଆଜୁ ରଜନୀ ହମ ଭାବେ ଗମାଓଲୁଁ
ପେଖଲୁଁ ପ୍ରିୟାମୁଖ ଚନ୍ଦା
ଜୀବନ ଯୌବନ ସଫଲ କରି ମାନଲୁଁ
ଦଶ ଦଶ ଭେଲ ନିରିଦନ୍ଦା"

ଯେତେବେଳେ ସେ ପରମଲଗ୍ନ ଉପସ୍ଥିତ ହୁଏ, ସଂସାରେ କୌଣସିଠାରେ କୌଣସି ଦ୍ୱନ୍ଦ୍ୱ ବା ଦ୍ୱୈତ ରହି ନପାରେ। ଏଣୁ ଦଶଦଶ ଭେଲ ନିରଦନ୍ଦା, ଅର୍ଥାତ୍ ନିଃଦ୍ୱନ୍ଦ୍ୱ। ଏହା ପରମ ଅଦ୍ୱୈତ। ଏହାହିଁ ସୁଫୀର ଅନଲ ହକ୍। ଫରାସୀ ସୁଫୀ ମହାଜନଙ୍କ ଉକ୍ତି।

ମନ୍ ତୁ ଶୁଦ୍‌ମ୍ ତୁ ମନ୍ ଶୁଦୀ
ମନ୍ ତନ୍ ଶୁଦମ୍ ତୁ ଜାଁ ଶୁଦୀ।

ଅର୍ଥାତ୍-ତୁ ଓ ମୁଁ ଅଭିନ୍ନ। ତୁ, ମୁଁ ଓ ମୁଁ, ତୁ । ମୁଁ ଶରୀର ଓ ତୁ ପ୍ରାଣ। ଏହାପରେ

ସ୍ପଷ୍ଟ ଯେ ଅନ୍ୟ ସବୁ ଅଭିଜ୍ଞତା, ସାମାଜିକ ଜୀବନରେ ଅନ୍ୟାନ୍ୟ ସମ୍ପର୍କ ଅବାନ୍ତର। ଏଣୁ ଜଗନ୍ନାଥ ଦାସ ଗୋପୀଗଣଙ୍କ ମୁହଁରେ କୁହାଇଛନ୍ତି-

ଆଉ କି ଗୋପପୁର ଯିବୁ।
ପତି ତନୟ ଆବୋରିବୁଁ
ଆମ୍ଭର ନାହିଁ ତୋଣେ ଆଶା
ତୋ ନାମ କରିଛୁଁ ଭରସା।

ପାର୍ଥିବ ପ୍ରେମ ନିଶ୍ଚୟ ସେହି ଅମୃତର ଆସ୍ୱାଦନ ନୁହେଁ। କିନ୍ତୁ କେତେକଟା ସମଧର୍ମୀ। ଦର୍ପଣରେ ପ୍ରତିବିମ୍ବ ବାସ୍ତବତା ନୁହେଁ, ତଥାପି ବାସ୍ତବତା ସମ୍ପର୍କରେ ଏକ ଧାରଣା ତ' ଦିଏ। ପାର୍ଥିବ ପ୍ରେମକୁ ସୁଫୀମାନେ ଇଶୁକ୍ ମଜାଜୀ ବୋଲି କୁହନ୍ତି। ଯଦିଚ ଏହା ଇଶତ୍ ହକିକ୍ ଅର୍ଥାତ୍ ଈଶ୍ୱରୀୟ ପ୍ରେମ ନୁହେଁ, ତଥାପି ସାଦୃଶ୍ୟ ଅଛି। ପୁଣି ସତ୍ୟ ମଧ୍ୟ ପ୍ରକାଶ ମାଧ୍ୟମରେ ଆବଶ୍ୟକତା ଓ ଦ୍ରଷ୍ଟାର ସୀମିତ ଶକ୍ତି ଲାଗି ନିଜକୁ ଆବରଣରେ ରଖିବାକୁ ବାଧ୍ୟ ହୁଏ। କାରଣ ସତ୍ୟକୁ ପ୍ରତ୍ୟକ୍ଷ କରିବାରେ ଶକ୍ତି ଅତି ବିରଳ। ଏଣୁ ତାହା ଆଂଶିକ ଭାବରେ ହିଁ ପ୍ରକାଶମାନ ହୁଏ। ଋଷି ମଧ୍ୟ ଉପନିଷଦରେ କହିଛନ୍ତି-

"ପୁଷନ୍ନ କର୍ଷେ ଯମ ସୂର୍ଯ୍ୟ ପ୍ରାଜପତ୍ୟ ବ୍ୟୁହଶ୍ମିନ୍।
ସମୂହ ତେଜୋ, ଯତ୍ତେ ରୂପଂ କଲ୍ୟାଣତମଂ
ତତ୍ ତେ ପଶ୍ୟାମି
ଯୋହସାବସୌ ପୁରୁଷଃ ସୋହମସ୍ମି।

ଅର୍ଥ-ହେ ପୁଷନ୍ (ସୂର୍ଯ୍ୟ ବା ବ୍ରହ୍ମ)। ତୁମ୍ଭେ ତୁମ୍ଭର ତେଜ ସମ୍ବରଣ କର। ତୁମ୍ଭର କଲ୍ୟାଣତମ ସୁଶୋଭନ ରୂପ ଦେଖାଅ। ମୁଁ ଅନୁଭବ କରେ ଯେ, ତୁମ୍ଭ ମଧ୍ୟରେ ଥିବା ପୁରୁଷ ସହିତ ମୁଁ ଅଭିନ୍ନ।

ଏ ସମସ୍ତ କଥା ମଧ୍ୟରେ ମାଳାରେ ଥିବା ସୂତା ପରି ଯୋଗସୂତ୍ର ଲକ୍ଷ୍ୟ କରାଯାଏ। ତାହା ପ୍ରେମାସ୍ପଦ ସାଥୀରେ ଏକାତ୍ମବୋଧ ମନୁଷ୍ୟ ସଂସାରରେ ନିଜର ଅବସ୍ଥିତ ସମ୍ବନ୍ଧରେ ଅତ୍ୟନ୍ତ ଅସନ୍ତୁଷ୍ଟ। ସେ ଏକମାତ୍ର ପ୍ରାଣୀ ଯେ ନିଜର ମରଣ ସମ୍ବନ୍ଧରେ ସଚେନତ। ଏହି ଭୟଙ୍କର ଜ୍ଞାନ ତାକୁ ନିଜର ଭାଗ୍ୟ ବିରୁଦ୍ଧରେ ବିଦ୍ରୋହୀ କରିବାକୁ ବାଧ୍ୟ କରେ। ମାନବ ସବୁବେଳେ ପ୍ରଶ୍ନ କରିଆସିଛି, ମୁଁ କିଏ? ଏଠାକୁ କାହିଁକି ଆସିଲି? ଯଦି ମୃତ୍ୟୁ ହିଁ ଚିରନ୍ତନ ସତ୍ୟ ତାହେଲେ ତ' ହେବାଟା, ଥିବାଟା ହିଁ ପରମ ଜଞ୍ଜାଳ। ଏଣୁ ମାନବ ମୃତ୍ୟୁକୁ ଚିରନ୍ତନ ସତ୍ୟ ବୋଲି ଗ୍ରହଣ କରିପାରିବ ନାହିଁ। ଅତଏବ ମୃତ୍ୟୁ ସଂଜୀବନର ସନ୍ଧାନ ଚିରକାଳ ଚାଲିଥିବ। ଏହାର ପ୍ରଥମ ପଦକ୍ଷେପ

ହେଲା ନିଜର କ୍ଷୁଦ୍ରତାକୁ ଜୟ କରିବାର ଚେଷ୍ଟା । ମନୁଷ୍ୟ ନିଜ ଅଭିଜ୍ଞତାରୁ ବୁଝି ସାରିଛି ଯେ କ୍ଷୁଦ୍ରର ଧ୍ୱଂସ ଅବଶ୍ୟମ୍ଭାବୀ । ଏଣୁ ମୃତ୍ୟୁଞ୍ଜୟ ହେବାକୁ ହେଲେ ଏହି କ୍ଷୁଦ୍ରତାର ନାଗଫାଶରୁ ନିଜକୁ ମୁକ୍ତି କରିବାକୁ ହେବ । ତା'ର ଉପାୟ ନିଜର ଏକ ବୃହତ୍ତର, ମହତ୍ତ୍ୱର ସତ୍ତା ସଙ୍ଗେ ଏକାତ୍ମବୋଧ ଆଣିବା । ସମସ୍ତ ମାନବ ପ୍ରଚେଷ୍ଟାରେ ବିଜମନ୍ତ୍ର ହେଲା ମାନବ ଜୀବନର କ୍ଷୁଦ୍ରତା, ତୁଚ୍ଛତାକୁ ଜୟକରି ତା'ର ବନ୍ଧନରୁ ମୁକ୍ତ ହୋଇ ଏକ ଉଚ୍ଚତର ବାସ୍ତବତା higher reality ସହିତ ନିଜକୁ ସଂପୃକ୍ତ କରିନେବା । କଳା, ବିଜ୍ଞାନ ଦର୍ଶନ ସବୁଠୁ ଏହି ତତ୍ତ୍ୱ ସ୍ପଷ୍ଟ । ଏଣୁ ସୁଫୀ ସାଧନ ମଜ୍‌ନୁର କଣ୍ଠରେ ବଜ୍ରଗମ୍ଭୀର ଘୋଷଣା କରାଛନ୍ତି ।

"ଐ ଆଶିକାଁ, ଐ ଆଶିକାଁ ମନ୍ ଆଶିକେ ଦେରୀନା ଅମ୍,
ଐ ସାଦେକାଁ, ଐ ସାଦେକାଁ , ମନ୍ ସାଦେକେ ଦେରୀନା ଅମ୍ ।"
ଅର୍ଥ-ହେ ପ୍ରେମିକ, ଶୁଣ ମୁଁ ସେହି ସନାତନ ପ୍ରେମିକ
ହେ ସତ୍ୟନିଷ୍ଠ, ଶୁଣ ମୁଁ ସେହି ସନାତନ ସତ୍ୟସାଧକ ।

ପ୍ରିୟ ସହିତ ସେହି କ୍ଷୁଦ୍ରତା, ସେହି ତୁଚ୍ଛତା ଉପରେ ବିଜୟ । ମିଳନର ଘଡ଼ି ମୁହୂର୍ତ୍ତଟିଏ ଲାଗି ହେଲେ ମଧ୍ୟ ଏପରି ଏକ ଅନନ୍ତ ଆନନ୍ଦର ପରିଚୟ ଦିଏ, ଯାହାପରେ ବୋଧହୁଏ ସମସ୍ତ ସମୟ, ଏହି ସମୟ । ଏଣୁ ଦୀର୍ଘ ବିଚ୍ଛେଦ ମଧ୍ୟ ଅର୍ଥହୀନ । ଖାଲି ସମୟର ଭାବନା ନୁହେଁ, ପ୍ରିୟ ଛଡ଼ା ଅନ୍ୟ ସବୁ ଭାବନା ହିଁ ଅର୍ଥହୀନ । ସୁରଦାସ ଏହି କଥାଟି ଗୋପୀମାନଙ୍କ ଦେଇ କିପରି କୁହାଯାଇଛି, ଅବଧାନ ହେଉ ।

"ଉଧୋ, ମନ ନାହିଁ ଦଶ ବିଶ୍
ଏକ ରହୋ, ସୋ ଶ୍ୟାମ ସଙ୍ଗ ଗୟୋ, ଅବ କୌନ ଉଜେଗା ଇଶ୍ ।"

କୃଷ୍ଣ ଉଦ୍ଧବଙ୍କୁ ଗୋପୀମାନଙ୍କୁ ସାନ୍ତ୍ୱନା ଦେବାକୁ ଗୋପକୁ ପଠାଇଥିଲେ । ଉଦ୍ଧବ ଯେହେତୁ ପରଜ୍ଞାନୀ, ଏଣୁ ସେ ଗୋପୀମାନଙ୍କୁ ଭଗବଦ୍‌ଭକ୍ତି ବିଷୟରେ ଉପଦେଶ ଦେବା ଆରମ୍ଭ କଲେ । କିନ୍ତୁ ସେ ଜାଣିଥିଲେ ଯେ ଗୋପୀମାନେ ଏପରି ଜ୍ଞାନ ପାଇ ସାରିଛନ୍ତି । ଯାହାପରେ ଉଦ୍ଧବଙ୍କ ପ୍ରବଚନ କେବଳ ପ୍ରଳାପ । ଏଣୁ ପରମ ତାଚ୍ଛଲ୍ୟ ସହକାରେ ଗୋପୀମାନେ କହିଛନ୍ତି "ଉଦ୍ଧବ, ଆମ ପାଖରେ ତ' ଦଶ କୋଡିଏଟା ମନ ନାହିଁ । ମାତ୍ର ଗୋଟିଏ ଥିଲା ତା' ତ' ଶ୍ୟାମ ସାଙ୍ଗରେ ଯାଇଛି । ଏବେ କିଏ ଈଶ୍ୱର ଭଜନ କରିବ ?"

ଭଗବାନ ଅଛନ୍ତି କି ନାହିଁ, ଏ ତର୍କ ତ' ଚାଲିଥିବ । ଓଡ଼ିଆ ଶିଖିଥିବା ଜଣେ ପାଦ୍ରୀସାହେବ ଲେଖିଥିଲେ- "ଅଛନ୍ତି ଏପରି ଲୋକ ସଂସାର ମଧ୍ୟରେ ଯେଉଁମାନେ କରନ୍ତି ନାହିଁ ବିଶ୍ୱାସ ଯେ ଈଶ୍ୱର ଅଛନ୍ତି ।" ଏପରି ନାସ୍ତିକଙ୍କ ପ୍ରଶ୍ନର ଉତ୍ତର ଦେବା

ସମ୍ଭବ ନୁହେଁ। ମୁଁ ଆଉ ଏ ବିଷୟରେ କ'ଣ କହିବି ? ତେବେ ମୋର କ୍ଷୁଦ୍ର ବୁଦ୍ଧିରେ ଗୋଟିଏ କଥା ସବୁବେଳେ ମନେହୁଏ ଯେ ପୃଥିବୀରେ ଭିନ୍ନ ଭିନ୍ନ ସ୍ଥାନରେ ପୃଥକ ପୃଥକ ସମୟରେ, ଭିନ୍ନ ଭିନ୍ନ ସାଂସ୍କୃତିକ ପରିବେଶରେ ଏହି ସାଧକ ମହାଜନଗଣ ଏକ ପ୍ରକାର କଥା କହି ଆସିଛନ୍ତି ଏବଂ ଏହା ସମସ୍ତଟା ଏକ ସଂଘବଦ୍ଧ ଗୁଲିଖଟି ହେବା ଅସମ୍ଭବ। ଏହି ଅଭିଜ୍ଞତା ସମଷ୍ଟି ହିଁ ନାସ୍ତିକ ନିରାଶାର ଉତ୍ତର।

ପଞ୍ଜାବରେ ଜଣେ ପ୍ରସିଦ୍ଧ ସାଧକ ହେଇଥିଲେ ବୁଲ୍ଲେଶାହ। ପଞ୍ଜାବର ପ୍ରସିଦ୍ଧ ପ୍ରେମ କାହାଣୀ "ହୀର ରାଂଝା"ର ସେ ଏକ ନିଜର ଅପୂର୍ବ ବ୍ୟାଖ୍ୟା ଦେଇଛନ୍ତି। ପ୍ରେମିକା ହୀର ତା'ର ସଖୀଗଣଙ୍କୁ କହୁଛି- "ରାଂଝା ରାଂଝା କରଦିନି ବୈ ଆପେ ରାଂଝା ହୋଇ।"

ସମସ୍ତଟା ପଞ୍ଜାବୀରେ ନଦେଇ କେବଳ ଓଡ଼ିଆ ଅନୁବାଦରେ ହିଁ ତଳେ ଦେଉଛି।

ମୁଁ ରାଂଝା ରାଂଝା କହି କହି ନିଜେ ରାଂଝା ହୋଇଗଲେଣି। ଏଣିକି ମୋତେ କେହି ହୀର୍ କହିବ ନାହିଁ। ଏଣିକି ମୋତେ କେବଳ ରାଂଝା (ପ୍ରେମିକର ନାମ) ବୋଲି ଡାକିବ। କାରଣ ମୁଁ ରାଂଝା ଭିତରେ ଓ ରାଂଝା ମୋ ଭିତରେ ଅନ୍ୟ କଳ୍ପନାର ମଧ୍ୟ ବ୍ୟବଧାନ ନାହିଁ। (ଅର୍ଥାତ୍ ଆମେ ପରସ୍ପର କଥା ଛଡ଼ା ଅନ୍ୟକିଛି ଭାବି ମଧ୍ୟ ପାରିବୁ ନାହିଁ)

ଏହା ପରେ ବୋଧହୁଏ କଥା କହିବା ମଧ୍ୟ ବାଚାଳତା।

■

# ଚାର୍‌ବାଗ୍

ମୋଗଲ ସାମ୍ରାଜ୍ୟ ପ୍ରଥମ ପାନିପଥ ଯୁଦ୍ଧ ପରେ ସ୍ଥାପିତ ହେଲା । ତାରିଖ ୨୧ ଅପ୍ରେଲ ୧୫୨୬ ଖ୍ରୀଷ୍ଟାବ୍ଦ । ଏହି ସାମ୍ରାଜ୍ୟ ଜୀବନ୍ତ, ଅର୍ଦ୍ଧମୃତ ଓ ପ୍ରାୟମୃତ ଅବସ୍ଥାରେ ଚାଲିଲା ସିପାହୀ ବିଦ୍ରୋହ ପର୍ଯ୍ୟନ୍ତ । ଏହାର ଆନୁଷ୍ଠାନିକ ମୃତ୍ୟୁ ହେଲା ୧ ନଭେମ୍ବର ୧୮୫୮ ଖ୍ରୀଷ୍ଟାବ୍ଦରେ । ଯେଉଁଦିନ କି ମହାରାଣୀ ଭିକ୍ଟୋରିଆଙ୍କୁ ଭାରତର ସାମ୍ରାଜ୍ଞୀ ଘୋଷଣା କରାଗଲା । ଆଉରଙ୍ଗଜେବ୍‌ଙ୍କ ପର୍ଯ୍ୟନ୍ତ (ପ୍ରାୟ ୧୭୦୦ ଖ୍ରୀଷ୍ଟାବ୍ଦ) ଏହା ଅତି ସକ୍ଷମ ଥିଲା । ତା'ପରେ ଅବସ୍ଥା କ୍ରମେ ଖରାପରୁ ଅତି ଖରାପ ଆଡ଼କୁ ଗତି କଲା । ଶେଷ ବେଳକୁ ଏହା କେବଳ ଦିଲ୍ଲୀର ଲାଲକିଲାରେ ହିଁ ସୀମାବଦ୍ଧ ଥିଲା । କିନ୍ତୁ କି ମରହଟ୍ଟା, କି ଇଂରେଜ କେହି ଯେତେ ଶକ୍ତିଶାଳୀ ହେଲେ ମଧ୍ୟ ମୋଗଲ ସାମ୍ରାଜ୍ୟର ଆନୁଷ୍ଠାନିକ ଆନୁଗତ୍ୟ ସ୍ୱୀକାର କରିବାକୁ ବାଧ୍ୟ ହୋଇଥିଲେ । ଦୌଲତ ରାଓ ସିନ୍ଧିଆ ନିଜକୁ କେବଳ ମୋଗଲ ସମ୍ରାଟଙ୍କର ରକ୍ଷକ ବୋଲି ଘୋଷଣା କରିଥିଲେ । ନିଜକୁ ସମ୍ରାଟ ବୋଲାଇବାର ସାହସ ନଥିଲା । କମ୍ପାନୀ ଅମଳରେ ଯେତେବେଳେ କୌଣସି ଆଦେଶ ଡେଙ୍ଗୁରା ପିଟି ଘୋଷଣା କରାଯାଉଥିଲା, ସେତେବେଳେ ଢୋଲି ପ୍ରଥମେ ଗୋଟିଏ ପଦ୍ୟ ବୋଲୁଥିଲା-

ଖଲକ (ସୃଷ୍ଟି) ଖୁଦାକା (ଭଗବାନଙ୍କର)
ମୁଲକ ମୋଗଲ ମାଦଶାହଜା
ହୁକୁମ୍ କମ୍ପାନୀ ବାହାଦୂରକା ।

ଅର୍ଥାତ୍, କ୍ଷମତା ଦଖଲ କରିଗଲେ ଆଇନ୍‌ର ସ୍ୱୀକୃତି ବା ବୈଧତା ଯାହାକୁ ଇଂରାଜୀରେ Legitimacy କୁହାଯାଏ, ମିଳେନାହିଁ । ଏଣୁ ବିଦ୍ରୋହୀ ସିପାହୀମାନେ ବୃଦ୍ଧ ଓ ଅଥର୍ବ ବାହାଦୂରଶାହଙ୍କୁ ନିଜର ସମ୍ରାଟ ବୋଲି ଘୋଷଣା କରିବାକୁ ବାଧ୍ୟ ହୋଇଥିଲେ । ତା' ନ କରିଥିଲେ ସେମାନେ ନିଜକୁ ପିଣ୍ଡାରୀ ଓ ଅନ୍ୟାନ୍ୟ ଦସ୍ୟୁମାନଙ୍କ ଠାରୁ ଅଲଗା କରିପାରି ନଥାନ୍ତେ ।

ତା'ହେଲେ ଆଇନଗତ ଭାବେ ମୋଗଲ ସାମ୍ରାଜ୍ୟର ତିନିଶହ ବତିଶ ବର୍ଷର ଜୀବନକାଳ ମାନିବାକୁ ପଡ଼ିବ। ଏଥି ମଧ୍ୟରୁ ପ୍ରଥମ ୧୨୫ବର୍ଷ ଯୌବନ ଏବଂ ଶେଷ ଶହେବର୍ଷ ପକ୍ଷାଘାତରେ ପଙ୍ଗୁ। ତା'ହେଲେ ଏ ଦୀର୍ଘସ୍ଥାୟୀ ପ୍ରତିଷ୍ଠାନଟି ଆମକୁ ଦେଇଛି କ'ଣ? ଗୋଟିଏ ପ୍ରଧାନ କଥା ହେଲା ଯେ ଏକ ଆଇନସଙ୍ଗତ ସରକାର ଦିଲ୍ଲୀରୁ ସାରା ଭାରତବର୍ଷରେ ଶାସନ କରିବ, ଏହି ଧାରଣାର ସ୍ୱୀକୃତି। ଏଥିଲାଗି ହିଁ ଇଂରେଜମାନେ କଲିକତାରୁ ଦିଲ୍ଲୀକୁ ରାଜଧାନୀ ଉଠାଇ ଆଣିଥିଲେ। ଇଂରେଜ କ୍ଷମତାଶାଳୀ ହୋଇପାରେ, କିନ୍ତୁ ଯେ ପର୍ଯ୍ୟନ୍ତ ସେ ଦିଲ୍ଲୀରୁ ଶାସନ ନ କରିଛି ନିଜକୁ ସମ୍ରାଟ ବୋଲାଇପାରିବ ନାହିଁ। ସେ ପର୍ଯ୍ୟନ୍ତ ସେ ଗୋଆର ପର୍ତ୍ତୁଗୀଜ, ପଣ୍ଡିଚେରୀର ଫରାସୀଙ୍କ ସମଗୋତ୍ର। ଅର୍ଥାତ୍ ବଣିକଶକ୍ତି, ସମ୍ରାଟ ବା କ୍ଷତ୍ରୀୟ ନୁହେଁ। ଇଂରେଜ ରାଜତ୍ୱ ସମୟରେ ଆଇ.ସି.ଏସ. ଓ ସେନାବାହିନୀର ଅଫିସର୍‌ମାନଙ୍କର କମ୍ପାନୀରେ କାମ କରୁଥିବା ଇଂରେଜ ଅଫିସର୍‌ମାନଙ୍କ ପ୍ରତି ଘୋର ଅବଜ୍ଞା ଓ ତାଚ୍ଛଲ୍ୟଭାବ ଥିଲା। କମ୍ପାନୀ ଅଫିସର୍‌ମାନଙ୍କୁ କୁହାଯାଉଥିଲା BOXWALLAH ଅର୍ଥାତ୍ ଫେରିବାଲାର ଉନ୍ନତ ସଂସ୍କରଣ।

ଏହାଛଡ଼ା ମୋଗଲମାନେ ଆଉ କିଛି ଦେଇଛନ୍ତି କି? ମୁଁ ତାଜମହଲ କଥା କହିବାକୁ ଯାଉନାହିଁ। ତେବେ ମୋଗଲ ସ୍ଥାପତ୍ୟ ଓ ତା'ର ପୂର୍ବବର୍ତ୍ତୀ ସ୍ଥାପତ୍ୟ ବିଷୟରେ କିଛି ତୁଳନାତ୍ମକ ଆଲୋଚନା ଅନିବାର୍ଯ୍ୟ। ମୋଗଲ ସ୍ଥାପତ୍ୟର ପ୍ରଥମ ଉତ୍ତମ ନିଦର୍ଶନ ହେଲା ଦିଲ୍ଲୀରେ ହୁମାୟୁନ୍‌ଙ୍କ କବର। ପରାକାଷ୍ଠା ଲାଲକିଲା ଓ ଦିଲ୍ଲୀର ଜୁମା ମସଜିଦ୍। ଶେଷ ନିଦର୍ଶନ ହିସାବରେ ଧରାଯାଇପାରେ ସଫଦରଜଙ୍ଗ କବର। ତାଜମହଲର ଉଲ୍ଲେଖ ଇଚ୍ଛା କରି କରିନାହିଁ, କାରଣ ତାଜ୍, ତାଜ୍। ତାହା ସ୍ଥାପତ୍ୟରୁ ଉଠି କବିତାରେ ପରିଣତ ହୋଇଛି। ଏଣୁ ତାହା ବିଷୟରେ ଆଲୋଚନା ଫଳପ୍ରଦ ହେବନାହିଁ। କାରଣ ତାଜମହଲର ଅନନ୍ୟ (Unique), କାହାରି ନିଦର୍ଶନ (Typical) ନୁହେଁ। ପୂର୍ବବର୍ତ୍ତୀ ପଠାଣ ସ୍ଥାପତ୍ୟର ଶ୍ରେଷ୍ଠ ନିଦର୍ଶନ ହେଲା କୁତବ୍‌ମିନାର ହତାରେ ଥିବା ଆଲାଇ ମସଜିଦ୍‌ର ଭଗ୍ନାବଶେଷ, ଲୋଦୀ ସମ୍ରାଟମାନଙ୍କ କବର ଓ ଶେରଶାହ ସୁରୀଙ୍କ ନିର୍ମିତ ଦିଲ୍ଲୀର ପୁରାନା କିଲ୍ଲା। ଏହାକୁ ମୋଗଲ ସ୍ଥାପତ୍ୟ ସଙ୍ଗେ ତୁଳନା କଲେ ମୋଗଲ ସ୍ଥାପତ୍ୟରେ ଏହା ସୂକ୍ଷ୍ମତା ତଥା ଏକ ଭାରସାମ୍ୟ ଏବଂ ଏକ ମାର୍ଜିତ ରୁଚିର ପରିଚୟ ମିଳେ ଏବଂ ତା' ସହିତ ଏକ ସୁଦୃଢ଼ ଆତ୍ମପ୍ରତ୍ୟୟ। ସ୍ଥାପତ୍ୟରେ ଏକ ସର୍ବଭାରତୀୟ ରାଷ୍ଟ୍ରର ପ୍ରତୀକ ହେଲା ଲାଲକିଲା। ଏଣୁ ନେତାଜୀ ସୁଭାଷ ମଧ୍ୟ ଡାକ ଦେଇଥିଲେ ଲାଲକିଲାରେ ତ୍ରିରଙ୍ଗା ଉଡ଼ାଇବାକୁ। ମୋର କିନ୍ତୁ ଏଠି ସ୍ଥାପତ୍ୟ ସମ୍ବନ୍ଧରେ ଆଲୋଚନା କରିବା ଉଦ୍ଦେଶ୍ୟ ନୁହେଁ, କାରଣ ମୋ ପେଟରେ ଏତେ ଇଲମ ନାହିଁ। ଚାଣକ୍ୟଙ୍କ

ନୀତିଶାସ୍ତ୍ରରେ ଅଛି ଯେ ମୂର୍ଖ କଥା ନ କହିବା ପର୍ଯ୍ୟନ୍ତ ଶୋଭାପାଏ। ଅବଶ୍ୟ ନୀରବ ହେବାକୁ ଯାଉନାହିଁ, କେବଳ ଚାଲାକି କରି କଥାଟା ଟିକିଏ ବୁଲେଇ ଦଉଛି।

ମୋଗଲମାନଙ୍କର ଆଦି ନିବାସ ହେଲା ଫରଘନା। ବର୍ତ୍ତମାନର ସୋଭିଏତ୍ ମଧ୍ୟ-ଏସିଆର ସମରକନ୍ଦ ଅଞ୍ଚଳ। ଏଠି ପ୍ରାକୃତିକ ଦୃଶ୍ୟ ଅତି ସୁନ୍ଦର। କେତେକଟା କାଶ୍ମୀର ପରି। ସାମ୍ରାଜ୍ୟ ସ୍ଥାପନ କରିବାକୁ ବାବର ଭାରତକୁ ଆସିଥିଲେ। ତେବେ ସେ ଭାରତକୁ ଭଲପାଇ ପାରି ନଥିଲେ। ତାଙ୍କର ଭାରତ ସମ୍ବନ୍ଧରେ ଅନେକ ଅଭିଯୋଗ। ଏଠି ଭଲ ମିଳେ ନାହିଁ। ଭଲ ମାଂସ ମିଳେ ନାହିଁ। ଭଲମନ୍ଦ ମିଳେ ନାହିଁ। ଉତ୍ତମ ଜାତିର ଘୋଡ଼ା ଓ କୁକୁର ମଧ୍ୟ ନାହାନ୍ତି ଇତ୍ୟାଦି। କିନ୍ତୁ ତା' ସହିତ ସ୍ୱୀକାର କରୁଛନ୍ତି ଯେ, ଏହା ବହୁତ ବଡ଼ ଓ ସମୃଦ୍ଧିଶାଳୀ ଦେଶ। ଏଠି ପ୍ରତ୍ୟେକ କାର୍ଯ୍ୟ ଲାଗି ନିପୁଣ ଓ ପ୍ରଶିକ୍ଷିତ ଜନଶକ୍ତି ପ୍ରଚୁର। ସେ ବାବରନାମାରେ ଲେଖିଛନ୍ତି, ତୈମୁର ଗର୍ବ କରୁଥିଲେ ଯେ ତାଙ୍କର ସମରକନ୍ଦରେ ମସଜିଦ୍ ନିର୍ମାଣ କାର୍ଯ୍ୟରେ ଦୁଇଶହ ସଂଗତରାଶ (ପଥର ମିସ୍ତ୍ରୀ) କାମ କରୁଥିଲେ। ଏଠି କେବଳ ଆଗ୍ରାରେ ମୋ ପାଖରେ ଛଅଶହଅଶୀ ସଂଗତରାଶ କାମ କରନ୍ତି। ସାମ୍ରାଜ୍ୟ ଲାଗି ତ ମୋଗଲ ଏ ଦେଶର ହୋଇଗଲେ। କିନ୍ତୁ ଫରଘନାର ଘାସର ପଡ଼ିଆ, ପାହାଡ଼ି ଝରଣା, ଗୋଲାପ ଇତ୍ୟାଦି ଭୁଲି ପାରି ନଥିଲେ। ଏଣୁ ଏଠି ସ୍ଥାପତ୍ୟ ସାଙ୍ଗରେ ଆରମ୍ଭ କଲେ ଉପବନ ନିର୍ମାଣ। ସେଥିଲାଗି ତାଙ୍କ ମାତୃଭୂମିକୁ ହିନ୍ଦୁସ୍ତାନରେ ସୃଷ୍ଟିକଲେ।

ଏହା ଆଗରୁ ଯେ ଭାରତବର୍ଷରେ କେହି ବଗିଚା କରୁ ନଥଲେ, ଏକଥା ନୁହେଁ। ହିନ୍ଦୁ ସମୟରେ ଅତି ସୁନ୍ଦର ଉପବନର ବର୍ଣ୍ଣନାରେ ସଂସ୍କୃତ ସାହିତ୍ୟ ଭରପୂର। ତେବେ ତାହା ଅନେକଟା ଆମ୍ବତୋଟା ପରି। ମଝିରେ ପୋଖରୀ, ତା' ଚାରିପଟେ ଫଳଫୁଲର ଗଛ। ଜାଇ-ଯୁଇ-ମଲ୍ଲୀ-ମାଳତୀ ଇତ୍ୟାଦି। ସାଧାରଣତଃ ଗଛ ଉପରକୁ କୌଣସି ଲତା ମଡ଼ାଇ ଦିଆଯାଉଥିଲା। ଫଳରେ ସୃଷ୍ଟି ହେଉଥିଲା କୁଞ୍ଜ। ଏହି କୁଞ୍ଜବନର ସାହିତ୍ୟିକ ମହତ୍ତ୍ୱ ବିଷୟରେ ମୁଁ ବା କ'ଣ ବଖାଣିବି ? ପୋଖରୀ କୂଳରେ ପଥରବନ୍ଧା ଘାଟ। ସେଠି ବସିବାର ମଧ୍ୟ ସୁବନ୍ଦୋବସ୍ତ ଥିଲା। ବିଶେଷକରି ସନ୍ଧ୍ୟା ବେଳେ ପାଗ ଭଲ ଥିଲେ ପୋଖରୀ ଘାଟରେ ଅତି ସୁନ୍ଦର ଗୋଷ୍ଠୀ ଜମି ପାରୁଥିଲା। ଅନେକ ସମୟରେ ପାଖରେ ଦୋଳିର ବନ୍ଦୋବସ୍ତ ଥିଲା। ମୋଟ ଉପରେ ହିନ୍ଦୁମାନଙ୍କର ବଗିଚା ଲଗାଇବାର ଏକ ସୁନିର୍ଦ୍ଦିଷ୍ଟ ବିଧି ଥିଲା ଓ ସେମାନେ ବଗିଚାର ବ୍ୟବହାର ଜାଣିଥିଲେ।

ପଠାଣ ସୁଲତାନ୍‌ମାନଙ୍କର ହୁଏତ ଏ ଦିଗରେ ରୁଚି ବିକଶିତ ହୋଇନଥିଲା। ତାଙ୍କର ସ୍ଥାପତ୍ୟର ନିଦର୍ଶନରେ କୌଣସି ବଗିଚାର ପରିକଳ୍ପନା ଥିଲା ପରି ମନେହୁଏ ନାହିଁ। କିନ୍ତୁ ମୋଗଲମାନଙ୍କ ଆସିବା ପରେ ଭାରତବର୍ଷରେ ବଗିଚା ଜୀଇଁ ଉଠିଲା।

ମୋଗଲମାନେ ଭାରତକୁ ଏକ ଅତି ସୁନ୍ଦର ଜିନିଷ ଆଣିଲେ । ତା'ହେଲା ଲନ୍ (Lawn) ବା କଟା ହୋଇଥିବା ଘାସ ପଡ଼ିଆ । ଏହା ଏକ ପ୍ରାକୃତିକ ଗାଲିଚାର କାମ କରେ । ଆଗରୁ କହିଛି ଯେ ମୋଗଲମାନଙ୍କ ମାତୃଭୂମି ଫରଘନାରେ ଘାସର ବିସ୍ତୀର୍ଣ୍ଣ ପଡ଼ିଆ ଏବଂ ଛୋଟଛୋଟ ଝରଣା ପ୍ରଚୁର - କାଶ୍ମୀରର ଗୁଲମର୍ଗ ପରି । ଏହିପରି ଗୋଟିଏ ଝରଣା କୂଳରେ ତମ୍ବୁ ପକାଇ ରହିବା ମୋଗଲ ପକ୍ଷରେ ସ୍ୱର୍ଗ ପରି । ଘାସ ଏତିକିଥିବ ଯେ ଚାଲିଲେ ଗାଲିଚା ପରି ଲାଗୁଥିବ; କିନ୍ତୁ ତା'ଠାରୁ ବେଶୀ ନଥିବ । ଅବଶ୍ୟ ଫରଘନାରେ ତାକୁ କାଟିବାର ଆବଶ୍ୟକତା ନଥିଲା । କାରଣ ମେଣ୍ଢା ଚରି ତା'ର ଉଚ୍ଚତା ଠିକ୍ ରଖି ଦେଉଥିଲେ । ଚାରିଆଡ଼େ ଉଚ୍ଚ ଶ୍ୱେତଚୂଡ଼ ପର୍ବତମାଳା । ଏପରି ସ୍ଥାନ ପ୍ରତି ମୋଗଲମାନଙ୍କର ଅତ୍ୟନ୍ତ ଦୁର୍ବଳତା ଥିଲା । ବାବର ଏପରି ଜାଗା ଦେଖିଲେ ସାଙ୍ଗେସାଙ୍ଗେ ବଣଭୋଜି କରୁଥିଲେ । ସେଠାରେ ପ୍ରଚୁର ମଦ୍ୟପାନ ହେଉଥିଲା । ବାବରଙ୍କର ବଡ଼ ନଦୀ ପ୍ରତି ମଧ୍ୟ ଦୁର୍ବଳତା ଥିଲା । ସେ ଏପରି ନଦୀରେ ଭାଙ୍ଗମୋଦକ (ଫାର୍ସୀ-ମାଜୁନ) ଖାଇ ନୌକା ବିହାର କରିବାକୁ ବଡ଼ ଭଲ ପାଉଥିଲେ । ଅପ୍ରାସଙ୍ଗିକ ହେଲେ ମଧ୍ୟ ପୁଣ୍ୟଭୂମି ପୁରୁଷୋତ୍ତମ କ୍ଷେତ୍ରର ଭାଙ୍ଗବିଳାସୀମାନଙ୍କର ଗୋଟିଏ ଦୃଷ୍ଟାନ୍ତ ମନେପଡ଼ିଗଲା । ସେମାନେ ଭାଙ୍ଗନିଶା ଧରିଲା ପରେ ରିକ୍ସା ଉପରେ ଶୋଇ ସମୁଦ୍ରକୂଳରେ ହାୱା ଖାଇବାକୁ ଭଲପାଆନ୍ତି । ରିକ୍ସାବାଲାକୁ ହୁକୁମ୍ ସେ ସମୁଦ୍ରକୂଳରେ ଦିଗବାରେଣୀ ଖୁଣ୍ଟଠାରୁ ସ୍ୱର୍ଗଦ୍ୱାର ପର୍ଯ୍ୟନ୍ତ ଯାଉଥିବ ଆସୁଥିବ । ଏହି ଗୋଟିଏ ଜିନିଷରେ ଅତିକମ୍‌ରେ ପୁରୀର ଭାଙ୍ଗବିଳାସୀମାନଙ୍କର ଶାହନସାହ ବାବରଙ୍କ ସଙ୍ଗେ ସାଦୃଶ୍ୟ ଅଛି ।

ଏଇଟା ସତକଥା ଯେ ସୈନ୍ଧବ ଗାଙ୍ଗେୟ ସମତଳ ଭୂମି ଅତ୍ୟନ୍ତ ଉର୍ବର ଓ ସମୃଦ୍ଧିଶାଳୀ ହେଲେ ମଧ୍ୟ ଏଠି ପ୍ରାକୃତିକ ଦୃଶ୍ୟର ବଡ଼ ଅଭାବ । ଜଣେ ଲାମା ମନ୍ଦିର ଗଠନର ସ୍ଥାନ ସମ୍ପର୍କରେ ଆଲୋଚନା ଅବକାଶରେ ମୋତେ କହିଥିଲେ ଯେ, ଯେଉଁଠାରେ ଏକାଠି ବଡ଼ ପର୍ବତ ଓ ବଡ଼ ପାଣି ଅର୍ଥାତ ନଦୀ ହ୍ରଦ ଇତ୍ୟାଦି ଦେଖାଯାଆନ୍ତି ସେଠି ନିଶ୍ଚୟ ମନ୍ଦିର ବା ଚୋରଟେନ ତିଆରି କରିବାକୁ ହେବ । ଏଥିରେ ପ୍ରାକୃତିକ ସୁଷମାରେ ଏକପ୍ରକାର ସୂତ୍ର ବା ଫରମୁଲା କୁହାଯାଇଛି, ଯାହା ସୈନ୍ଧବ ଗାଙ୍ଗେୟ ଉପତ୍ୟକାରେ ନାହିଁ କହିଲେ ଚଳେ । ମୋଗଲମାନେ ଉଚ୍ଚ ପ୍ରାଚୀରାବୃତ୍ତ ଉପବନ ଗଠନ କଲେ । ପ୍ରାଚୀର ଦ୍ୱାରା ବାହାରର କ୍ଳାନ୍ତିକର ଦୃଶ୍ୟକୁ ବାଦ୍ ଦେଇ ଭିତରେ ସୃଷ୍ଟିକଲେ ଏକ କ୍ଷୁଦ୍ର ଫରଘନା ।

ମୋଗଲ ଉଦ୍ୟାନ ଶୈଳୀର ପ୍ରଧାନ ରୂପ ହେଲା ଚାରବାଗ ଅର୍ଥ ଚାରି ଉପବନ । ଏହା ଏକ ପ୍ରକାଣ୍ଡ ଯୋଗ ଚିହ୍ନ ପରି । ଚାରିଟି ଜଳ ପ୍ରଣାଳୀ ଚାରିଦିଗରୁ ଆସି

ମଝିରେ ମିଳିତ ହୁଅନ୍ତି। ସେଠି ସାଧାରଣତଃ ଏକ ସୁଦୃଶ୍ୟ ସୌଧ ଥାଏ, ଯାହାକି ଅଧିକାଂଶ କ୍ଷେତ୍ରରେ କବର। ପାଣି କୂଳେକୂଳେ ଫୁଲଗଛ ଓ ପଥର ବନ୍ଧେଇ ଚାଲିବା ରାସ୍ତା। ତା'ପରେ ଗାଲିଚା ପରି ଦେଖାଯାଇଥିବା ଲନ୍ ବା ଘାସପଡ଼ିଆ। ମଝିରେ ମଝିରେ ଛାୟାବୃକ୍ଷ ଓ କେଉଁଠି ଫୁଲ। ଉପରୁ ଛିଡ଼ା ହୋଇ ଦେଖିଲେ ମନେହେବ ଇରାନୀ ଗାଲିଚା।  ଚାରିକୋଣରେ କୃତ୍ରିମ ଜଳପ୍ରପାତ ସୃଷ୍ଟି କରାଯାଉଥିଲା। ସେ ଜଳପ୍ରପାତ ପାଖରେ ଛୋଟିଆ ଘର ମଧ୍ୟ ତିଆରି କରାଯାଉଥିଲା। ସେଠି ବଣଭୋଜି କରିବା ବା ଦୁଇ ତିନିଦିନ ଛୁଟି କଟାଇବାର ମଧ୍ୟ ବ୍ୟବସ୍ଥା ଥିଲା। ଭାରତବର୍ଷର ପ୍ରଚଣ୍ଡ ଖରା ଲାଗି ମଧ୍ୟ ବ୍ୟବସ୍ଥା ଥିଲା। ଆପଣ ହୁଏତ ଲକ୍ଷ୍ୟ କରିଥିବେ ଯେ, ମୋଗଲ ସ୍ଥାପତ୍ୟ କୀର୍ତ୍ତି ଦୋ'ତାଲାରୁ ଆରମ୍ଭ ହୁଏ। ପ୍ରଥମ ମହଲାଟା ପ୍ରାୟ ବହୁ ଖିଲାଣ ଓ କୋଠରୀର ସମଷ୍ଟି। ଅସଲ କଥା ଯେ ଖିଲାଣ ଓ ମୋଟା କାନ୍ଥ ଯୋଗୁ ତାହା ଗରମ ହୁଏ ନାହିଁ ଏବଂ ଭିତରେ ପବନ ଚାଲିବାର ବ୍ୟବସ୍ଥା ଥାଏ। ଏଣୁ ଏହି ତଳ ମହଲାର କେତେକ ଘର ପ୍ରାୟ ବାତାନୁକୂଳ ଅର୍ଥାତ୍ Airconditioned। ଦେଖନ୍ତୁ ମୋଗଲମାନେ ଦିଲ୍ଲୀ ଆଗ୍ରାରେ କେବଳ ଫରଘନା ବା କାଶ୍ମୀରର ଦୃଶ୍ୟ ସୃଷ୍ଟି କଲେ ତା' ନୁହେଁ; ତା'ର ଜଳବାୟୁ ମଧ୍ୟ କେତେକଟା ସୃଷ୍ଟି କଲେ। ଅବଶ୍ୟ ହିନ୍ଦୁ ଯୁଗରେ ଏପରି କିଛି ବ୍ୟବସ୍ଥା ନିଶ୍ଚୟ ଥିଲା। କାରଣ, ଜଳଯନ୍ତ୍ରପୁରର ଅନେକ ଉଲ୍ଲେଖ ମିଳେ। ତେବେ ତା'ର ଡିଜାଇନ୍ ସମ୍ବନ୍ଧରେ ମୋର ସମ୍ୟକ ଧାରଣା ନଥିବାରୁ ସେ ବିଷୟରେ କୌଣସି ତୁଳନାତ୍ମକ ଆଲୋଚନା କରିବାକୁ ମୁଁ ଅକ୍ଷମ।

ଚାରବାଗର ସାମାନ୍ୟ ସରଳତର ରୂପ ଗୋଟିଏ ଜଳପ୍ରଣାଳୀ ବା କେନାଲ ଉପରେ ଗଠିତ ଉଦ୍ୟାନରେ ଦେଖିବାକୁ ମିଳେ। ଏହି ବଗିଚାର ଦୈର୍ଘ୍ୟ ପ୍ରସ୍ଥ ତୁଳନାରେ ଅନେକ ବେଶୀ। ଏଥିରେ ମାଟିର ଗଡ଼ାଣି (Slope)କୁ ବ୍ୟବହାର କରି ଅନେକ ଜଳପ୍ରପାତ ସୃଷ୍ଟି କରାଯାଉଥିଲା। ତା' ପାଖରେ ବସିବାର ବ୍ୟବସ୍ଥା।  ଫୁଲର କିଆରୀ ଓ ଛାୟାଘନ ବୃକ୍ଷର ଶ୍ରେଣୀ। ଏ ପ୍ରକାର ବଗିଚାର ଶ୍ରେଷ୍ଠ ନିଦର୍ଶନ ଚଣ୍ଡୀଗଡ଼ ପାଖରେ ଥିବା ପିଞ୍ଜୋର ଏବଂ ଦିଲ୍ଲୀର ଲାଲକିଲା ଭିତରର ସାୱାନଭାଦୋ (ଶ୍ରାବଣ-ଭାଦ୍ରବ)।

ସଂଗୀତ ଶାସ୍ତ୍ରରେ ଯେପରି ପ୍ରତ୍ୟେକ ରାଗର ଠାଟ୍ ଅର୍ଥାତ Characteristic ଅଛି ସେହିପରି ମୋଗଲମାନଙ୍କର ମଧ୍ୟ ଠାଟ୍ ଅଛି। ତାହା ମୋଗଲ୍ ସଭ୍ୟତାର  ସବୁ ଦିଗରେ ଦେଖିବାକୁ ମିଳେ। ସ୍ଥାପତ୍ୟ, ଚିତ୍ରକଳା, ସଙ୍ଗୀତ, ସାହିତ୍ୟ, ଉଦ୍ୟାନ ନିର୍ମାଣ ସବୁଥିରେ। ତାହା ଏକ ମାର୍ଜିତ ରୁଚି, ଯେଉଁଥିରେ ବାହୁଲ୍ୟକୁ ମୋଟେ ପ୍ରଶ୍ରୟ ଦିଆଯାଏନାହିଁ। ଆଉ ଗୋଟିଏ ବଡ଼କଥା ସେମାନଙ୍କର ପ୍ରକୃତି ପ୍ରେମ। ଯେଉଁମାନଙ୍କୁ Grand Mogul କୁହାଯାଏ, ଅର୍ଥାତ ବାବରଙ୍କ ଠାରୁ ଆଉରଙ୍ଗଜେବ ପର୍ଯ୍ୟନ୍ତ

ସେମାନେ ନିଜ ଜୀବନର ବେଶ୍ ସମୟ ଗସ୍ତରେ କଟାଇଛନ୍ତି । ସେଥିଲାଗି ଆଉରଙ୍ଗଜେବ୍‌ଙ୍କ ଛଡ଼ା ଅନ୍ୟମାନଙ୍କର ସେପରି ବାଧ୍ୟବାଧକତା ନଥିଲା । ତଥାପି ତାଙ୍କର ଯାଯାବର ରକ୍ତ ହୁଏତ ସେମାନଙ୍କୁ ଏଥିଲାଗି ବାଧ୍ୟ କରୁଥିଲା । ଫଳତଃ ଉତ୍ତର ଓ ଦକ୍ଷିଣ ଭାରତର ନାନା ସ୍ଥାନରେ ତାଙ୍କର ଉଦ୍ୟାନ ଓ ସୌଧ । ତେବେ ଏ ସମସ୍ତ ଉଦ୍ୟାନ ଲାଗି ତ' ପ୍ରଚୁର ପାଣି ଦରକାର । ଯେଉଁଠି ସମ୍ଭବ ଝରଣା, ନାଳ ଇତ୍ୟାଦିକୁ ବାନ୍ଧି ପକ୍କା ନାଳ ଦ୍ୱାରା ବଗିଚାକୁ ଅଣାଯାଉଥିଲା । କିନ୍ତୁ ସମତଳ ଭୂମିରେ ତ ତାହା ସମ୍ଭବ ନୁହେଁ । ସେଠି ମାଟିଠାରୁ କିଛି ଉଚ୍ଚରେ ଏକ ବଡ଼ ପଥରର ପାଣି ଟାଙ୍କି ତିଆରି ହେଉଥିଲା । ତା'ଠାରୁ କିଞ୍ଚିତ ଦୂରରେ ଏକ ବିରାଟ କୂଅ ଖୋଳା ଯାଉଥିଲା । ସେଥିରୁ ବଡ଼ବଡ଼ ଚମଡ଼ାର ଥଳିରେ ବଳଦ ଦ୍ୱାରା କପିକଳ (Pully) ଦେଇ ପାଣି ଉଠାଇ ଏହି ଟାଙ୍କିରେ ଭର୍ତ୍ତି କରାଯାଉଥିଲା । ତା'ପରେ ଟାଙ୍କିରୁ ବଗିଚାକୁ ପାଣି ଛଡ଼ାଯାଉଥିଲା । ଏହା ହିଁ ଉତ୍ତର ଭାରତର ପୁରାତନ ଜଳସେଚନ ପଦ୍ଧତି । ବଗିଚାରୁ ବାହାରି ଯାଉଥିବା ପାଣି ବାହାର ପ୍ରଜାଙ୍କ ଖେତରେ ମାଡ଼ିପାରୁଥିଲା । ଏଣୁ ଏହାକୁ ପ୍ରଜାଙ୍କ ଉପରେ ବାଦ୍‌ଶାହୀ ଖିଆଲି ଅତ୍ୟାଚାର ବୋଲି ଭାବିବା ଉଚିତ ନୁହେଁ ବରଂ ବାଦ୍‌ଶାହଙ୍କ ନାମରେ ଥିଲେ ପ୍ରଜାର ଲାଭ, କାରଣ ଛୋଟଛୋଟ ଅତ୍ୟାଚାରୀ ଜମିଦାରଙ୍କ ଠାରୁ ତ୍ରାହି ।

ଆମର ଆଲୋଚନାର ସାରକଥା ହେଲା, ମୋଗଲମାନେ ଏ ଦେଶକୁ ଦେଇଛନ୍ତି କ'ଣ ? ଆଗରୁ କହିଛି ଯେ, ରାଜନୀତି କ୍ଷେତ୍ରରେ ଦିଲ୍ଲୀରୁ ଏକ କେନ୍ଦ୍ର ସରକାର ସାରା ଭାରତରେ ଶାସନ କରିବ – ଏହି ଧାରଣାକୁ ଜନମାନସରେ ବଦ୍ଧମୂଳ କରିଦେବା ମୋଗଲମାନଙ୍କର ଶ୍ରେଷ୍ଠଦାନ । ଅବସ୍ଥାଚକ୍ରରେ କେନ୍ଦ୍ର ଦୁର୍ବଳ ହୋଇ ପଡ଼ିପାରେ । ତଥାପି କୌଣସି ପ୍ରାଦେଶିକ ରାଜା, ନବାବ ବା ସୁବେଦାର ନିଜକୁ କାର୍ଯ୍ୟତଃ ସ୍ୱାଧୀନ ହେଲେ ମଧ୍ୟ ଆଇନ୍‌ଗତ ଭାବେ ନିଜକୁ ଦିଲ୍ଲୀର ଅଧୀନ ବୋଲି ସ୍ୱୀକାର କରିବାକୁ ବାଧ୍ୟ ହେଉଥିଲା । ତା'ଛଡ଼ା ଅନ୍ୟ ଦାନ ମଧ୍ୟ କମ୍ ମହତ୍ ନୁହେଁ । ସେମାନେ ଭାରତରେ ଏକ ମାର୍ଜିତ ରୁଚିର ପ୍ରଚଳନ (ବା ପୁନଃପ୍ରଚଳନ) କଲେ । ହିନ୍ଦୁ ସମୟର ଆଉ ଦଶଟା କଥା ସହିତ ହିନ୍ଦୁରୁଚି ମଧ୍ୟ ପଠାଣ ଆକ୍ରମଣରେ ବିପର୍ଯ୍ୟସ୍ତ ହୋଇଯାଇଥିଲା । ପଠାଣ ସ୍ଥାପତ୍ୟରେ ମୋଗଲ ସ୍ଥାପତ୍ୟ ପରି ମାର୍ଜିତ ରୁଚି ଓ ସ୍ଥାପତ୍ୟର ମାଧ୍ୟମରେ ମନୁଷ୍ୟର ଜଡ଼ ପଦାର୍ଥ ଉପରେ ବିଜୟର ପରିଚୟ ମିଳେ ନାହିଁ । ପଠାଣ ସମୟରେ ମଧ୍ୟ ବିରାଟ ବିରାଟ ସୌଧମାନ ଗଢ଼ା ଯାଇଛି । ଏଥିରୁ ଅନେକ ଶକ୍ତି ଏବଂ ବିଶାଳତାର ନିଦର୍ଶନ ହିସାବରେ ଅବଶ୍ୟ ସଫଳ । କିନ୍ତୁ ଏଥିରେ ପଥରର ସ୍ଥୂଳତା (Grossness)କୁ ଜୟ କରାଯାଇପାରି ନାହିଁ । ଏହା ସାଙ୍ଗରେ ଦିଲ୍ଲୀର ଜାମା ମସଜିଦ୍ (ଅନେକ ଏହାକୁ

ଭୁଲ୍‌ରେ ଜୁମ୍ମା ମସଜିଦ୍ କହନ୍ତି)କୁ ତୁଳନା କଲେ ପାର୍ଥକ୍ୟ ଅତି ସ୍ପଷ୍ଟ ହୋଇପଡ଼େ। ଦୂରରୁ ଦେଖିଲେ ମନେହେବ ଯେପରି ସମସ୍ତ ସୌଧଟା ପବନରେ ଦୋହଲୁଛି। ଏଡ଼େ ବିରାଟ ହେଲେ ମଧ୍ୟ ଭିନ୍ନଭିନ୍ନ ଅଂଶ ମଧ୍ୟରେ କି ସାମଞ୍ଜସ୍ୟ! ଅଂଶବିଶେଷ ଅର୍ଥାତ୍ Detail ପ୍ରତି କି ଗଭୀର ଲକ୍ଷ୍ୟ!

ତଥାପି ମୋ ମତରେ ଏହି ରୁଚିର ପରାକାଷ୍ଠା ମୋଗଲ ଉଦ୍ୟାନରେ। ଏଠି କଞ୍ଚାମାଲ ପଥର ନୁହେଁ। ଏହା ଜୀବନ୍ତ ବନସ୍ପତି। ଉଦ୍ୟାନକଳାର ମହତ୍ତ୍ୱ ହେଲା ପର୍ଯ୍ୟାବରଣ ବା Environment କୁ ସ୍ୱଚ୍ଛତର ଓ ସୁନ୍ଦରତର କରିବା। ଏକଥା ମୁକ୍ତ କଣ୍ଠରେ ସ୍ୱୀକାର କରିବାକୁ ହେବ ଯେ, ଏଥିରେ ସେମାନେ ମହାନ ସଫଳତା ଲାଭ କରିଥିଲେ। ପ୍ରକୃତିର ସୁଷମା ଦେଖିପାରିବାର ଚକ୍ଷୁ ସେମାନଙ୍କର ଥିଲା। ଜାହାଙ୍ଗୀର ଗୋଟିଏ ସାମାନ୍ୟ ବଗ ପକ୍ଷୀର ଚିତ୍ର ନିଖୁଣ ଓ କଳାତ୍ମକ ଭାବରେ ପ୍ରସ୍ତୁତ କରାଇଛନ୍ତି। ମୋଟ ଉପରେ ସେମାନେ କ୍ଷୁଦ୍ରାଦପି କ୍ଷୁଦ୍ର ବସ୍ତୁରେ ମଧ୍ୟ ଉତ୍କର୍ଷ (Exellence)ର ସନ୍ଧାନ କରୁଥିଲେ। ଘାସ ପତ୍ରଟିର ଉପରେ ଲାଖିଥିବା ଗୋଟିଏ ଶିଶିର ବିନ୍ଦୁରେ ପ୍ରତିଫଳିତ ଅନନ୍ତ ଆକାଶକୁ ଦେଖିବାର ଶକ୍ତି ସେମାନଙ୍କର ଥିଲା। ଉର୍ଦ୍ଦୁକବି ଇକ୍‌ବାଲ୍ ତାଙ୍କର ଏକ କବିତାରେ ଲେଖିଛନ୍ତି- ହଜାର ବର୍ଷ ଧରି ନରଗିସ୍ ତା'ର ବିଫଳତା ଲାଗି କାନ୍ଦୁଛି। ପ୍ରକୃତ ସୌନ୍ଦର୍ଯ୍ୟବୋଧ ଥିବା ଦର୍ଶକ ଜନ୍ମ ହେବା ସହଜ ନୁହେଁ।

(ନରଗିସ - Narcisus ପୁଷ୍ପବିଶେଷ)

ଏହି ରୁଚି, ଏହି ଦୃଷ୍ଟିଶକ୍ତି ଜିନ୍ଦାବାଦ୍।

■

# ଇତିହାସର ପ୍ରତିଶୋଧ

ମୋର ଜନ୍ମ ଅବିଭକ୍ତ ଭାରତରେ। ଦେଶ ବିଭାଜନବେଳକୁ ମୁଁ ଅବୋଧ କିଶୋର ମଧ୍ୟ ନଥିଲି। କଲେଜକୁ ଆସିଲିଣି। ତା' ପରେ ମୁଁ ପିଲାଦିନରେ ଉତ୍ତର ପ୍ରଦେଶ (ସେତେବେଳର ଯୁକ୍ତ ପ୍ରଦେଶ)ରେ ଥିଲି। ଦେଶ ବିଭାଜନ-ରାଜନୀତିର ହୃତପିଣ୍ଡ ଥିଲା ଉତ୍ତର ପ୍ରଦେଶ, ବିଶେଷ କରି ଆଲିଗଡ। ମୋ ସାଙ୍ଗରେ ପଢୁଥିବା ଅନେକ ମୁସଲମାନ୍ ପିଲା ପାକିସ୍ତାନ ଚାଲିଗଲେ; ନିଶ୍ଚୟ ଅଧିକ ସୁଖକର ଭବିଷ୍ୟତ ଆଶାରେ। ସେ ସବୁକଥା ଏତେଦିନ ପରେ ଭୁଲିଯିବା କଥା, କିନ୍ତୁ କେତେଟା ଘଟଣା ପୁଣି ଥରେ ସନାଉଲ୍ଲା, ରିଆସତ୍ ଅଲ୍ଲୀ ଓ ଅବଦୁଲ ୱାହିଦ୍ ଇତ୍ୟାଦି ବିସ୍ମୃତ ସ୍କୁଲ ସାଥୀମାନଙ୍କୁ ମନେପକାଇ ଦେଲା। ପ୍ରଥମ ଘଟଣା ହେଲା କରାଚୀ ଓ ସିନ୍ଧୁ ପ୍ରଦେଶର କେତେକ ସହରରେ ମୋହାଜିର୍ ବା ଭାରତରୁ ଯାଇଥିବା ଶରଣାର୍ଥୀ ଓ ତାଙ୍କ ପିଲାପିଲିଙ୍କ ବିରୁଦ୍ଧରେ ଦଙ୍ଗା। ଏହି ମୋହାଜିର୍‌ମାନଙ୍କ ମାତୃଭାଷା ଉର୍ଦ୍ଦୁ। ଭାବିବା କଥା ଏମାନେ ଆଜି ପର୍ଯ୍ୟନ୍ତ କାହିଁକି ପାକିସ୍ତାନରେ ଶରଣାର୍ଥୀ ବୋଲାଉଛନ୍ତି। ଭାରତରେ ତ ମୋଟାମୋଟି ଆମେ ଏ କଥାଟା ଭୁଲି ଗଲୁଣି। ଦୂରଦର୍ଶନର 'ବୁନିୟାଦ' ହିଁ ସେହି ଇତିହାସ ମନେ ପକାଇ ଦେଉଥିଲା। ସବୁଠାରୁ ବିଚିତ୍ର କଥା: ଯେ ଦଙ୍ଗା ମୋହାଜିର୍ ଓ ପଠାଣମାନଙ୍କ ମଧ୍ୟରେ। ଏ ଦୁହିଁଙ୍କ ମଧ୍ୟରୁ କେହି ସିନ୍ଧୁ ପ୍ରଦେଶର ନୁହଁନ୍ତି।

ଅନ୍ୟ ଘଟଣାଟି ହେଲା ସୀମାନ୍ତ ଗାନ୍ଧୀ ଖାଁ ଅବଦୁଲ ଗଫର ଖାଁଙ୍କ ପୁତ୍ର ୱାଲି ଖାଁଙ୍କ ପୁସ୍ତକ "Facts are facts" ର ପ୍ରକାଶନ। ବହିଟା ପଢିଲା ପରେ ମନ ଭିତରେ ବହୁ ପ୍ରଶ୍ନ ଉଠେ। ଏ ବହି ଅନେକ ପ୍ରଶ୍ନ ଉଠାଇଛି ଏବଂ ତାର ଉତ୍ତର ବ୍ରିଟିଶ ସରକାରଙ୍କ ପୁସ୍ତକାଳୟରେ ସୁରକ୍ଷିତ ଥିବା ଦଲିଲ ଦସ୍ତାବିଜ ଉପରେ ନିର୍ଭର କରି ଦେବାକୁ ଚେଷ୍ଟା କରିଛି। ଇତିହାସକୁ ବୁଝିବା ଲାଗି ଏ ପୁସ୍ତକଟି ଅତି ମୂଲ୍ୟବାନ୍।

ଆମେ ମୋଟାମୋଟି ଧରି ନେଇଥାଉ ଯେ, ମୁସଲିମ୍ ଲିଗ୍ ପ୍ରତି ଅବିଭକ୍ତ

ଭାରତରେ ଅଧିକାଂଶ ମୁସଲମାନ୍‌ଙ୍କର ସମର୍ଥନ ଥିଲା। କେବଳ ସୀମାନ୍ତ ପ୍ରଦେଶରେ କଂଗ୍ରେସର ସଂଖ୍ୟା ଗରିଷ୍ଠତା ଥିଲା। ଆମେ ଭୁଲି ଯାଇଥାଉ ଯେ, ଆଉ ଦୁଇଟି ପ୍ରଧାନ ମୁସଲମାନ୍ ବହୁଳ ପ୍ରଦେଶରେ ଅର୍ଥାତ୍ ପଞ୍ଜାବ ଓ ସିନ୍ଧୁ ପ୍ରଦେଶରେ ମୁସଲିମ୍ ଲିଗ୍‌ର କୌଣସି ଉଲ୍ଲେଖଯୋଗ୍ୟ ପ୍ରଭାବ ନଥିଲା। ୧୯୩୭ ସାଲର ନିର୍ବାଚନରେ ମୁସଲମାନ୍ ସଂଖ୍ୟାଗରିଷ୍ଠ ପ୍ରଦେଶମାନଙ୍କରେ ମୁସଲିମ୍ ଲିଗ୍‌ର ଆସନ ସଂଖ୍ୟା ଦେଖନ୍ତୁ। ମନେରଖିବା କଥା ଯେ, ସେ ସମୟରେ ପୃଥକ ନିର୍ବାଚନ ମଣ୍ଡଳୀଥିଲା, ଅର୍ଥାତ୍ ମୁସଲମାନ୍ କେବଳ ମୁସଲମାନ୍‌ଙ୍କୁ ଭୋଟ୍ ଦେଇ ପାରୁଥିଲେ।

ପଞ୍ଜାବ-୧

ବଙ୍ଗଳା-୪୦

ସିନ୍ଧୁ-୦

ସୀମାନ୍ତ ପ୍ରଦେଶ-୦

ଅର୍ଥାତ୍ ଆଜି ଯାହା ପାକିସ୍ତାନ, ସେଠାରେ ମୁସଲିମ୍ ଲିଗର ପ୍ରଭାବ ନଥିଲା। ମୁସଲିମ୍ ଲିଗ୍‌ର ପ୍ରଭାବ ବଙ୍ଗଳାରେ ହିଁ ସୀମିତ ଥିଲା। ପୁଣି ତାହାର ପ୍ରଭାବ ସେହି ସବୁ ପ୍ରଦେଶରେ ବେଶୀ ଥିଲା, ଯେଉଁଠି ମୁସଲମାନ୍‌ମାନେ ସଂଖ୍ୟାଲଘୁ। ଅର୍ଥାତ୍ ସେ ସବୁ ପ୍ରଦେଶ କଦାପି ପାକିସ୍ତାନରେ ଅନ୍ତର୍ଭୁକ୍ତ ହୋଇପାରିନଥାନ୍ତା। ଯେତେବେଳେ ଦେଶ ବିଭାଜନ ହେଲା, ପଶ୍ଚିମ ପାକିସ୍ତାନରୁ ସମସ୍ତ ହିନ୍ଦୁ ଶିଖ୍ ଚାଲି ଆସିଲେ। ଅଥଚ ଏପରି କୌଣସି ଘଟଣା ଉତ୍ତର ପ୍ରଦେଶ ଇତ୍ୟାଦିରେ ଘଟି ନଥିଲା। ଅର୍ଥାତ୍ ଭାରତର ମୁସଲମାନ୍, ଯେଉଁମାନେ ପାକିସ୍ତାନ ଲାଗି ଭୋଟ୍ ଦେଇଥିଲେ, ସେମାନେ ଭାରତରେ ରହିଗଲେ। ଏଣୁ ୱାଲି ଖାଁ କହିଛନ୍ତି ଯେ, ପ୍ରକୃତରେ ଭାରତର ବିଭାଜନ ଅପେକ୍ଷା ବେଶୀ ଗୁରୁତ୍ୱପୂର୍ଣ୍ଣ ଯେ ମୁସଲମାନ୍‌ମାନଙ୍କର ବିଭାଜନ ହୋଇଗଲା। ଯେଉଁ ଅଞ୍ଚଳ ପାକିସ୍ତାନକୁ ଗଲା ସେଠି ଆଗରୁ ମୁସଲମାନ୍‌ଙ୍କର ଏପରି ସଂଖ୍ୟା ଗୁରୁତ୍ୱ ଥିଲା ଯେ ତାଙ୍କ ଲାଗି ପାକିସ୍ତାନ ଆଉ ବେଶୀ କିଛି ହୋଇପାରି ନଥାନ୍ତା। କେବଳ ଅବିଭକ୍ତ ଭାରତରେ ମୁସଲମାନ୍‌ମାନଙ୍କର ଯେଉଁ ପ୍ରଭାବ ଥିଲା, ସେମାନେ ପାକିସ୍ତାନ ହେବା ପରେ ତା' ହରାଇଲେ। ତା' ହେଲେ କ'ଣ ଇଂରେଜ ପାକିସ୍ତାନ ଚାହୁଁ ଥିଲେ? ତା' ବି କହି ହେବ ନାହିଁ। ଏଥିରେ ସନ୍ଦେହ ନାହିଁ ଯେ, ଇଂରେଜ ହିନ୍ଦୁ ମୁସଲିମ୍ ଦ୍ୱନ୍ଦ୍ୱକୁ ପ୍ରୋତ୍ସାହନ ଦେଇ ସବୁବେଳେ କହିବାର ସୁଯୋଗ ଖୋଜୁଥିଲେ ଯେ, ସେମାନେ ଭାରତୀୟଙ୍କ ହାତରେ କ୍ଷମତା ଅର୍ପଣ କରିବାକୁ ଚାହାନ୍ତି, କେବଳ ହିନ୍ଦୁ-ମୁସଲିମ୍ କନ୍ଦଳ ଯୋଗୁଁ ତା ହୋଇପାରୁ ନାହିଁ ଏବଂ ଫଳତଃ ଇଂରେଜ ଅତି ଅନିଚ୍ଛାର ସହିତ ଦେଶ ଶାସନ କରୁଛି। କିନ୍ତୁ ଯେତେବେଳେ ସ୍ପଷ୍ଟ ହୋଇଗଲା ଯେ, ଇଂରେଜ ଆଉ

ଭାରତରେ ରହିପାରିବେ ନାହିଁ, ସେତେବେଳେ କ୍ୟାବିନେଟ୍ ମିଶନ୍ ଯୋଜନା ଇତ୍ୟାଦି ଜରିଆରେ ଭାରତର ଅବିଭକ୍ତ ସତ୍ତାକୁ ବଜାୟ ରଖିବାର ଚେଷ୍ଟା କରିଛନ୍ତି। ସେଥିରେ କେତେଟା ଆନ୍ତରିକତା ଥିଲା - ସେ କଥା ଅଲଗା।

ମୋର ଧାରଣା ଯେ, ଇଂରେଜମାନଙ୍କର ଏ ବିଷୟରେ କୌଣସି ସୁଚିନ୍ତିତ ଯୋଜନା ନଥିଲା। ମୁସଲିମ୍ ଲିଗ୍‌କୁ ବେଶୀ କଂଗ୍ରେସର ବିରୋଧୀ କରିବାକୁ ଉତ୍ସାହିତ କରୁ କରୁ ଶେଷରେ ଆଉ ଫେରିବାର ପଥ ରହିଲାନି। କେତେ ଲୋକ ମନେ କରନ୍ତି ଯେ, ପାକିସ୍ତାନ ପୂରାପୂରି ଜିନ୍ନାଙ୍କର କୃତି। କଂଗ୍ରେସ ଦ୍ୱାରା ପ୍ରତ୍ୟାଖ୍ୟାତ ହୋଇ ସେ ନିଜର ଅହମ୍‌କୁ ସାର୍ଥକ କରିବା ଲାଗି ପାକିସ୍ତାନ କଲେ ଏବଂ ତାଙ୍କର କ୍ଷୁରଧାର କୂଟବୁଦ୍ଧି ଦ୍ୱାରା ଅନ୍ୟ ସମସ୍ତଙ୍କୁ ତାହା ମାନିବାକୁ ବାଧ୍ୟ କଲେ। ତେବେ ସେ କ'ଣ ଏକ ଇସଲାମିକ୍ ରାଷ୍ଟ୍ର ଚାହୁଁ ଥିଲେ ?

ଜିନ୍ନା ୧୧ ଅଗଷ୍ଟ ୧୯୪୭ରେ ପାକିସ୍ତାନ ସମ୍ବିଧାନ ଆସେମ୍ବ୍ଲିକୁ ସମ୍ବୋଧନ କରି କହିଥିଲେ ଯେ, ପାକିସ୍ତାନ ଏକ ଧର୍ମନିରପେକ୍ଷ ରାଷ୍ଟ୍ର ହେବ। ଏକଥା ଇସ୍କନ୍ଦର ମିର୍ଜା ମଧ୍ୟ ନିଜ ଆତ୍ମଜୀବନୀରେ ଲେଖିଛନ୍ତି। ଏଣୁ କୌଣସି ସ୍ପଷ୍ଟ ଉତ୍ତର ମିଳୁ ନାହିଁ। ପୂର୍ବ ପାକିସ୍ତାନ କଥା ମଧ୍ୟ ସ୍ପଷ୍ଟ ନୁହେଁ। ବିଭାଜନ ସମୟରେ ସୁରାଓ୍ୱର୍ଦୀ ଅବିଭକ୍ତ ବଙ୍ଗଳାର ମୁଖ୍ୟମନ୍ତ୍ରୀ ଥିଲେ। ସେ ସମୟରେ ଏକ ସ୍ୱାଧୀନ ଅବିଭକ୍ତ ବଙ୍ଗଳା ଲାଗି ଏକ ପ୍ରସ୍ତାବ ପାଶ୍ କରାଇଥିଲେ ଏବଂ ପରେ ସେ ପାକିସ୍ତାନର ପ୍ରଧାନମନ୍ତ୍ରୀ ହୋଇଥିଲେ। ମୋର ଧାରଣା ମୁସଲିମ୍ ଲିଗ୍‌ର ମଧ୍ୟ ପାକିସ୍ତାନ ଓ ତା'ର ପରିମାଣ ବିଷୟରେ କୌଣସି ସ୍ପଷ୍ଟ ଧାରଣା ନ ଥିଲା। ସେମାନେ ଭାବିଥିଲେ ଯେ, ପାକିସ୍ତାନରେ ଅବିଭକ୍ତ ପଞ୍ଜାବ ଓ ବଙ୍ଗଳା ରହିଯିବ। ପାକିସ୍ତାନରେ ବହୁ ହିନ୍ଦୁ ସଂଖ୍ୟାଲଘୁ ଓ ଭାରତରେ ମୁସଲମାନ୍ ସଂଖ୍ୟାଲଘୁ ରହିବେ। ଏମାନେ ପରସ୍ପରର ନିରାପତ୍ତାର ବନ୍ଧନ ହେବେ। କିନ୍ତୁ ପଶ୍ଚିମ ପାକିସ୍ତାନରୁ ସଂଖ୍ୟାଲଘୁମାନଙ୍କର ପୂରାପୂରି ଦେଶତ୍ୟାଗ ସମର ସମସ୍ୟାକୁ ଏକ ନୂଆ ରୂପ ପ୍ରଦାନ କଲା। ଯଦିଚ ପୂର୍ବ ପାକିସ୍ତାନରେ ବହୁ ହିନ୍ଦୁ ରହି ଯାଇଥିଲେ, ତଥାପି ପୂର୍ବ ଓ ପଶ୍ଚିମ ପାକିସ୍ତାନ ମୂଳରୁ ହିଁ ଭାବାତ୍ମକ ଦୂରତା ରଖି ଚାଲିଥିଲେ, ଯାହା ଶେଷରେ ବାଂଲାଦେଶରେ ପରିଣତ ହେଲା।

ଭାରତରେ ଯେଉଁ ମୁସଲମାନ୍ ରହିଗଲେ, ତାଙ୍କର ଅବସ୍ଥା କ'ଣ ହେଲା ଓ ଭାରତରୁ ଯେଉଁମାନେ ପାକିସ୍ତାନକୁ ଗଲେ, ସେମାନେ କ'ଣ ପାଇଲେ ? ଭାରତର ମୁସଲମାନ୍‌ଙ୍କୁ ଦୁଇଭାଗରେ ବିଭକ୍ତ କରାଯାଇପାରେ। ପ୍ରଥମ ହେଲା ସମୁଦ୍ର ତୀରବର୍ତ୍ତୀ ମୁସଲମାନ୍। ଏମାନେ ଭାରତର ଉପକୂଳ ଅଞ୍ଚଳରେ ଅଛନ୍ତି। ଏମାନେ ସାଧାରଣତଃ ବ୍ୟବସାୟୀ ଓ ନାବିକ। ସେମାନେ ସାଧାରଣତଃ ସଂଖ୍ୟାଗୁରୁ ସମ୍ପ୍ରଦାୟ ସହିତ ବେଶ୍

ମିଳିମିଶି ଚଳିପାରିଛନ୍ତି। ଏପରିକି କେରଳରେ ମଧ୍ୟ। ତାହାର ପ୍ରଧାନ କାରଣ ସେମାନେ କେବେ ଶାସକ ନଥିଲେ। ଯାହା ନଥିଲା ତାହା ହରାଇବାର ପ୍ରଶ୍ନ ନାହିଁ। ସମସ୍ୟା ପ୍ରଧାନତଃ ଉତ୍ତର ପ୍ରଦେଶ ଓ ହାଇଦ୍ରାବାଦ୍‌ର ମୁସଲମାନ୍‌ଙ୍କୁ ନେଇ। ଏହି ସବୁ ସ୍ଥାନରେ କେତେ ଶତାବ୍ଦୀ ଧରି ମୁସଲମାନ୍ ରାଜ୍ୟ ଥିଲା। ଏଣୁ ରାଜତ୍ୱର କାହାଣୀ ମୁସଲମାନ୍ ଜନତାର ମନରେ ବଦ୍ଧମୂଳ। ଲାଲକିଲା, ଇମାମ୍‌ବାଦ ବା ଚାରବିନାର ଜନତା ମନରେ - କି ଥିଲା ଏ ରାଜ୍ୟ କି ହୋଇଛି ଆଜ - ଜାତୀୟ ଚେତନା ପ୍ରସ୍ତୁତ କରେ। ଏଣୁ ଏମାନେ ନିଜର ବର୍ତ୍ତମାନ ଅବସ୍ଥା ସାଙ୍ଗେ ସାଲିସ୍ କରିବାରେ ଅସୁବିଧା ଅନୁଭବ କରୁଛନ୍ତି। ଏହି ମନୋଭାବର ଫାଇଦା ଉଠାଉଛନ୍ତି ଦଳେ ମୁସଲିମ୍ ନେତା। ଯଦି ହିନ୍ଦୁମାନଙ୍କ ସଙ୍ଗେ କୌଣସି ବିରୋଧ ଦେଖାଦିଏ,ଏମାନେ ତାକୁ ଉସୁକାଇ ଦିଅନ୍ତି। ଏମାନଙ୍କ ଉଦ୍ଦେଶ୍ୟ ହେଲା ମୁସଲିମ୍ ଭୋଟ୍ ବ୍ୟାଙ୍କର ମ୍ୟାନେଜର ହେବା। ଏହା ତୁଳନାରେ ଖ୍ରୀଷ୍ଟିଆନ୍ ନେତାମାନେ ନିଜ ଅନୁଗାମୀମାନଙ୍କୁ ଯୁକ୍ତିଯୁକ୍ତ ନେତୃତ୍ୱ ଦେଇଛନ୍ତି, ଫଳତଃ ହିନ୍ଦୁ ଖ୍ରୀଷ୍ଟିଆନ୍ ଦ୍ୱନ୍ଦ୍ୱ କୌଣସିଠାରେ ଉଗ୍ରରୂପ ପାଇନାହିଁ ଏବଂ ଖ୍ରୀଷ୍ଟିଆନ୍‌ମାନଙ୍କର ଅଧିକାର, ସୁଯୋଗ ଇତ୍ୟାଦିରେ ବୃଦ୍ଧି ହିଁ ହୋଇଛି। ହୁଏତ ଦେଶ ବିଭାଜନ ପରେ ମୁସଲମାନ୍‌ମାନେ ଭାବିଥିଲେ ଯେ, ପାକିସ୍ତାନ ଭାରତୀୟ ମୁସଲମାନ୍‌ମାନଙ୍କର ଜାମିନୀ ହୋଇ ସେମାନଙ୍କୁ ରକ୍ଷା କରିବ ଏବଂ ବ୍ରିଟିଶ ସମୟରେ ସେମାନେ ଯେପରି ବିଶେଷ ସୁବିଧା ସୁଯୋଗ ଭୋଗ କରୁଥିଲେ ତା' ବଜାୟ ରହିବ। ଭାରତ ଓ ପାକିସ୍ତାନ ମଧ୍ୟରେ ବ୍ୟବଧାନଟା ବଙ୍ଗଳା ଓ ବିହାର ଠାରୁ ବେଶୀ ହେବନାହିଁ। ଏପରିକି ପାକିସ୍ତାନର ପ୍ରତିଷ୍ଠାତା ଜିନ୍ନା ମଧ୍ୟ ଏପରି ଦିବାସ୍ୱପ୍ନ ଦେଖିବାର ପ୍ରମାଣ ଅଛି। ସେ ତାଙ୍କର ପ୍ରିୟ ନଗରୀ ବମ୍ବେଇକୁ ମଝିରେ ମଝିରେ ଫେରି ଆସିବାକୁ ଚାହୁଁଥିଲେ, କିନ୍ତୁ ରାଜନୀତି ଅତି କ୍ରୂର ଏବଂ ଏପରି ବାଲିର ପ୍ରାସାଦ ସମୟର ଢେଉ ବାଜି ଭାଙ୍ଗିବା ନିଶ୍ଚିତ।

ମୋଟ ଉପରେ କଥା ହେଲା ଯେ, ଭାରତରେ ହିନ୍ଦୁ ଓ ମୁସଲମାନ୍‌ଙ୍କ ମଧ୍ୟରେ ଏକ କାର୍ଯ୍ୟକାରୀ ବୁଝାମଣା ହୋଇପାରି ନାହିଁ। ଏହାର କାରଣ କ'ଣ ଓ ଏ ବିଷୟରେ କିଛି କରାଯାଇପାରିବ କି ନାହିଁ ଏହା ଆଲୋଚନା କରିବା ଏ ପ୍ରବନ୍ଧର ଉଦ୍ଦେଶ୍ୟ। ମୁଁ ବିଶ୍ୱାସ କରେ ଯେ ଦେଶ ବିଭାଜନ ଦ୍ୱାରା ପାକିସ୍ତାନରେ ଥିବା ମୁସଲମାନ୍‌ମାନଙ୍କର କୌଣସି ଲାଭ ହୋଇନି ଓ ଭାରତରେ ରହିଯାଇଥିବା ମୁସଲମାନ୍‌ମାନଙ୍କର ଅନେକ କ୍ଷତି ହୋଇଛି। ଭାରତରୁ ଯେଉଁମାନେ ପାକିସ୍ତାନ ଗଲେ, ସେମାନଙ୍କ ଭିତରୁ କେତେକ ହୁଏତ ପ୍ରଥମ ଅବସ୍ଥାରେ କିଛି ସୁବିଧା ପାଇଲେ। କିନ୍ତୁ ବର୍ତ୍ତମାନ ଅବସ୍ଥା କ'ଣ? ମୋହାଜିର ଏ ପର୍ଯ୍ୟନ୍ତ ଶରଣାର୍ଥୀ ଓ ନାନା ସ୍ଥାନରେ ଦଙ୍ଗାର ଶିକାର। ଏପରିକି

ପାକିସ୍ତାନରେ କେତେକ କହିଲେଣି ଯେ, ମୋହାଜିର ଭାରତ ଫେରିଯାଆନ୍ତୁ। ଏହି ଭାରତରୁ ଯାଇଥିବା ମୁସଲମାନ୍, ବାଂଲାଦେଶରେ ବିହାରୀ ବୋଲି କଥିତ। ସେମାନେ ବାଂଲାଦେଶ ଓ ପାକିସ୍ତାନ, ଉଭୟଙ୍କ ଦ୍ୱାରା ପ୍ରତ୍ୟାଖ୍ୟାତ। ଏହି ଟ୍ରାଜେଡି ଯେ କିପରି ହେଲା - ଏହା ଉପରେ ସମ୍ୟକ୍ ଦୃଷ୍ଟିପାତ ଆବଶ୍ୟକ। ଏହି ପ୍ରବନ୍ଧରେ ମୁଁ ବିଶେଷ କରି ମୁସଲମାନ୍ ଲେଖକଙ୍କ ଉପରେ ନିର୍ଭର କରିଛି।

ଭାରତରେ ହିନ୍ଦୁ ଓ ମୁସଲମାନ୍ ଏକ ସଙ୍ଗେ ରହି ଆସିଛନ୍ତି। ଅବଶ୍ୟ ଏକାଠି ରହିବା ଛଡା ଉପାୟ ବା କ'ଣ ଥିଲା ? ଇସ୍‌ଲାମ୍ ଅବଶ୍ୟ ଖୁବ୍ ଶୀଘ୍ର ସିନ୍ଧୁ ପ୍ରଦେଶକୁ ଆସି ଯାଇଥିଲା; କିନ୍ତୁ ତାହାର ବିଶେଷ ପ୍ରଭାବ ହୋଇ ନଥିଲା। ପ୍ରକୃତ ସମ୍ପର୍କ ଆରମ୍ଭ ହେଲା ମହମୁଦ ଗଜନୀଙ୍କଠାରୁ। ସେ ସମୟରେ ଏକ ବୌଦ୍ଧିକ ଜିଜ୍ଞାସାର ପରିଚୟ ମିଳେ। ଅଲ୍-ବରୁନୀଙ୍କ ପରି ଭାରତୀୟ ଦର୍ଶନ ଓ ଅନ୍ୟାନ୍ୟ ବିଷୟରେ ଟୀକାକାର ମିଳିବା କଷ୍ଟ। ସେପରି ଟୀକାକାର ପରେ ଜର୍ମାନୀରେ ହିଁ ମିଳିବେ। କିନ୍ତୁ ମଙ୍ଗୋଲ ଆକ୍ରମଣ ଏହି ସମସ୍ତ ସମ୍ଭାବନାକୁ ଧୂଳିସାତ୍ କରିଦେଲା। ଭାରତ ଉପରେ ଏହାର ପ୍ରତ୍ୟକ୍ଷ ପ୍ରଭାବ ସ୍ୱଳ୍ପ। କିନ୍ତୁ ମଧ୍ୟ ଏସିଆର ସମରକନ୍ଦ, ବୁଖାରା ଧୂଳିସାତ୍ ହେଲା। ସେ ସମୟରେ ଅନ୍ୟାନ୍ୟ ଦେଶ ତୁଳନାରେ ଭାରତରେ, ସୁଖ ଶାନ୍ତି। ଏଣୁ ଦଳ ଦଳ ମୌଲାନା ଓ ଆଲିମ୍ (ମୁସଲିମ୍ ଧର୍ମଶାସ୍ତ୍ର ବିଦ୍ୱାନ୍) ଭାରତ ପଳାଇ ଆସିଲେ। ସାଙ୍ଗରେ ଆଣିଲେ ସମରକନ୍ଦ ଓ ବୁଖାରାର ଅତି ଅସହିଷ୍ଣୁ ମତବାଦ। ସେମାନେ ପ୍ରଚାର କଲେ ଯେ, ହିନ୍ଦୁମାନେ ଇହୁଦୀ ବା ଖ୍ରୀଷ୍ଟିଆନ୍‌ମାନଙ୍କ ପରି ନୁହନ୍ତି। ଇହୁଦୀ ବା ଖ୍ରୀଷ୍ଟିଆନ୍ ମଧ୍ୟ ପ୍ରଭୁଙ୍କର ପ୍ରଦତ୍ତ ପୁସ୍ତକ ପାଇଛନ୍ତି। ତା' କୋରାନ ପରି ଶେଷକଥା ନହେଲେ ମଧ୍ୟ ଈଶ୍ୱରଙ୍କର ବାଣୀ। ହଜରତ୍ ମହମ୍ମଦ ଅମୁସଲମାନ୍‌ଙ୍କ ସାଙ୍ଗରେ ବ୍ୟବହାର ଲାଗି ଯେଉଁ ଉଦାରତାର ଉପଦେଶ ଦେଇଛନ୍ତି, ତା' କେବଳ ଇହୁଦୀ ଓ ଖ୍ରୀଷ୍ଟିଆନ୍‌ମାନଙ୍କ ଲାଗି ଉଦ୍ଦିଷ୍ଟ। ହିନ୍ଦୁ ହେଉଛନ୍ତି ପୂରାପୂରି କାଫର। ଏଣୁ ସେମାନେ ହୁଏତ ସ୍ୱେଚ୍ଛାରେ ଇସଲାମ୍ ଗ୍ରହଣ କରିବେ ନହେଲେ ମୃତ୍ୟୁବରଣ କରିବେ। ଏପରି ଫତୁଆ କାର୍ଯ୍ୟକାରୀ କରିବା ଅସମ୍ଭବ। ଏଣୁ ଏହି ମୁଲ୍ଲାଗଣ ପଠାଣ ଶାସନ କାଳରେ ହିନ୍ଦୁମାନଙ୍କ ପ୍ରଥା ଯଥା ସମ୍ଭବ ଦୁର୍ବ୍ୟବହାର କରି ତାଙ୍କୁ ହେୟ ପ୍ରତୀତ କରାଇବା ଲାଗି ଶାସନତନ୍ତ୍ର ଉପରେ ଚାପ ପକାଉ ଥିଲେ। ଏହାର ଫଳ ହେଲା ଯେ ହିନ୍ଦୁ ମୁସଲିମ୍‌ମାନଙ୍କ ମଧ୍ୟରେ ଅବିଶ୍ୱାସର ବୀଜବପନ ହୋଇଗଲା।

ଏହାର ବିରୁଦ୍ଧରେ ସୁଫୀସନ୍ଥଗଣ ଏକ ସବଳ ସଂଗ୍ରାମ ଚଳାଇଥିଲେ। ସେମାନେ ବନ୍ଦା ଓ ଖୋଦା ବା ନର ଓ ନାରାୟଣ ମଧ୍ୟରେ ଏକ ପ୍ରତ୍ୟକ୍ଷ ପ୍ରେମର ସମ୍ପର୍କ ସ୍ଥାପନ କରିବାକୁ ସାଧନା ଚଳାଇଥିଲେ। ସେ ସମୟଟା ହିନ୍ଦୁ ଧର୍ମରେ ମଧ୍ୟ ଭକ୍ତିବାଦର

ଯୁଗ। ଯେଉଁଥିରେ ସମସ୍ତ ଆଚାର ସର୍ବସ୍ୱ ରଢ଼ିବାଦ ଉପରେ ବଳିଷ୍ଠ ଆଘାତ କରାଯାଇଥିଲା। ଏଣୁ ଭକ୍ତିବାଦ ଓ ସୁଫୀବାଦ ମଧ୍ୟରେ ଅନେକ ଦିଆନିଆ ହୋଇଛି। ତା'ର ନମୁନା କବୀର, ନାନକ ଦାଦୁ ଇତ୍ୟାଦି। ଘର ପାଖକୁ ଆସିଲେ ସଓ୍ୱା ଟଙ୍କାର ଶିରିଣି ଭୋଗ ଖାଇବା ସତ୍ୟପୀର ଆଉ କ'ଣ? କିନ୍ତୁ ହାୟ, ଏହାର ରାଜନୀତି ଉପରେ କୌଣସି ଫଳ ହେଲା ନାହିଁ। ଏହି ପୂର୍ବୋକ୍ତ ମୌଲାନାମାନଙ୍କର ପ୍ରଭାବ ବଜାୟ ରହିଲା। ଏପରିକି ପ୍ରବଳ ପ୍ରତାପୀ ଦିଲ୍ଲୀର ସୁଲତାନ ନିଜର ରାଜ୍ୟାଭିଷେକ, ବାଗଦାଦ୍ ବା କାଇରୋରେ ଥିବା ଖଲିଫାଙ୍କଠାରୁ ମଞ୍ଜୁରୀ କରାଇ ଆଣୁଥିଲେ। ଅର୍ଥାତ୍ ଏମାନେ ଓ ଏମାନଙ୍କର ଆଶ୍ରିତବର୍ଗ ବହୁତ ଦିନ ପର୍ଯ୍ୟନ୍ତ ଶିକ୍ଷିତ ନିଜର ଭାରତୀୟତ୍ୱକୁ ଅସ୍ୱୀକାର କରୁଥିଲେ। ଅଧିକାଂଶ ଶିକ୍ଷିତ ମୁସଲମାନ୍ ନିଜର ସାଂସ୍କୃତିକ ସମ୍ବନ୍ଧ ଇରାନ୍ ସାଙ୍ଗରେ ଯୋଡୁଥିଲେ। ଇରାନ୍‌ର ଲାଲ୍ ଓ ବୁଲ୍‌ବୁଲ୍ ଭାରତରେ କଲମ କରିବାର ଏବଂ ପଦ୍ମ ଓ କୋକିଳକୁ ଭୁଲିଯିବାର ଚେଷ୍ଟା କଲେ। ଏହା ଉର୍ଦ୍ଦୁ ଭାଷାରେ ଅପୂରଣୀୟ କ୍ଷତି କରିଛି। ଅନ୍ୟାନ୍ୟ ଭାରତୀୟ ସାହିତ୍ୟରେ ମାନବ ଓ ପ୍ରକୃତି ମଧ୍ୟରେ ଯେ ଗଭୀର ସମ୍ବେଦନା ବିଦ୍ୟମାନ, ସେହି ସମ୍ପଦରୁ ଉର୍ଦ୍ଦୁ ପ୍ରାୟ ବଞ୍ଚିତ।

ଆଉ ଗୋଟିଏ କଥା ମଧ୍ୟ ମନେ ରଖିବା ଉଚିତ୍। ଭାରତରେ ଇଂରେଜମାନଙ୍କ ପରି ମୁସଲମାନ୍ ଶାସକ ଗୋଷ୍ଠୀକୁ ବିଦେଶରୁ ଆମଦାନୀ ଚାଲୁଥିଲା। ଇରାନ୍ ଓ ତୁର୍କିସ୍ଥାନରୁ ସବୁବେଳେ ସୈନିକ, ମୌଲାନା ଓ ବ୍ୟବସାୟୀ ଭାରତ ଆସୁଥିଲେ। ଏଣୁ ଏ ଦେଶରେ ଜନ୍ମ ହୋଇଥିବା ମୁସଲମାନ୍‌ଙ୍କ ପକ୍ଷରେ ଉପରକୁ ଉଠିବା କଷ୍ଟଥିଲା। ମୋଗଲ ଦରବାରରେ ହିନ୍ଦୁସ୍ଥାନୀ ଓ ବିଦେଶୀଙ୍କ ଭିତରେ ସବୁବେଳେ କଷାକଷି ଲାଗି ଥିଲା। ପୁଣି ଇସଲାମୀୟ ରାଜନୀତିରେ ଟିକିଏ ଅଡୁଆ ଅଛି। ଏଥିରେ ଏପରି କୌଣସି ରାଜତ୍ୱର କଳ୍ପନା ନାହିଁ ଯେଉଁଠି ମୁସଲମାନ୍ ରାଜତ୍ୱ କରୁନଥିବେ। ଏପରି ଅଣ ମୁସଲମାନ ଶାସିତ ରାଜ୍ୟ "ଦାରୁଲ୍ ହର୍ବ" ବା ଯୁଦ୍ଧର ଦେଶ। ତାକୁ ଜୟ କରି ମୁସଲମାନ୍ ଶାସନ ସ୍ଥାପନା କଲେ ତା' ହେବ "ଦାରୁଲ୍ ଅମନ୍" ବା ଶାନ୍ତିର ଦେଶ। ଏଣୁ ଧର୍ମଶାସ୍ତ୍ରରେ ସଂଖ୍ୟାଲଘୁ ମୁସଲମାନ୍ ସମ୍ପ୍ରଦାୟ ଲାଗି କୌଣସି ବ୍ୟବସ୍ଥା ନାହିଁ। ଏଠି ଗୋଟିଏ କଥା ଉଲ୍ଲେଖ ନକଲେ ମୁଲ୍ଲା ସମ୍ପ୍ରଦାୟ ପ୍ରତି ଘୋର ଅନ୍ୟାୟ ହେବ। ମୁଲ୍ଲା ଆଉ ଯାହା ହେଉ ନା କାହିଁକି, ସେ ବ୍ରିଟିଶ୍ ଶାସନକୁ କଦାପି ଗ୍ରହଣ କରି ପାରିନଥିଲା। ମୁଲ୍ଲା ବ୍ରିଟିଶ୍ ଶାସନ ବିରୁଦ୍ଧରେ ବିଦ୍ରୋହ କରିଛି ଯଥା ଓ୍ୱାହବୀ ଓ ଫରାଇଜୀ ଆନ୍ଦୋଳନ। ଏପରିକି ଏକ ମୁଲ୍ଲାଶ୍ରେଣୀ ବ୍ରିଟିଶ୍‌ମାନଙ୍କ ବିରୋଧରେ କଂଗ୍ରେସକୁ ସହାୟତା କରିଛି ଏବଂ ବ୍ରିଟିଶ୍‌ମାନଙ୍କ ସାଥୀରେ ସହଯୋଗ କରିବା ଲାଗି ମୁସଲିମ୍ ଲିଗ୍‌ର ବିରୋଧ ମଧ୍ୟ କରିଛି।

ମୋଟ କଥା ହେଲା ଯେ ବ୍ରିଟିଶ୍ ଶାସନ ବା ତା' ପୂର୍ବରୁ ମଧ୍ୟ ହିନ୍ଦୁ ଓ ମୁସଲମାନ୍‌ଙ୍କ ମଧ୍ୟରେ ଏକ ଅବିଶ୍ୱାସର କାନ୍ଥ ଛିଡା ହୋଇ ଯାଇଥିଲା। ମୁସଲିମ୍ ସମାଜର ଅସରଫ୍ ଅର୍ଥାତ୍ ସଂଭ୍ରାନ୍ତ ସମ୍ପ୍ରଦାୟ ମୁସଲମାନମାନଙ୍କର ଓ ତା'ଠାରୁ ବଳି ନିଜର ସ୍ୱାର୍ଥରକ୍ଷା କରିବା ଉଦ୍ଦେଶ୍ୟରେ କେତେକ ପଦକ୍ଷେପ ଗ୍ରହଣ କଲା, ଯାହା ଶେଷରେ ପାକିସ୍ତାନ ଦାବୀରେ ପରିଣତ ହେଲା ଏବଂ ଏହାର ପ୍ରବଳ ସମର୍ଥକମାନଙ୍କର ମାତୃଭୂମି ଉତ୍ତର ପ୍ରଦେଶ ବା ବିହାରରେ ଅର୍ଥାତ୍ ଯାହାକି କେବେ ପାକିସ୍ତାନର ଅନ୍ତର୍ଭୁକ୍ତ ହୋଇପାରି ନଥାନ୍ତା। ଯେତେଦୂର ସମ୍ଭବ ସେମାନେ ନିଜେ ବି ବୁଝି ନଥିଲେ ଯେ, ଏହାର ଫଳ କ'ଣ ହେବ। ଏମାନଙ୍କ ଧାରଣା ଯେ ପୂରାପୂରି ଦିବାସ୍ୱପ୍ନ ନଥିଲା, ତା'ର ପ୍ରମାଣ ନେହେରୁ-ଲିଆକତ ଚୁକ୍ତି। କିନ୍ତୁ ଦୁଇଟି ସ୍ୱାଧୀନ ସାର୍ବଭୌମ ରାଷ୍ଟ୍ରର ପରସ୍ପର ସହିତ ସମ୍ପର୍କ ଏକ ଭିନ୍ନ ଜିନିଷ। କୌଣସି ସ୍ୱାଧୀନ ରାଷ୍ଟ୍ର ନିଜର ଆଭ୍ୟନ୍ତରୀଣ ବିଷୟରେ ଅନ୍ୟ ଏକ ହସ୍ତକ୍ଷେପ ନ ସହିବା କଥା। ପୁଣି ଆନ୍ତରାଷ୍ଟ୍ରୀୟ ସମ୍ପର୍କ ସମାନ ବ୍ୟବହାର ବା ପାରସ୍ପରିକତା ଉପରେ ନିର୍ଭରଶୀଳ। ଯେତେବେଳେ ପଶ୍ଚିମ ପାକିସ୍ତାନରୁ ସମସ୍ତ ହିନ୍ଦୁ, ଶିଖ୍ ଚାଲି ଆସିଲେ, ଏହି ପାରସ୍ପରିକତାର ଆଧାର ଭାଙ୍ଗିଗଲା। ପାକିସ୍ତାନରୁ ଅମୁସଲମାନ୍ ଚାଲି ଆସିବାରୁ ପ୍ରଥମ ଅବସ୍ଥାରେ ହୁଏତ ଭାରତରୁ ଯାଇଥିବା ମୁସଲମାନମାନେ କିଛି ସୁବିଧା ପାଇଥିଲେ। କିନ୍ତୁ ଅତି ଶୀଘ୍ର ସେଠାରେ ଲୋକ ତାଙ୍କ ଅଧିକାର ମାଗିଲେ। ଭାରତରୁ ଯାଇଥିବା ଲୋକେ ମୋହାଜିର ବା ବାହାରର ଲୋକ ହୋଇ ରହିଗଲେ। ଭାରତରେ ଥିବା ମୁସଲମାନ୍ ଆଉ ଏକ ସମସ୍ୟାର ସମ୍ମୁଖୀନ ହେଲେ। ସେ ସମାଜରେ ହଠାତ୍ ନେତାଙ୍କର ଅଭାବ ହୋଇଗଲା। ଅନେକ କାରଣରୁ ମୁସଲମାନ୍ ଜନସାଧାରଣଙ୍କୁ କଂଗ୍ରେସରେ ଥିବା ମୁସଲମାନ୍ ନେତାଙ୍କୁ ଅବିଶ୍ୱାସ କରିବାକୁ ଶିଖେଇ ଦିଆଯାଇଥିଲା। ଅଧିକାଂଶ ଶିକ୍ଷିତ ପିଲା ପାକିସ୍ତାନ ଚାଲିଗଲେ। ଏଣୁ ବିଚରା ମୁସଲମାନ୍ ଚାଷୀ ମଜୁରିଆ କାହା ପାଖକୁ ଯିବ, କାହାକୁ ପଚାରିବ ? ମୁଲ୍ଲା କିନ୍ତୁ ଏଇଠି ଥିଲା। ଫଳତଃ ମୁଲ୍ଲା ହିଁ ନେତୃତ୍ୱ ଦେଲା ଏବଂ ତା'ର ଫଳ ସ୍ପଷ୍ଟ।

ମୋଟ କଥା ହେଲା ଯେ, ପାକିସ୍ତାନର ସୃଷ୍ଟି ଭାରତୀୟ ମୁସଲମାନ୍‌ଙ୍କ ପକ୍ଷରେ ଏକ ବିପର୍ଯ୍ୟୟ, ଏକ ରାଜନୈତିକ ପରାଜୟ। ପରାଜୟ ଗୋଟିଏ ଜାତି ବା ଗୋଟିଏ ସମ୍ପ୍ରଦାୟ ପକ୍ଷରେ ଏପରି କିଛି ନୂତନ ଘଟଣା ନୁହେଁ। ସବୁ ଜାତିର ଇତିହାସରେ ପରାଜୟ ରହିଛି। ଏ ଅବସ୍ଥାରେ କର୍ତ୍ତବ୍ୟ ହେଲା ନିଜର ନିଜତ୍ୱ ବଜାୟ ରଖି ଅବସ୍ଥା ସହିତ ନିଜକୁ ଖାପ ଖୁଆଇ ନେଇ, ଉଜ୍ଜ୍ୱଳତର ଭବିଷ୍ୟତ ଲାଗି ପ୍ରସ୍ତୁତିରେ ଲାଗି ପଡିବା। କେବଳ ନିଜପ୍ରତି ହୋଇଥିବା ଅନ୍ୟାୟର ତାଲିକା ବାଢିଲେ କୌଣସି ଲାଭ ହେବ ନାହିଁ। ଭାରତୀୟ ମୁସଲମାନ୍‌ଙ୍କୁ ନିଜର ଭାରତୀୟତ୍ୱ ଓ ମୁସଲମାନ୍‌ତ୍ୱ ବଜାୟ

ରଖି ଆଧୁନିକ ଜଗତ ସହିତ ସାଲିସ୍ କରିବାକୁ ପଡିବ। ଏଥିଲାଗି କି ପଦକ୍ଷେପ ଆବଶ୍ୟକ, ସେ ବିଷୟରେ ମୁସଲିମ୍ ସମାଜରେ ଗଭୀର ଚିନ୍ତା ଏବଂ ଅହରହ ଆଲୋଚନା ଆବଶ୍ୟକ। ଏ ସମସ୍ୟାର ସମାଧାନ ବାହାରୁ ଆସିପାରିବ ନାହିଁ। କିନ୍ତୁ ଯଦି ଉଚିତ୍ ପଦକ୍ଷେପ ନ ନିଆଯାଏ, ତା'ହେଲେ ଏ ସାମୂହିକ କୁଣ୍ଠା ଓ ବ୍ୟର୍ଥତାର ଭାବନା ନାଗଫାଶ ପରି ବାନ୍ଧି ପକାଇବ ଏବଂ ତାହାର ଫଳ କେବଳ ମୁସଲମାନ୍ ସମ୍ପ୍ରଦାୟ ପର୍ଯ୍ୟନ୍ତ ସୀମିତ ରହିବ ନାହିଁ।

ମୁସଲମାନ୍ ସମ୍ପ୍ରଦାୟ କ'ଣ କରିବ ତା'ର ଉତ୍ତର କେବଳ ମୁସଲମାନ୍ ସମ୍ପ୍ରଦାୟ ମଧ୍ୟରୁ ଆସିବାକୁ ବାଧ୍ୟ। ତେବେ ଇତିହାସ ଉପରେ ଦୃଷ୍ଟି ଦେଲେ କେତେକ ଉଲ୍ଲେଖଯୋଗ୍ୟ ତଥ୍ୟ ଦେଖାଯାଏ। ଗୋଟିଏ ଜାତିର ଦୁର୍ଦ୍ଦିନରେ ଧର୍ମପ୍ରତି ଅହେତୁକ ଆକର୍ଷଣ ସ୍ୱାଭାବିକ। ମୁସଲମାନ୍ ଛଡା ଅନ୍ୟ ଧର୍ମାବଲମ୍ବୀମାନେ ମଧ୍ୟ ଏହା ହିଁ କରିଛନ୍ତି। ଇହୁଦୀ ଜାତିକୁ ରୋମ୍ ସରକାର ଜେରୁଜେଲମ୍‌ରୁ ବାହାର କରି ଦେବାପରେ ସେମାନେ ସମସ୍ତେ ୟୁରୋପ ଓ ପଶ୍ଚିମ ଏସିଆରେ ଖେଳେଇ ହୋଇପଡିଲେ। ଏହାକୁ DISPORA କହନ୍ତି। ଏ ବିଷୟରେ ଇହୁଦୀ ଧର୍ମ ଏକ ଅତି ରକ୍ଷଣଶୀଳ ରୂପ ଧାରଣ କଲା। ମୁସଲମାନ୍‌ଙ୍କଠାରୁ ପରାଜୟ ପରେ ହିନ୍ଦୁଧର୍ମରେ ମଧ୍ୟ ଏହା ଦେଖା ଯାଇଥିଲା। ଏପରିକି ବିର୍ଦ୍ଧିଷ୍ଣୁ ବିଜୟନଗର ସାମ୍ରାଜ୍ୟଠାରୁ ଓଡିଶା ଗଜପତିଙ୍କ ପରାଜୟ ଓଡିଶାରେ ବୈଷ୍ଣବ ବନ୍ୟା ଲାଗି ଅନେକାଂଶରେ ଦାୟୀ। ଭାରତରେ ମୁସଲିମ୍ ଧାର୍ମିକ ଆନ୍ଦୋଳନ ଶାହା ୱାଲିଉଲ୍ଲାଙ୍କଠାରୁ ଆରମ୍ଭ। ଏହାର ସମୟ ଅଷ୍ଟାଦଶ ଶତାବ୍ଦୀର ପ୍ରଥମ ଭାଗ ଅର୍ଥାତ୍ ମୋଗଲ ସାମ୍ରାଜ୍ୟର ପତନର ଆରମ୍ଭ ସମୟ। ଏହାର ସୁଫଳ ବିଷୟରେ ପ୍ରଥମେ କହି ରଖିବା ଦରକାର। ମୋଗଲ ସାମ୍ରାଜ୍ୟର ରାଜନୈତିକ ପତନ ସହିତ ଦେଖା ଦେଇଥିଲା ଘୋର ନୈତିକ ପତନ। ଶାହା ୱାଲିଉଲାଙ୍କର ଆନ୍ଦୋଳନ ମୁସଲମାନ୍ ସମାଜରେ ବ୍ୟକ୍ତିଗତ ନୈତିକତାକୁ ବହୁ ପରିମାଣରେ ରକ୍ଷା କରି ପାରିଥିଲା। କିନ୍ତୁ ଏହାର ବୃହତ୍ତର ରାଜନୈତିକ ପରିପ୍ରେକ୍ଷୀରେ କୌଣସି ଉଲ୍ଲେଖଯୋଗ୍ୟ ପ୍ରଭାବ ହୋଇ ନଥିଲା। ଏହା ଦ୍ୱାରା ବିଗତ କାଳକୁ ଜାବୁଡି ଧରିବାର ପ୍ରବୃତ୍ତିକୁ ବଳ ମିଳିଲା। ବର୍ତ୍ତମାନର ସମସ୍ତ ସମସ୍ୟା ଓ ପ୍ରଶ୍ନର ଉତ୍ତର ବିଗତକାଳ ଦେଇପାରିବ ନାହିଁ। ଏଥିଲାଗି ଇତିହାସକୁ କେବଳ ଏକ ମାର୍ଗଦର୍ଶକ ବୋଲି ଗ୍ରହଣ କରିବାକୁ ହେବ।

■

# ଗୁରୁ ଶିଷ୍ୟ

ଓଡିଶାରୁ ଯେଉଁମାନଙ୍କର ଦିଲ୍ଲୀ ସହିତ ଯିବା ଆସିବା ଅଛି, ସେମାନେ ନିଶ୍ଚୟ 'ହଜରତ୍ ନିଜାମୁଦ୍ଦିନ୍' ନାମଟା ଶୁଣିଛନ୍ତି। କାରଣ ଏହି ଷ୍ଟେସନରେ ଉତ୍କଳ-କଳିଙ୍ଗ ଏକ୍ସପ୍ରେସ ପହଞ୍ଚେ। କିନ୍ତୁ ଯାହାଙ୍କ ନାମରେ ଏ ଷ୍ଟେସନ୍, ତାଙ୍କ ବିଷୟରେ ସାଧାରଣତଃ କୌଣସି କୌତୁହଳ ଦେଖାଯାଏ ନାହିଁ। ତେବେ ସାମାନ୍ୟ ଲକ୍ଷ୍ୟ କଲେ ଦେଖିବେ ଯେ ଏ ନାମଟା ଟିକିଏ ବିଚିତ୍ର। ସାଧାରଣତଃ କୌଣସି ବ୍ୟକ୍ତିଙ୍କ ନାମରେ ସ୍ଥାନର ନାମ ହେଲେ ସେଥିରେ ପୁର, ଗର ବା ବାଦ ଲାଗିଥାଏ; ଯଥା- ରାମପୁର; ଟାଟାନଗର, ହାଇଦ୍ରାବାଦ୍ ଇତ୍ୟାଦି। କିନ୍ତୁ ଖାଲି ଲୋକର ନାମକୁ ନେଇ ସ୍ଥାନର ନାମ ହୁଏ ନାହିଁ। ଅବଶ୍ୟ ଆମେରିକାର ୱାଶିଂଟନ୍ ଏକ ବ୍ୟତିକ୍ରମ।

ହଜରତ୍ ଶବ୍ଦର ଅର୍ଥ ପୂରାପୂରି ଓଡ଼ିଆରେ ପ୍ରକାଶ କରିବା କଷ୍ଟ; ତେବେ 'ମହାତ୍ମା' ଏହାର ପାଖାପାଖି। ପ୍ରକୃତରେ ଏହାର ନାମ 'ବସ୍ତି ହଜରତ୍ ନିଜାମୁଦ୍ଦିନ୍'। ପ୍ରାଚୀନ ନାମ ଥିଲା ଗୟାସ୍‌ପୁର୍। କାଳକ୍ରମେ ଏହି ସ୍ଥାନର ନାମ ଏଠାରେ ରହୁଥିବା ସନ୍ଥ ନିଜାମୁଦ୍ଦିନ୍‌ଙ୍କ ସହିତ ଯୋଡ଼ି ହୋଇଗଲା ଓ ଲୋକେ ପୂର୍ବନାମ ଭୁଲିଯାଇ ଏହାକୁ ହଜରତ୍ ନିଜାମୁଦ୍ଦିନ୍ ବା କେବଳ ନିଜାମୁଦ୍ଦିନ୍ ବୋଲି ଡାକିବାକୁ ଲାଗିଲେ।

ହଜରତ୍ ନିଜାମୁଦ୍ଦିନ୍ ଜଣେ ସୁଫୀ ସନ୍ଥ। ଆଜମେର୍‌ରେ ସ୍ଥାପିତ ମଇନୁଦ୍ଦିନ୍ ଚିସ୍ତିଙ୍କର ବା ପରମ୍ପରା ବା ସିଲ୍‌ସିଲାର ସେ ହେଲେ ମହାନ୍ ଉତ୍ତର ସାଧକ। ଏଠାରେ ସୁଫୀ ମତବାଦ ସମ୍ବନ୍ଧରେ ଟିକିଏ ସୂଚନା ଦେବା ଆବଶ୍ୟକ। ସୁଫୀ ମୁସଲମାନ୍। କିନ୍ତୁ ସାଧାରଣତଃ ମୌଲାନା ଓ ଉଲେମାନଙ୍କର ଗତାନୁଗତିକ ଧର୍ମାଚରଣ ଓ କର୍ମକାଣ୍ଡକୁ ଉପେକ୍ଷା କରେ। ତା'ର ବିଶ୍ୱାସ ଯେ, ଭଗବାନଙ୍କୁ ଉପଲବ୍ଧି କରିବାକୁ ହେଲେ ତାଙ୍କ ସହିତ ଏକ ସିଧାସଳଖ ସମ୍ପର୍କ ସ୍ଥାପନା କରିବାକୁ ହେବ। ତାହା ଗଭୀର ଆନ୍ତରିକ ଆବେଗ ଦ୍ୱାରା ହିଁ ସମ୍ଭବ। କର୍ମକାଣ୍ଡ ସର୍ବସ୍ୱ ଧର୍ମାଚରଣ ଏଥିଲାଗି ଅବାନ୍ତର

ଏବଂ ସ୍ଥଳବିଶେଷରେ ବିଘ୍ନ ମାତ୍ର। ଏଣୁ ପ୍ରଥମ ସୁଫୀ ମନସୁର ଘୋଷଣା କରିଥିଲେ – 'ଅନଲହକ୍' ଅର୍ଥାତ୍ ମୁଁ ସତ୍ୟ। ଏଥିଲାଗି ସେ ପ୍ରାଣଦଣ୍ଡ ପାଇଥିଲେ। କେବଳ ମନସୁର ନୁହନ୍ତି, ଅନେକ ସୁଫୀ ସାଧକ ରକ୍ଷଣଶୀଳ ମୌଲବୀ ସମ୍ପ୍ରଦାୟର କ୍ରୋଧର ଲକ୍ଷ୍ୟ ହୋଇଛନ୍ତି ଓ ଅନେକ ମହାନ୍ ସନ୍ଥ ପ୍ରାଣଦଣ୍ଡ ପାଇଛନ୍ତି।

ଏଠି ସୁଫୀ ଦର୍ଶନର ଆଲୋଚନା ପ୍ରାସଙ୍ଗିକ ନୁହେଁ। ତେବେ ଗୋଟିଏ ଜିନିଷ ଲକ୍ଷ୍ୟ କରିବାର କଥା, ସାଧାରଣତଃ ମୁସଲମାନ୍ ଧର୍ମଯାଜକଗଣ ସୁଲତାନ୍‌ମାନଙ୍କର ବୃତ୍ତିଭୋଗୀ ଥିଲେ ଓ କାଜୀ, ପେଶଇମାମ୍ ଇତ୍ୟାଦି ଚାକିରି କେବଳ ସେହିମାନେ ହିଁ କରିପାରୁଥିଲେ। କିନ୍ତୁ ସୁଫୀମାନେ ଶାସନତନ୍ତ୍ର ଠାରୁ ଯେତେ ଦୂରରେ ପାରନ୍ତି, ରହୁଥିଲେ। ଏଣୁ ଜନତା ସାଙ୍ଗରେ ସେମାନଙ୍କର ପ୍ରତ୍ୟକ୍ଷ ସମ୍ପର୍କ ଥିଲା। ସେମାନଙ୍କ ମଧ୍ୟରୁ ଅଧିକାଂଶ ଜନତାର ନିଃସ୍ୱାର୍ଥ ସେବାରେ ଜୀବନ କଟାଇ ଦେଇଛନ୍ତି।

ହଜରତ୍ ନିଜାମୁଦ୍ଦିନ୍ ବୋଧହୁଏ ଭାରତର ସୁଫୀ ସନ୍ଥଙ୍କ ମଧ୍ୟରେ ସବୁଠାରୁ ପ୍ରସିଦ୍ଧ। ସେ ଆଲ୍ଲାଉଦ୍ଦିନ୍ ଖିଲିଜ୍‌ଙ୍କଠାରୁ ମହମ୍ମଦ ତୋଗଲକଙ୍କ ରାଜତ୍ୱ ପର୍ଯ୍ୟନ୍ତ ବଞ୍ଚିଥିଲେ। ସମୟଟା ଖୁବ୍ ଲମ୍ବା ନୁହେଁ। କାରଣ ପଠାଣ ସୁଲତାନମାନଙ୍କର ରାଜତ୍ୱ ସାଧାରଣତଃ ଅଳ୍ପକାଳ ସ୍ଥାୟୀ ହେଉଥିଲା। ସେ ଦିଲ୍ଲୀରେ, କିନ୍ତୁ ରାଜଧାନୀଠାରୁ ଦୂରରେ ଯମୁନା କୂଳରେ ଗୋଟିଏ ଗାଁକୁ ନିଜ ନିବାସ ଲାଗି ବାଛିଥିଲେ। ତାଙ୍କ ଦ୍ୱାରା ସର୍ବଦା ଦୁଃଖୀ ଲାଗି ଉନ୍ମୁକ୍ତ ଥିଲା। ତାଙ୍କ ବିଷୟରେ ଏତେ କାହାଣୀ ଗଢି ଉଠିଛି ଯେ, କେଉଁଟା ଠିକ୍ କେଉଁଟା ଭୁଲ ଏବଂ କେଉଁଥିରେ କେତେ ଅତିରଞ୍ଜନ ଅଛି, ତାହା ବର୍ତ୍ତମାନ ସ୍ଥିର କରିବା ପ୍ରାୟ ଅସମ୍ଭବ। କିନ୍ତୁ ତା' ମଧ୍ୟରୁ ଗୋଟିଏ କାହାଣୀ ଏତେ ଚିତାକର୍ଷକ ଯେ, ତାହା ଏଠି ଉଲ୍ଲେଖ ନ କଲେ ଅନ୍ୟାୟ ହେବ। ଏହା ସମ୍ପୂର୍ଣ୍ଣ ପ୍ରମାଣିକ ନ ହେଲେ ମଧ୍ୟ ପ୍ରାୟ ସର୍ବସମ୍ମତିକ୍ରମେ ଗୃହିତ।

ନିଜାମୁଦ୍ଦିନ୍ ଯେ ସୁଲତାନ୍ ଓ ପାର୍ଥିବ କ୍ଷମତାଙ୍କୁ ତାଚ୍ଛଲ୍ୟ କରୁଥିଲେ, ତାହା ଆଗରୁ କୁହାଯାଇଛି। ଗିୟାସୁଦ୍ଦିନ୍ ତୋଗଲକଙ୍କର ସେ କେତେକ କାରଣରୁ ଚକ୍ଷୁଶୂଳ ହୋଇଥିଲେ। କିନ୍ତୁ ନିଜାମୁଦ୍ଦିନ୍‌ଙ୍କ ବିରୁଦ୍ଧରେ କୌଣସି କାର୍ଯ୍ୟାନୁଷ୍ଠାନ କରିବା ଆଗରୁ ଗିୟାସୁଦ୍ଦିନ୍‌ଙ୍କୁ ଏକ ବିଦ୍ରୋହ ଦମନ କରିବାକୁ ବଙ୍ଗଳା ଯିବାକୁ ପଡିଲା। ବଙ୍ଗଳାର କାମ ସାରି ସୁଲତାନ୍ ଦିଲ୍ଲୀ ଫେରିଲେ। ନିଜାମୁଦ୍ଦିନ୍‌ଙ୍କର ଶିଷ୍ୟମାନେ ବାରମ୍ବାର ବୁଝାଇଲେ ଯେ, ବାଦ୍‌ଶାହ ଫେରିଲେ ଅବସ୍ଥା ଭଲ ହେବ ନାହିଁ। ଏଣୁ କିଛିଦିନ ସେ ଦିଲ୍ଲୀ ଛାଡି ଚାଲି ଯିବାହିଁ ଶ୍ରେୟସ୍କର। ନିଜାମୁଦ୍ଦିନ୍ କେବଳ କହନ୍ତି – 'ଦିଲ୍ଲୀ ଦୂର ଅସ୍ତ' ଅର୍ଥାତ୍ ଦିଲ୍ଲୀ ଦୂର ଅଛି। ବାଦ୍‌ଶାହ ମାତ୍ର ଦିଲ୍ଲୀଠାରୁ ଦୁଇ ଦିନର ବାଟରେ; ଶିଷ୍ୟମାନେ ବୁଝାଇଲେ – ଏବେ ବି ସମୟ ଅଛି। ଯଃ ପଳାୟତି ସ ଜୀବତି। କିନ୍ତୁ

ନିଜାମୁଦ୍ଦିନ୍ କେବଳ କହିଲେ – ଦିଲ୍ଲୀ ହନୁଜ ଦୂର ଅସ୍ତ। ଅର୍ଥାତ୍ ଦିଲ୍ଲୀ ଏବେ ମଧ୍ୟ ଦୂରରେ।

ଦିଲ୍ଲୀରୁ ପ୍ରାୟ ଦିନକର ବାଟରେ ବାଦ୍‌ଶାହଙ୍କୁ ସମ୍ବର୍ଦ୍ଧନା ଜଣାଇବା ବ୍ୟବସ୍ଥା ହୋଇଥିଲା। କାଠରେ ଏକ ବିରାଟ ମଞ୍ଚା ତିଆରି କରାଯାଇଥିଲା। ବାଦ୍‌ଶାହ ତା' ଉପରୁ ସେନାର କୁଚକୱାଦ (ପରେଡ) ପରିଦର୍ଶନ କରିବାର କଥା। ମାତ୍ର ସେ ମଞ୍ଚା ଭୁଷୁଡି ପଡିଲା ଓ ସେଥିରେ ବାଦ୍‌ଶାହ ପ୍ରାଣ ହରାଇଲେ। ଏହା ପଛରେ ତାଙ୍କ ପୁତ୍ର ମହମ୍ମଦ ତୋଗଲକଙ୍କର ହାତ ଥିବାର ସନ୍ଦେହ ହୁଏ। ତେବେ ଏହି ସନ୍ଦେହ ମହମ୍ମଦ ତୋଗଲକଙ୍କର ଅଣୁମାତ୍ର ଅସୁବିଧା ହୋଇ ନ ଥିଲା। କାରଣ ସେ ସମୟରେ ଲାଜ ଏପରି ଘଟଣା ତ ନିତ୍ୟ ନୈମିତ୍ତିକ ବ୍ୟାପାର ଥିଲା।

ହଜରତ୍ ନିଜାମୁଦ୍ଦିନ୍ କୌଣସି ମତ ପ୍ରଚାର କରି ନଥିଲେ ବା ତାଙ୍କୁ କେହି ଦାର୍ଶନିକ ବୋଲି ମଧ୍ୟ କହନ୍ତି ନାହିଁ। ସେ ଥିଲେ ପୀର ବା ଗୁରୁ। ତାଙ୍କର ବିଶେଷତ୍ୱ ହେଲା – ଧର୍ମକୁ ଜନତା ପାଖକୁ ନେବା ଏବଂ ତାହା ପ୍ରଧାନତଃ ସେବା ମାଧ୍ୟମରେ। ନିଜକୁ ସେ ଆରବୀ ଫରାସୀର କଠିନ ନାଗଫାଶରୁ ମୁକ୍ତ କରି ହିନ୍ଦୀକୁ ଉତ୍ସାହିତ କରିଥିଲେ। ସେ ମୁଲ୍ଲାମାନଙ୍କ ପ୍ରବଳ ବିରୋଧ ସତ୍ତ୍ୱେ ସଙ୍ଗୀତକୁ ଧାର୍ମିକ ଆଚାରରେ ସ୍ଥାନ ଦେଇଥିଲେ। ଜିକିର ଅର୍ଥାତ୍ ନାମକୀର୍ତ୍ତନ ଏବଂ ସମା ଅର୍ଥାତ୍ ଭଜନ ଗାନକୁ ସୁଫୀଗଣ ନିଜର ଆଚାରର ଘନିଷ୍ଠ ଅଙ୍ଗ ରୂପେ ଗ୍ରହଣ କରିନେଲେ। ଏହି ଭଜନର ରୂପ ହେଲା କୱାଲୀ। ଏପର୍ଯ୍ୟନ୍ତ ନିଜାମୁଦ୍ଦିନ୍‌ଙ୍କ କବର ପାଖରେ ସବୁବେଳେ କୱାଲୀ ଚାଲୁଥାଏ ଏବଂ ତାହା କ୍ୱଚିତ୍ କଠିନ ଉର୍ଦ୍ଦୁରେ। ସାଧାରଣତଃ ଏହି ଭାଷା ସରଳ ଉର୍ଦ୍ଦୁ ଓ ବ୍ରଜବୋଲିର ସମନ୍ୱୟ।

ନିଜାମୁଦ୍ଦିନ୍ ହେଲେ ଗୁରୁ ଓ ସାଧକ। ତାଙ୍କର ସଫଳତା ତାଙ୍କ ଶିଷ୍ୟମାନଙ୍କ ଭିତରେ। ସେ ଅନେକ ଦୀପ ଜାଳି ଦେଇଛନ୍ତି। କିନ୍ତୁ ତା' ମଧ୍ୟରୁ ଗୋଟିଏ ଏପରି ଯେ, ତାକୁ ଦୀପ କହିବା ହିଁ ଅନ୍ୟାୟ। ସେ ସୂର୍ଯ୍ୟ ପରି ଭାସ୍ୱର। ଏ ହେଲେ ଅମୀର ଖୁସ୍‌ରୋ। ସେ ଏକାକୀ ଭାରତୀୟ ଓ ପାରସିକ ସଂସ୍କୃତିର ସମନ୍ୱୟ କରିବାର ଚେଷ୍ଟା କରିଥିଲେ ଏବଂ ବହୁ ପରିମାଣରେ ସଫଳ ହୋଇଥିଲେ ମଧ୍ୟ। ସେ ଥିଲେ ଏକାଧାରାରେ କବି ଓ ସଂଗୀତଜ୍ଞ। ଖାଲି ସେତିକି ନୁହେଁ; ଆରବୀ, ପାରସୀ, ତୁର୍କୀ ଓ ହିନ୍ଦୀ – ସବୁଥିରେ ସେ ଉଚ୍ଚକୋଟୀର ସାହିତ୍ୟ ସୃଷ୍ଟି କରିଯାଇଛନ୍ତି। ତାଙ୍କୁ ସିତାର ଓ ତବଲାର ସୃଷ୍ଟିକର୍ତ୍ତା ବୋଲି ମଧ୍ୟ କୁହାଯାଏ। ତାଙ୍କ ମାତୃଭାଷା କ'ଣ ଥିଲା, ତାହା ବିବାଦସ୍ପଦ। ତେବେ ହିନ୍ଦୀକୁ ଗ୍ରହଣ କରିଥିଲେ ସେ। ସେଥିରେ ସେ ଏକ ଯୁଗପ୍ରବର୍ତ୍ତକ ବୋଲି ସର୍ବବାଦୀ ସମ୍ମତ। ସେ ପ୍ରଥମେ ଫାରସୀରେ ଲେଖୁଥିଲେ। ବୋଧହୁଏ ହଜରତ୍

ନିଜାମୁଦ୍ଦିନ୍ ହିଁ ତାଙ୍କୁ ଜନସାଧାରଣଙ୍କ ଭାଷାରେ ଲେଖିବାକୁ ଉତ୍ସାହିତ କରିଥିଲେ। କେବଳ ନିଜାମୁଦ୍ଦିନ୍ ନୁହନ୍ତି, ଭାରତର ସର୍ବତ୍ର ଏହି ଭକ୍ତ ସାଧକମାନେ ଲୋକଭାଷାକୁ ତା'ର ଉପଯୁକ୍ତ ସ୍ଥାନ ଦିଆଇଛନ୍ତି। ଭକ୍ତ ନାମଦେବଙ୍କୁ ଯେତେବେଳେ ପଚରଗଲା ଯେ ସେ କାହିଁକି ସାଧୁଭାଷା ସଂସ୍କୃତରେ ଲେଖୁ ନାହାନ୍ତି, ନାମଦେବ ପାଲଟା ପ୍ରଶ୍ନ କଲେ, 'ତା ହେଲେ ମରାଠୀ କ'ଣ ଚୋରଙ୍କ ଭାଷା ?' ଅମୀର ଖୁସ୍‌ରୋ କଥିତ ହିନ୍ଦୀରେ ଏପରି ସରଳ କାବ୍ୟ ସୃଷ୍ଟି କଲେ, ଯାହାର ରସାଳତାର ପଟାନ୍ତର ନାହିଁ। ଏହା ହିନ୍ଦୀର ଉତ୍ତରସାଧକମାନଙ୍କ ପକ୍ଷରେ ଏକ ମାନଦଣ୍ଡ ସ୍ୱରୂପ ରହିଲା। ଏହାଙ୍କ ପରେ ହିନ୍ଦୀରେ ଲୋକଭାଷାରେ ଅନେକ କାବ୍ୟ ରଚିତ ହେଲା।

ଓଡିଶା ଅପେକ୍ଷା ଉତ୍ତର ଭାରତରେ ବର୍ଷା ଟିକିଏ ଡେରିରେ ହୁଏ। ଆମ ଆଡେ ରଜ ପରି ଉତ୍ତର ଭାରତରେ ଶ୍ରାବଣ ବା ସାୱନ। ଏ ସମୟରେ ଝିଅମାନେ ବାପଘରକୁ ଯାଆନ୍ତି। ଆମ ଆଡେ ରଜଦୋଳି ଭଳି ଉତ୍ତର ଭାରତରେ 'ସାୱାନ କା ଝୁଲା'। ଖୁସରୋଙ୍କର ଏକ ହିନ୍ଦୀ କବିତାର ଝିଅ ମା'କୁ ଅଳି କରୁଛି - ଶ୍ରାବଣ ଆସିଲାଣି। ତାକୁ ଆଣିବା ପାଇଁ ବାପାଙ୍କୁ ବା ଭାଇକୁ ବା ମାମୁଁଙ୍କୁ ପଠାଇବାକୁ। ମା'ର କିନ୍ତୁ ଅନେକ ଅସୁବିଧା। ଏଣୁ ଝିଅକୁ ଭୁଲେଇବାକୁ ଚେଷ୍ଟା କରୁଛି। ବାପା ବୃଦ୍ଧ, ଭାଇ ପିଲା; ପଠାଇବା ଉଚିତ୍ ନୁହେଁ। ମାମୁଁ ଛତରା ହୋଇ ଗଲାଣି କାହା କଥା ଶୁଣୁ ନାହିଁ। ଜନସାଧାରଣଙ୍କର ସୁଖ-ଦୁଃଖ, ଆଶା-ଆକାଙ୍‌କ୍ଷାକୁ ନେଇ କାବ୍ୟ ରଚନା ସେ ସମୟରେ ଏକ ବୈପ୍ଳବିକ ପ୍ରଚେଷ୍ଟା। ଖୁସରୋ ସାବ୍ୟସ୍ତ କରିଦେଇ ଗଲେ ଯେ, ନାୟକ ନାୟିକା ଜନସାଧାରଣଙ୍କ ମଧ୍ୟରୁ ହୋଇପାରନ୍ତି। ରାଜପୁତ୍ର ରାଜକନ୍ୟା ହେବା ଜରୁରୀ ନୁହେଁ। ତାଙ୍କର କବିତା, ବିଶେଷକରି ସେ ଲେଖିଥିବା ପ୍ରହେଳିକା ଏବେ ମଧ୍ୟ ଲୋକମୁଖରେ ପ୍ରଚଳିତ। ଏଣେ ଫରାସୀରେ ତାଙ୍କ କାବ୍ୟ ଏତେ ଉଚ୍ଚ ଦରର ଯେ ତାଙ୍କୁ ଇରାନ୍‌ରେ 'ଭାରତୀୟ କୋକିଳ' ବୋଲି କୁହାଯାଏ। କିନ୍ତୁ ଲେଖକ କେବଳ ହିନ୍ଦୀ ବିଷୟରେ ହିଁ କହିପାରିବେ। ତାଙ୍କ କବିତାର ରସ ଆସ୍ୱାଦନ କରିବା ପାଇଁ ତାଙ୍କର ରଚିତ ଏକ ଦୋହା ତଳେ ଦିଆଯାଉଛି; ଅବଧାନ ହେଉ।

ଖୁସରୋ ରୈନ ସୁହାଗକି
ଜାଗୋ ପିକେ ସଙ୍ଗ୍,
ତନ୍ ଆପନୋ ମନ ପିଉକା
ଦେଉ ଭୟୋ ଇକ୍ ରଙ୍ଗ।

(ଖୁସ୍‌ରୋ - ବଲ୍ଲଭ ସହିତ ରାତ୍ରି ଜାଗରଣରେ କଟିଲା। ଦେହ ମୋର, କିନ୍ତୁ ମନ ତ' ପ୍ରିୟର। ଦେହ ଓ ମନ ଉଭୟ ଏକ ରଙ୍ଗ ହୋଇଗଲା।) ସେ ହିନ୍ଦୀ ଓ ଫରାସୀ

ମିଶାଇ କେତେକ ଗଜଲ ମଧ୍ୟ ଲେଖିଛନ୍ତି। ଏହାକୁ 'ଦୋସୁଖନା' କହନ୍ତି। ଏଥିରେ ଗୋଟିଏ ପଦ ଫରାସୀ ଓ ଆର ପଦ ବ୍ରଜଭାଷା ହିନ୍ଦୀ। ସାଧାରଣତଃ ପୁରୁଷ ଫରାସୀ ଓ ସ୍ତ୍ରୀ ହିନ୍ଦୀ କହୁଛନ୍ତି। ତଳେ ଟିକିଏ ନମୁନା ଦିଆଗଲା।

ଫରାସୀ

ଶବାନେ ହିଜରାଁ ଦରାଜ ଚୁଁ ଜୁଲଫ
ରୋଜେ ୱସଲତ ଚୁଉମ୍ର କୋତାହ।

(ବିରହର ରାତି ତୋର କେଶରାଶି ପରି ଦୀର୍ଘ ଓ ମିଳନର ଦିନ ମୋର ଆୟୁଠାରୁ ମଧ୍ୟ କ୍ଷୁଦ୍ର - ଅର୍ଥାତ୍ ମିଳନ ଯେତେ ଦୀର୍ଘ ହେଲେ ମଧ୍ୟ ମୁହୂର୍ତ୍ତ ପରି ପ୍ରତିତ ହୁଏ।)

ହିନ୍ଦୀ

ସଖି ପିୟାକୋ ଯୋ ମେଁ ନଦେଖୁଁ
କୈସେ କାଟୁଁ ଅନ୍ଧେରି ରତିୟାଁ।

(ସଖି, ପ୍ରିୟ ବିନା ତ' ସମସ୍ତ ଅନ୍ଧକାର ରାତ୍ରି। ତାହା ପ୍ରିୟଦର୍ଶନ ବିନା କଟିବ କିପରି ?)

ଏଥିରେ ଫରାସୀର ଅଳଙ୍କାରିକତା ଓ ହିନ୍ଦୀର ସ୍ୱତଃସ୍ଫୁର୍ତ୍ତି ସାରଲ୍ୟ ଲକ୍ଷ୍ୟ କରନ୍ତୁ।

ଖୁସରୋଙ୍କ ପ୍ରତିଭା ଅତି ବଳଶାଳୀ ଓ ବେଗବାନ୍। ସେ ହିନ୍ଦୀ ଛଡା ଫରାସୀ, ଆରବୀ ଓ ତୁର୍କୀରେ ମଧ୍ୟ ଅନେକ ରଚନା କରିଯାଇଛନ୍ତି। ତା' ସାଥିରେ ସଙ୍ଗୀତ। ହିନ୍ଦୁସ୍ଥାନୀ ସଙ୍ଗୀତ ପଦ୍ଧତିକୁ ତାଙ୍କର ଦାନ ଅବିସ୍ମରଣୀୟ। ଖୟାଲ ଗାୟକୀର ସେ ଜନକ ବୋଲି କୁହାଯାଏ। ଇରାନୀ ସଙ୍ଗୀତ ସାଥିରେ ଭାରତୀୟ ସଙ୍ଗୀତକୁ ସଂଯୋଗ କରି ଅନେକ ନୂତନ ରାଗ ରାଗିଣୀ ମଧ୍ୟ ସୃଷ୍ଟି କରିଥିଲେ। ତେବେ ତାଙ୍କର ପ୍ରଧାନ କୃତୀତ୍ୱ ହେଲା କୱାଲୀ। ଆଜିକାଲି ଅବଶ୍ୟ ଯେଉଁ କୱାଲୀ ସିନେମାରେ ଦେଖିବାକୁ ମିଳୁଛି ତା ନୁହେଁ। କୱାଲୀ ପ୍ରକୃତରେ ସଂକୀର୍ତ୍ତନ ଭଳି।

ଏହି ନିର୍ଝରିଣୀ ଦିନେ ହଠାତ୍ ବନ୍ଦ ହୋଇଗଲା। ବୃଦ୍ଧ ହଜରତ୍ ନିଜାମୁଦ୍ଦିନ୍ ୧୩୨୫ ଖ୍ରୀଷ୍ଟାବ୍ଦରେ ସ୍ୱର୍ଗବାସୀ ହେଲେ। ଅମୀର ଖୁସ୍‌ରୋ ନଥିଲେ। ଆସି ଦେଖିଲେ, ଗୁରୁ ନାହାନ୍ତି। କେବଳ ଗୋଟିଏ ଦୋହା କହିଲେ -

ଗୋରୀ ସୋଏ ଶେଯ ପର
ମୁଖ ପର ଡାରେ କେଶ।
ଚଲ ଖୁସ୍‌ରୋ ଘର ଆପନୋ
ରୈନ୍ ଭଇ ଚହୁଁଦିଶ।

(ରୈନ - ରାତି । ଚହୁଦିଶ - ଚାରିଆଡେ)

ତା'ପରେ ସେ କିଛି ରଚନା କରି ନାହାନ୍ତି। ବର୍ଷକ ଭିତରେ ସେ ମଧ୍ୟ ଗୁରୁଙ୍କ ପଛେ ପଛେ ନିଜ ଘରକୁ ଗଲେ। ହଜରତ୍ ନିଜାମୁଦ୍ଦିନ୍ ଓ ଅମୀର ଖୁସ୍‌ରୋଙ୍କ ସମାଧି ପାଖାପାଖି ଗୋଟିଏ ହତା ଭିତରେ। ସବୁବେଳେ ଶ୍ରଦ୍ଧାଳୁମାନଙ୍କ ପ୍ରଦତ୍ତ ଫୁଲରେ ଭରପୂର ଏବଂ କଓ୍ୱାଲୀ ସଙ୍ଗୀତ ମୁଖରିତ। ଏହାପରେ ଯଦି ଇଚ୍ଛା ଥାଏ ତେବେ ଆପଣ ସମସାମୟିକ ସୁଲତାନମାନଙ୍କ କବର ଦେଖିବାକୁ ତୋଗଲକାବାଦ୍ ଯାଇପାରନ୍ତି। ସେଠି ଭିଡ ନାହିଁ, ଫୁଲ ନାହିଁ, କଓ୍ୱାଲୀ ନାହିଁ। କେବଳ ମୃତ୍ୟୁର ନୀରବତା।

■

# ଗଜଲ

ଆଜିକାଲି ସାଧାରଣ ଶ୍ରୋତାମାନଙ୍କ ଭିତରେ ଏପରିକି ଯେଉଁମାନେ ଆଗେ କେବଳ ସିନେମା ଗୀତ ଶୁଣୁଥିଲେ, ସେମାନଙ୍କ ଭିତରେ ଗଜଲ୍ ଖୁବ୍ ଆଦୃତ ହେଲାଣି। ଗଜଲ୍‌ର ଲୋକପ୍ରିୟତା ପାଇଁ ଆଧୁନିକ ସିନେମାର ଅବଦାନ କମ୍ ନୁହେଁ, କିନ୍ତୁ ତା' ବୋଲି ଗଜଲ୍‌ର ଅନ୍ତର୍ନିହିତ ଗୁଣ ଅସ୍ୱୀକାର କରି ହେବନାହିଁ। ଗଜଲ୍ ସାହିତ୍ୟ ଓ ସଂଗୀତର ଏକ ମର୍ମସ୍ପର୍ଶୀ ସମନ୍ୱୟ, ପୁଣି ତାହା ଆମର ଐତିହ୍ୟର ଏପରି ଏକ ଦିଗ ସହିତ ସଂପୃକ୍ତ ଯାହା ଆମେ କାଳକ୍ରମେ ଭୁଲିବାକୁ ବସିଲୁଣି। ସେଥିଲାଗି କେତେକ ପରିମାଣରେ ଇତିହାସ ଓ କେତେକ ପରିମାଣରେ ଆମେ ଦାୟୀ। ଆମର ଐତିହ୍ୟର ଯେଉଁ ଦିଗଟି କଥା କୁହାଯାଉଛି ତାହା ଇସ୍‌ଲାମୀ ଦିଗ। ଏ ଦିଗ ସହିତ ଇସଲାମ୍ ଧର୍ମର ଖୁବ୍ ବେଶୀ ସମ୍ପର୍କ ନାହିଁ। ଏ ଦିଗଟି ମଧ୍ୟପ୍ରାଚ୍ୟରୁ, ବିଶେଷକରି ଇରାନ୍‌ରୁ ଆସିଥିବା କୃଷି ସହିତ ସମ୍ପୃକ୍ତ, କିନ୍ତୁ ସମୟକ୍ରମେ ମହାଭାରତୀୟ ସଂସ୍କୃତିରେ ଏକ ସ୍ୱତନ୍ତ୍ର ସ୍ଥାନ ଅଧିକାର କରିଛି।

ଜଣେ ଉତ୍ତମ ଗାୟକଙ୍କ କଣ୍ଠରୁ ଗଜଲ୍ ଶୁଣିଲେ ଯେ କୌଣସି ଲୋକ ତୃପ୍ତି ଓ ଆନନ୍ଦ ଲାଭ କରିବ। ଗଜଲ୍‌ର ଅର୍ଥ ନ ବୁଝିଲେ ମଧ୍ୟ ଭାଷା ଓ ସ୍ୱରର ଯାଦୁକରୀ ସମନ୍ୱୟର ପ୍ରଭାବ ସେ ଅନୁଭବ କରିବ ନିଶ୍ଚୟ। ବୁଝିଲେ ସେ ସାହିତ୍ୟର ଗୁଣ ଉପଲବ୍ଧି କରିବ ଓ ତଦନୁପାତରେ ତା'ର ରସାସ୍ୱାଦନ ବୃଦ୍ଧି ପାଇବ। ତା' ସହିତ ଯଦି ସେ ସାହିତ୍ୟର ଓ ସଭ୍ୟତାର ଇତିହାସ ବିଷୟରେ ଅବଗତ ହୁଏ, ତା'ହେଲେ ଆହୁରି ଭଲ।

ଗଜଲ୍ ଗୀତ ନୁହେଁ । ଏହା କବିତା ଲେଖିବାର ଏକ ବିଶେଷ ଶୈଳୀ। ଏହା ମଧ୍ୟ-ପ୍ରାଚ୍ୟରେ ପ୍ରଚଳିତ ଥିଲା ଓ ଦିଲ୍ଲୀର ପ୍ରଥମ ସୁଲତାନ୍‌ମାନଙ୍କ ସଙ୍ଗେ ଭାରତକୁ ଆସିଥିଲା। କାଳକ୍ରମେ ଉତ୍ତର ଭାରତର ସଂଗୀତ ଯାହା ହିନ୍ଦୁସ୍ତାନୀ ସଂଗୀତ ଭାବେ

ବିଦିତ, ଇରାନର ସଂଗୀତ ଦ୍ୱାରା ବହୁ ପାରିମାଣରେ ପ୍ରଭାବିତ ହୋଇଥିଲା। ଏହି ସମନ୍ୱୟର ମୁଖ୍ୟ ପୁରୋଧା ଥିଲେ ଅମୀର ଖୁସରୋ। ସେ ହିଁ ପ୍ରଥମେ ଭାରତରେ ଗଜଲ୍ ଲେଖିବା ଆରମ୍ଭ କରିଥିଲେ। ଅନ୍ୟମାନେ ଅବଶ୍ୟ ଲେଖୁଥିଲେ, କିନ୍ତୁ ସେମାନେ ଫାରସୀ ଭାଷାରେ ଲେଖୁଥିଲେ। ଅମୀର ଖୁସରୋଙ୍କ ଭାଷା ଥିଲା ହିନ୍ଦୀ ଓ ଫାରସୀ ମିଶା ଭାଷା।

ଗଜଲ୍ ବାସ୍ତବିକ କ'ଣ? ଏ ବିଷୟରେ ନାନା ମୁନିଙ୍କର ନାନା ମତ (ମତିଭ୍ରମ?)। ସେ ସବୁ ଏଠାରେ ଉଦ୍ଧାର କରି ବସିଲେ ପ୍ରବନ୍ଧଟି ଅଯଥା ଦୀର୍ଘ ହୋଇଯିବ। ଇଂରାଜୀରେ Gazelle ଶବ୍ଦ ଆରବୀ ଭାଷାରୁ ଗୃହୀତ। ତା'ର ଅର୍ଥ ହେଲା, ମରୁଭୂମିର ହରଣ। ଉଭୟ ଆରବୀ ଓ ଫାରସୀ ଭାଷାରେ ମରୁଭୂମିର ହରଣ ଗଜ୍ଜାଲା ଭାବେ ଅଭିହିତ। ଏହି ଗଜ୍ଜାଲା ବା ଗାଜେଲ୍ ବା ହରିଣର ଗତି କଳ୍ପନା କରନ୍ତୁ। ସେ ଗୋଟିଏ ପରେ ଗୋଟିଏ ଲମ୍ଫ ଦେଇ ଦିଗ୍‌ବଳୟରେ ଲୀନ ହୋଇଯାଉଛି। ତା'ର ପ୍ରତ୍ୟେକ ଲମ୍ଫ ସ୍ୱୟଂସମ୍ପୂର୍ଣ୍ଣ। ତା'ର ଗତି ମଧ୍ୟ ଆଉ ଏକ ସ୍ୱୟଂସମ୍ପୂର୍ଣ୍ଣ ବାସ୍ତବତା। ଗଜଲ୍ ମଧ୍ୟ ସେହିପରି। ଏହା କେତେକ ଦ୍ୱୀପଦୀ ବା ଶେର୍‌ର ସମଷ୍ଟି। ଦ୍ୱିପଦୀ ଗୁଡିକର ସଂଖ୍ୟା ସାଧାରଣତଃ ପାଞ୍ଚରୁ ଆଠ। ପ୍ରତ୍ୟେକ ଦ୍ୱପଦୀ ବା ଶେର୍ ସ୍ୱୟଂସମ୍ପୂର୍ଣ୍ଣ ଏବଂ ଗଜଲ୍‌ଟିର ଅନ୍ୟାନ୍ୟ ପଂକ୍ତି ନ ବୋଲି ତାକୁ ବୋଲିଲେ କିଛି କ୍ଷତି ନାହିଁ। ଏପରି ବୋଲାଉଥାଏ ମଧ୍ୟ। ଅନ୍ୟାନ୍ୟ କବିତାରେ ଯେପରି ପୂର୍ବାପର ସଙ୍ଗତିକୁ ଗୁରୁତ୍ୱ ଦିଆଯାଇଥାଏ, ଗଜଲ୍‌ରେ ସେପରି ଦିଆଯାଏ ନାହିଁ। ଅର୍ଥଗତ ଧାରାବାହିକତା ନୁହେଁ, ଭାବାତ୍ମକ ଏକତା ଗଜଲ୍‌ର ପ୍ରଧାନ ଲକ୍ଷଣ। ସୁତରାଂ ଗୋଟିଏ ଗଜଲ୍‌ର ପ୍ରତ୍ୟେକ ଶେର୍‌ର ବିଷୟବସ୍ତୁ ଅଲଗା ହୋଇପାରେ, କିନ୍ତୁ ସମୁଦାୟ ଗଜଲ୍‌ଟିରେ ଏକ ପ୍ରକାର ମିଜାଜ୍ ବା ମୁଡ୍ (Mood) ଦେଖାଯାଏ, ଯେପରିକି ହତାଶା ବା ଅଭିମାନ। ଏହି ବିଶେଷତା ଏକାଧାରରେ ଗଜଲ୍‌ର ବଳିଷ୍ଠତା ତଥା ଦୁର୍ବଳତା। ଦୁଇଧାଡି ଭିତରେ କଥା ଆରମ୍ଭ କରି ଶେଷ କରିବାକୁ ହେବ। କେତେ ଅଳ୍ପ ଶବ୍ଦରେ କେତେ ବେଶୀ କଥା ପ୍ରକାଶ କରିହେବ, ତାହାହିଁ ଗଜଲ୍ ଲେଖକର ଲକ୍ଷ୍ୟ। ସମ୍ପୂର୍ଣ୍ଣ ଚିତ୍ରଟିଏ ଆଙ୍କିବାର ଅବକାଶ ନାହିଁ, କେବଳ ଚିତ୍ରଟିର କେତୋଟି ରେଖା ମାତ୍ର ଟାଣି ହେବ। ଯେପରି ଇମ୍ପ୍ରେସନିଷ୍ଟ ଚିତ୍ରକଳା। ଏ ପ୍ରକାର ଭାବ ପ୍ରକାଶ ପାଇଁ ଗଜଲ୍ ଉପଯୁକ୍ତ ମାଧ୍ୟମ ଓ ଉର୍ଦ୍ଦୁ ଉପଯୁକ୍ତ ଭାଷା। ସ୍ୱଭାବତଃ ଉର୍ଦ୍ଦୁ ଏକ ସଂକ୍ଷିପ୍ତ ଭାଷା। ଉର୍ଦ୍ଦୁ ତେଣୁ ଗଜଲ୍‌ରେ ହିଁ ଚରମ ସଫଳତା ଲାଭ କରିଛି। ଗାଲିବ୍‌ଙ୍କର ଗୋଟିଏ ଶେର୍ ଦେଖନ୍ତୁ -

ଦମ୍ ଲିୟା ଥା କୟାମତ୍ ନେ ହନୋଦ୍<br>
ଫିର୍ ତେରା ୱକତେ ସଫର୍ ଯାଦ ଆୟା।

ଅର୍ଥ ହେଲା- ଏପର୍ଯ୍ୟନ୍ତ ପ୍ରଳୟ ଅଟକି ରହିଥିଲା, ପୁଣି ତୋର ବିଦାୟ ବେଳେ ମନେ ପଡିଗଲା। କବିଙ୍କ ମତରେ ପ୍ରିୟାର ବିଚ୍ଛେଦର ଦୁଃଖ ତୁଳନାରେ ପ୍ରଳୟ ଆଉ ଅଧିକା କ'ଣ ? ପ୍ରଳୟ ଅଟକି ଯାଇଥିଲା, ଅର୍ଥାତ୍ ପ୍ରେମିକ ପ୍ରଳୟକୁ ଭୁଲି ଯାଇଥିଲା, କିନ୍ତୁ ପ୍ରିୟାର ବିଚ୍ଛେଦର ସମୟ ମନେପଡିବାରୁ ଲାଗିଲା ଯେପରି ସମସ୍ତ ସଂସାର ଧ୍ୱଂସ ହୋଇଯାଉଛି, ପ୍ରଳୟ ଆସିଯାଇଛି।

ଆଗରୁ କହିଛି, ଏପରି ଶୈଳୀ ସବୁବେଳେ ସୁଫଳ ଦିଏ ନାହିଁ। ଏପରି ଅନେକ କଥା ଅଛି ଯାହା ସମ୍ପୂର୍ଣ୍ଣ ଭାବେ ଦୁଇଧାଡିରେ କହିବା ଅସମ୍ଭବ। ଅନେକ ସ୍ଥଳରେ ଦୁଇଧାଡିର ଶେର୍ ଚିନ୍ତାକୁ ବା ଆବେଗକୁ ଛୋଟ ଛୋଟ କୋଠରୀରେ ରଖିଦିଏ। ମୀର୍, ଗାଲିବ୍ ବା ଫୈଜ୍‌ଙ୍କ ପରି କବି ଏ ଦୁର୍ବଳତା ଏଡେଇ ଦେଇପାରନ୍ତି। କିନ୍ତୁ ଅନ୍ୟାନ୍ୟ ଅନେକ କବି ଏଥିରୁ ଉଦ୍ଧାର ପାଇପାରନ୍ତି ନାହିଁ। ଯେଉଁଠି କବିର କବିତ୍ୱ ଖୁବ୍ ପାରଙ୍ଗମ, ସେଠାରେ ଅଳ୍ପ ଶବ୍ଦରେ ବେଶୀ ଭାବ ଗଜଲ୍ ଯେପରି ପ୍ରକାଶ ପାଇପାରେ ତା'ର ନିଦର୍ଶନ ଅନ୍ୟତ୍ର ଦୁର୍ଲଭ। ଗାଲିବ୍‌ଙ୍କର ଆଉ ଗୋଟିଏ ଶେର୍‌ର ଉଦାହରଣ ଦିଆଯାଇପାରେ -

ହୁଁ ଗିରଫଗର୍ ଉଲ୍‌ଫତେ ସୈୟାଜ୍
ୱାର୍‌ନା ବାକୀ ହୈ ତାକ୍‌ତେ ପରୱାଜ୍।

ଅର୍ଥ ହେଲା- ପିଞ୍ଜରାରେ ଥିବା ପକ୍ଷୀ କହୁଛି ଯେ ମୁଁ ପିଞ୍ଜରାରେ ବନ୍ଦୀ ନୁହେଁ, ମୁଁ ବ୍ୟାଧର ପ୍ରେମରେ ବନ୍ଦୀ। ତା' ନ ହୋଇଥିଲେ ମୁଁ ଉଡ଼ି ଯାଇପାରନ୍ତି। ଏହା ଆକ୍ଷରିକ ଅର୍ଥ ମାତ୍ର, କିନ୍ତୁ ବ୍ୟଞ୍ଜନା ଖୁବ୍ ବ୍ୟାପକ ଓ ଗଭୀର। ବ୍ୟାଧ ଓ ପ୍ରେୟସୀ ତୁଳନୀୟ। ଆତ୍ମସମର୍ପଣ ବିନା ପ୍ରେମ ଅସମ୍ଭବ। ପକ୍ଷୀର ଉଡିବା ବ୍ୟକ୍ତିର ପାରିପାର୍ଶ୍ୱିକ ଅବସ୍ଥା ସହିତ ସଂଘର୍ଷ ଓ ତାକୁ ଅତିକ୍ରମ କରିଯିବାର ପ୍ରତୀକ। ଏହା ମନୁଷ୍ୟତ୍ୱର ପ୍ରକୃତ ପରାକାଷ୍ଠା, କିନ୍ତୁ ପ୍ରେମରେ ଏହାକୁ ମଧ୍ୟ ଜଳାଞ୍ଜଳି ଦେବାକୁ ପଡେ। କେତେ ବିରାଟ ଏ ତ୍ୟାଗ ! ଶେର୍‌ଟିର ଆଧ୍ୟାତ୍ମିକ ଅର୍ଥ ମଧ୍ୟ କରାଯାଇପାରେ। ବ୍ୟାଧ ସାଂସାରିକ ଭୋଗଲିପ୍‌ସାର ପ୍ରତୀକ। ଏ ଲିପ୍‌ସାର ମୋହରେ ପକ୍ଷୀ ରୂପୀ ଜୀବାତ୍ମା ସଂସାରର ପଞ୍ଜୁରୀରେ ବନ୍ଦୀ। ଏ ବନ୍ଧନ ଭାଙ୍ଗିବାର ସାମର୍ଥ୍ୟ ଜୀବତ୍ମାର ଅଛି, କିନ୍ତୁ ସେ ମୋହଗ୍ରସ୍ତ ଅବସ୍ଥାରେ ଥିବା ଯାଏ ବନ୍ଧନ ଭାଙ୍ଗିବାର ଶକ୍ତି ଆସିବ କୁଆଡୁ? କୌଣସି ଅର୍ଥକୁ ଗ୍ରହଣ ନ କରିବାର ସ୍ୱାଧୀନତା ପାଠକର (ବା ଶ୍ରୋତାର) ଅଛି, କିନ୍ତୁ ଉପରୋକ୍ତ ଉଦାହରଣରୁ ଶକ୍ତିଶାଳୀ କବିତ୍ୱ କିପରି ଅତ୍ୟଳ୍ପ ପରିସର ମଧ୍ୟରେ ଭାବପ୍ରକାଶ କରିବାରେ ତାହା ସ୍ପଷ୍ଟ ହେବ।

ଦିଲ୍ଲୀର ପ୍ରଥମ ସୁଲତାନ୍‌ମାନେ ଆଫଗାନ ଥିଲେ। ତାଙ୍କ ସହିତ ଗଜଲ୍

ଭାରତବର୍ଷକୁ ଆସି ଆଗରୁ କହିଛି । ସେ ସମୟରେ ଆଫଗାନିସ୍ଥାନ୍, ଇରାନ୍, ତୁରାନ୍ (ଆଧୁନିକ ସୋଭିଏତ ରୁଷିଆର ମଧ୍ୟ ଏସିଆ ଅଞ୍ଚଳ) ଓ ତୁର୍କିସ୍ତାନର ସଭ୍ୟତାର ଭାଷା ଥିଲା ଫାରସୀ । ଫାରସୀ କଳା, ସାହିତ୍ୟ ଓ ସଂଗୀତ ଭାରତବର୍ଷରେ ପହଞ୍ଚିଲା ଓ ତତ୍କାଳୀନ ଭାରତୀୟ କଳା, ସାହିତ୍ୟ ଓ ସଂଗୀତର ସଂସ୍ପର୍ଶରେ ଆସିବା ଫଳରେ ଉଭୟେ ପରସ୍ପର ଦ୍ୱାରା ପ୍ରଭାବିତ ହେଲେ । ଏହି ଦୁଇ ସଭ୍ୟତାଙ୍କର ସମ୍ମିଶ୍ରଣ ସମଗ୍ର ଉତ୍ତର ଭାରତର ସାଂସ୍କୃତିକ ଜୀବନରେ ଏକ ବଳିଷ୍ଠ ଆଲୋଡନ ସୃଷ୍ଟି କଲା । ମୁସଲମାନ୍ ସୁଫୀ ମତବାଦ ଭାରତୀୟ ଭକ୍ତିମାର୍ଗରୁ ଅନେକ କିଛି ଆହରଣ କଲା, ଅନେକ କିଛି ଦେଲା ମଧ୍ୟ । କବୀର୍ ପ୍ରଭୃତି ସନ୍ଥକବି ଏହି ସମ୍ମିଶ୍ରିତ ସାଂସ୍କୃତିକ ଆଲୋଡନ ଦ୍ୱାରା ଉଦ୍‌ବୁଦ୍ଧ ହୋଇଥିଲେ । ସୁଫୀମାନେ ମଧ୍ୟ ସଂକୀର୍ତ୍ତନ କରିବା ଶିଖିଲେ (ଯାହାର ନିଦର୍ଶନ କଓ୍ୱାଲି) । ଇରାନ୍‌ର ଗଜଲ୍ ମଧ୍ୟ ହିନ୍ଦୀ ସାହିତ୍ୟର ସଂସ୍ପର୍ଶରେ ଆସିଲା । ଅମୀର ଖୁସ୍‌ରୋ ପ୍ରଥମେ ଫାରସୀ ଓ ବ୍ରଜଭାଷା ମିଶାଇ ଗଜଲ୍ ଲେଖିବା ଆରମ୍ଭ କରିଥିଲେ । ତା'ପରର ଇତିହାସ ଟିକିଏ ଗୋଳମାଳିଆ । ୱାଲିଙ୍କୁ ଖାଣ୍ଟି ଉର୍ଦ୍ଦୁ ଭାଷାର ପ୍ରଥମ କବି ଭାବରେ ଗ୍ରହଣ କରାଯାଏ । ତାଙ୍କର ସମୟ ହେଲା ଖ୍ରୀଷ୍ଟାବ୍ଦ ୧୬୬୮-୧୭୪୪ ଓ କାର୍ଯ୍ୟକ୍ଷେତ୍ର ହାଇଦ୍ରାବାଦ୍ । ଦକ୍ଷିଣ ଭାରତର ସୁଲ୍‌ତାନ୍ ରାଜ୍ୟମାନଙ୍କରେ ପ୍ରସାର ଲାଭ କରି, ଭାରତର ନାନା ସ୍ଥାନ ବୁଲି ଶେଷରେ ଦିଲ୍ଲୀ-ଆଗ୍ରା ଅଞ୍ଚଳରେ ଉର୍ଦ୍ଦୁ ସମ୍ପୂର୍ଣ୍ଣତା ଲାଭ କଲା । ଗଜଲ୍ ମଧ୍ୟ ଯମୁନା କୂଳରେ ସର୍ବଶ୍ରେଷ୍ଠ ସାର୍ଥକତା ହାସଲ କଲା ।

ଉର୍ଦ୍ଦୁ କଥା ପଡିଲାଣି ଯେତେବେଳେ, ସେ ବିଷୟରେ ଆଉ ଦୁଇ ଚାରିପଦ କହିବା ଅପ୍ରାସଙ୍ଗିକ ହେବ ନାହିଁ । 'ଉର୍ଦ୍ଦୁ' ତୁର୍କୀ ଭାଷାର ଶବ୍ଦ ଓ ତୁର୍କୀ ଭାଷାରେ ତା'ର ଅର୍ଥ ଛାଉଣୀ ବା ଶିବିର । ମୋଗଲ ସାମ୍ରାଜ୍ୟର ସେନା ଥିଲା ନାନା ଜାତିର ଏକ ବିଚିତ୍ର ମିଶ୍ରଣ । ତୁର୍କୀ, ଆଫଗାନ୍, ଇରାନୀ, ତୁରାନୀ ବରାବର ସେନାରେ ଯୋଗଦେବା ଲାଗି ଭାରତ ଆସୁଥିଲେ । ତା' ଛଡା ସେନାର ଏକ ବିରାଟ ଅଂଶ ଥିଲା ସ୍ୱଦେଶୀ- ରାଜପୁତ୍, ରୋହିଲା, ଜାଟ୍ ଇତ୍ୟାଦି । ମୋଗଲ୍ ସେନାରେ ତେଣୁ ଭାରତୀୟ ଓ ବିଦେଶୀ ଏ ଦୁଇ ପ୍ରକାରର ଲୋକ ଥିଲେ, କିନ୍ତୁ ଏ ଦୁଇ ଗୋଷ୍ଠୀଙ୍କ ଭିତରେ କୌଣସି ସଂଯୋଗ ଭାଷା ନ ଥିବାରୁ ସେମାନଙ୍କ ଭିତରେ କୌଣସି ସମ୍ପର୍କ ପ୍ରାୟ ରହୁ ନ ଥିଲା । ଏ ଅସୁବିଧା ଦୂର କରିବା ପାଇଁ ଏକ ମିଶାମିଶି ଭାଷା ଆପେ ଆପେ ଗଢି ଉଠିଲା । ସେ ଭାଷାର ମୂଳପିଣ୍ଡ ହେଲା ଦିଲ୍ଲୀ-ଆଗ୍ରା ଅଞ୍ଚଳର କଥିତ ହିନ୍ଦୀ । ତତ୍କାଳୀନ ରାଜଭାଷା ଫାରାସୀରୁ ଅନେକ ଶବ୍ଦ ସେଥିରେ ମିଶିଲା । ଏହି ଭାଷା ହେଲା ଉର୍ଦ୍ଦୁ, ଅର୍ଥାତ୍ ଛାଉଣୀରେ ସୈନ୍ୟମାନେ ବ୍ୟବହାର କରୁଥିବା ଭାଷା ।

ବ୍ୟବହାରିକ ଭାଷା ପରିସ୍ଥିତି ଅନୁଯାୟୀ ଆପଣାକୁ ଗଢିନିଏ, ପଣ୍ଡିତମାନଙ୍କର ଅନୁମୋଦନର ଅପେକ୍ଷା ରଖେ ନାହିଁ। ଓଡିଆରେ 'ଫାଇଲଟା ତ ପୁଟ୍‌ଅପ୍ ହେଲା ନାହିଁ, ସ୍ୟାଙ୍କ୍‌ସନ୍ କେବେ ଇସୁ ହେବ ?' ପରି ଅଭିବ୍ୟକ୍ତ କର୍ମଚାରୀମାନଙ୍କ ଭିତରେ ବ୍ୟବହାରସିଦ୍ଧ ହୋଇଗଲାଣି। ଏହା ପ୍ରତି ପଣ୍ଡିତମାନଙ୍କର ଯେତେ ଆପତ୍ତି ଥାଉ ନା କାହିଁକି, ଏହା ହେଲା କାମର ଭାଷା। ସେହିପରି ଉର୍ଦ୍ଦୁ ମଧ୍ୟ ମୌଲବୀ ସାହେବଙ୍କର ନାସିକାକୁଞ୍ଚନ ଓ ଅବଜ୍ଞା ସତ୍ତ୍ୱେ ପ୍ରତିଷ୍ଠିତ ହେଲା ଓ ବ୍ୟାପୀ ଚାଲିଲା। କାଳକ୍ରମେ ମୁସଲମାନ୍ ଶାସକଗୋଷ୍ଠୀର ମଧ୍ୟପ୍ରାଚ୍ୟ ଓ ମଧ୍ୟ-ଏସିଆ ସହିତ ସମ୍ପର୍କ କମି ଆସିଲା ଓ ସେମାନେ ଭାରତୀୟ ସମାଜର ଅଂଶବିଶେଷ ହୋଇପଡିଲେ। ସେମାନେ ଉର୍ଦ୍ଦୁ ବ୍ୟବହାର କରିବା ଆରମ୍ଭ କଲେ। ଫଳତଃ ଏହା ଏକ ସମ୍ଭ୍ରାନ୍ତ ଭାଷାରେ ପରିଣତ ହେଲା ଏବଂ ସେ ସମୟର ଅନେକ ଶକ୍ତିଶାଳୀ ଲେଖକ ଏହାକୁ ଭାବପ୍ରକାଶର ମାଧ୍ୟମ ରୂପେ ଗ୍ରହଣ କଲେ।

ଏହି ନବଗଠିତ ଭାଷାର ବଳିଷ୍ଠତା ତଥା ଦୁର୍ବଳତା କେତୋଟି ଐତିହାସିକ ପରିସ୍ଥିତି ଦ୍ୱାରା ନିର୍ଣ୍ଣିତ ହେଲା। ଉର୍ଦ୍ଦୁ ଯେଉଁ ସଭ୍ୟତାର ପ୍ରତୀକ, ତାହା ଏକ ନାଗରିକ ବା ସହରୀ ସଭ୍ୟତା। ସେ ସଭ୍ୟତାରେ ସହର ବାହାରେ କୌଣସି ଅର୍ଥପୂର୍ଣ୍ଣ ଜୀବନର କଳ୍ପନା ଅତ୍ୟନ୍ତ ବିରଳ। ସହର ବାହାରେ ଶହରା, ଅର୍ଥାତ୍ ମରୁଭୂମି (ଇଂରାଜୀର Sahara ଶବ୍ଦ ଏଥିରୁ ଆସିଛି), ନହେଲେ ଦସ୍ତୁ ଅର୍ଥାତ୍ ଜଙ୍ଗଲ। ଇରାନ୍‌ର ଭୌଗୋଳିକ ପରିସ୍ଥିତିରେ ଏପରି ଦୃଷ୍ଟିଭଙ୍ଗୀ ସ୍ୱାଭାବିକ। ଇରାନ୍‌ରେ କୌଣସି ବଡ ନଦୀ ନାହିଁ। ଏ ଦେଶରେ ବର୍ଷାର ଘୋର ଅଭାବ, ଅଧିକାଂଶ ଅଞ୍ଚଳ ପାର୍ବତ୍ୟାଞ୍ଚଳ। ପାହାଡ ଉପରେ ବରଫ ପଡେ, ସେଠି କିଛି କିଛି ଜଙ୍ଗଲ ଥାଏ। ସେଠାରୁ କେତୋଟି ଝରଣା ଉପତ୍ୟକାକୁ ପ୍ରବାହିତ ହୁଏ ଓ ତଦ୍ଦ୍ୱାରା ଯତ୍‌ସାମାନ୍ୟ ଜଳସେଚନ ହୁଏ। ଅଧିକାଂଶ ଭାଗ ଜଳ ଅଭାବରୁ ମରୁଭୂମି। ଯେଉଁମାନେ ଚାଷ କରନ୍ତି ସେମାନେ ସହରରୁ ଯାଇ ଚାଷ କରନ୍ତି। ପ୍ରକୃତିର ସୌନ୍ଦର୍ଯ୍ୟ କେବଳ ସହରରେ ହିଁ ଉପଭୋଗ୍ୟ। ସେଠାରେ ଗୁଲିସ୍ତାନ୍ ଅର୍ଥାତ୍ ବିଗିଚା ଥାଏ, ଗୋଲାପ ଫୁଟେ, ବୁଲ୍‌ବୁଲ୍ ଗାଏ। ସେଠାରେ ତନ୍ୱୀ କିଶୋରୀ ପରି ଚିନାର ଗଛ ମୃଦୁ ସମୀରରେ ଦୋହଲୁଥାଏ। ଏପରି ଆହୁରି ଅନେକ କଥା। ମୋଟ ଉପରେ ଏଠାରେ ପ୍ରକୃତିର ନାଗରିକ ରୂପ ହିଁ ମୁଖ୍ୟ ରୂପ। ସହର ବାହାରେ ଯେଉଁ ସହର, ସେଠାରେ ପ୍ରେମପାଗଳ ମଜ୍‌ନୁ ବୁଲେ ଓ ସେଠାରେ ମରେ। ସୁତରାଂ ସହର ବାହାରକୁ ଯେ ଯାଏ, ସେ ହୁଏତ ସାଧୁସନ୍ଥ ବା ପାଗଳ ବା ଅନ୍ତତଃପକ୍ଷେ ଆଉପାଗଳ। ବେପାରୀମାନେ ଅବଶ୍ୟ ଗୋଟିଏ ସହରରୁ ଆଉ ଗୋଟିଏ ସହରକୁ ସେମାନଙ୍କର କାରୱାଁ (Caravan) ନେଇ ଯାଆନ୍ତି, କିନ୍ତୁ

ପ୍ରାକୃତିକ ଦୃଶ୍ୟ ଉପଭୋଗ କରିବାକୁ ନୁହେଁ, ପଇସା କମେଇବାକୁ ସେମାନେ ଯାଆନ୍ତି। ଏପରି ଯାତ୍ରା ମଧ୍ୟ ବିପଦଶଙ୍କୁଳ। ଦସ୍ୟୁ ଅଛନ୍ତି, ମରୁଝଡ ଅଛି; ଅନ୍ୟାନ୍ୟ ବହୁତ ବିଘ୍ନ ଅଛି। ମରୁଭୂମିରେ ଅବଶ୍ୟ କେତେକ ଯାଯାବର ଥାଆନ୍ତି, କିନ୍ତୁ କେହି କେବେ ସେମାନଙ୍କୁ ସଭ୍ୟ ବୋଲି କହିବାର ଆସ୍ପର୍ଦ୍ଧା କରି ନାହିଁ। ଏପରି ଭାବଧାରା ଇରାନ୍‌ର ପରିପ୍ରେକ୍ଷୀରେ ଅବଶ୍ୟ ସ୍ୱାଭାବିକ, କିନ୍ତୁ ଭାରତର ମାଟିରେ ତାକୁ କଲମ୍ କଲାବେଳେ କେତେକ ଅବାସ୍ତବତା ଓ ଦୁର୍ବଳତା ଉର୍ଦ୍ଦୁ ସାହିତ୍ୟକୁ ଆକ୍ରାନ୍ତ କଲା। ଏହି ସହରୀ ଐତିହ୍ୟବଶତଃ ଉର୍ଦ୍ଦୁ ସାହିତ୍ୟ ପ୍ରକୃତି ବର୍ଣ୍ଣନାରେ ଅତିଶୟ ଦୁର୍ବଳ। ପ୍ରାୟ ପ୍ରତ୍ୟେକ ଭାରତୀୟ ଭାଷାର ସାହିତ୍ୟରେ ମନୁଷ୍ୟର ପ୍ରକୃତି ସହିତ ଏକ ଗଭୀର, ସମ୍ବେଦନାପୂର୍ଣ୍ଣ ସମ୍ବନ୍ଧକୁ ଖୁବ୍ ମୂଲ୍ୟ ଦିଆଯାଇଛି।। ପରବର୍ତ୍ତୀ କାଳରେ ଅବଶ୍ୟ ଏ ଦୁର୍ବଳତା ନିରାକରଣ ଦିଗରେ ବହୁତ ଚେଷ୍ଟା କରାଯାଇଛି, କିନ୍ତୁ ଭାଷାର ମୂଳ ବ୍ୟକ୍ତିତ୍ୱ ସହିତ ଖାପ ଖାଉନଥିବାରୁ ସାଧାରଣତଃ ଏପରି ପ୍ରଚେଷ୍ଟା ଉତ୍ତୋର୍ଣ୍ଣ ହୋଇପାରୁନାହିଁ।

ଉର୍ଦ୍ଦୁର ଅଭ୍ୟୁଦୟ ସମୟରେ ରାଜନୈତିକ ପରିସ୍ଥିତିର ପ୍ରଭାବ ମଧ୍ୟ କିଛି କମ୍ ନୁହେଁ। ଅଷ୍ଟାଦଶ ଶତାବ୍ଦୀର ଶେଷଭାଗ ଓ ଊନବିଂଶ ଶତାବ୍ଦୀର ପ୍ରଥମ ଭାଗରେ ସାହିତ୍ୟର ସର୍ବାଧିକ ବିକାଶ ଘଟିଥିଲା। ଏହି ସମୟ ଘୋର୍ ଅରାଜକତାର ସମୟ। ମୋଗଲ ସାମ୍ରାଜ୍ୟର ସୂର୍ଯ୍ୟ ଅସ୍ତଗାମୀ। ବାପା ଅନ୍ତେ ବଡପୁଅ ରାଜା ହେବ, ଏହା ପୃଥିବୀର ଅଧିକାଂଶ ଭାଗରେ ସ୍ୱୀକୃତି ପାଇଥିବା ସ୍ଥଳେ, ମଧ୍ୟ-ଏସିଆ ଅଞ୍ଚଳରେ (ଯେଉଁଠାରୁ ପ୍ରଥମେ ମୋଗଲ୍‌ମାନେ ଆସିଥିଲେ) ସ୍ୱୀକୃତି ପାଇନଥିଲେ। ବାପା ମଲାପରେ ଗାଦି ପାଇଁ ପୁଅମାନଙ୍କ ଭିତରେ ସଂଘର୍ଷ ହେବା ସ୍ୱାଭାବିକ୍ ବୋଲି ସେଠାରେ ଧରାଯାଉଥିଲା। ଗୋଟିଏ କ୍ଷୁଦ୍ର ଉପଜାତି ଭିତରେ ଏ ବ୍ୟବସ୍ଥା ବିଶେଷ ଅସୁବିଧା ସୃଷ୍ଟି କରୁନଥିଲା, ବରଂ ଗୋଟିଏ ଦୃଷ୍ଟିରୁ ଅପରିହାର୍ଯ୍ୟ ଓ ବାଞ୍ଛନୀୟ ଥିଲା। ଯେଉଁମାନେ ଲୁଟପାଟ୍ କରି ପେଟ ପୋଷିବାକୁ ବାଧ୍ୟ, ସେମାନଙ୍କ ସର୍ଦ୍ଦାର ସେ ବିଦ୍ୟାରେ ପାରଙ୍ଗମ ହେବା ଆବଶ୍ୟକ। ଗୋଟିଏ ବିଶାଳ ସାମ୍ରାଜ୍ୟ ଉପରେ ଏ ବ୍ୟବସ୍ଥା ଲଦି ଦେବାର ଫଳ ଯାହା ହବା କଥା ତାହା ହିଁ ହେଉଥିଲା। ସମ୍ରାଟଙ୍କ ଅନ୍ତେ ରାଜକୁମାରମାନଙ୍କ ଭିତରେ ଭୟାନକ ଓ ରକ୍ତାକ୍ତ କନ୍ଦଳ ଲାଗି ଯାଉଥିଲା, ପରିଣତି କ'ଣ ହେବ କହିବା ମୁସ୍କିଲ? ସୁତରାଂ ସମସ୍ତେ ନିଜ ନିଜର ବ୍ୟକ୍ତିଗତ ସ୍ୱାର୍ଥକୁ ପ୍ରାଧାନ୍ୟ ଦେଉଥିଲେ। ଦେଶବ୍ୟାପୀ ଏକ ଜୁଆଖେଳ ଚାଲିଥିଲା, ଯେଉଁଥିରେ ବାଦ୍‌ଶାହଙ୍କଠାରୁ ଆରମ୍ଭ କରି ସିପାହୀ ପର୍ଯ୍ୟନ୍ତ ଯୋଗଦେଇ ନିଜ ନିଜର ଭାଗ୍ୟ ପରୀକ୍ଷାରେ ପ୍ରବୃତ୍ତ ହେଉଥିଲେ ଓ ନିଜ ନିଜର ଜୀବନ ବାଜି ଲଗାଉଥିଲେ। ଦେଶର ଶାସନ ଏହି ଜୁଆଡିମାନଙ୍କର କ୍ରୀଡାଭୂମିରେ ପରିଣତ ହୋଇଯାଇଥିଲା। ସାଧାରଣ ଭଦ୍ରଲୋକ କଚ୍ଛପ ପରି ନିଜ

ନିଜ ଖୋଳ ଭିତରେ ରହିବା ପସନ୍ଦ କରିବା ସ୍ୱାଭାବିକ। ଇହକାଳର ଏ ଅବ୍ୟବସ୍ଥା ଫଳରେ ହୁଏତ ପରକାଳ ପାଇଁ ଏକ ଆଗ୍ରହ ବ୍ୟାପକ ଓ ବଳିଷ୍ଠ ହୋଇ ପାରିଥାନ୍ତା, କିନ୍ତୁ ଏକ ପ୍ରକୃତ ଆଧ୍ୟାତ୍ମିକ ଆନ୍ଦୋଳନ ସେ ସମୟରେ ଘଟିପାରିଲା ନାହିଁ। ମୌଲବୀ ସମ୍ପ୍ରଦାୟର ରକ୍ଷଣଶୀଳତା ଓ ମାନବିକ ମୂଲ୍ୟବୋଧର ଅଭାବ ଯୋଗୁଁ ସେମାନେ ଲୋକଙ୍କର ଶ୍ରଦ୍ଧା ଅର୍ଜନ କରିପାରିନଥିଲେ। ଉର୍ଦ୍ଦୁ ସାହିତ୍ୟରେ ସେମାନେ ଉପହାସର ପାତ୍ର। ଏହାର ଉଦାହରଣ ଅସଂଖ୍ୟ।

ସେ ସମୟରେ ସ୍ତ୍ରୀ ଓ ପୁରୁଷଙ୍କ ମଧ୍ୟରେ ସାମାଜିକ ବ୍ୟବଧାନ ପ୍ରାୟ ଅଲଂଘ୍ୟ। ସାମାଜିକ ଆଚାର ଯାହା ଥିଲା, ସେଥିରେ ସ୍ତ୍ରୀ ଓ ପୁରୁଷଙ୍କର ପରସ୍ପର ନିକଟବର୍ତ୍ତୀ ହେବା ଘୋର ବିପଜ୍ଜନକ ବୋଲି ଧରା ଯାଉଥିଲା। ଟିକିଏ ସୁବିଧା ପାଇଲେ ହିଁ ସମସ୍ତ ସଂଯମ ଓ ସାମାଜିକ ମାନ୍ୟତା ବଢିପାଣିରେ ବାଲିବନ୍ଧ ପରି ଭୁଷୁଡି ପଡିବ। ପ୍ରେମ ଓ ପାପଚାର ଭିତରେ ବିଶେଷ କିଛି ପାର୍ଥକ୍ୟ ନଥିଲା। ଏପରି ଆଚାର ଫଳରେ ଅନେକ ବିକୃତି ସୃଷ୍ଟି ହେବା ସ୍ୱାଭାବିକ। ପୁରୁଷ ଓ ସ୍ତ୍ରୀ ସମାଜରେ ପରସ୍ପରର ସାନ୍ନିଧ୍ୟ ଲୋଡିବା ସ୍ୱାଭାବିକ। ଫଳତଃ ସମାଜରେ ଏପରି ଏକ ନାରୀଗୋଷ୍ଠୀର ଉଦ୍ଭବ ହେଲା ଯାହା ଏକ ଅସାଧାରଣ ପ୍ରତିଷ୍ଠା ଓ ସ୍ୱୀକୃତି ଲାଭ କଲା। ଏମାନଙ୍କୁ ବେଶ୍ୟା କହିବା ଠିକ୍ ହେବ ନାହିଁ, ହୁଏତ ଗଣିକା ଶବ୍ଦ ବେଶୀ ଉପଯୋଗୀ। ଏମାନେ ଅବଶ୍ୟ ସତୀ ସାଧ୍ୱୀଙ୍କ ଭଳି ସମ୍ମାନ ପାଉ ନ ଥିଲେ, କିନ୍ତୁ ତା’ ବୋଲି ତାଙ୍କର ସାମାଜିକ ପ୍ରତିଷ୍ଠା ଊଣା ହେଉ ନଥିଲା। ଏମାନେ ହିଁ ହେଲେ ସେ ସମୟର ନାୟିକା। ସେମାନଙ୍କର ବୈଠକଖାନା ସମ୍ଭ୍ରାନ୍ତ ଲୋକଙ୍କର ମିଳନସ୍ଥଳ। ସେଠାରେ ସାହିତ୍ୟ, ରାଜନୀତି ଓ ଅନ୍ୟାନ୍ୟ ବିଷୟ ଚର୍ଚ୍ଚା କରାଯାଇପାରେ। କଥାର ଚାତୁରୀ (Wit) ଦେଖାଇବାର ସୁବିଧା ମଧ୍ୟ ମିଳେ। ସବୁଠାରୁ ବଡକଥା, ସେଠାରେ ମନଖୋଲା କଥାବାର୍ତ୍ତା ଓ ବନ୍ଧନହୀନ ମିଳାମିଶା ସମ୍ଭବ। କଥାବାର୍ତ୍ତା ଖୁବ୍ ମାର୍ଜିତ ହେଉଥିଲା, ଯେହେତୁ ନାରୀ (ଯେ କୌଣସି ନାରୀ ହେଉନା କାହିଁକି)ର ଉପସ୍ଥିତି ଯୋଗୁଁ ପୁରୁଷମାନଙ୍କ କଥାବାର୍ତ୍ତାରେ କେତେଟା ଶାଳୀନତା ଆସିବା ସ୍ୱାଭାବିକ। ଫଳତଃ ଏହି ମହିଳାମାନେ ହିଁ ସୁରୁଚିର, ଆଦବ୍‌କାଇଦାର ନିୟାମକ ରୂପେ ଗୃହୀତ ହେଲେ। ପାଠକମାନଙ୍କ ଭିତରୁ ଅନେକ ‘ଓମରାଓ ଜାନ୍’ ଚଳଚିତ୍ରଟି ଦେଖିଥିବେ। ଏହା ସେହି ସମାଜ। ଓମ୍‌ରାଓ ଜାନ୍‌ଙ୍କ ପରି ନାୟିକାମାନଙ୍କ ବୈଠକଖାନାରେ ବସୁଥିଲା ମହଫିଲ୍ ବା ବଜମ୍।

ଏ ସବୁ ବୈଠକରେ ପୁରୁଷଙ୍କ ତୁଳନାରେ ମହିଳାଙ୍କ ସଂଖ୍ୟା ସ୍ୱଳ୍ପ। ନାୟିକା ଜଣେ ଏବଂ ଖୁବ୍ ବେଶୀ ହେଲେ ତା’ର କେହି ଯୁବତୀ ସଖୀ ବା ଦାସୀ ଥିଲେ। ତେଣୁ ନାୟିକା ଆଜି କାହାକୁ ଚାହିଁଲେ, କାଲି କାହାଆଡକୁ ଚାହିଁ ହସିଥିଲେ, କାହା

ଉପରେ ମୁହଁ ଫୁଲେଇଲେ ଏସବୁ ଅତ୍ୟନ୍ତ ଜରୁରୀ ଓ ଗୁରୁତ୍ୱପୂର୍ଣ୍ଣ ମାମଲା। ଏହି ନାୟିକା ସାଧାରଣତଃ ନିଷ୍ଠୁରା ଏବଂ ଦଳେ ପୁରୁଷଙ୍କୁ ମାଙ୍କଡପରି ନଚାଇବା ତା'ର ସ୍ୱାଭାବିକ ଆଚରଣ। କିନ୍ତୁ ଏହି ନିଷ୍ଠୁରତା ଯେ କେତେ କବିତାର ଉତ୍ସ ତାହା କହିବା ସମ୍ଭବ ନୁହେଁ।

ଏହି ରାଜନୈତିକ ସାମାଜିକ ପଙ୍କରୁ ଯେଉଁ ପଦ୍ମ ଫୁଟିଲା ତାହା ଅପୂର୍ବ। ସେ ସମୟରେ ଏପରି କେତେକ ଅସାଧାରଣ ପ୍ରତିଭାସମ୍ପନ୍ନ କବି ଦେଖାଦେଲେ ଯେଉଁମାନେ ଏକ ନୂତନ ଭାବାଲୋକ ସୃଷ୍ଟି କଲେ। ମସ୍ତିଷ୍କ ଓ ହୃଦୟର ଏପରି ସମନ୍ୱୟ ଆଗରୁ ଦେଖାଯାଇ ନଥିଲା। ଏମାନେ ଅଳ୍ପ କଥାରେ ନିଜକୁ ପ୍ରକାଶ କରିବାରେ ପାରଦର୍ଶୀ, ସୁତରାଂ ଏମାନଙ୍କର କବିତା ବ୍ୟଞ୍ଜନାମୟ। ଏ ବ୍ୟଞ୍ଜନା ହୃଦୟଙ୍ଗମ କରିବାକୁ ହେଲେ ତତ୍କାଳୀନ ସଂସ୍କୃତି ବିଷୟରେ କିଛି ଜାଣିବାକୁ ହେବ। ସେ ସମାଜ ମୁସଲମାନ ଅଧିକାଂଶ କବି ଓ ଅଧିକାଂଶ ପାଠକ ମୁସଲମାନ୍। କବିତାରେ ମୁସଲିମ୍ ରୂପକର ବହୁଳ ବ୍ୟବହାର ସ୍ୱାଭାବିକ ଏବଂ ତା' ବିଷୟରେ ଧାରଣା ନଥିଲେ କବିତାର ରସଗ୍ରହଣ ପ୍ରାୟ ଅସମ୍ଭବ ହୋଇପଡେ। ମିର୍ଜା ଅବଦୁଲ ଖାଁ ଗାଲିବ୍‌ଙ୍କର ଗୋଟିଏ କବିତା ଦେଖନ୍ତୁ -

ଆଓ କ୍ୟୋଁ ନକରେଁ ହମ୍ ସୈର କୋହେତୂରକି
କ୍ୟା ଫର୍କ ହୈ କି ସବ୍‌କୋ ୟାକ୍‌ସା ଜବାବ୍ ମିଳେ।

ଏହାର ଆକ୍ଷରିକ ଅର୍ଥ ହେଲା ଯେ 'ଚାଲ' ଆମେ କାହିଁକି ସିନାଇ ପର୍ବତ ଉପରକୁ ବୁଲିବାକୁ ନଯିବା ? ସମସ୍ତଙ୍କୁ ଏକା ଉତ୍ତର ମିଳିବ ବୋଲି କ'ଣ କଥା ଅଛି ? କୋରାନ୍‌ରେ, ବାଇବେଲ୍‌ରେ ଓ ଇହୁଦୀ ଧର୍ମଶାସ୍ତ୍ରରେ ଅଛି ଯେ ମୁସା ବା ମୋଜେସ୍ ଇହୁଦୀମାନଙ୍କୁ ସଙ୍ଗରେ ଧରି ମିଶରରୁ ପଳାଇ ଆସି ସିନାଇ ପର୍ବତ ପାଖରେ ପହଞ୍ଚିଲେ। ପର୍ବତ ଉପରକୁ ଚଢି ସେ ଜିହୋଭାଙ୍କୁ ଡାକିଲେ ଓ ଦେଖାଦେବାକୁ ପ୍ରାର୍ଥନା କଲେ। ଆକାଶରୁ ଦୈବବାଣୀ ଶୁଭିଲା ଯେ ତୋର ମୋତେ ଦେଖିବାର ଶକ୍ତି ନାହିଁ। ଏଠାରେ କବି କହୁଛନ୍ତି, "ମୁଁ ତ' ମୁସା ପରି ଦୁର୍ବଳ ନୁହେଁ, ହୁଏତ ମୋର ବ୍ୟକ୍ତିତ୍ୱରେ ଏପରି ଶକ୍ତି ଅଛି ଯଦ୍ୱାରା ମୁଁ ଇଶ୍ୱରଙ୍କୁ ଦେଖିପାରିବି। ଯଦି ଚେଷ୍ଟା ନ କରାଯାଏ, ବ୍ୟକ୍ତିତ୍ୱର ବିକାଶ ହେବ କିପରି ?" ଏ ଐତିହ୍ୟ ସହିତ ପରିଚୟ ନଥିଲେ କବିତାଟିର ରସୋପଲବ୍ଧି ଅପୂର୍ଣ୍ଣ ରହିଯିବ ନିଶ୍ଚୟ। ଖାଣ୍ଟି ଇସଲାମି ରୂପକ ଛଡା ଉର୍ଦ୍ଦୁ ଫରାସୀ ଇତିହାସରୁ ଅନେକ ରୂପକ ଆହରଣ କରିଛି।

ବାକ୍‌ଚାତୁରୀ, ପ୍ରତ୍ୟୁତ୍ପନ୍ନ ବୁଦ୍ଧି, ମାନବିକ ମୂଲ୍ୟବୋଧ ଓ ଭଣ୍ଡାମି ପ୍ରତି ଅସହିଷ୍ଣୁ ତା'ର ସରସ ପ୍ରକାଶରେ ଉର୍ଦ୍ଦୁ କବିତାର ସାର୍ଥକତା। ସଂସାରରେ ଭଣ୍ଡାମି ପ୍ରତି ବିଦ୍ରୁପ

ପ୍ରକାଶ କରିବା ସଙ୍ଗେ ସଙ୍ଗେ ନିଜକୁ ମଧ୍ୟ ଉପହାସ କରିବା ଦ୍ୱାରା କବି ତା'ର ପାଠକ ଓ ଶ୍ରୋତା (କାରଣ ଉର୍ଦ୍ଦୁ କବିତା ପ୍ରାୟ ସଭାରେ ପଢାଯାଇଥାଏ, ଯାହାକୁ ମୁଶାୟରା କହନ୍ତି)ଙ୍କ ସହିତ ଏକ ଭାବାତ୍ମକ ଯୋଗସୂତ୍ର ସ୍ଥାପନ କରିବାରେ ସମର୍ଥ ହୁଏ। ଏହି ହାଲୁକା ଶୈଳୀରେ ଅନେକ ଦାର୍ଶନିକ କଥା ମଧ୍ୟ କହି ହୋଇଯାଏ। ଗୋଟିଏ ଆଧୁନିକ କବିତା (ଖୁମାର୍‌ଙ୍କର ରଚନା)ରୁ ଉଦାହରଣଟିଏ ନିଅନ୍ତୁ -

ଇନ୍‌ସାନ୍ ଜିତେ ଜୀ କରେ ଗୁନାହୋଁ ସେ ତୋବା
ମଜ୍‌ବୁରୀନେ କିତ୍‌ନେ ଫରିସ୍ତେ ବନା ଡାଲେ ହେଁ।

ଅର୍ଥାତ୍ ମନୁଷ୍ୟ ହୋଇ ପାପ ନକରିବା ଅସମ୍ଭବ। ଅବସ୍ଥାଚକ୍ରରେ କେତେ ଦେବଦୂତ ତିଆରି ହୁଅନ୍ତି। ବିଦଶ ଅର୍ଥହେଲା, ପାପ କରିବା ସ୍ୱାଭାବିକ। ଅଧିକାଂଶ ପୁଣ୍ୟାତ୍ମା ହୋଇଯାଇଛନ୍ତି। ଏଥିରେ ବ୍ୟଙ୍ଗ ସହିତ ସମ୍ବେଦନା ଓ ସହନଶୀଳତା ସୁସ୍ପଷ୍ଟ। ଏପରି କବିତା ଯେ ଲୋକପ୍ରିୟ ହେବ ଏଥିରେ ଆଶ୍ଚର୍ଯ୍ୟ ହେବାର କିଛି ନାହିଁ। ପୁଣି ଏହି ହାଲୁକା ଶୈଳୀ ଲେଖକର ଆତ୍ମରକ୍ଷାର ଏକ କୁଶଳ ଉପାୟ। ନୀତିବାଗୀମାନେ ବିରକ୍ତ ହୋଇପାରନ୍ତି, କିନ୍ତୁ ଉତ୍ୟକ୍ତ ହେବେ ନାହିଁ। ଏହି ହାଲୁକା ଅଥଚ ପ୍ରକାଶକ୍ଷମ ଶୈଳୀର ଆଉ ଗୋଟିଏ ଉଦାହରଣ (ଫୈଜ୍ ଅହମ୍ମଦ ଫୈଜ୍‌ଙ୍କ କବିତାରୁ) ଦେଉଛି -

ଫିକ୍ରେ ସୁଦୋଜିୟାଁ ତୋ ଛୁଟେଗୀ
ମିନ୍ନତେ ଇନୋ ଆଁ ତୋ ଛୁଟେଗୀ
ଶୈର୍, ଦୋଜଖ ମେଁ ମୟ ମିଲେ ନା ମିଲେ
ଶେଖୁ ସାହବ୍ ସେ ଜାନ୍ ତୋ ଛୁଟେଗୀ।

ଅର୍ଥାତ୍ ମୃତ୍ୟୁ ହେଲେ କ'ଣ ହେବ? ଲାଭ ଓ କ୍ଷତିର ଚିନ୍ତାରୁ ମୁକ୍ତି ମିଳିବ, ୟା'କୁ ତାକୁ ଖୁସାମତ୍ କରିବାକୁ ମଧ୍ୟ ମୁକ୍ତି ମିଳିବ, ନରକକୁ ଯିବାକୁ ହେବ, ସେଠାରେ ମଦ ମିଳୁ କି ନମିଳୁ, ମୌଲବୀ ସାହେବଙ୍କର ଉପଦେଶରୁ ତ ମୁକ୍ତି ମିଳିବ।

ରାଜନୈତିକ ତଥା ସାମାଜିକ ଅବ୍ୟବସ୍ଥା କଥା ଆଗରୁ ଉଲ୍ଲେଖ କରାଯାଇଛି। ବାସ୍ତବତା ସହିତ କିଛିଟା ସାଲିସ ନକଲେ ଏ ବ୍ୟବସ୍ଥା ଭିତରେ ବଞ୍ଚିବା ଅସମ୍ଭବ ହୋଇଥାନ୍ତା। କିନ୍ତୁ ଏ ବାସ୍ତବତାର ସମ୍ପୂର୍ଣ୍ଣ ରୂପେ ଖୁବ୍ କ୍ଲେଶଦାୟକ, ତେଣୁ ଯେତିକି ନ ଦେଖିଲେ ନ ଚଳେ ସେତିକି ହିଁ ଲୋକେ ଦେଖିଲେ। ଅନ୍ୟ କଥାରେ କହିଲେ, ସମୁଦାୟ ବାସ୍ତବତାକୁ ଛୋଟ ଛୋଟ କୋଠରୀରେ ବାଣ୍ଟି ଦିଆଗଲା ଏବଂ ଏକ ନିର୍ଦ୍ଦିଷ୍ଟ ସମୟରେ ଏକ ନିର୍ଦ୍ଦିଷ୍ଟ କୋଠରୀରେ ବାସ୍ତବତା ସହିତ କଷ୍ଟେମଷ୍ଟେ ସମ୍ପର୍କ

ସ୍ଥାପନ କରାଯାଉଥିଲା। ଏହାଫଳରେ ନିଷ୍ଠୁର ବାସ୍ତବତା କିଛି ପରିମାଣରେ ସହି ହୋଇଯାଉଥିଲା। ସବୁ ଜିନିଷକୁ ଛୋଟ ଛୋଟ ଅଂଶରେ ବିଭକ୍ତ କରି ପ୍ରତ୍ୟେକ ଅଂଶକୁ ନିଠେଇ ଦେଖିବାର ମନୋବୃତ୍ତି ଏ ପରିସ୍ଥିତିରୁ ପ୍ରେରଣା ପାଇଲା। ଗଜଲ୍ ଏହି ମନୋବୃତ୍ତି ସହିତ ବେଶ୍ ଖାପ ଖାଇଗଲା। ଏହାର ପ୍ରତ୍ୟେକ ଅଂଶ ମଧ୍ୟ ସ୍ୱୟଂସମ୍ପୂର୍ଣ୍ଣ। ଅଷ୍ଟାଦଶ ଶତାବ୍ଦୀର ଶେଷଭାଗ ଓ ଊନବିଂଶ ଶତାବ୍ଦୀର ଆରମ୍ଭ ଗଜଲ୍‌ର ଉତ୍କର୍ଷର ସମୟ। ଅବଶ୍ୟ ସମୟ ବଦଳିବା ସଙ୍ଗେ ସଙ୍ଗେ ଗଜଲ୍ ବି ବଦଳିବାକୁ ଆରମ୍ଭ କଲାଣି। ଆଗେ ଗଜଲ୍‌ରେ ଗୋଟିର ପଦ ସହିତ ଅନ୍ୟ ପଦର ପ୍ରାୟ କୌଣସି ସମ୍ବନ୍ଧ ନ ଥିଲା, ଏବେ କିନ୍ତୁ ପ୍ରତ୍ୟେକ ପଦ ଏକ ମୂଳଭାବର ଅନୁପୂରକ ହେବା ଉପରେ ଗୁରୁତ୍ୱ ଦିଆଯାଉଛି।

ଏ ସଂସ୍କୃତିକୁ ମୁସଲମାନ୍ ସଂସ୍କୃତି କହିବା ଭୁଲ୍ ହେବ। ରାଜକାର୍ଯ୍ୟ ସହିତ ସଂପୃକ୍ତ ହିନ୍ଦୁମାନେ ମଧ୍ୟ ଫାରସୀ ଶିଖିଥିଲେ ଏବଂ ହିନ୍ଦୀ-ଫାରସୀ ମିଶା ଉର୍ଦ୍ଦୁକୁ ଗ୍ରହଣ କରିନେବାରେ ସେମାନଙ୍କର କିଛି ଆପତ୍ତି ନଥିଲା। ଏ ସଂସ୍କୃତିକୁ ତେଣୁ ମୁସଲମାନ୍ ସଂସ୍କୃତି ନକହି ଉତ୍ତର ଭାରତର ନାଗରିକ ସଂସ୍କୃତି କହିବା ଅଧିକ ସମୀଚିନ ହେବ।

ଗଜଲ୍ ସାହିତ୍ୟରେ କେତୋଟି ଭାବଧାରା ଓ ଶବ୍ଦ ବହୁଳ ପ୍ରଚଳିତ ଏବଂ ପାଠକ (ବା ଶ୍ରୋତା) ଏହାର ପରିବେଶ ତଥା ବିଶେଷ ଅର୍ଥ ବୁଝନ୍ତି ବୋଲି ଧରି ନିଆଯାଇଥାଏ। ଏପରି ବିଶେଷ ଅର୍ଥ ସହିତ ଓଡିଆ ପାଠକମାନେ ପରିଚିତ ନଥିବାରୁ ସାମାନ୍ୟ ସୂଚନା ଦେବା ଅପ୍ରାସଙ୍ଗିକ ହେବ ନାହିଁ ବୋଧହୁଏ।

ପିୟା (ମାଶୁକ୍, ସନମ୍ ଇତ୍ୟାଦି) - ଆଗରୁ କୁହାଯାଇଛି, ଉର୍ଦ୍ଦୁ ସାହିତ୍ୟରେ ପ୍ରିୟା ଅତ୍ୟନ୍ତ ନିଷ୍ଠୁରା। ସେ ଖୁବ୍ ରୂପଗର୍ବିତା ମଧ୍ୟ। ପ୍ରେମିକର ଦୁଃଖ ଏତିକିରେ ସରେ ନାହିଁ; ତା'ର ଚରମ ନିଷ୍ଠୁରତା ହେଲା ପ୍ରେମିକ ଆଗରେ ତା'ର ପ୍ରତିଦ୍ୱନ୍ଦୀ ପ୍ରତି କୃପା। ଏକାଧିକ ପ୍ରେମିକଙ୍କୁ ମାଙ୍କଡ ନାଚ ନଚେଇବା ତା' ପକ୍ଷରେ ଆମୋଦଦାୟକ। ଏଥିଲାଗି କିନ୍ତୁ ପ୍ରେମିକର କୌଣସି କ୍ଷୋଭ ନାହିଁ। ତା'ର ସମର୍ପଣ ସମ୍ପୂର୍ଣ୍ଣ। ସେ କିଛି ଆଶା ରଖିନାହିଁ। ଏପରି ପ୍ରିୟାର ଉପମା ହେଲା 'ଶମା' ବା ଦୀପଶିଖା ଓ ପ୍ରେମିକ ହେଲା 'ପରୱାନା' ବା ପତଙ୍ଗ। ପତଙ୍ଗ ଶିଖା ପ୍ରତି ଆକର୍ଷିତ ହୋଇ ପୋଡି ମରେ ସତ, କିନ୍ତୁ ଶିଖାର ପରିଣତି କ'ଣ ? ସେ ବି ତ ଜଳି ଜଳି ମରେ। ଶେଷକୁ ରହିଯାଏ ପୋଡା ସଳିତା ଓ କିଛି ଧୂଆଁ। ଆମ ସାହିତ୍ୟରେ ରାଧା ପ୍ରେମପାଗଳିନୀ, କିନ୍ତୁ ଏଠି ଓଲଟା। ଏଠି ପ୍ରେମିକ ପାଗଳ। ସେ ପାଗଳ ହୋଇ ମରୁଭୂମିରେ ତା'ର ପ୍ରିୟା ଲୈଲାକୁ ଖୋଜୁଥାଏ। ଏହାର ଆଧ୍ୟାତ୍ମିକ ଅର୍ଥ ମଧ୍ୟ ଅଛି। ବିଶେଷ କରି ସୁଫୀମାନେ ପ୍ରେମର

ଭାଷାରେ ଆଧ୍ୟାତ୍ମିକଭାବ ପ୍ରକାଶ କରିଥାନ୍ତି। ପ୍ରେମିକା ପରମାତ୍ମା ଯାହାକୁ ପ୍ରେମିକରୂପୀ ଜୀବାତ୍ମା ସଂସାରର ମରୁଭୂମିରେ ଖୋଜି ବୁଲୁଥାଏ। ଲୈଲା ଈଶ୍ୱର, ମଜ୍‌ନୁ ସାଧକ।

ମଦ୍ୟ (ମୟ, ଶରାବ୍ ଇତ୍ୟାଦି) - ଇସ୍‌ଲାମ୍ ଧର୍ମରେ ମଦ୍ୟପାନ ହରାମ୍ ବା ଅତ୍ୟନ୍ତ ପାପକାର୍ଯ୍ୟ। ଉର୍ଦ୍ଦୁ ସାହିତ୍ୟଟା ଯାକ କିନ୍ତୁ ମଦ୍ୟର ପ୍ରଶଂସାରେ ପୂର୍ଣ୍ଣ। ମୁଲ୍ଲାମାନଙ୍କର ପ୍ରବଳ ପ୍ରତିରୋଧ ସତ୍ତ୍ୱେ ସମାଜରେ ମଦ୍ୟପାନ କିଛିଟା ଗୃହୀତ ହୋଇ ଯାଇଥିଲା। ଏହାକୁ ମୁଲ୍ଲାଶାହୀ ବିରୁଦ୍ଧରେ ଏକ ବିଦ୍ରୋହ ଭାବେ ଧରାଯାଉଥିଲା। ମଦ୍ୟପାନ ଧର୍ମଗୁରୁମାନଙ୍କ ଦ୍ୱାରା ନିନ୍ଦିତ ହେବା ସତ୍ତ୍ୱେ ସମାଜରେ ଘୃଣ୍ୟ ବିବେଚିତ ହେଉ ନଥିଲା। ମଦ୍ୟଶାଳାରେ ୟାର୍ ଦୋସ୍ତମାନଙ୍କ ସଙ୍ଗସୁଖ ଲାଭ କରିବା ଏବଂ ସାକୀ ସହିତ କିଞ୍ଚିତ୍ ପ୍ରେମାଳାପ କରିବା ନାଗରିକ ସଭ୍ୟତାର ଅଂଶ ଭାବେ ଗୃହୀତ ହୋଇଯାଇଥିଲା। ଅନେକ କ୍ଷେତ୍ରରେ ସାକୀ ବା ମଦ୍ୟ ପରିବେଶିକା ଓ ନିଷ୍ଠୁରା ପ୍ରିୟା ଏକ ବ୍ୟକ୍ତି। ଏଣୁ ମଦ୍ୟଶାଳା ବା ମୈଖାନର ସାହିତ୍ୟିକ ପ୍ରତିଷ୍ଠା ବିପୁଳ। କାଳକ୍ରମେ ଏହା ଏକ ଉପମାରେ ପରିଣତ ହେଲା। ଅନେକ ଆଚାରନିଷ୍ଠ ମୁସଲମାନ୍ କବି ମଧ୍ୟ ଏହି ମଦିରା ରୂପକ ବ୍ୟବହାର କରିବାକୁ ବାଧ୍ୟ ହେଲେ। ତେବେ ଏହା ସ୍ୱୀକାର କରିବାକୁ ହେବ ଯେ ଅଧିକାଂଶ କବି କିଞ୍ଚିତ୍ ପାନ କରିବା ପ୍ରତି ବିମୁଖ ନଥିଲେ ଏବଂ ଅନେକ କ୍ଷେତ୍ରରେ ପାନର ପରିମାଣ କିଞ୍ଚିତ୍ ଅପେକ୍ଷା ଯଥେଷ୍ଟ ବେଶୀ ଥିଲା। ଅନେକ ସମୟରେ କବି ମଦ ନଖାଇବାକୁ ପ୍ରତିଜ୍ଞା ବା ତୋବା କରେ, କିନ୍ତୁ ଏପରି ପ୍ରତିଜ୍ଞା ରକ୍ଷାକରିବା ମୁସ୍କିଲ୍। ସାଗର ଅର୍ଥାତ୍ ପିଆଲା ଓ ମୀନା ଅର୍ଥାତ୍ ମଦ୍ୟପାତ୍ର ଅତ୍ୟନ୍ତ ପ୍ରିୟ ବସ୍ତୁ। ଗୋଟିଏ ଶେର୍ ଦେଖନ୍ତୁ -

ଗୋ ହାଥକୋ ଜୁମ୍ବିସ୍ ନହିଁ, ଆଁଖୋଁ ମେଁ ତୋ ଦମ୍ ହୈ
ପଡାରହନେ ଦୋ ଅଭି ସାଗର୍-ଓ-ମୀନା ମେରେ ଆଗେ।

(ହାତ ଶକ୍ତିହୀନ, ପାତ୍ର ଉଠାଇ ପାରିବ ନାହିଁ, କିନ୍ତୁ ଦୃଷ୍ଟିରେ ତ ଶକ୍ତି ଓ ଇଚ୍ଛା ଅଛି। ପିଆଲା ଓ ମଦ୍ୟପୂର୍ଣ୍ଣ ସୁରେଇ ମୋ ଆଗରେ ଥାଉ)

ୱାଇଜ୍, ନାସେହ - ଆକ୍ଷରିକ ଅର୍ଥ ହେଲା ଧର୍ମଯାଜକ। ଏମାନଙ୍କୁ ସ୍ଥଳ ବିଶେଷରେ ଶୋଖ୍ କୁହାଯାଏ। ସାଧାରଣ ଅର୍ଥରେ ଏମାନେ ମୁଲ୍ଲା ବା ମୌଲବୀ। ଉର୍ଦ୍ଦୁ ସାହିତ୍ୟରେ ଏମାନେ ଉପହାସର ପାତ୍ର, ଅନେକ କ୍ଷେତ୍ରରେ ଭଣ୍ଡ, ପ୍ରାୟ ସବୁକ୍ଷେତ୍ରରେ ପ୍ରଚୁର ଶାସ୍ତ୍ରଜ୍ଞାନ ଥିବା ସତ୍ତ୍ୱେ କାଣ୍ଡଜ୍ଞାନବର୍ଜିତ। ମାନବିକ ମୂଲ୍ୟବୋଧଠାରୁ ଏମାନେ ବହୁତ ଦୂରରେ। ଧର୍ମ ନାମରେ ଏହି ଧର୍ମଧ୍ୱଜୀମାନଙ୍କର ଅତ୍ୟାଚାର ବିରୁଦ୍ଧରେ କବିମାନେ ସେମାନଙ୍କର ସ୍ୱର ଉତ୍ତୋଳନ କରିଥିଲେ। ଯଦିଓ ଭାରତରେ ଇସ୍‌ଲାମୀ ବିଦ୍ୟାଚର୍ଚ୍ଚା ଯଥେଷ୍ଟ ଉନ୍ନତ ଥିଲା ଓ ଭାରତର ମୌଲବୀମାନେ

ଇସ୍‌ଲାମୀ ଜଗତରେ ଏକ ସମ୍ମାନାସ୍ପଦ ସ୍ଥାନ ଅଧିକାର କରି ପାରିଥିଲେ, ସେମାନଙ୍କର ଦୁନିଆ ଥିଲା ମଦ୍‌ରସା ଓ ମସ୍‌ଜିଦ୍‌ର ଦୁନିଆ ଯାହା ସାହିତ୍ୟର ମହଫିଲ ଓ ମୁଶାୟାରାର ଦୁନିଆଠାରୁ ଭିନ୍ନ।

କୟାମତ୍, ମହଶର୍ ଇତ୍ୟାଦି - ଏହାର ଅର୍ଥ ଶେଷ ବିଚାରର ଦିନ। ଇସ୍‌ଲାମ୍ ଓ ଖ୍ରୀଷ୍ଟଧର୍ମରେ ସ୍ୱୀକୃତ ଯେ ପୃଥିବୀର ଶେଷ ଦିନ ଦେବଦୂତ ଜିବ୍ରାଇଲ୍ (ଇଂରାଜୀରେ ଗାବ୍ରିଏଲ୍) ଡାକ ଦେବେ ଏବଂ ସମସ୍ତ ମୃତବ୍ୟକ୍ତି ଉଠି ଆସିବେ ଓ ସେମାନଙ୍କ ପାପ ପୁଣ୍ୟର ବିଚାର ହେବ। ଏହା ତ ହେଲା ଧର୍ମର କଥା। ସାହିତ୍ୟର ଶେଷଦିନର ତାତ୍ପର୍ଯ୍ୟ ଟିକିଏ ଅଲଗା। ମୃତ ବ୍ୟକ୍ତିମାନଙ୍କ ସହିତ ନିଷ୍ଠୁରା ପ୍ରିୟାକୁ ମଧ୍ୟ ନିଜର ସମସ୍ତ କୁକାର୍ଯ୍ୟର କୈଫିୟତ୍ ଦେବାକୁ ହେବ। ପ୍ରେମିକ ସେଠାରେ ଉପସ୍ଥିତ ଥିବ। ତା' ପକ୍ଷରେ ପ୍ରିୟାର ଏ ଦୁର୍ଦ୍ଦଶା ଅସହ୍ୟ। ସେ ନିଜ ଉପରକୁ ଦୋଷ ନେଇ ପ୍ରିୟାର ଓକିଲାତି କରିବାକୁ ଚେଷ୍ଟା କରିବ।

ବୁତ୍, ସନମ୍ - ଆକ୍ଷରିକ ଅର୍ଥ ପ୍ରତିମା। ସୁନ୍ଦରୀ ପାଷାଣୀ ପ୍ରିୟା ପ୍ରତି ପ୍ରଯୁଜ୍ୟ।

ବୁତ୍‌କଦା - ପ୍ରତିମା ଥିବା ସ୍ଥାନ, ଅର୍ଥାତ୍ ହିନ୍ଦୁ ମନ୍ଦିର। ପାଷାଣୀ ପ୍ରିୟାର ଘର ଅର୍ଥରେ ମଧ୍ୟ ବ୍ୟବହୃତ ହୁଏ। ପ୍ରତିମା ପୂଜା ବିରୋଧୀ ଇସ୍‌ଲାମୀ ଚିତ୍ତବୃତ୍ତି ପକ୍ଷରେ ଏପରି ସ୍ଥାନ ବର୍ଜନୀୟ, କିନ୍ତୁ ବୁତ୍‌କଦାର ଆକର୍ଷଣ ଦୁର୍ବାର। ତା'ର କାରଣ ସେହି ସୁନ୍ଦରୀ ପ୍ରତିମା।

ହରମ୍ - ପବିତ୍ର ଗୃହ, ଅର୍ଥାତ୍ ମସ୍‌ଜିଦ୍। ଦୁଇଟି କାରଣରୁ କବି ସାଧାରଣତଃ ଏହାଠାରୁ ବହୁତ ଦୂରରେ। ପ୍ରଥମତଃ, ମୁଲ୍ଲାମାନଙ୍କର ଧର୍ମାନ୍ଧାତା ଓ ମାନବିକ ମୂଲ୍ୟବୋଧର ଅଭାବ। ଦ୍ୱିତୀୟତଃ ସେ ପାଷାଣୀ ପ୍ରିୟାର ପ୍ରେମ ଏପରି ସର୍ବଗ୍ରାସୀ ଯେ ଈଶ୍ୱରଙ୍କ ଲାଗି ହୃଦୟରେ ଆଉ ଜାଗା କାହିଁ? ମୋମିନ୍‌ଙ୍କର କଲାମ୍ (କଲମରୁ ଯାହା ବାହାରିଲା, ଅର୍ଥାତ୍ ଲେଖା) ଶୁଣନ୍ତୁ -

ଉମ୍ର ସାରୀ ତୋ କଟି ଇସ୍‌କ-ଏ-ବୁତାଁ ମେ ମୋ ମୋମିନ୍
ଅବ୍ ଆଖିରି ୱକ୍ତ ମେଁ କ୍ୟା ଖ୍ୟାକ୍ ମୁସଲମାଁ ହୋଗେ।

ଅର୍ଥାତ୍, ହେ ମୋମିନ୍, ସାରା ଜୀବନ ତ ସେହି ପ୍ରତିମାର ପ୍ରେମରେ କଟିଲା, ଶେଷ ସମୟରେ କି ମୁସଲମାନ ହେବୁ? (ଅବଶ୍ୟ ଏଥିଲାଗି ତାଙ୍କର ବିଶେଷ ଦୁଃଖ ଥିଲା ପରି ମନେ ହୁଏ ନାହିଁ)।

ଇମାନ୍ - ଆକ୍ଷରିକ ଅର୍ଥ କଷ୍ଟ, କିନ୍ତୁ ସାଧାରଣତଃ ଇସ୍‌ଲାମ୍ ଧର୍ମରେ ଆସ୍ଥା ବୁଝାଏ। କବି ଦୃଷ୍ଟିରେ ପ୍ରେମ ତୁଳନାରେ ଏହାର ମୂଲ୍ୟ ନଗଣ୍ୟ।

ୱଫା - କୌଣସି ବ୍ୟକ୍ତି ବା ଆଦର୍ଶ ପ୍ରତି ନିଷ୍ଠା। ଗତାନୁଗତିକ ଆଚାରବାଦ

ଅପେକ୍ଷା ମହତ୍ ବୋଲି ସ୍ୱୀକୃତ। ପ୍ରେମିକ ବା ଆଶିକ୍ ଏଥିଲାଗି ପ୍ରାଣ ଦେବାକୁ ସବୁବେଳେ ପ୍ରସ୍ତୁତ, କିନ୍ତୁ ପ୍ରେମିକା ବା ମାଶୁକ୍ ଅଧିକାଂଶ କ୍ଷେତ୍ରରେ 'ବେଓ୍ୱଫା'।

ଶୈକ୍ - ଏ ଶବ୍ଦଟିର ବ୍ୟଞ୍ଜନା ଏତେ ବ୍ୟାପକ ଯେ ଏହାର ଆକ୍ଷରିକ ଅର୍ଥ ବାହାର କରିବା କଷ୍ଟକର। ଏକାଧାରାରେ ଏହା ହୃଦୟର ଆବେଗ ତଥା ବ୍ୟକ୍ତିତ୍ୱର ବିକାଶ ବୁଝାଇଥାଏ। ଏହା ମନୁଷ୍ୟକୁ ଗତାନୁଗତିକତା ଛାଡି ଅମଡା ବାଟରେ ଚାଲିବାର ପ୍ରେରଣା ଦିଏ। ଏହାର ପରିଣାମରେ ବହୁତ କଷ୍ଟ ମିଳେ, କିନ୍ତୁ ଏହା ଫଳରେ ହିଁ ବ୍ୟକ୍ତିତ୍ୱ ବିକଶିତ ହୁଏ। ଗାଲିବ୍‌ଙ୍କର ଦୁଇଟି କଲାମ ଏଠାରେ ଉଲ୍ଲେଖ କରାଯାଇପାରେ-

୧- ଶୈକ୍ ହର ରଂଜ ମେଁ ରକିବେ ସରୋ ସାମାଁ ନିକଲା
କୈଶ ତସବିର୍ କେ ପର୍ଦ୍ଦେ ମେଁ ଭି ଭରିୟାଁ ନିକଲା ।

(ଶୈକ୍ ପ୍ରତି ରୂପରେ ସାଂସାରିକ ସୁଖ ସ୍ୱାଚ୍ଛନ୍ଦ୍ୟର ଶତ୍ରୁ। ଦେଖ, ମଜନୁକୁ କେହି ଚିତ୍ରରେ ମଧ୍ୟ ବସ୍ତ୍ର ଦେଉ ନାହିଁ। ସେ ଜୀବନରେ ଯେପରି ବସ୍ତ୍ରହୀନ, ଚିତ୍ରରେ ମଧ୍ୟ ସେହିପରି ରହିଗଲା।)

୨- ପହନ ଗଣତନ୍‌ହା-ଏ-ଦିଲ ବଜ୍ ମେ ନିଶାତେ ଗର୍ଦବାଦ୍
ଲଜ୍ଜତେ-ଅର୍ଜେ-କୁଶାଦେ-ଓକ୍ତା-ଏ-ମୁସକିଲ ନପୁଛ୍।

(ହେ ହୃଦୟ, ତୋର କ୍ଷେତ୍ରକୁ ଆହୁରି ବିସ୍ତାରିତ କର। ଝଡ଼ର ଆନନ୍ଦରେ ମିଶି ଯା। କଠିନ ଗ୍ରନ୍ଥି ଉନ୍ମୋଚନ କରିବାର ଆନନ୍ଦ ଅବର୍ଣ୍ଣନୀୟ।)

ରକୀବ୍ ବା ଉଦୁ-- ଏହି ମହାନୁଭବଙ୍କ ସହଯୋଗ ବ୍ୟତିରକେ ଉର୍ଦ୍ଦୁ କବିତାର ଗାଡ଼ି ଚାଲିବା ପ୍ରାୟ ଅସମ୍ଭବ ହୋଇ ପଡ଼ିଥାନ୍ତା। ଓଡ଼ିଆରେ 'ପ୍ରତିଦ୍ୱନ୍ଦ୍ୱୀ' ଏହାର ସବୁଠାରୁ ନିକଟବର୍ତ୍ତୀ ଶବ୍ଦ। ତା' ପ୍ରତି ପ୍ରିୟାର କୃପା କଟାକ୍ଷ ପ୍ରେମିକର ହୃଦୟକୁ ସର୍ବଦା ବିଦ୍ଧ କରୁଥାଏ, କିନ୍ତୁ ରକୀବ ନଥିଲେ ଶାଶ୍ୱତ ତ୍ରିଭୁଜ (Eternal Triangle) ସୃଷ୍ଟି ହୁଅନ୍ତା ନାହିଁ କି ଅନେକ କବିତାର ଉପାଦାନ ମିଳିନଥାନ୍ତା।

ଗୋଟିଏ ଛୋଟ ଗଜଲ୍ ଓ ତା'ର ଓଡ଼ିଆ ଅନୁବାଦ ଦେଇ ଏ ପ୍ରବନ୍ଧଟି ଶେଷ କରିବି। ଗଜଲ୍‌ଟି ମୀର ତକି ମୀରଙ୍କର ସେ ହେଲେ ପ୍ରାଚୀନମାନଙ୍କ ମଧ୍ୟରେ ମହାନ୍। ଭାଷାର ସରଳତା ଓ ଅର୍ଥର ଗାମ୍ଭୀର୍ଯ୍ୟ ନିମିତ୍ତ ତାଙ୍କର କବିତା ପ୍ରସିଦ୍ଧ। ଗାଲିବଙ୍କ ପରି କବି ମଧ୍ୟ ତାଙ୍କୁ ଉସ୍ତାଦ ବା ଗୁରୁ ବୋଲି ସ୍ୱୀକାର କରିଛନ୍ତି। ହୃଦୟର ଆବେଗକୁ ସେ ଯେପରି ସରଳ, ମଧୁର ଭାଷାରେ ପ୍ରକାଶ କରିଛନ୍ତି ତାହା ଅନ୍ୟତ୍ର ବିରଳ। ଅନୁବାଦ ଯେ ଯଥାର୍ଥ ହୋଇପାରିନାହିଁ ସେକଥା ମୁଁ ମୂଳରୁ ମାନିନେଉଛି।

ମେହେର କି ତୁଟ୍ ସେ ତଓ୍ୱକୋଥି ତୁ ସିତମ୍‌ଗର ନିକ୍‌ଲା

ମୋସ ସମ୍‌ଝେ ତେ ହମ୍ ଯିସ୍‌କୋ ୱହ ପତ୍‌ଥର ନିକଲା ।

(ତୋଠାରୁ କରୁଣାର ଭରସା ଥିଲା, କିନ୍ତୁ ଶେଷରେ ତୁ ନିଷ୍ଠୁରା ହେଲୁ । ମୁଁ ଯାହାକୁ ମହମ ପରି କୋମଳ ଭାବିଥିଲି ସେ ପ୍ରକୃତରେ ପାଷାଣ ଥିଲା ।)

ଜୀତେ ଜୀ ଆହ ତେରେ କୁଚେ ସେ କୋଇ ନଫିରା

ଜୋ ସୀତମ୍‌ଦୀହ ରହା ୱହ ତୋ ମରକର୍ ନିକଲା ।

(ତୋ ଦୁଆରୁ କେହି ବଞ୍ଚିକରି ଫେରିନାହିଁ । ଯେ କେବଳ ଦେଖଣାହାରୀ ହୋଇ ତୋର ଅତ୍ୟାଚାର ଦେଖିବାକୁ ଯାଇଥିଲା, ସେ ବି ଶବଟିଏ ହୋଇ ଲେଉଟିଲା ।)

ଅଶ କେ ତର, କତରାଏ ଖୁଁ, ଲଖେତ ଜିଗଲ, ପାରା-ଏ-ଦିଲ

ଏକ୍ ସେ ଏକ୍ ଅଦ୍ ଆଁଖ୍ ସେ ବହକର୍ ନିକଲା ।

(ମୋ ଆଖିରୁ କ'ଣ ନ ବୋହିଲା ! ପ୍ରଥମେ ଅଶ୍ରୁ, ତା'ପରେ ବିନ୍ଦୁବିନ୍ଦୁ ରକ୍ତ, ଶେଷରେ ଖଣ୍ଡଖଣ୍ଡ ହୋଇଯାଇଥିବା ହୃଦୟର ନିର୍ଯ୍ୟାସ । ଗୋଟିକରୁ ଗୋଟି, ଆହୁରି ପୀଡ଼ାଦାୟକ)

ହମ୍‌ନେ ଜାନା ଥା କି ତୁ ଲିଖେଗା କୋଇ ହର୍ଫ, ଏ ମୀର

ତେରା ନାମା ତୋ ଶୈକ୍‌କା ଏକ୍ ଦଫତର୍ ନିକ୍‌ଲା ।

(ହେ ମୀର, ମୁଁ ଭାବିଥିଲି ତୁ ଅଳ୍ପ କିଛି ଲେଖିବୁ, କିନ୍ତୁ ତୋ ପତ୍ର ତ ଆକାଂକ୍ଷାର ଏକ ପୂରାପୂରି ସିରସ୍ତା ।)

■

# ମୋଗ୍‌ଲାଇ

ଆଜିକାଲି ଦୁଇତିନିଟା କଥା ଖୁବ୍ ଶୁଣାଯାଉଛି । ଗୋଟିଏ ହେଲା କଣ୍ଟିନେଣ୍ଟାଲ୍ । ଏହା ଚପ୍ କଟ୍‌ଲେଟ୍‌ର ଏକ ଅଭିଯାତ ସଂସ୍କରଣ । ଅନ୍ୟଟି ହେଲା ମୋଗଲାଇ । ତେବେ ଏହି କଣ୍ଟିନେଣ୍ଟାଲ୍ ସମ୍ବନ୍ଧରେ ସାଧୁ ସାବଧାନ । ଭକୁଆ ବନିଯିବାର ସମ୍ଭାବନା ପ୍ରଚୁର । ଆପଣଙ୍କର ଚିର ପରିଚିତ ମଟନ୍ ଚପ୍ ହଠାତ୍ ଦୁଇଧାଡି ଲମ୍ବା ଫରାସୀ ନାଆଁ ଧରି ଉପସ୍ଥିତ, ଯେପରିକି ଆପଣଙ୍କର ଅତି ପରିଚିତ ରଘୁ ଯଦି ହଠାତ୍ ତା'ର ଭିଜିଟିଂ କାର୍ଡ ଧରାଇ – ଶ୍ରୀଯୁକ୍ତ ରଘୁନାଥ ହରିଚନ୍ଦନ ମାନ୍ଧାତା ମହାପାତ୍ର । କିନ୍ତୁ ଯେଉଁ ପ୍ରକାର ଖାଦ୍ୟକୁ ମୋଗଲାଇ କୁହାଯାଏ ସେଥିରେ ଏ ପ୍ରକାର ସମସ୍ୟା ନାହିଁ । ନାମରୁ ହିଁ ମୋଟାମୋଟି ଅର୍ଥ ବୁଝିଯିବେ । ସ୍ଥଳ ବିଶେଷରେ ଅବଶ୍ୟ ବ୍ୟତିକ୍ରମ ଅଛି, ତେବେ ମଧ୍ୟ ମାମଲା ବିଶେଷ ସଙ୍ଗୀନ ହୁଏ ନାହିଁ । ଧରନ୍ତୁ କୁହାଗଲା ଶାହଜାହାନୀ ପୋଲାଓ । ଜାଣିଲେ ଯେ ଏହା ପଲାଉ ଏବଂ ଯେହେତୁ ମମତାଜ୍‌ମହଲଙ୍କ ଦେହାନ୍ତ ପରେ ଶାହଜାହାନ ଏକାଦଶୀ କରୁଥିବାର କୌଣସି ପ୍ରମାଣ ନାହିଁ, ଏଥିରେ ମାଂସ ମଧ୍ୟ ଥିବ । ମୁର୍ଗ ମୁସଲମାନ ମାନେ ଗୋଟା କୁକୁଡା, ଏଣୁ ଏହା ରୋଷ୍ଟ ଜାତୀୟ । କିନ୍ତୁ କଣ୍ଟିନେଣ୍ଟାଲ୍ ଚକ୍‌କରେ ପଡିଲେ ଦୂରବସ୍ଥା କଥା ଦେଖନ୍ତୁ । ଆପଣ ଏକ ପଞ୍ଚତାରକା ହୋଟେଲ୍‌ର ଫରାସୀ ରେସ୍ତୋରାଁରେ ପହଞ୍ଚିଲେ ଓ ବରାଦ କଲେ LES LEGUMES A LA GRECUQE – ଆସିଲା ଡାଲମା । ଅଥବା ବରାଦ କଲେ CREVETTES GEANTES FRITES TARTARE । ଆପଣ ଏ ମାଲ୍ ଧର୍ମତଲାର ସାଂଗୁରାଲିରେ ଖାଇଛନ୍ତି ନାମ ଗଲ୍‌ଦା ଚିଂଡି ଫ୍ରାଏ ।

ମୁଁ ଅନେକ ସମୟରେ ଭାବିଛି, ଆମର ଉତ୍ତମ ମାଂସ ରନ୍ଧାକୁ ମୋଗଲାଇ କାହିଁକି କୁହାଯାଏ । ମୋଗଲମାନେ ତ ଏହାକୁ ଏ ଦେଶକୁ ଆଣି ନଥିଲେ । ଆଗରୁ ଏହା ଏ ଦେଶରେ ପ୍ରଚଳିତ ଥିଲା । ମୋଗଲମାନଙ୍କର ନିଜସ୍ୱ ଖାଦ୍ୟ ବିଷୟରେ

ଯାହା ଜଣାଯାଏ, ସେଥିରେ ଶିକ୍‌କବାବ ଜାତୀୟ ପକ୍ୱ ମାଂସ ପ୍ରଧାନ ଥିଲା ଆଉ ଏକ ଖାଦ୍ୟର ନାମ ଥିଲା "ଆସ" ଯାହା ଏକ ପ୍ରକାର ଗାଢ ସୁପ୍ ବା ସୁରୁଆ ଜାତୀୟ ଜିନିଷ ଏବଂ ଏହାକୁ ଥଣ୍ଡା ଓ ଗରମ ଉଭୟ ଭାବରେ ଖିଆ ଯାଉଥିଲା। ଆଉ ଥିଲା ଅନେକ ପ୍ରକାରର ରୁଟି। କିନ୍ତୁ ମୋଗଲାଇର ଦୁଇ କୀର୍ତ୍ତୀ ସ୍ତମ୍ଭ, କୋରମା ଓ ପୁଲାଓ ତାଙ୍କ ଖାଦ୍ୟରେ ନଥିଲା। ବୋଧହୁଏ ମୋଗଲ ସାମ୍ରାଜ୍ୟ କୀର୍ତ୍ତି ଏତେ ବହୁଳ ହେଲା ଯେ ସବୁ ଭଲ ଜିନିଷର ନାମ ମୋଗଲ ଦରବାର ସାଙ୍ଗେ ଯୋଡି ଦିଆଯାଉଥିଲା। ତଦ୍ୱାରା ତା'ର ଆଭିଜାତ ସ୍ୱୀକୃତ ହେଉଥିଲା। ସେ ସମୟରେ ବ୍ରାହ୍ମଣ ପଣ୍ଡିତମାନେ ତ କହୁଥିଲେ ଦିଲ୍ଲୀଶ୍ୱରୋବା ଜଗଦୀଶ୍ୱରୋବା।

ଆମେ କଲେଜରେ ପଢୁଥିବା ବେଳେ ସାହି ମୁସଲମାନ୍‌ମାନେ ବିରିୟାନୀ ନାମକ ଏକ ଖାଦ୍ୟ ସମ୍ବନ୍ଧରେ ଆମକୁ ଅନେକ ରୂପକଥା ଶୁଣାଉଥିଲେ। ମୋଟାମୋଟି ବକ୍ତବ୍ୟ ହେଲା ଯେ ତମେମାନେ ଖାଇବା କେଉଁଠୁ ଜାଣିବ। ରନ୍ଧା ହୁଏ ନବାବ୍ ରଇସ୍‌ମାନଙ୍କ ଘରେ। ସେଠି ସେରେ ଚାଉଳ ସାଙ୍ଗେ ଷୋହଳ ସେର ମାଂସ ଓ ଷୋହଳ ସେର ଅସଲି ଗୁଆଘିଅ ଲାଗେ। ତାହାହିଁ ହେଉଛି ପ୍ରକୃତ ବିରିୟାନୀ ଏବଂ କଟକର ଖାନ୍ ହୋଟେଲ୍‌ରେ ଯେଉଁ ମାଲ୍ ମିଳେ ତାହା ପୂରା ଠକାମୀ। ଅବଶ୍ୟ ସେଥିରେ ମାଲିକର ଦୋଷ ନାହିଁ କାରଣ ସେପରି ବିରିୟାନୀ ଖାଇ ହଜମ କରିବା ଓ ତା'ର ଉଚିତ୍ ଦାମ୍ ଦେଇପାରିବା ଗ୍ରାହକ କଟକରେ ନାହାନ୍ତି। ଆମେ ମଧ୍ୟ ଭାବି ନେଇଥିଲୁ ହେବ ପରା। କାରଣ ଆମ ପିଲାଦିନେ ଏକ ପ୍ରସିଦ୍ଧ ଓଡିଆ ରେକର୍ଡ ଥିଲା - ଆସ କିଏ ସେ ଯିବରେ ଆଜି ରଜାଘର ଖାନା। ସେଠାରେ ଯୋଡା ଯୋଡା ଆରିସା ପିଠା ଓ ବଡ ବଡ ମିହିଦାନା ସାଙ୍ଗରେ ବିରିୟାନୀ ଓ ସେପରି ଖାଦ୍ୟର ବର୍ଣ୍ଣନା ନଥିବାରୁ ଆମେ ଧରିନେଇଥିଲୁ ଯେ ଓଡିଆ ପୁଅ ବୋଧହୁଏ ବିରିୟାନୀ ଖାଇବାର ଲାଏକ୍ ନୁହେଁ, ଏଣୁ ମିଆଁଭାଇଙ୍କ ପୂରାପୂରି ବିଶ୍ୱାସ ଯୋଗ୍ୟ।

ତା'ପରେ ଅନେକ ଜାଗାରେ ମୋଗ୍‌ଲାଇ ଖାଇଛି। ଉତ୍ତର ଓ ମଧ୍ୟଭାରତରେ ମୋଗଲାଇ ଅର୍ଥ ପ୍ରାୟ ମୁସଲମାନ୍ ବବୁର୍ଚ୍ଚିଙ୍କ ମାଂସ ରନ୍ଧା ବୋଲି ଧରିନିଆଯାଉଥିଲା। ଗେଷ୍ଟ୍ ହାଉସ୍‌ରେ ପହଞ୍ଚିଲେ ଖାନ୍‌ସମା ପଚାରୁଥିଲେ, ମୋଗ୍‌ଲାଇ ନା ନିରାମିଷ ନା ଇଂଲିଶ। ମୋର ନିଜର ପସନ୍ଦ ଇଂଲିଶି ବ୍ରେକ୍‌ଫାଷ୍ଟ, ନିରାମିଷ ଲଞ୍ଚ ଓ ମୋଗ୍‌ଲାଇ ଡିନର। ପରେ ମୋଗ୍‌ଲାଇ କାହାକୁ କହନ୍ତି ସେ ବିଷୟରେ ମୁଁ କିଞ୍ଚିତ୍ ଗବେଷଣା କରିଥିଲି। ଏ ବିଷୟରେ ବେଶ୍ କିଛି କିତାବପତ୍ର ମଧ୍ୟ ଅଛି। ମୋଟାମୋଟି ଧରାଯାଇପାରେ ଯେ ତନ୍ଦୁରର ରନ୍ଧା ମୋଗ୍‌ଲାଇ ନୁହେଁ। ଏହା ମଧ୍ୟ ଏସିଆରୁ

ପଞ୍ଜାବ ଅଞ୍ଚଳକୁ ଆସିଛି। ଖାଣ୍ଟି ମୋଗ୍‌ଲାଇ ରନ୍ଧା ଡେକଚି ଓ ତାୱା ଦ୍ୱାରା ହିଁ ହୁଏ। ତେବେ ମୋଗଲାଇ ଖାନା କଣ ?

ଶାହଜାଦା ମିର୍ଜା ଆସମାନ୍ କାଦର୍ କେତେକ ରାଜନୈତିକ କାରଣରୁ ଦିଲ୍ଲୀରୁ ଲକ୍ଷ୍ନୌ ଆସିଥିଲେ। ଉଦ୍ଦେଶ୍ୟ, ଲକ୍ଷ୍ନୌର ନବାବ ୱାଜିଦ୍ ଅଲ୍ଲୀ ଶାହାଙ୍କୁ ନିଜ ପକ୍ଷକୁ ଆଣିବା। ଶାହଜାଦା ଦିନେ ନବାବ୍‌ଙ୍କୁ ନିମନ୍ତ୍ରଣ କରିଥିଲେ। ସେଦିନ ରନ୍ଧା ହୋଇଥିଲା

୧। ପୁଲାଓ।

୨। ଜର୍ଦ୍ଦା (ପାନର ଜର୍ଦ୍ଦା ନୁହେଁ; ଜର୍ଦ୍ଦା ମାନେ ହଳଦିଆ। ଏହା ଏକ ମିଠା ପୁଲାଓ। ଏଥିରେ ମାଂସ ବଦଳରେ ବାଦାମ, କିସ୍‌ମିସ୍ ଦିଆଯାଏ)।

୩ । ବିରିୟାନୀ (ପଲାଓ ଓ ବିରିୟାନୀର ଗୁଢ ତତ୍ତ୍ୱ ପରେ ଆଲୋଚନା କରାଯିବା)।

୪ । କୋରମା।

୫ । ଶମୀ କବାବ୍।

୬ । ନରଗିସୀ କୋପ୍ତା।

୭ । ଚାରି ପ୍ରକାର ନିରାମିଷ ତରକାରୀ।

୮ । ଅନେକ ପ୍ରକାରର ଚଟଣି।

୯ । ବାଇଗଣ ଓ ଦହିର ରାଇତା।

୧୦ । ରୁଟି (ଲକ୍ଷ୍ନୌରେ ବିଶିଷ୍ଟ ଅତିଥିମାନଙ୍କ ପାଇଁ ତିଆରି ରୁଟି - ରୁମାଲ ରୋଟି ଜାତୀୟ)।

୧୧ । ପରାଠା (ଆମ ପରଟାର ଏକ ଉନ୍ନତ ସଂସ୍କରଣ। ପ୍ୟାଟି ଭଳି ପରତ ପରତ ବାହାରେ)।

୧୨ । ଶୀରମାଲ (ଦୁଧସର, ମଇଦା ଓ ଖଣ୍ଡର ଏକପ୍ରକାର ପରଟା)।

୧୩। ଫଳର ମୁରବା।

ପୁଲାଓ ଓ ବିରିୟାନୀ ସାଧାରଣ ଦୃଷ୍ଟିରେ ଏକ ବସ୍ତୁ, କିନ୍ତୁ ଏହା ଭିତରେ ପାର୍ଥକ୍ୟ ଅନେକ। ଦିଲ୍ଲୀ ବିରିୟାନୀର ରାଜଧାନୀ ଓ ଲକ୍ଷ୍ନୌ ପୁଲାଓର ଦରବାର। ପୁଲାଓରେ ମାଂସର ରସରେ ଚାଉଳ ରନ୍ଧା ଯାଏ। ଏହାର ରଙ୍ଗ ଖୁବ୍ ହାଲୁକା। ବିରିୟାନୀରେ ଚାଉଳ ଅଲଗା ଓ ମାଂସ ଅଲଗା ରାନ୍ଧି ଦରରନ୍ଧା ଅବସ୍ଥାରେ ଉଭୟକୁ ମିଶାଇ ରନ୍ଧା ଶେଷ କରାଯାଏ। ବିରିୟାନୀରେ ମସଲାର ବ୍ୟବହାର ବେଶୀ ଓ ସାମାନ୍ୟ ଝୋଳ ଭଲ ସ୍ୱାଦ ହେବା କଥା। ପୁଲାଓ ଯଦି ଭଲ ରନ୍ଧା ହୋଇନଥାଏ, ତେବେ ସାଧାରଣ ବିରିୟାନୀଠାରୁ ନିକୃଷ୍ଟ, କିନ୍ତୁ ଗୁଣୀମାନଙ୍କ ମତରେ ଉତ୍ତମ ପୁଲାଓ

ବିରିୟାନୀଠାରୁ ବହୁଗୁଣରେ ସରସ। ପୁଲାଓ ଓ ବରିୟାନୀରେ ବିଭିନ୍ନ ପ୍ରକାରର ଫେହରିସ୍ତ ଦେବା ମୋ ପରି ଶାସ୍ତ୍ରାଧିକାରହୀନ ବ୍ୟକ୍ତି ପକ୍ଷରେ ଅସମ୍ଭବ, କିନ୍ତୁ ନବାବ୍ ୱାଜିଦ୍ ଅଲ୍ଲୀ ଶାହଙ୍କ ଏକ ଭୋଜିରେ ସତୁରୀ ପ୍ରକାର 'ରାଇସ ଡିସ୍' ଅର୍ଥାତ୍ ପୁଲାଓ, ବିରିୟାନୀ, ଜର୍ଦ୍ଦା ଇତ୍ୟାଦି ରନ୍ଧା ହୋଇଥିଲା। ପୁଲାଓର ଗୁଣ ହେଲା ସମସ୍ତ ଜିନିଷର ନିର୍ଯ୍ୟାସ ଗ୍ରହଣ କରି ତାକୁ ଅଳ୍ପରେ ପ୍ରକାଶ କରିବା। ପୁଲାଓ ଅଳ୍ପ ଖାଇବା କଥା ଓ ଅଳ୍ପ ଖାଇ ଭୁରିଭୋଜନର ତୃପ୍ତି ଆସିବା କଥା।

ଲକ୍ଷ୍ନୌ ଦରବାରରେ ହାକିମ୍ ମେହଦୀ ଜଣେ ମାନ୍ୟଗଣ୍ୟ ବ୍ୟକ୍ତି ଥିଲେ ଓ ଅଓ୍ୱଧର ପ୍ରଧାନମନ୍ତ୍ରୀ ପଦ ଅଳଂକୃତ କରିଥିଲେ। ତାଙ୍କ ପାଖରେ ଜଣେ ପହଲମାନ୍ ଆସି ପହଞ୍ଚିଲେ। ପହଲମାନ୍‌ମାନେ ସାଧାରଣତଃ ଖୁବ୍ ବେଶୀ ଖାଇଥାନ୍ତି। ଏ ମହାଶୟଙ୍କର ରେସନ୍ ଥିଲା ସକାଳୁ କୋଡ଼ିଏ ସେର ଦୁଧ ଓ ଅଢ଼େଇ ସେର ବାଦାମ ପିସ୍ତା। ଦ୍ୱିପହର ଓ ରାତ୍ରି ଭୋଜନ ଲାଗି ପ୍ରତ୍ୟେକଥର ଅଢ଼େଇ ସେର ଅଟାର ରୁଟି ଓ ଗୋଟିଏ ମଧ୍ୟମ ଧରଣ ଖାସିର ମାଂସ। ହାକିମସାହେବ ତାଙ୍କୁ ନିମନ୍ତ୍ରଣ କଲେ ଓ ଖାଇବା ବେଳ ଟିକିଏ ଗଡ଼େଇଦେଲେ ଯେପରି ତାଙ୍କର ପେଟ ଜଳିବ। ତା'ପରେ ଗୋଟିଏ ଥାଳିଆରେ ପୁଲାଓ ଦିଆଗଲା। ପହିଲିମାନ୍ ତ ରାଗି ଖୁନ୍। ଏ କି ନିର୍ଦ୍ଦୟ ପରିହାସ। ବଡ଼ କଷ୍ଟରେ ତାଙ୍କୁ ବୁଝାଇ ଦିଆଗଲା ଯେ, ଏହା କେବଳ ଚାଖିବାକୁ ପଠାଯାଇଛି ଓ ଅଳ୍ପ ସମୟ ପରେ ବାକିଟା ଆସିଯିବ। ପହିଲିମାନ୍ ଥାଳିଆର ପୁଲାଓ ଯାହାକି ତାଙ୍କ ହାତରେ ଦୁଇଗୁଣ୍ଡା ହେଲା ଖାଇଲେ ଓ ସ୍ୱାଦର ତାରିଫ୍ କଲେ। ତା'ପରେ ଶୋଷ ଲାଗି ଗିଲାସେ ପାଣି ପିଇଲେ। କିଛି ସମୟ ପରେ ଖାନା ଆସିଲା। ବର୍ତ୍ତମାନ ପହିଲିମାନ୍ କ୍ଷମା ମାଗିଲେ ଓ କହିଲେ ଯେ, ତାଙ୍କର ପେଟ ହାରିଯାଇଛି। ଆଉ କ୍ଷୁଧା ନାହିଁ। ହାକିମ୍ ସାହେବ ତାଙ୍କୁ ବୁଝାଇଲେ ଅତିଶୟ ଭୋଜନ ମନୁଷ୍ୟ ପକ୍ଷେ ନୁହେଁ। କୋଡ଼ିଏ ତିରିଶ ଶେର ତ ଗାଇଗୋରୁଙ୍କ ଖାଦ୍ୟ। ମନୁଷ୍ୟର ଉପଯୁକ୍ତ ଆହାର ଅଳ୍ପ ହେଲେ ମଧ୍ୟ ଶକ୍ତିରେ ଭରପୂର ଓ ସ୍ୱାଦରେ ଉଚ୍ଚକୋଟୀର ହେବା ଦରକାର। କାଲି ଆପଣ ମତେ କହିବେ ଅଳ୍ପାହାର ଫଳରେ ଆପଣ କୌଣସି ଦୁର୍ବଳତା ଅନୁଭବ କଲେ କି ? ଆରଦିନ ପହିଲିମାନ୍ ଆସି ଖବର ଦେଲା ଯେ, ଆଗରୁ କେବେ ସେ ଏତେ ଫୂର୍ତ୍ତି ଓ ଆରାମ ଅନୁଭବ କରି ନଥିଲେ।

ସେତେବେଳେ ବବୁର୍ଚ୍ଚି ଅର୍ଥାତ୍ ସୂପକାରମାନଙ୍କର ସମ୍ମାନ ପ୍ରଚୁର ଥିଲା। ଲକ୍ଷ୍ନୌ ଦରବାରରେ କେହି କେହି ବବୁର୍ଚ୍ଚି ମାସକୁ ହଜାରେ ଟଙ୍କା ଦରମା ପାଇଥିବାର ରେକର୍ଡ଼ ଅଛି। ସେ ସମୟର ଟଙ୍କାଟିଏ ତ ଆଜିର ଦଶଟଙ୍କା ଠାରୁ ବହୁତ ବେଶୀ। ସେମାନଙ୍କର ବ୍ୟବହାର ମଧ୍ୟ ସେପରି ଥିଲା। ସିପାହୀ ବିଦ୍ରୋହ ପରେ ଦିଲ୍ଲୀ ଇଂରେଜମାନଙ୍କର

ଅଧିକାରକୁ ଆସିଲା। ଯେଉଁମାନେ ମୋଗଲ୍ ଦରବାର ଉପରେ ନିର୍ଭରଶୀଳ ଥିଲେ, ସେମାନଙ୍କ ପାଖରେ ଦାନାକନାର ସମସ୍ୟା ଅତି ଉତ୍କଟରୂପ ଧାରଣ କଲା। ସେମାନେ ପେଟପୋଷିବା ପାଇଁ ଅନ୍ୟତ୍ର ଚାକିରି ଯୋଗାଡ଼ କଲେ ବା ନିଜ କୌଳିକ ବ୍ୟବସାୟ ଛାଡ଼ି ଚାଷ କରିବା ବା ମଜୁରୀ କରିବା ଲାଗି ବାଧ୍ୟହେଲେ। ଏହିପରି ଜଣେ ରାନ୍ଧୁଣିଆ ଏକ ଲାଲାଜୀଙ୍କ ପାଖେ ପହଞ୍ଚିଲା। ଲାଲାଜୀ ତ ହିନ୍ଦୁ ବ୍ୟବସାୟୀ, ଏଣୁ ବିରିୟାନୀର ପ୍ରଶ୍ନ ନଥିଲା। ଲାଲାଜୀ ତାକୁ ମସୁର ଡାଲି ରାନ୍ଧିବାକୁ କହିଲେ। ସେ ଖର୍ଚ୍ଚଲାଗି ପାଞ୍ଚଟଙ୍କା ମାଗିଲା। ଲାଲାଜୀଙ୍କ ଚକ୍ଷୁ ସ୍ଥିର। ପାଞ୍ଚଟଙ୍କା ସେ ସମୟରେ ଜଣେ ଅମଲାର ବେତନ। ତେବେ ବି ଲାଲାଜୀ ଟଙ୍କାଟା ଦେଲେ। ତା'ପରେ ଯେତେବେଳେ ଡାଲି ଆସିଲା ଲାଲାଜୀ ଡାଲି ତ ଖାଇଲେ, ଡେକ୍‌ଚି ମଧ୍ୟ ଚାଟି ପକାଇଲେ। ଏହା ଦେଖି ସେ ବବୁର୍ଚ୍ଚି କାର୍ଯ୍ୟରୁ ଇସ୍ତଫା ଦେଇଦେଲା। ଗଲାବେଳକୁ କହିଗଲା- ୟହ ମୁହଁ ଅଉର ମସୁର କି ଡାଲ। ଅନେକ କଳାକାର ରାନ୍ଧିବା ହିଁ ଛାଡ଼ିଦେଲେ। ମୋ ନିଜ ଅଭିଜ୍ଞତାରୁ କହିପାରେ ପ୍ରକୃତ ମୋଗ୍‌ଲାଇ କିପରି। ମୋର ଜଣେ ବନ୍ଧୁଙ୍କ ଘରେ ମୁଁ ଅନେକଥର ଖାଇଛି। ଯେଉଁଦିନ ତାଙ୍କ ଘରେ ଖାଏ, ଘରେ ଗୋଟିଏ ଓଳି ଖାଇବା ବନ୍ଦ କରିବାକୁ ହୁଏ। ପେଟ ଭାରି ତ ନଥାଏ, ଅଥଚ ଭୋକ ନଥାଏ। ଥରେ ବକ୍ରିଦ ପର୍ବକୁ ଜଣେ ଖାନ୍‌ଦାନ୍ ମୁସଲମାନ୍‌ଙ୍କ ଘରୁ ସାଧାରଣ ପ୍ଲେଟ୍‌ରେ ଏକ ପ୍ଲେଟ୍ ପୁଲାଓ ଆସିଥିଲା। ତାକୁ ଚାରିଜଣ ତୃପ୍ତିରେ ଖାଇଥିଲେ।

ମିଠାରେ ସେପରି କିଛି ବିଶେଷତ୍ୱ ନାହିଁ। ଜର୍ଦ୍ଦା ଅର୍ଥାତ୍ ମିଠା ପୁଲାଓର କଥା ତ କହିଛି। ଚାଉଳ କ୍ଷୀରି ଖୁବ୍ ଲୋକପ୍ରିୟ ଥିଲା। ତା'ର ମୋଗ୍‌ଲାଇ ନାମହେଲା ଶୀରବିରନ୍। ଅନ୍ୟ ମିଠା ହେଲା ଫିରନୀ। ଏହା ଚାଉଳ ଚୁନାର ଏକପ୍ରକାର ଅଟକାଳି ଜାତୀୟ ଜିନିଷ ଯେଉଁଥିରେ ଖୁବ୍ ମେଓ୍ୱା ପଡ଼ିଥାଏ। ଏହି ଉଭୟ ବସ୍ତୁକୁ ଛୋଟଛୋଟ ମାଟି ସରାରେ ଦେବା ଖାନ୍‌ଦାନୀ ବିଧି। ବିବିଧ ପ୍ରକାରର ହାଲୁଆ (ପ୍ରକୃତ ଉଚ୍ଚାରଣ ହଲ୍ୱା) ଅନେକ ସମୟରେ ଦିଆଯାଉଥିଲା। ଶୀତଦିନେ ଗରମ ହାଲୁଆର ବ୍ୟବହାର ବେଶୀ ଥିଲା। ଖରାଦିନେ କୁଲ୍‌ଫି ଏବଂ ଫାଲୁଦାର (ସେମିଆ ପରି ଏକ ଜିନିଷ) ଖୁବ୍ ପ୍ରଚଳନ ଥିଲା।

ଏତ ଗଲା ଲଞ୍ଚ୍ ଓ ଡିନର (ଦ୍ୱିପ୍ରହର ଓ ରାତ୍ରି ଭୋଜନ)। ଜଳଖିଆର କିଛି ମୋଗ୍‌ଲାଇ ସ୍ୱରୂପ ଅଛି କି ? ଆଜ୍ଞା ହଁ, ତେବେ ତା' ସହିତ ପରିଚୟ ସାଧାରଣତଃ ହେବା କଷ୍ଟ। ପ୍ରଥମ ହେଲା ନହାରୀ। ଏହା ଏକ ପ୍ରକାର ଷ୍ଟିଉ। ସାଧାରଣତଃ ରାତିରେ ଗୋଟା ମସଲା ସହିତ କେତେଖଣ୍ଡ ହାଡ଼ ଓ ଅଳ୍ପକିଛି ମାଂସ ବସାଇ ଦିଆଯାଏ। ରାତିଯାକ ହାଲୁକା ନିଆଁରେ ଶିଝିଶିଝି ସକାଳକୁ ତିଆରି ହୁଏ। ଏହାକୁ ଖମୀରୀ

ରୋଟି (ରୁଟି ଓ ପାଉରୁଟିର ମଝିମଝିଆ) ସହିତ ଖିଆ ହୁଏ। ଅନ୍ୟ ଏକ ଖାଦ୍ୟ ହେଲା ଆଖୁରି - କେତେକାଂଶରେ ଅଣ୍ଡା ଭୁଜିଆ ପରି।

ଖାଇସାରି ପାଣି ପିଇବା ମଧ୍ୟ ମୋଗ୍‌ଲାଇ ହିସାବରେ ଅତି ପରିମାର୍ଜିତ ଭାବେ ହେବା ଦରକାର। ପ୍ରତ୍ୟେକ ବିଶିଷ୍ଟ ବ୍ୟକ୍ତିଙ୍କ ଘରେ ପିଇବା ପାଣିର ସୁବନ୍ଦୋବସ୍ତ ଥିଲା ଯାହାର ନାମ ଆବ୍‌ଦାର ଖାନା। ଉତ୍ତର ଭାରତର ଗରମ ସମ୍ବନ୍ଧରେ ତ ସମସ୍ତେ ଜାଣନ୍ତି। ଏଠି ଥଣ୍ଡା ପାଣି କେତେ ଆବଶ୍ୟକ ତାହା ବୁଝାଇବାକୁ ପଡ଼ିବ ନାହିଁ। ଆଗେ ବରଫ ମିଳୁ ନଥିଲା, ମିଳିଲେ ମଧ୍ୟ ସ୍ୱାସ୍ଥ୍ୟପକ୍ଷେ ନିରାପଦ ନଥିଲା। ମାଟି ପାତ୍ରରେ ପାଣି ରଖି ତା' ମୁହଁରେ କନାବାନ୍ଧି ଦିଆଯାଉଥିଲା ଏବଂ ସେ କନାକୁ ସର୍ବଦା ଓଦା ରଖାଯାଉଥିଲା। ପାତ୍ରକୁ ବାଲି ଉପରେ ବସା ଯାଉଥିଲା। ଯେତିକି ଗରମ ପବନ ବୋହୁଥିଲା, ପାଣି ସେତିକି ଥଣ୍ଡା ହେଉଥିଲା ତା'ଛଡ଼ା ଦସ୍ତା (Zinc) ସୁରେଇର ମଧ୍ୟ ବ୍ୟବହାର ହେଉଥିଲା। ଏହି ସୁରେଇକୁ କୁଲ୍‌ଫିବାଲାଙ୍କ ପରି ସୋରା (satpetre)ରେ ରଖାଯାଉଥିଲା। ଏହାର ପାଣି ଅତ୍ୟନ୍ତ ଥଣ୍ଡା ହେଉଥିଲା। ପିଇବା ଲାଗି କାଚ, ଚିନାମାଟି ଇତ୍ୟାଦିର ଅତି ପତଳା ଓ ଅତି ସୁନ୍ଦର ଗିଲାସ ଓ ବାଟି ବ୍ୟବହୃତ ହେଉଥିଲା। ଗରମ ଦିନରେ ଖାନ୍‌ଦାନୀ ଲୋକେ ସୁନ୍ଦର ମାଟି ପାତ୍ରରେ ପାଣି ପିଇବା ପସନ୍ଦ କରୁଥିଲେ। ଏହା ନାମ ଥିଲା ଆବଖୋରା। ମୋର ପିଲାଦିନେ ରାହାଙ୍ଗ ପ୍ରଗଣାରେ (ପୁରୀ ନିକଟବର୍ତ୍ତୀ ଗ୍ରାମସବୁ) ବୁଢ଼ୀମାନେ ଏକପ୍ରକାର ବଡ଼ଗିନାକୁ (କଂସାଠାରୁ ସାନ) ଅବଖୁରା କହିବା ଶୁଣିଛି। ଏହା ବୋଧହୁଏ ଆବଖୁରାର ଅପଭ୍ରଂଶ। ଆବ୍ ପାଣି ଓ ଆବଖୋରାରେ ଯେଉଁଥିରେ ପାଣି ପିଆଯାଏ। ପ୍ରଥମ କଥା, ଏହା ଗରମ ହୁଏନାହିଁ। ଏଣୁ ଥଣ୍ଡା ପାଣି ଥଣ୍ଡା ହିଁ ରହିବ। ତା'ପରେ ଏଥିରେ ପାଣି ଢାଳିଦେଲେ ପ୍ରଥମ ବର୍ଷା ପରି ମାଟିର ସୁଗନ୍ଧ ପରି ଏକ ସୁଗନ୍ଧ ବାହାରେ। ଜୁନ୍ ମାସର ଉତ୍ତପ୍ତ ମଧ୍ୟାହ୍ନରେ ଏ ସୁଗନ୍ଧ କି ତୃପ୍ତିରେ ତାହା ସହଜରେ ଅନୁମେୟ।

ବର୍ତ୍ତମାନ ମୋଗ୍‌ଲାଇର ମୋଗ୍‌ଲାଇତ୍ୱ ବିଷୟରେ ଆପଣଙ୍କର କିଛି ଧାରଣା ହୋଇଥିବ। ମୋଗଲାଇର ବିଶେଷତ୍ୱ ଏକ ପରିମାର୍ଜିତ ରୁଚି ଯାହାକୁ ଉର୍ଦ୍ଦୁରେ ନଫାସତ୍ କୁହାଯାଏ। ଇଂରାଜୀରେ sophistication ଓ delicacy ଏ ଉଭୟର ସମନ୍ୱୟ। ଏଥିରେ ବାହୁଲ୍ୟକୁ ଯଥେଷ୍ଟ ପରିମାଣରେ ବାଦ୍ ଦେବାକୁ ହୁଏ। ଏହି ଖାଦ୍ୟ ନିଜ ଗୁଣରେ ଗରିଷ୍ଠ ହୋଇଥିବାରୁ ଅଳ୍ପ ଖାଇବା ଉଚିତ। ତେବେ ପୃଥିବୀରେ ସବୁଠାରେ ନାନା ମୁନିଙ୍କ ନାନା ମତ। ବେଦ ବେଦାଙ୍ଗର ଯେତେବେଳେ ଶାଖା ଅଛି ମୋଗ୍‌ଲାଇର ବି ନହୁଅନ୍ତା କିପରି ? ମୋଗ୍‌ଲାଇ କଳାର ତିନିଟି ସ୍କୁଲ ବା ଶାଖା ସର୍ବବାଦୀ ସମ୍ମତ। ପ୍ରଥମ ଦିଲ୍ଲୀ ଓ ଦ୍ୱିତୀୟ ଲକ୍ଷ୍ନୌ। ତା' ବିଷୟରେ ତ ଆଗରୁ କିଛି ଆଲୋଚନା

ହୋଇଯାଇଛି। ଦିଲ୍ଲୀ ଓ ଲକ୍ଷ୍ନୌର ରନ୍ଧାରେ ତଫାତ୍ କେତେକଟା ଲାଲକିଲା ଓ ବଡ଼ାଇମାମ୍ ବାଡ଼ାର ସ୍ଥାପତ୍ୟରେ ପ୍ରଭେଦ ପରି। Baroque ବା ଅତ୍ୟଳଙ୍କରଣ ଲକ୍ଷ୍ନୌର ସଂସ୍କୃତିର ଲକ୍ଷଣ ଏବଂ କି ସାହିତ୍ୟ, କି ସ୍ଥାପତ୍ୟ, କି ସଂଗୀତ, କି ରନ୍ଧନ ସବୁଥିରେ ସ୍ପଷ୍ଟ। ତେବେ ଏକଥା ମଧ ସତ ଯେ ଦିଲ୍ଲୀ ଭାଙ୍ଗି ଲକ୍ଷ୍ନୌ ଗଢ଼ା ହୋଇଛି। ଅର୍ଥାତ୍ ଦିଲ୍ଲୀର ଚରମ ଦୁର୍ଦ୍ଦିନ୍ ଓ ଲକ୍ଷ୍ନୌର ଅଭ୍ୟୁଦୟ ସମସାମୟିକ। ଏଣୁ ବହୁ ଗୁଣୀଜନ ପେଟ ପୋଷିବାକୁ ଦିଲ୍ଲୀରୁ ଲକ୍ଷ୍ନୌ ଯାଇଥିଲେ। ଏ ଦୁହିଁଙ୍କର ସମ୍ପର୍କ ତ ନାଡ଼ିର ସମ୍ପର୍କ। କିନ୍ତୁ ମୋଗ୍‌ଲାଇର ଆଉ ଏକ ଶାଖା ଦକ୍ଷିଣ ଭାରତର ହାଇଦ୍ରାବାଦ୍‌ରେ ସ୍ୱାଧୀନ ଭାବରେ ବିକଶିତ ହୋଇଥିଲା। ଏହା ହାଇଦ୍ରାବାଦୀ ଉର୍ଦ୍ଦୁ ପରି। ଏହା ଉପରେ ମରାଠୀର ପ୍ରଭାବ ସ୍ପଷ୍ଟ। ସାଧାରଣ ଉର୍ଦ୍ଦୁର ଲୋଗୋଁ, ବାତେଁ, ହମ୍, କଦମ ଯେପରି ହୋଇଯାଏ ଲୋଗାଁ, ବାତାଁ, ଅପନ୍, ଖଜନ୍ ଇତ୍ୟାଦି। ହାଇଦ୍ରାବାଦୀ ରନ୍ଧାରେ ରାଗ ଯଥେଷ୍ଟ ବେଶୀ, ବିଶେଷ କରି ଗୋଲମରିଚ। ଖାଇବାକୁ ଅତି ସୁସ୍ୱାଦୁ। କିନ୍ତୁ ଟୋପିଟୋପି ଚନ୍ଦନ ପରି କପାଳରେ ଟୋପିଟୋପି ଚନ୍ଦନ ଦେଖାଯାଇପାରେ। ଏ ରନ୍ଧାର ପରାକଷ୍ଠା କିମ୍ବା (ହାଇଦ୍ରାବାଦୀ ଉଚ୍ଚାରଣ ଖିମା) ଓ କେଫେ ତୋରୋ ତା' ଛଡ଼ା ଆଉ ଏକ ଉପଶାଖା ଅଛି, ଯାହାକୁ କୁହାଯାଇପାରେ କଲିକତା ମୋଗ୍‌ଲାଇ। କଲିକତା ତ ଭାରତରେ ପାଶ୍ଚାତ୍ୟ ପ୍ରଭାବ ପ୍ରବେଶର ସିଂହଦ୍ୱାର। ଇଂରେଜ ରାଜତ୍ୱରେ ବହୁ ମୁସଲ୍‌ମାନ ଖାନ୍‌ସମା ଇଂରେଜମାନଙ୍କଠାରେ ଚାକିରୀ କଲେ ଓ ତାଙ୍କଠାରୁ ରୋଷ୍ଟ, ପାଇ, ପୁଡ଼ିଂ ମଧ ଶିଖିଲେ। କଲିକତା ମୋଗଲାଇରେ କିଞ୍ଚିତ ପାଶ୍ଚାତ୍ୟ ପ୍ରଭାବ ଅଛି। ଅମଜାଦିୟା, ଅମିନିୟା, ନିଜାମ ଇତ୍ୟାଦି କଲିକତାରେ ପ୍ରସିଦ୍ଧ ମୁସଲମାନ୍ ରେଷ୍ଟୋରାଁ ଏହି ଖାଦ୍ୟ ପରିବେଷଣ କରନ୍ତି। ଚିକେନ୍ ରୋଲ୍ ଜାତୀୟ ଖାଦ୍ୟ କଲିକତିଆ ମୋଗ୍‌ଲାଇର ଅବଦାନ।

ତା'ଛଡା କଲିକତାରେ ଆଉ ଏକ ପ୍ରକାର ରନ୍ଧା ଗଢି ଉଠିଥିଲା। ଏହାର ନାମକରଣ କଷ୍ଟ। ଏହାକୁ ଓଡିଆ - ବଡୁଆ କହିଲେ ଭୁଲ୍ ହେବନାହିଁ। ପରମ ନମସ୍ୟ କଳିର ପରଶୁରାମ ଅର୍ଥାତ୍ ରାଜଶେଖର ବସୁ ଏହାର ନାମ ଦେଇଥିଲେ ଆଂଲୋ-ମୋଗଲାଇ। ଓଡିଆମାନେ କଲିକତାରେ ରନ୍ଧନଶିଳ୍ପୀ ହୋଇଥିବା ଅବିଦିତ ନୁହେଁ। ଚଟ୍ଟଗ୍ରାମ ଅଞ୍ଚଳର ବୌଦ୍ଧ ପିଡୁଆମାନେ ମଧ୍ୟ ଏ ବିଦ୍ୟାରେ ଯଶସ୍ୱୀ। ଓଡିଆ ଓ ବଡୁଆଙ୍କର କଲିକତାକୁ ଅବଦାନ ହେଲା କେବିନ୍ ଅର୍ଥାତ୍ ଛୋଟ ଛୋଟ ରେଷ୍ଟୋରାଁ। ଏମାନେ ପ୍ରାଚ୍ୟ ଓ ପାଶ୍ଚାତ୍ୟ ରନ୍ଧନ ଶିଳ୍ପର ଏକ ଅଭୁତପୂର୍ବ ସମନ୍ୱୟ ସୃଷ୍ଟି କରିଛନ୍ତି। ଏଠାରେ ମେନୁରେ ଦେଖିବେ Four, Rost, Brast, Catlet ଇତ୍ୟାଦି। ଉକ୍ତ Brast (Breast) କଟ୍‌ଲେଟ୍ ପ୍ରକୃତରେ ଅତ୍ୟନ୍ତ ଉପାଦେୟ। ପିଞ୍ଜରା ମାଂସରୁ

ହାଡ ବାହାର କରି ତାକୁ କୁଚି ମସଲାରେ ଅଣ୍ଡା ଓ ପାଉଁରୁଟି ଗୁଣ୍ଡର ପିଠୋଉ ବୋଲି ଭଜା ଯାଏ। କବି ନଜ୍‌ରୁଲ୍‌ଙ୍କ ଭାଷାରେ "ଗନ୍ଧେ ରୂପେ ରସେ କରିଛି ଟଲମଲ"।

ଏହି ପ୍ରକାର ରେଷ୍ଟୋରାଁ ହିଁ ପରଶୁରାମଙ୍କ ଆଂଲୋ-ମୋଗଲାଇ କେଫେର ମଡେଲ ଯାହାକି ତା' ମାଲିକର ଭାଷାରେ ଗୋଟିଏ ରେସ୍‌ପେକ୍ଟବୁଲ୍ ରେଷ୍ଟୋରାଣ୍ଟ ଏବଂ ଶିକ୍ଷିତ ଭଦ୍ରଲୋକମାନଙ୍କର ଏକ ରେଣ୍ଡେଜ୍‌ଭୁସ୍ ଏବଂ ଯେଉଁଠି ଭାଇଟୋପାଁଠାର ଇଷ୍ଟୁ ଓ ଡବଲ୍ ଡିମେଲ ରାଧାବଲ୍ଲଭୀ ମିଳେ। ଏହିମାନଙ୍କର ଆବିଷ୍କାର ମୋଗ୍‌ଲାଇ ସହିତ କୌଣସି ସମ୍ପର୍କ ନାହିଁ। କିନ୍ତୁ ଆପଣ କେବେ କବିରାଜି କଟ୍‌ଲେଟ୍ ଖାଇଛନ୍ତି କି ? ଏହାର ଆଂଲୋ-ମୋଗଲାଇର ପ୍ରକୃତ ନିଦର୍ଶନ ବୋଲି ଧରାଯାଇପାରେ। ଏକ ବୃହଦାକାର କଟ୍‌ଲେଟ୍ ଉପରେ ଏକ ଫ୍ରାଇ ଅଣ୍ଡା, ତା' ଚାରିପଟେ ଆଳୁ ଭଜା ଓ ସାଲାଡ୍। ତା'ଉପରେ ଚୁନି ଚୁନି କରି କଟାଯାଇଥିବା ଲେଟୁସ୍ ଓ ବିଟ୍‌ରୁଟ୍। ସ୍ୱାଦ ଗନ୍ଧ ଅପରୂପ। ମୋର ଆପତ୍ତି ଏହାର ନାମଟା ନେଇ। ଆୟୁର୍ବେଦ ସାଙ୍ଗେ ତ ଏହାର କିଛି ସମ୍ପର୍କ ଥିଲାଭଳି ଲାଗୁନି। ଯଦି ଖାଣ୍ଟି ମୋଗ୍‌ଲାଇ ହୋଇଥାନ୍ତା, ଏହାକୁ ଏକ ଫାର୍ସି ନାମ ଦିଆଯାଇଥାନ୍ତା, ଯଥା - ନର୍‌ଗିସ୍ କୋଫ୍‌ତା, ବହାରେଚମନ୍। ଫ୍ରଇଡ୍ ଅଣ୍ଡାର ହଳଦିଆ ଓ ଧଳା ଅଂଶ ନର୍‌ଗିସ୍ ଫୁଲ ପରି। ଆଳୁ ଭଜାର ହଳଦିଆ, କାକୁଡି ଓ ଲେଟୁସ୍‌ର ସବୁଜ; ବିଟ୍‌ର ଲାଲ୍, ପିଆଜର ଧଳା ଏସବୁ ଯେପରି ବିଭିନ୍ନ ରକମର ଫୁଲ। ବସନ୍ତରେ ପୁଷ୍ପ ବାଟିକାରେ ପ୍ରସ୍ଫୁଟିତ ନର୍‌ଗିସ୍। ଚକ୍ଷୁ, ନାସା ଜିହ୍ୱା କବିରାଜିରେ ହିଁ ତୃପ୍ତ ହୋଇଥିଲା। ଏଥର କର୍ଣ୍ଣ ମଧ୍ୟ ତୃପ୍ତ ହେଲା।

କିନ୍ତୁ ଏ ପ୍ରକାର ରନ୍ଧାକୁ ଉତ୍ସାହ ଦେବାର ଯଥେଷ୍ଟ କାରଣ ଅଛି। ଫ୍ରାନ୍‌ସ ତ' ରନ୍ଧନଶିଳ୍ପର ମକ୍କା। ସେଠି ଆଗରୁ ଦୁଇପ୍ରକାର ରନ୍ଧା ପ୍ରଚଳିତ ଥିଲା। ପ୍ରଥମଟା ହେଲା Haute cuisine ଅର୍ଥାତ୍ ଉଚ୍ଚା ରନ୍ଧା। ଏହା ପ୍ରଥମ ଶ୍ରେଣୀ ରେଷ୍ଟୋରାଁରେ ସୁନାମଧନ୍ୟ Chef ମାନଙ୍କ ରନ୍ଧା। ଅନ୍ୟଟା ହେଲା Bourgois ସାଧାରଣ ମଧ୍ୟବିତ୍ତ ଘରରନ୍ଧା। Haute cuisine ଯେତେ ସ୍ୱାଦିଷ୍ଟ ହେଲେ ମଧ୍ୟ ଗୁରୁପାକ (ଉଭୟ ଅର୍ଥରେ - ଦାମଟା ମଧ୍ୟ ଗୁରୁପାକ)। ପୁଣି ଆଜିକାଲି କୋଲେଷ୍ଟରଲ୍ ଦାନବର ଭୟରେ ସମସ୍ତେ ଥରହର। ଲଞ୍ଚ୍ ବାରଟାରୁ ତିନିଟା ଯାଏଁ ଚାଲିବା ଆଜିକାଲି କାଳରେ ସମ୍ଭବ ନୁହେଁ। ଆଉ ଘର ରନ୍ଧା ତ' ଘର ରନ୍ଧା। ଏଣୁ ଆଜିକାଲି ତମାମ୍ ୟୁରୋପରେ ଏକ ନୂତନ ରନ୍ଧା ବାହାରିଛି ଯାହାର ନାମ Nouvelle Cuisine । ଏହା Haute Cusine ର ଏକ ଲଘୁପାକ ସଂସ୍କରଣ। ଏହାର ବିଶେଷ ଆବଶ୍ୟକତା ବିମାନରେ ଖାଦ୍ୟ ପରିବେଷଣ କରିବା ପାଇଁ। ସେଠାରେ ଖାଦ୍ୟ ରଖିବାକୁ, ବାଢିବାକୁ ଓ ଖାଇବାକୁ ସ୍ଥାନ ଖୁବ୍ କମ୍। ପୁଣି ଖାଦ୍ୟ ଏତେ ସୁସ୍ୱାଦୁ ହେବା ଦରକାର ଯେ ଯାତ୍ରୀମାନେ

ମନେରଖିବେ ଓ ଭବିଷ୍ୟତରେ ଏହି ଏୟାରଲାଇନ୍‌ସରେ ଟିକେଟ୍ କାଟିବେ। ଏତେ ଭୁରିଭୋଜନ ହୋଇନଥିବ ଯେ ବିମାନ ମେଘ ଭିତରେ ଟିକିଏ ହଲିଗଲେ ଯାତ୍ରୀମାନେ ବାନ୍ତି କରି ପକାଇବେ। ଏଣୁ ବଡ ବଡ ନାମଡାକ ରେଷ୍ଟୋରାଁମାନେ ଏବେ Nouvelle Cuisine ଆଡକୁ ଢଳୁଛନ୍ତି ! ଏହି ଓଡିଆ-ବଡୁଆ କ'ଣ Nouvelle Cuisine ର ଭାରତୀୟ ମୋଗ୍‌ଲାଇ ସଂସ୍କରଣ ନୁହେଁକି ? ମୋଗ୍‌ଲାଇ ପରଟା, କବିରାଜି କଟ୍‌ଲେଟ୍; ଗଲଦା ଚିଂଡି ଫ୍ରାଇ ଭେକ୍‌ଟି ଚପ୍ Nouvelle Cuisine ଠାରୁ କ'ଣ କମ୍ ? ଇଣ୍ଡିଆନ୍ ଏୟାରଲାଇନ୍‌ସ ଓ ଏୟାର-ଇଣ୍ଡିଆର କର୍ତ୍ତୃପକ୍ଷଙ୍କର ଅବଧାନ ହେଉ।

■

# ଭୋଜନଂ ଯନ୍ତ୍ର ତନ୍ତ୍ରଶ୍ଚ (ତନ୍ଦୁରି)

ପୂର୍ବ ପ୍ରବନ୍ଧଟି ମୋଗ୍‌ଲାଇ ରନ୍ଧା ସମ୍ବନ୍ଧରେ କିଞ୍ଚିତ୍ ଆଲୋଚନା ଥିଲା। ମନେହେଲା ଯେ ପ୍ରବନ୍ଧଟା ଅପୂର୍ଣ୍ଣ ରହିଗଲା। ସେଥିରେ ଲେଖିଥିଲି ଯେ, ମୋଗଲାଇ ରନ୍ଧା ତନ୍ଦୁର୍‌ର ରନ୍ଧା ନୁହେଁ। ଏଣୁ ମୋଗ୍‌ଲାଇ ସାଥୀରେ ତନ୍ଦୁରି ରନ୍ଧା ବିଷୟରେ କୌତୂହଳ ହେବା ସ୍ୱାଭାବିକ। ପାଠକ ନିଶ୍ଚୟ ରାସ୍ତା କଡରେ ଥିବା ଢାବା ନାମକ ପ୍ରତିଷ୍ଠାନ ସହିତ ପରିଚିତ। ଏହା ପ୍ରଧାନତଃ ଟ୍ରକବାଲାଙ୍କ ହୋଟେଲ୍। ସାଜସଜ୍ଜାର ବାହୁଲ୍ୟ ମୋଟେ ନାହିଁ। କିନ୍ତୁ ଖାଦ୍ୟ ସାଧାରଣତଃ ଭଲ। ଏହିସବୁ ଢାବା, ବିଶେଷ କରି ପଞ୍ଜାବୀ ପରିଚାଳିତ ଢାବାରେ ତନ୍ଦୁରି ରୁଟି ମିଳେ। ମୋଟା ମୋଟା କିନ୍ତୁ ବେଶ୍ ସ୍ୱାଦିଷ୍ଟ ଏବଂ ଅନେକ ସମୟରେ ବିସ୍କୁଟ ପରି ମୁଡ୍‌ମୁଡ୍। ତା' ଭିତରେ ରୁଟି ଛଡା, ନାନ୍ ତନ୍ଦୁରି ଚିକେନ୍ ଇତ୍ୟାଦି ବସ୍ତୁ ମଧ୍ୟ ପ୍ରସ୍ତୁତ ହୁଏ। ଅତି ଉପାଦେୟ ଏବଂ ସବୁଠାରୁ ବଡକଥା ତେଲଘିଅ ସରସର ନହୋଇଥିବାରୁ ପେଟ ଖରାପ ହେବାର ସମ୍ଭାବନା ପ୍ରାୟ ନାହିଁ। କିନ୍ତୁ ଏହା ବାହ୍ୟ। ଏହି ତନ୍ଦୁର୍ ତତ୍ତ୍ୱ ଆଲୋଚନା କଲେ ଆପଣ ମଧ୍ୟଏସିଆ ଓ ପାରସ୍ୟର ସଂସ୍କୃତି ଏବଂ ଉତ୍ତର ଭାରତ ଉପରେ ତା'ର ପ୍ରଭାବ ବିଷୟରେ ବେଶ୍ କିଛି ଜାଣିପାରିବେ।

ତନ୍ଦୁର୍ ହେଲା ଏକ ପ୍ରକାରର ଓଭେନ୍ ବା ଭାଟି ଉତ୍ତର ଭାରତରେ କୁମ୍ଭାରମାନେ ଏହି ତନ୍ଦୁର୍ ଲାଗି ଏକପ୍ରକାର ପାତ୍ର ତିଆରି କରନ୍ତି। ଏହା ଏକ ବିରାଟ ମୃଦଙ୍ଗ ଭଳି, ଏହାକୁ ସିଧା ଠିଆକରି ରଖାଯାଏ। ତଳୁ ଜାଳ ଦେବାର ବ୍ୟବସ୍ଥା ହୋଇଥାଏ। କଡମାନଙ୍କରେ ପ୍ରଚୁର ମାଟି ଲେସା ହୋଇଥାଏ। ତା' ଦ୍ୱାରା ଗରମ ବାହାରକୁ ଯାଏ ନାହିଁ। ପ୍ରଥମେ ନିଆଁ ଜାଳି ତନ୍ଦୁର୍‌କୁ ଗରମ କରାଯାଏ। ତା'ପରେ ଆଞ୍ଚ ଏକଦମ୍ କମାଇ ଦିଆଯାଏ। ତା'ପରେ ମୋଟା ମୋଟା ରୁଟିନେଇ ସେହି ମୃଦଙ୍ଗର ଭିତରପଟରେ ଲଗାଇ ଦିଆଯାଏ। ରୁଟି ଅଳ୍ପ ସମୟ

ଭିତରେ ତିଆରି ହୋଇଯାଏ। ପାଠକ ନିଶ୍ଚୟ ଲକ୍ଷ କରିଥିବେ ଯେ ତନ୍ଦୁରି ରୁଟିର ଏକପଟ ଅନ୍ୟପଟ ଅପେକ୍ଷା ବେଶୀ ବାଦାମୀ ଦେଖାଯାଏ। ଟିକିଏ ଫିକା ଥିବା ପଟରେ ରୁଟିଟା ତନ୍ଦୁର୍ ଦେହରେ ଲାଗିଥିଲା। ଅନ୍ୟପଟଟା ସିଧାସଳଖ ଗରମ ପାଇଥିବାରୁ ଟିକିଏ ଟିକିଏ ପୋଡି ମଧ୍ୟ ଯାଇଥାଏ ଯାହାକି ଉକ୍ତ ରୁଟିକୁ ଏକ ବିଶେଷ ସ୍ୱାଦ ଦେଇଥାଏ। ତା'ଛଡା ବଡ ବଡ ଲୁହାଛଡରେ କୁକୁଡା ଗୋଟେ ବା ଖଣ୍ଡ ଖଣ୍ଡ ମାଂସ ଏହି ତନ୍ଦୁର ଭିତରେ ରଖି ପକ୍ୱ କରାଯାଏ। ଏହାହିଁ ତନ୍ଦୁର ରନ୍ଧା। ବିଶେଷ ପ୍ରକାରର ରୁଟି ମଧ୍ୟ ଛଡରେ ଫୋଡି ତିଆରି କରାଯାଏ। ତାହାର ନାମ ନାନ୍। ସାଧାରଣତଃ ଶ୍ରୀଲଙ୍କାର ମାନଚିତ୍ର ଆକାରର ମଝିଟା ମୁଡ୍‌ମୁଡ୍ ଓ କଡ ଅଂଶ ନରମ। କେତେକ ସମୟରେ ପରିବା ଖଣ୍ଡ ଓ ଛେନାର ଖଣ୍ଡକୁ ମଧ୍ୟ ଏହି ପଦ୍ଧତିରେ ତନ୍ଦୁର୍ ମଧ୍ୟରେ ରନ୍ଧା ଯାଏ। ଏହି ଲୁହାଛଡର ନାମ ଶିକ୍। ଏ ରନ୍ଧା ଯେ ଆମ ଦେଶରେ କେବେ ନଥିଲା ଏକଥା କହିବା କଷ୍ଟ। ସଂସ୍କୃତ ସାହିତ୍ୟରେ ଶୂଳପକ୍ୱ ମାଂସ ଉଲ୍ଲେଖ ଅଛି। ହୁଏତ ପୁରାଣବର୍ଣ୍ଣିତ ପୁରୋଡାଶଂ ତନ୍ଦୁରି ରୁଟି ଭଳି ହୋଇଥିବ। ତେବେ ତାହା ବୋଧହୁଏ କାଳକ୍ରମେ ଅପ୍ରଚଳିତ ହୋଇ ଯାଇଥିଲା ଏବଂ ଏହା ମଧ୍ୟ-ଏସିଆରୁ ଆସୁଥିବା ଆକ୍ରମଣକାରୀଙ୍କ ସଙ୍ଗେ ପୁଣିଥରେ ଆମଦାନୀ ହୋଇଥିଲା।

ତନ୍ଦୁରି ସମସ୍ତ ମଧ୍ୟ-ପ୍ରାଚ୍ୟରେ ପ୍ରଚଳିତ। କିନ୍ତୁ ଭାରତବର୍ଷରେ ଏହାର ବ୍ୟବହାର କେବଳ ପଞ୍ଜାବୀ ପର୍ଯ୍ୟନ୍ତ। ଖାଣ୍ଟି ଗଙ୍ଗା ଯମୁନାର ଦେଶ। ଉତ୍ତର ପ୍ରଦେଶର ଖାନ୍‌ଦାନୀ ରନ୍ଧା ମୋଗ୍‌ଲାଇ। ଏଥିରେ ତନ୍ଦୁର୍‌ର ବ୍ୟବହାର ନାହିଁ। ଏଣୁ ଭାରତର ଅନ୍ୟତ୍ର ଯେ ନାହିଁ ତା' କହିବା ବାହୁଲ୍ୟ। ଅବଶ୍ୟ ଢାବାବାଲାମାନେ ବର୍ତ୍ତମାନ ସର୍ବତ୍ର ତନ୍ଦୁର୍ କଲେଣି। ପଞ୍ଜାବର ମଧ୍ୟ-ଏସିଆ ସହିତ ସମ୍ପର୍କ ଘନିଷ୍ଠ। ଆକ୍ରମଣକାରୀ ପ୍ରଥମେ ପଞ୍ଜାବରେ ପହଞ୍ଚିଲେ। ଫଳତଃ ସେଠି ସେମାନଙ୍କ ପ୍ରଭାବ ବେଶୀ ପଡିଥିବା ସ୍ୱାଭାବିକ। ପୁଣି ପଞ୍ଜାବର ମଧ୍ୟ-ଏସିଆ ସହିତ ବାଣିଜ୍ୟ ବହୁକାଳରୁ ପ୍ରଚଳିତ। ଅମୃତସର, ଲାହୋର ଓ ଆଫଗାନିସ୍ଥାନ କେବଳ ନୁହେଁ, ସମରକନ୍ଦ ବୋଖାରା, ତାଶକନ୍ଦ ଆଦି ସହିତ ବଡ ଧରଣର ବ୍ୟବସାୟ ହେଉଥିଲା। ସେଠାର ବେପାରୀ ଏଠି ଓ ଏଠାର ବ୍ୟବସାୟୀ ସେଠି ରହୁଥିଲେ, ଏଣୁ ସାଂସ୍କୃତିକ ଦିଆନିଆ ତ' ସ୍ୱାଭାବିକ। ଲାହୋର ଅମୃତସରରେ ତନ୍ଦୁରି ମୁର୍ଗା ଓ ବରା କାବାବର ଆଦର ହେଲା ଏବଂ ସମରକନ୍ଦର ବାବର୍ଚ୍ଚିମାନେ ମଧ୍ୟ କୋରମା ତିଆରି ଶିଖିଲେ।

ମଧ୍ୟ-ପ୍ରାଚ୍ୟରେ ଗୃହିଣୀମାନେ ସାଧାରଣତଃ ଘରେ ରୁଟି ତିଆରି କରନ୍ତି ନାହିଁ। ୟୁରୋପରେ ମଧ୍ୟ ପାଉଁରୁଟି ବଜାରରୁ କିଣି ଆଣିବା ହିଁ ବିଧି। ଏଥିଲାଗି ରୁଟିବାଲା

ଥାଆନ୍ତି । ଏମାନଙ୍କୁ କୁହାଯାଏ ନାନାବାଇ । ନାନ୍ ଅର୍ଥାତ୍ ପାରସିକ ଓ ଅନ୍ୟାନ୍ୟ ମଧ୍ୟ-ପ୍ରାଚ୍ୟ ଭାଷାରେ ରୁଟି । ଏଣୁ ରୁଟି ତିଆରି କଲାବାଲାର ନାମ ନାନାବାଇ । ଇଂରାଜୀରେ Baker । ସେହିପରି ହଲଓ୍ୱାଇ । ଅର୍ଥାତ୍ ଯେ ମିଠା ହଲୁଆ ଇତ୍ୟାଦି ଜିନିଷ ତିଆରି କରେ । ଓଡିଆରେ ଗୁଡିଆ ଓ ଇଂରାଜୀରେ Confectioner. ଏହିସବୁ ରୁଟି ଆମ ରୁଟି ପରି ନୁହେଁ । ଏଥିରେ Learing ବା ଖମୀର ଦିଆହୋଇ ଏହାକୁ ଫୁଲାଯାଇଥାଏ ଓ ତନ୍ଦୁର୍‌ରେ ତିଆରି କରାଯାଏ ! ଏଣୁ ଭାରତୀୟ ରୁଟି ଅପେକ୍ଷା ଏହା କରିବା କଷ୍ଟ । କିନ୍ତୁ ସତେଜ୍ ରହେ ବହୁ ସମୟ । ଏଣୁ ପ୍ରତିଦିନ ରୁଟି କିଣିବା ଦରକାର ନାହିଁ । ଆମେ ତ' ଘରେ ପାଉଁରୁଟି ଦୁଇ ତିନି ଦିନ ରଖିଦେଉ । ଏହି କାରଣରୁ ଆଫଗାନ୍ ବା ପାରସିକ ଗୃହିଣୀ ଏ ଜଞ୍ଜାଳ (ରୁଟି ତିଆରି)ରେ ପଡିବାକୁ ନାରାଜ ।

ବର୍ତ୍ତମାନର ତନ୍ଦୁରି ପଦ୍ଧତି ସମ୍ବନ୍ଧରେ ଆଲୋଚନା କରାଯାଉ । ଆଗରୁ କହିଛି ଯେ ଖଣ୍ଡ ଖଣ୍ଡ ମାଂସ, ଗୋଟା କୁକୁଡା ଇତ୍ୟାଦି ଲୁହା ଛଡରେ ଫୋଡି ତନ୍ଦୁର୍ ଭିତରକୁ ପୂରାଇ ଦିଆଯାଏ । ସେଠି ଶୁଷ୍କ ଉତ୍ତାପ । ପାଣି ଇତ୍ୟାଦିର ବାମ୍ଫ ବାଜିବାର ଉପାୟ ନାହିଁ । ତା' ଛଡା ରନ୍ଧା ଆରମ୍ଭ ହୋଇଗଲେ, ଅର୍ଥାତ୍ ତନ୍ଦୁର୍ ଭିତରକୁ ପୂରାଇ ଦିଆଗଲେ ଆଉ ବିଶେଷ କିଛି କରିବାର ଉପାୟ ନାହିଁ । ଏଣୁ ଯାହା କିଛି ତନ୍ଦୁରରେ ରାନ୍ଧିବାକୁ ହେବ ତାକୁ ସାଧାରଣତଃ ଦହି ଓ ମସଲାର ଏକ ତରଳ ମିଶ୍ରଣରେ ବୁଡାଇ ରଖାହୁଏ । ଅନେକ ସମୟରେ ବାରଘଣ୍ଟା ବା ତା'ଠାରୁ ବେଶୀ । ଖାଇବାକୁ ଦେବାର ଅଳ୍ପ ଆଗରୁ ତନ୍ଦୁର୍‌ରେ ଦିଆଯାଏ । ଏଣୁ ତନ୍ଦୁରି ଖାଦ୍ୟ ହୋଟେଲ୍‌ରେ ପହଞ୍ଚିଲା କ୍ଷଣି ମିଳିପାରିବ ନାହିଁ । ଆପଣ ଅର୍ଡର୍ ଦେଲାପରେ ଏହା ତନ୍ଦୁର୍‌ରେ ଦିଆଯିବ ଏବଂ ପ୍ରାୟ ପନ୍ଦର ମିନିଟ୍ ପରେ ଆପଣଙ୍କ ଆଗରେ ଥୁଆଯିବ । ତନ୍ଦୁରି ଖାଦ୍ୟର ସବୁଠାରୁ ବଡ ଗୁଣ ଏଥିରେ ମାଂସର ନିଜସ୍ୱ ସ୍ୱାଦ ଫୁଟିଉଠେ । ତନ୍ଦୁର୍‌ରେ କୌଣସି ଝୋଳ ଜାତୀୟ ବସ୍ତୁ ତିଆରି କରାଯାଇ ପାରିବ ନାହିଁ । ମଧ୍ୟ-ପ୍ରାଚ୍ୟରେ ଯେ ଝୋଳ ଥିବା ବସ୍ତୁ ନାହିଁ । ଏକଥା ନୁହେଁ । କିନ୍ତୁ ତା' ରାନ୍ଧିବା ପ୍ରଣାଳୀ ଆମ ରନ୍ଧା ପରି । ଅବଶ୍ୟ ଯେତେ ପଶ୍ଚିମକୁ ଯିବେ ମସଲା ସେତିକି କମିବ । ହଳଦୀଟା ମଧ୍ୟ ଆଫଗାନିସ୍ଥାନ ପର୍ଯ୍ୟନ୍ତ ଯାଇଛି ।

ଏଥିରୁ ମୋଟା ମୋଟି ଜଣାପଡିଲା ଯେ, ତନ୍ଦୁର୍ ରନ୍ଧା ପାରିବାରିକ ରନ୍ଧା ନୁହେଁ । ପ୍ରଥମତଃ ଅଳ୍ପ ଲୋକଙ୍କ ଲାଗି ଏହା କରିବାରେ ଖର୍ଚ୍ଚ ବହୁତ; କାରଣ, ତନ୍ଦୁର୍ ଗରମ କରିବାରେ ଇନ୍ଧନ ଅନେକ ବେଶୀ ଲାଗେ । ଏଣୁ ଏସବୁ ଜିନିଷ ବଜାରରୁ କିଣିବା ହିଁ ସୁବିଧା । ମଧ୍ୟ-ପ୍ରାଚ୍ୟରେ ଗୃହିଣୀଗଣ ସାଧାରଣତଃ ନାନ୍ ବା ରୁଟି

ନାନବାଇଠାରୁ କିଣି ଆଣନ୍ତି। ଘରେ ଘରେ ତରକାରୀ ପତ୍ର ରନ୍ଧାହୁଏ। ଆଜିଠାରୁ ପ୍ରାୟ କୋଡ଼ିଏ ପଚିଶ ବର୍ଷତଳେ ଦିଲ୍ଲୀର ସାହିରେ ସାହିରେ ତନ୍ଦୁର୍ ଥିଲା। ଗୃହିଣୀମାନେ ଘରେ ଅଟା ଚକଟି ନେଇ ତନ୍ଦୁର୍‌କୁ ଚାଲି ଯାଉଥିଲେ। ସେଠି ତନ୍ଦୁର୍‌ବାଲା ଅତି ଅଳ୍ପ ପଇସାରେ ରୁଟିଗୁଡ଼ିକ ତିଆରି କରି ଦେଉଥିଲା। ଏହା ମହିଳାମାନଙ୍କର ଏକ ସାମାଜିକ ମିଳନ ସ୍ଥଳ ଭାବରେ ମଧ୍ୟ କାମ କରୁଥିଲା। ବର୍ତ୍ତମାନ ପ୍ରାୟ ଉଠିଗଲାଣି। ତା'ର ଅନେକ କାରଣ। ପ୍ରଥମତଃ ବର୍ତ୍ତମାନର ଲୋକମାନଙ୍କର, ଏପରିକି ପଞ୍ଜାବୀମାନଙ୍କର ତନ୍ଦୁରି ରୁଟି ପ୍ରତି ମୋହ ଅନେକ କମି ଗଲାଣି। ତା'ଛଡ଼ା ଗ୍ୟାସ୍ ଓ ପ୍ରେସର୍‌କୁକର୍ ଦ୍ୱାରା ରାନ୍ଧିବାର କଷ୍ଟ ଓ ସମୟ ବହୁତ କମି ଗଲାଣି। ଏଣୁ ତନ୍ଦୁର୍‌ବାଲା ପାଖକୁ ଯିବାର ଆବଶ୍ୟକତା ଅନେକ ଅନୁଭବ କରୁନାହାନ୍ତି। ବର୍ତ୍ତମାନ ତନ୍ଦୁର୍ କେବଳ ହୋଟେଲ୍ ଓ ଢାବାରେ। ରୁଟି ଓ ନାନ୍ ଛଡ଼ା ତନ୍ଦୁର୍‌ର ପ୍ରଧାନ ରନ୍ଧା ହେଲା ଗୋଟା କୁକୁଡ଼ା ଓ ଗୋଟା ମାଛ। ତନ୍ଦୁରି ଚିକେନ୍ ଓ ତନ୍ଦୁରି ଫିଶ୍। ତା' ଛଡ଼ା ନାନା ପ୍ରକାରର କବାବ୍। ଏଥିରେ ମାଂସର ବଡ ବଡ ଖଣ୍ଡକୁ ଆଗରୁ ଦହି ଓ ମସଲାର ମିଶ୍ରଣରେ ଭିଜାଇ ରଖା ଯାଇଥାଏ। ଅର୍ଡର୍ ଦେଲା ପରେ ଏହାକୁ ତନ୍ଦୁର୍‌ରେ ପୂରାଇ ଦିଆଯାଏ। ବାହାରିଲେ ଉପରଟା ଲାଲ ଓ କିଞ୍ଚିତ୍ ମୁଡ୍‌ମୁଡ୍। ଟିକିଏ ଟିକିଏ ପୋଡ଼ା ଦାଗ ମଧ୍ୟ ଥାଏ। କିନ୍ତୁ ଭିତରଟା ଅତ୍ୟନ୍ତ ନରମ ଓ ସ୍ୱାଦିଷ୍ଟ। ଦେଲା ବେଳକୁ ତା' ଉପରେ ଅଳ୍ପ ଲେମ୍ବୁରସ ଓ ଗରମ ମସଲା ଗୁଣ୍ଡ ଛିଞ୍ଚି ଦିଆଯାଏ। ଏହାର ପ୍ରଧାନ ଗୁଣ ହେଲା ଯେ ଏଥିରେ ମାଂସର ନିଜସ୍ୱ ସ୍ୱାଦ ଫୁଟିଉଠେ। ତନ୍ଦୁରି ଲାଗି ମାଂସ ମଧ୍ୟ ଉତ୍ତମ ଧରଣର ହେବା ଉଚିତ୍। ମଧ୍ୟ-ପ୍ରାଚ୍ୟରେ ଏଥିଲାଗି ମେଣ୍ଢା ମାଂସ ହିଁ ବିଶେଷ ବ୍ୟବହାର କରାଯାଇଥାଏ। ବାବର ତାଙ୍କ ଆତ୍ମଜୀବନୀରେ ଲେଖିଛନ୍ତି ଯେ ଭାରତରେ ଉତ୍ତମ ମାଂସ ମିଳେ ନାହିଁ, କଥାଟା କେବଳ ବିଜେତା ସୁଲଭ ଗର୍ବର ପ୍ରମାଣ ନୁହେଁ। ଶୀତ ପ୍ରଧାନ ଚାରଣ ଭୂମିରେ ପାଳିତ ମେଷଛାଗାଦିର ମାଂସ ଅତି ଉତ୍ତମ। ଏହା ତନ୍ଦୁରି ରନ୍ଧା ଲାଗି ପ୍ରଶସ୍ତ। ଅଥଚ ଭାରତବର୍ଷର ଜନ୍ତୁମାନଙ୍କର ମାଂସ ସେତେ ଉତ୍ତମ ନହୋଇଥିବାରୁ ଏଥିରେ ମସଲା ଦ୍ୱାରା ସ୍ୱାଦରେ କିଛି ପରିବର୍ତ୍ତନ କରିବାକୁ ହୁଏ। ଏଣୁ ଭାରତବର୍ଷରେ ମୋଗ୍‌ଲାଇ ରନ୍ଧା ଗଢି ଉଠିଲା ଏବଂ ତନ୍ଦୁରି କେବଳ ପଞ୍ଜାବରେ ହିଁ ରହିଗଲା।

କୌଣସି କୌଣସି ପାଠକଗଣଙ୍କ ମନେ ହେବଣି, "ବାବୁ, ବହୁତ ଥିଓରି ତ ଭାଷିଲଣି। ବର୍ତ୍ତମାନ ପ୍ରାକ୍ଟିକାଲ ଆଡକୁ ଆସ।" ଅର୍ଥାତ୍ ହୋଟେଲ୍‌ରେ ତନ୍ଦୁରି ଖାନା କ'ଣ କ'ଣ ଓ କିପରି ଅର୍ଡର୍ କରିବାକୁ ହେବ, ଏବିଷୟରେ କିଛି ଖୋଲାସା କର। ତେବେ ଆଜ୍ଞା, ଅବଧାନ ହେଉ। ପ୍ରଥମ କଥା ଏ ଜିନିଷ ଘରେ ତିଆରି ହୋଇପାରିବ

ନାହିଁ। ଆପଣଙ୍କ ଘରେ ଅତି ଉତ୍ତମ ଗ୍ୟାସ୍ ବା ଇଲେକ୍ଟ୍ରିକ ଓଭେନ୍ ଥିଲେ ମଧ୍ୟ ନୁହେଁ। ସେଥିରେ ତିଆରି ବସ୍ତୁ ତନ୍ଦୁରି ଚିକେନ୍ ନୁହେଁ। କାରଣ ସେଥିରେ ତନ୍ଦୁର୍‌ର ଗରମ ମାଟିର ବାସନା ଓ କାଠ କୋଇଲାର ଏକ ହାଲୁକା ଗନ୍ଧ, ଯାହାକୁ ଇଂରାଜୀରେ Flavour କୁହାଯାଏ, ଆସିପାରିବ ନାହିଁ। ଏଥିଲାଗି ତିନିଚାରିଜଣ ୟାର-ଦୋସ୍ତ ସାଙ୍ଗହୋଇ ଯିବା ଉଚିତ୍। କାରଣ ପ୍ରତ୍ୟେକ ତନ୍ଦୁରି ଡିସ୍‌ଗୁଡିକ ଏଡେ ବଡ ଯେ, ଜଣେ ଖାଇପାରିବ ନାହିଁ। ଯଥା ଗୋଟା କୁକୁଡା। ତା'ଛଡା ଆପଣଙ୍କର ଦୁଇଚାରିଟା ଜିନିଷ ଚାଖିବାର ଇଚ୍ଛା, ତାହେଲେ କ'ଣ ଅର୍ଡର୍ ଦେବେ। ସାଧାରଣତଃ ପଞ୍ଚତାରକା ହୋଟେଲ୍ ବାଦ୍ ଦେବେ। ଆପଣଙ୍କ ପାଖେ ଯେତେ ପଇସା ଥାଉନା କାହିଁକି। ଏ ସବୁ ଜାଗାରେ ସାଜସଜ୍ଜା ଓ ଆଡମ୍ବର ବେଶୀ। ଖାଦ୍ୟ ଉପରେ ଦୃଷ୍ଟି କମ୍। ଉତ୍ତମ ପଞ୍ଜାବୀ ହୋଟେଲ୍ ଏଥିଲାଗି ପ୍ରଶସ୍ତ। ତରବର ହେବା ଦରକାର ନାହିଁ। ଅନେକ ଜାଗାରେ ଦେଖିବେ ଯେ ସୋ-କେଶ୍‌ରେ ଲୁହା ଛଡରେ ଗୁନ୍ଥା ହୋଇ କୁକୁଡା, ମାଛ, ମାଂସ ଖଣ୍ଡ ଇତ୍ୟାଦି ଥୁଆ ହୋଇଛି। ଇଚ୍ଛା କଲେ ଆପଣ ବାଛି ପାରନ୍ତି। ମୋ ମତରେ ଚାରିଜଣଙ୍କ ଲାଗି ଗୋଟିଏ ମୁର୍ଗା (କୁକୁଡା), ଗୋଟିଏ ତନ୍ଦୁରି ମଛି (ଗୋଟାମାଛ) ଏବଂ ଏକ ପ୍ଲେଟ୍ ବରା ବା ଟିକ୍କା ଯଥେଷ୍ଟ। ସାଙ୍ଗରେ ଏକ ପ୍ଲେଟ୍ ସାଲାଡ୍। ତା' ସହିତ ଆପଣ ପାଇବେ ଧନିଆ ବା ପୋଦିନା ଚଟଣୀ, କଟା ପିଆଜ ଓ ଆଚାର। ଅନେକ ଏହା ସହିତ ଏକ ପ୍ଲେଟ୍ ଦହି ରାଇତା ମଧ୍ୟ ପସନ୍ଦ କରିଥାନ୍ତି। ସାଥୀରେ ତନ୍ଦୁରି ରୋଟି ବା ନାନ୍ ଖାଇବେ। ଆଜିକାଲି କେତେକ ତନ୍ଦୁରି ରୋଟି ସ୍ଥାନରେ ରୁମାଲ୍ ରୋଟି ମାଗୁଛନ୍ତି। ମୋ ମତରେ ଏହାଦ୍ୱାରା ଶାସ୍ତ୍ର ଅଶୁଦ୍ଧ ହୁଏ। କାରଣ ରୁମାଲ୍ ମୋଗ୍‌ଲାଇ କବାବ୍ ସହିତ ଖାଇବା କଥା। ତନ୍ଦୁରି ସହିତ ସେହି ମଧ୍ୟ-ଏସିଆର ନାନ୍ ହିଁ ମାନେ। ସାଧାରଣତଃ ଆପଣ ଗୋଟିଏ ବା ଦେଢଟି ନାନ୍ ଖାଇ ପାରିବେ। ଯଦି ଆପଣ ଶୁଖିଲା ନାନ୍ ଚୋବାଇବାକୁ ନାରାଜ୍ ତା' ହେଲେ ବୁଡାଇବା ପାଇଁ ପାଲକ୍‌ପନିର୍ (ଛେନା ଓ ପାଳଙ୍ଗର ତରକାରୀ) ବା କିମା ମଟନ୍ (ଗୁଣ୍ଡ ମାଂସ ଓ ମଟର ଛୁଇଁ) ନେଇ ପାରନ୍ତି। କିନ୍ତୁ ମୁଁ ନିଜେ ଏହା ପସନ୍ଦ କରେ ନାହିଁ।

ତନ୍ଦୁର୍‌ରେ କେବେ ନିରାମିଷ ରନ୍ଧା ନଥିଲା। ଏବେ କେତେକ ଜାଗାରେ ବିଶେଷ କରି ଉପରଲିଖିତ ପଞ୍ଚତାରକା ଖଚିତ ହୋଟେଲ୍‌ମାନଙ୍କରେ ନିରାମିଷ ତନ୍ଦୁରି ରନ୍ଧା ଆରମ୍ଭ ହୋଇଛି। ଯଥା- ତନ୍ଦୁରି ଗୋଭି। ଗୋଟା ଫୁଲକୋବିକୁ ମସଲା ଦେଇ କୁକୁଡା ପରି ଲୁହାଛଡ ଦ୍ୱାରା ତନ୍ଦୁର୍‌ରେ ରନ୍ଧା ଯାଏ ବା ପନିର ଟିକ୍କା! ଅର୍ଥାତ୍ ଖଣ୍ଡ ଖଣ୍ଡ ଛେନା, ଟମାଟୋ, ଛତୁ ଓ ପିଆଜକୁ ବରା ବକାବ୍ ପରି ଶୂଳ ପକ୍କ କରାଯାଏ।

ଏସବୁ ବିଷୟରେ ଅଧମ ଆଉ କ'ଣ କହିବ ? କବିସୂର୍ଯ୍ୟ ବଳଦେବ ରଥ ଏ ବିଷୟରେ ଶେଷ କଥା କହିଯାଇଛନ୍ତି -

ରଞ୍ଜି ନାୟକ ସଙ୍ଗେ ଚୋପାଦାର
ଖଞ୍ଜିଲେ ହେଲେ ଚାବୁକ୍ ସବାର,
ଖିଆଇଲେ ହେଲେ ନାନା ମସଲା
ତୁରଙ୍ଗ ହୁଏ କି ରାସଭ ପିଲା ।

ଆହାର ପର୍ବ ଏହିଠାରେ ଶେଷ ହେବା କଥା । କିନ୍ତୁ ଧରନ୍ତୁ ଆପଣଙ୍କ ଗୁରୁ ଆପଣଙ୍କୁ ଆଦେଶ କରିଛନ୍ତି "ମଧୁରେଣ ସମାପୟେତ୍" । ଏହି ସବୁ ସ୍ଥାନରେ କିଛି ମିଠା ମଧ୍ୟ ମିଳେ । ଅବଶ୍ୟ ତନ୍ଦୁର୍‌ରେ କୌଣସି ମିଠା ଜିନିଷ ରନ୍ଧା ହୁଏ ନାହିଁ । ଯଦି ଖରାଦିନ ତାହେଲେ କୁଲ୍‌ଫି ମଗାନ୍ତୁ । ଏହାର ସ୍ୱାଦ ସାହେବୀ ଆଇସ୍କ୍ରିମ୍‌ଠାରୁ ଢେର୍ ବଢ଼ିଆ । ସାଥୀରେ ଫାଲୁଦା ବା ବାଫରେ ଥଣ୍ଡା କରାଯାଇଥିବା ସିମେଇ । ଯଦି ଶୀତଦିନ, ତାହେଲେ ଗରମ ଗାଜର ହାଲୁଆ । ଖାସ୍ ତନ୍ଦୁରି ଦେଶ ଅର୍ଥାତ୍ ସିନ୍ଧୁ ନଦୀ ଆରପାରିରେ ଖାଇବା ପରେ ଚ'ପାନ କରାଯାଏ । ଏହା ଆମ ଚ' ପରି ନୁହେଁ । ଏହା ସବୁଜ ଚ' । ଦୁଗ୍ଧ ନଥାଏ । କିନ୍ତୁ ଚିନି ଓ କେତେବେଳେ ଅଳେଇଚ ଇତ୍ୟାଦି ମସଲା ମଧ୍ୟ ଦିଆଯାଏ । ଏ ଚ'ର ପ୍ରଧାନ ଉତ୍ପାଦନ ସ୍ଥଳ ହିମାଚଳ ପ୍ରଦେଶର କାଙ୍ଗଡା ଅଞ୍ଚଳ । ଏହି ଚ' ଲାଗି ଭାରତର ବାଣିଜ୍ୟ ମଧ୍ୟ-ଏସିଆ ଦେଇ ରୁଷିଆ ପର୍ଯ୍ୟନ୍ତ ବ୍ୟାପୀ ଯାଇଥିଲା । ଭାରତରେ ଏ ଚ' କୌଣସି ହୋଟେଲ୍‌ରେ ମିଳିବ ନାହିଁ । ତେବେ ମଧ୍ୟ-ପ୍ରାଚ୍ୟରେ ସର୍ବତ୍ର ମିଳେ । ଲୋକେ ମଧ୍ୟ ଚ' ଦୋକାନରେ ଘଣ୍ଟା ଘଣ୍ଟା ଧରି ଆଡ୍ଡା ଦେବାରେ ପ୍ରସିଦ୍ଧ ।

ବର୍ତ୍ତମାନ ଏହି ପ୍ରବନ୍ଧଟିକୁ ଖାସ୍ ତନ୍ଦୁର୍ ଦେଶ, ସୋଭିଏତ୍ ମଧ୍ୟ-ଏସିଆର ବୋଖରାରୁ ଆସି ଓଡିଶାରେ ଆସ୍ଥାନ କରିଥିବା ଜାଗ୍ରତ ପୀର ଖୋର୍ଦ୍ଧା ପାଖ କାଇପଦରର ବାବା ବୋଖାରୀଙ୍କ ଆଶୀର୍ବାଦ ପ୍ରାର୍ଥନା କରି ସମାପନ କରାଯାଉ ।

■

# ପୋଷାକ-ମୋଗଲାଇ ଓ ତତ୍‌ପଶ୍ଚାତ୍

ମଝିରେ ମଝିରେ ପୋଷାକ ସମ୍ବନ୍ଧରେ ଅନେକ ବିତର୍କ ହୁଏ । ହଠାତ୍ ସଙ୍ଗୀତଜ୍ଞ ଆନନ୍ଦ ଶଙ୍କର କୁର୍ତ୍ତା ପାଇଜାମା ପିନ୍ଧିଥିବାରୁ ତାଙ୍କୁ କାଲକାଟା ସ୍ୱିମିଂ କ୍ଲବ ଭିତରକୁ ଛଡା ଗଲା ନାହିଁ । ଅଥଚ ହୁଏତ ସେ ହାଫ୍ ପ୍ୟାଣ୍ଟ୍ ଖଣ୍ଡେ ପିନ୍ଧି ଥିଲେ ଛଡ଼ା ଯାଇଥାନ୍ତା । ପ୍ରସିଦ୍ଧ ଚିତ୍ରକର ହୁସେନଙ୍କୁ ଜୋତା ପିନ୍ଧି ନଥିବାରୁ ମଧ୍ୟ ବମ୍ବେରେ ସେପରି ହିନସ୍ତା ହେବାକୁ ପଡ଼ିଥିଲା । ଏହାର ଅନ୍ୟ ସୀମା ତ୍ରିବିନ୍ଦ୍ରମର ପଦ୍ମନାଭ ସ୍ୱାମୀ ମନ୍ଦିରରେ ଯେଉଁଠିକି ପୁରୁଷ ଲୋକମାନେ ଖୋଲା ଦେହରେ ଧୋତିକୁ ଲୁଙ୍ଗି ମାରି ଯିବାକୁ ବାଧ୍ୟ । ମନ୍ଦିର ହୋଇଥିବାରୁ ତ' ଖାଲି ଗୋଡ଼ ଅବଶ୍ୟ । ଅସଲ କଥା ହେଲା ଯେ ଭାରତୀୟ ପୋଷାକର କୌଣସି ସର୍ବଜନ ସ୍ୱୀକୃତ ନିୟମ ବା ପ୍ରଥା (Convention) ନାହିଁ । ଦେଶ ମଧ୍ୟ ବହୁତ ବଡ଼ ହୋଇଥିବାରୁ ଏବଂ ପୃଥିବୀର ସମସ୍ତ ପ୍ରକାର ଜଳବାୟୁ ଏ ଦେଶରେ ଥିବାରୁ ପୋଷାକର ବିବିଧତା ପ୍ରାୟ ଅରାଜକତା ସାଥୀରେ ସମାନ । କିନ୍ତୁ ପୋଷାକରେ କେତେକ ପରିମାଣରେ ଅନୁଶାସନ ଆଣିବା ମଧ୍ୟ ଅନେକ କାରଣରୁ ଆବଶ୍ୟକ ହୋଇପଡ଼େ । ଏହି ଅନୁଶାସନ ବିଷୟରେ ଚିନ୍ତା କରିବାକୁ ଗଲେ କିଛି ପରିମାଣରେ ଇତିହାସର ନଜିର ନେବା ଆବଶ୍ୟକ ।

କଥାରେ ଅଛି ଭେକ ଥିଲେ ଭିକ ମିଳେ । ଏଣୁ ଭେକ ବା ପୋଷାକ ସମ୍ବନ୍ଧରେ ଭାରତରେ ଯେ ସଚେତନତା ନଥିଲା ଏହା ନୁହେଁ । କିନ୍ତୁ ହିନ୍ଦୁ ସମୟର ବେଶ, ବିଶେଷକରି ପୁରୁଷ ବେଶ ସମ୍ବନ୍ଧରେ ଆମର ଜ୍ଞାନ କମ୍ । ଏଥିଲାଗି ଆମେ ମୂର୍ତ୍ତିକଳାର ପ୍ରମାଣ ଉପରେ ନିର୍ଭର କରୁ । ଏଥିରୁ ଜଣାପଡ଼େ ଯେପରି ପୁରୁଷର ଉତ୍ତମାଙ୍ଗ ଅନାବୃତ୍ତ ରହୁଥିଲା । କେବଳ ଉତ୍ତରୀୟ ଉପରେ ପକାଇ ଦିଆଯାଉଥିଲା । ଅଥଚ ଉତ୍ତର ଭାରତର, ବିଶେଷକରି ହିମାଳୟ ଉପକଣ୍ଠରେ ପ୍ରଚଣ୍ଡ ଶୀତରେ ଏହି ପୋଷାକ ପିନ୍ଧିବା ଅସମ୍ଭବ ମନେହୁଏ । ଚିତ୍ରକଳାର ଯେଉଁ ନଜିର ମିଳେ, ତାହା ମୁସଲମାନ୍ ଆସିବା ପରର ।

ଏଣୁ ଏଥିରେ ମୁସ୍‌ଲିମ୍ ପ୍ରଭାବ ସ୍ପଷ୍ଟ। ହିନ୍ଦୁ ଓ ମୁସଲ୍‌ମାନ୍ ଉଭୟଙ୍କର ଉତ୍ତମାଙ୍ଗର ପୋଷାକ ଅନେକଟା ଏକାଭଳି ହୋଇଯାଇଥିଲା। ଫରକ୍ ଭିତରେ ହିନ୍ଦୁଙ୍କ ଭିତରେ ଧୋତି ବେଶୀ ଥିଲା ଓ ମୁସଲ୍‌ମାନ୍ ଅନେକ ସମୟରେ ତହମଦ୍ ବା ଲୁଙ୍ଗି ପିନ୍ଧୁଥିଲେ। ତେବେ ହିନ୍ଦୁ ଓ ମୁସଲ୍‌ମାନ୍ ଉଭୟେ ପାଇଜାମା ପିନ୍ଧୁଥିଲେ - ବିଶେଷ କରି ସୈନିକ ଓ ରାଜ କର୍ମଚାରୀ। ମୋଗଲ୍ ଦରବାରରେ ହିଁ କାଳକ୍ରମେ ଏପରି ପୋଷାକ ଗଢ଼ି ଉଠିଥିଲା ଯାହାକି ଭାରତର ସବୁଆଡ଼େ କି ରାଜପୁତ କି ମରାଠା ସମସ୍ତେ ଗ୍ରହଣ କରିନେଇଥିଲେ ଏବଂ ପ୍ରାୟ ସମସ୍ତ ଦେଶୀୟ ରାଜ୍ୟର ଦରବାରରେ ଏହା ହିଁ ଦରବାରୀ ପୋଷାକ ଥିଲା। ଏଣୁ ଏ ବିଷୟରେ କିଞ୍ଚିତ ଦୃଷ୍ଟିପାତ କରିବା ଉଚିତ।

ଯେତେବେଳେ ଆଫଗାନ୍, ତୁର୍କ ଏବଂ ମୋଗଲ୍‌ମାନେ ଏ ଦେଶରେ ଆସି ପହଞ୍ଚିଲେ, ସେମାନଙ୍କ ପୋଷାକ ଥିଲା ଅତି ଥଣ୍ଡା ଜଳବାୟୁ ଲାଗି ଉପଯୁକ୍ତ। ଗୋଡ଼ରେ ଆଣ୍ଠୁଯାକେ ଆସୁଥିବା ବୁଟ୍, ପଶମ ଓ ଲୋମର ବିରାଟ ଚୋଗା ଓ ମୁଣ୍ଡରେ ବିରାଟ ପଗଡ଼ି। ଜଳବାୟୁ ହିଁ ଧୀରେଧୀରେ ଏହାକୁ ସୀମିତ କରିଦେଲା। ମୋଟାମୋଟି ପୋଷାକଟା ହେଲା ଏହି ପରି। ମୁଣ୍ଡରେ ପଗଡ଼ି, ଦେହରେ ନିମାଜାମା। ତା'ଉପରେ ଅଙ୍ଗରଖା ବା ଜାମା। ତଳେ ପାଇଜାମା (ପ୍ରାୟ-ଗୋଡ଼ର ଜାମା)। ଅଣ୍ଟାରେ କମର ବନ୍ଧ ଯେଉଁଥିରେ ତରବାରୀ ଟଙ୍ଗାଯାଏ ଏବଂ ଏକ କ୍ଷୁଦ୍ର ଛୁରିକା ଅର୍ଥାତ୍ କଟାର ଖୋସି ଦେଇହୁଏ। ଗୋଡ଼ରେ ଉଚ୍ଚ ଏଡ଼ିର ଜୋତା। କାରଣ ପ୍ରାୟ ସମସ୍ତେ ଘୋଡ଼ା ଚଢୁଥିଲେ ଏବଂ ଉଚ୍ଚ ଏଡି ପାଦକୁ ରକାବ୍ (ଇଂରାଜୀରେ Stirrup)ରେ ରହିବାକୁ ସାହାଯ୍ୟ କରୁଥିଲା। କାଳକ୍ରମେ ନିମାଜାମା ଉଠିଯାଇ ଏକ ସଂକ୍ଷିପ୍ତ ଫତେଇ ଭଳି ଜିନିଷ ହୋଇଗଲା ଯାହାର ନାମ ହେଲା ସଦରା ବା ଶଲୁକା। ଏହା ଅତ୍ୟନ୍ତ ସୁନ୍ଦର କନାରେ ତିଆରି ହେଉଥିଲା ଏବଂ ଏହା ଉପରେ ଜରି ଓ କଢ଼େଇ (Embroidory)ର କାମ ହେଉଥିଲା। ଏହା ଉପରେ ଅଙ୍ଗରଖା ପିନ୍ଧା ଯାଉଥିଲା। ମୁଁ ପିଲା ଥିଲାବେଳେ ବୁଢ଼ାମାନେ ସାର୍ଟକୁ ଅଙ୍ଗା କହିବାର ଶୁଣିଛି।

ବୋଧହୁଏ ଏହା ସେହି ଅଙ୍ଗରଖାର ଅପଭ୍ରଂଶ। ଅଙ୍ଗରଖା କେତେକଟା ଡବଲ୍ ବ୍ରେଷ୍ଟକୋଟ ପରି। ଅଣ୍ଟାଯାକେ ଟାଇଟ୍ ଫିଟ୍, ତା'ପରେ ବହୁତ କୁଞ୍ଚଥାଇ ଏକ ଘାଘରା ପରି। ଏହା ସାଧାରଣତଃ ଧଳା ବା ହାଲୁକା ରଙ୍ଗର ମଲ୍‌ମଲ୍ (ଆଦିକନା ପରି)ରେ ତିଆରି ହେଉଥିଲା ଏବଂ ତା' ଭିତରୁ ସଦରା ବା ଶଲୁକାର କାରୁକାର୍ଯ୍ୟ ଦେଖା ଯାଉଥିଲା। ଶୀତଦିନେ ଏହା ଉପରେ ଗରମ କନାର ଚୋଗା ପିନ୍ଧା ଯାଉଥିଲା। ଚୋଗା ନ ପିନ୍ଧି ଅନେକ ଖାଲି ଶାଲ୍ ମଧ୍ୟ ଘୋଡି ହେଉଥିଲେ। କମରବନ୍ଧ ମଧ୍ୟ ସାଧାରଣତଃ ଶାଲ୍ କନାରେ ତିଆରି ହେଉଥିଲା। ପୂର୍ବ ପୃଷ୍ଠାର ଚିତ୍ରଟା ଦେଖନ୍ତୁ। ଏଥିରେ ଚାଲିବା, ତଳେ ବସିବା, ଚଉକିରେ ବସିବା, ଘୋଡା ଚଢିବା କୌଣସି ଦିଗରୁ ଅସୁବିଧା ହୁଏନାହିଁ। ଏହି ପୋଷାକ ଏକ ସର୍ବଭାରତୀୟ ପୋଷାକ ହୋଇଯାଇଥିଲା। ମୋଗଲ୍ ଛଡା ରାଜପୁତ୍, ମରାଠା, ହାଇଦ୍ରାବାଦ୍, ମହୀଶୂର ସର୍ବତ୍ରଃ ଏହା ଚାଲୁ ହୋଇଯାଇଥିଲା।

ଇଂରେଜ୍ ଆସିବା ପରେ ଏଥିରେ କିଛି ପରିବର୍ତ୍ତନ ହେଲା। ଲକ୍ଷ୍ନୌରେ ବାହାରିଲା ଅଚ୍‌କନ୍। ଏହା ମୋଟ୍ କନାରେ ତିଆରି ଓ ଏହାର ହାତ ଇଂରେଜ କୋଟ୍ ପରି। ଏବଂ ଏଥିରେ ବୋତାମ ଲାଗିଲା। ଶେଷକୁ ହାଇଦ୍ରାବାଦ୍‌ରେ ଏହା ହେଲା ଶେରୱାନୀ। ଯେପରି ପଣ୍ଡିତ୍ ଜବାହାରଲାଲ୍ ନେହରୁ ପିନ୍ଧୁଥିଲେ। ମୋଟାମୋଟି ଊନବିଂଶ ଶତାବ୍ଦୀର ଶେଷ ଭାଗକୁ ଏହା ଏକ ସର୍ବଭାରତୀୟ ପୋଷାକ ହୋଇ ଯାଇଥିଲା ଏବଂ ନୈଷ୍ଠିକ ହିନ୍ଦୁଙ୍କୁ ମୁଁ ଧୋତି ଉପରେ ଶେରୱାନୀ ଓ ତା' ଉପରେ ଚାଦର ପକାଇବାର ଦେଖିଛି। କିନ୍ତୁ ଏଠି ମଧ୍ୟ ରାଜନୀତି ପଶିଛି। ଶେରୱାନୀ ଭାରତ ଓ ପାକିସ୍ତାନ ଉଭୟ ଦେଶର ଜାତୀୟ ପୋଷାକ। କିନ୍ତୁ ଆମେ ଶେରୱାନୀ ପିନ୍ଧୁ, ଚୁଡିଦାର ପାଇଜାମା ସହିତ। କିନ୍ତୁ ପାକିସ୍ତାନୀମାନେ ପିନ୍ଧନ୍ତି ଶାଲୱାର୍ ସହିତ କେବଳ ଦୁଃଖର କଥା ଯେ, ଅଚ୍‌କନ୍ ଶେରୱାନୀ ଆସିବାରୁ ଭିତରର ଶଲୁକାର ଫ୍ୟାଶନ୍‌ଟା ଦେଖାଇବାର ଉପାୟ ନଥିଲା। ଏଣୁ ପୋଷାକଟା କେତେକ ପରିମାଣରେ ମାନ୍ଦା ଅର୍ଥାତ୍ dull ହୋଇଗଲା। ପୁରୁଷ ପୋଷାକରେ ମଧ୍ୟ ସାମାନ୍ୟ ପରିମାଣରେ ରଙ୍ଗ ଓ ନକ୍ସାର ପ୍ରକାଶର ଉପାୟ ଥିବା ଉଚିତ୍। ଯେପରି ଧରନ୍ତୁ ସୁଟ୍ ସାଙ୍ଗରେ ଟାଇ। ଶେରୱାନୀର ରଙ୍ଗର ଅଭାବକୁ ଅନେକ ପରିମାଣରେ ପଗଡିର ବର୍ଣ୍ଣାଢ୍ୟତା ଦ୍ୱାରା ଦୂର କରାଯାଉଥିଲା। କିନ୍ତୁ ଧୀରେ ଧୀରେ ପଗଡି ଉଠିଗଲା ଓ ତା' ଜାଗାରେ ଆସିଲା ଟୋପି। ପୁରୁଷ ପୋଷାକରୁ ଆଭା ଚାଲିଗଲା। ତେବେ ଶେରୱାନୀଟା ଖରାଦିନେ ଲାଗି ମୋଟେ ସୁବିଧା ନୁହେଁ। ଗରମ ପ୍ରଚୁର ହୁଏ। ବେକଠାରୁ ଆଣ୍ଠୁ ପର୍ଯ୍ୟନ୍ତ ବନ୍ଦ ଥିବାରୁ ପବନ ବାଜି ପାରେ ନାହିଁ। ଏଣୁ ହାଇଦ୍ରାବାଦ୍ ସହରରେ ଏକ ପ୍ରବାଦ ଅଛି "ବାହାର ଶେରୱାନୀ, ଅନ୍ଦର ପରେଶାନୀ"।

ଅବଶ୍ୟ ଏହା ଗରିବ ହୋଇଯାଇଥିବା ନବାବ୍ ସାହେବ୍‌ଙ୍କ ଗୃହ ସମସ୍ୟା ଲାଗି ମଧ୍ୟ ପ୍ରଯୁଜ୍ୟ। ଏଣୁ ଏହି ଅସୁବିଧା ଦୂର କରିବାକୁ ଶେରୱାନୀର ଏକ ସଂକ୍ଷିପ୍ତ ସଂସ୍କରଣ ବାହାରିଲା, ଯାହାର ନାମ ଥିଲା ବଣ୍ଡି। କିନ୍ତୁ ପଣ୍ଡିତ୍ ନେହରୁ ତାହା ଗରମ ଦିନେ ବ୍ୟବହାର କରୁଥିବାରୁ ତାହା ନେହେରୁ ଜ୍ୟାକେଟ୍ ବୋଲି ପରିଚିତ।

ଇଂରେଜ୍‌ଙ୍କର ଅନୁକରଣ ଦେଶର ଚାରିଆଡେ ବଢିପାଣି ପରି ମାଡି ଚାଲିଥାଏ। କିନ୍ତୁ ଭାରତର ଦେଶୀୟ ରାଜ୍ୟରେ ଏକ ନୂଆ ପ୍ରକାରର ଫ୍ୟାଶନ୍ ଗଢି ଉଠୁଥିଲା। ରାଜାମାନେ ମୋଗ୍‌ଲାଇ ପୋଷାକ ଛାଡି ନଥିଲେ। ବିଶେଷ ଦିନମାନଙ୍କରେ ଦରବାରରେ ତାହା ଆବଶ୍ୟକ ହେଉଥିଲା। କିନ୍ତୁ ଦୈନନ୍ଦିନ ପୋଷାକର କିଞ୍ଚିତ୍ ଆଧୁନିକୀକରଣ ଆବଶ୍ୟକ ହୋଇଥିଲା। ସେତେବେଳେ ଦେଶୀୟ ରାଜ୍ୟମାନଙ୍କରେ ପ୍ରଧାନ ଦୁଇଟି କାମ ଥିଲା ଶୀକାର ଓ ପୋଲୋ। ଅଶ୍ୱାରୋହଣରେ ଦକ୍ଷତାର ସ୍ଥାନ ଅନ୍ୟ ସବୁ ବିଦ୍ୟା ଉପରେ। ରାଜ ଦରବାରର ଅନେକ ଲୋକ ଏହିସବୁ କ୍ରୀଡାରେ ବିଶେଷ ରୁଚି ରଖୁଥିଲେ ଏବଂ ଦକ୍ଷ ମଧ୍ୟ ଥିଲେ। ଏମାନେ ଇଂରେଜ ପୋଷାକର ଗୁଣକୁ ଗ୍ରହଣ କରି ସେଥିରେ କିଛି ଭାରତୀୟତ୍ୱ ମିଶାଇଲେ। ତାହା ଯୋଧପୁର ବା ପ୍ରିନ୍ସ ସୁଟ୍ ବୋଲି ପ୍ରସିଦ୍ଧ ଥିଲା। ମୁଣ୍ଡରେ ପଗଡି, ବନ୍ଦଗଲା କୋଟ୍ ଓ ଯୋଧପୁର ବ୍ରିଚେସ୍ ଏହାର ଅଙ୍ଗ ଥିଲା। ଦେଖିବାକୁ ଅତି ସୁନ୍ଦର (ଅବଶ୍ୟ ପିନ୍ଧିବା ଲୋକ ଯଦି ମୋଟା ହୋଇନଥାଏ)। ଏହି ଛବିରୁ କିଛି ଧାରଣା ହେବ। ଏହି ପୋଷାକରେ ସାଧାରଣତଃ ଷ୍ଟେଟ୍‌ର ଅଫିସରମାନେ ଅଫିସ୍ ଯାଉଥିଲେ। ଘୋଡା ଚଢିଲେ ଅବଶ୍ୟ ସାଧାରଣତଃ କୋଟ୍‌ଟା ବାହାର କରି ଦେଉଥିଲେ। ଏହି ପୋଷାକ ହିଁ ଆଜିକାଲିର ବନ୍ଦଗଲା ସୁଟ୍‌ର ଜନକ। କେବଳ ଯୋଧପୁର ଜାଗାରେ ଟ୍ରାଉଜର୍ ହୋଇଯାଇଛି।

ପାଇଜାମା କୁର୍ତ୍ତା ପିନ୍ଧି ଆନୁଷ୍ଠାନିକ ସ୍ଥାନ ସବୁକୁ (ଯଥା ଅଫିସ୍) ଯାଇହେବ କି ନାହିଁ ଏହା ବିଷୟରେ ଅନେକ ବିତର୍କ ହୋଇଛି। ଏ ବିଷୟରେ ମୋର କହିବାର କଥା ଏତିକି ଯେ ପଣ୍ଡିତ୍ ଜବାହରଲାଲ୍‌ଙ୍କ ପରି ସୁରୁଚି ସମ୍ପନ୍ନ ଲୋକ କମ୍ ହୋଇଛନ୍ତି।

ଏଣୁ ତାଙ୍କର ଉଦାହରଣ ଏ ବିଷୟରେ ମୂଲ୍ୟବାନ୍। ସେ କେବେ ଖାଲି କୁର୍ତ୍ତା ପାଇଜାମା ପିନ୍ଧୁ ନ ଥିଲେ। କୁର୍ତ୍ତା ଉପରେ ରହୁଥିଲା ଶୀତଦିନେ ଶେରଓ୍ୱାନୀ ଓ ଖରାଦିନେ ପ୍ରସିଦ୍ଧ ନେହେରୁ ଜ୍ୟାକେଟ୍। ଏଣୁ ମନେହୁଏ ଯେ ଖାଲି କୁର୍ତ୍ତା ପାଇଜାମା ଆନୁଷ୍ଠାନିକ ପୋଷାକ ନୁହେଁ। ତା' ଉପରେ ଆଉ କିଛି ପିନ୍ଧି ଯାଏ। ତେବେ ମୋଗଲ୍ ସାମ୍ରାଜ୍ୟ ଓ ତା'ପରେ ମଧ୍ୟ ପୋଷାକର ଶ୍ରେଷ୍ଠତ୍ୱ ଥିଲା ପଗଡିରେ। ଏହା ଯେ ଭାରତ ବର୍ଷରେ ମୁସଲ୍‌ମାନ୍‌ଙ୍କ ଆଗରୁ ଥିଲା ଏହାର ପ୍ରତ୍ନତାତ୍ତ୍ୱିକ ପ୍ରମାଣ ମଧ୍ୟ ଅଛି। ଆଉ ସେ ପଗଡି କେତେ ପ୍ରକାରର। ଅତି ସାଧାରଣ ମୁଣ୍ଡରେ ଖଣ୍ଡେ ଧୋତି ବାନ୍ଧିଦେବା ଠାରୁ ଆରମ୍ଭ କରି ରତ୍ନଖଚିତ କିଂଖାବର ପଗଡି ପର୍ଯ୍ୟନ୍ତ ଏବଂ ପଗଡି ଦେଖି ହିଁ କହିଦେଇ ହେଉଥିଲା ପଗଡି ପିନ୍ଧିଥିବା ଲୋକ କିଏ। ସେ ପାଲିଙ୍କିରେ ବସି ଆସିଥିବା ଜମିଦାର ନା ପାଲିଙ୍କି ବୋହୁଥିବା ବେହେରା ବା କହାର। କିନ୍ତୁ ପଗଡିଟା ପ୍ରକୃତରେ ଦରକାର ବା ସେହିପରି ଆନୁଷ୍ଠାନିକ ସ୍ଥାନରେ ଉପଯୁକ୍ତ। ଏ ପର୍ଯ୍ୟନ୍ତ ମଧ୍ୟ ଉତ୍ତର ଭାରତରେ ବର ଏବଂ ଦୁଇ ସମୁଦିଙ୍କର ଗୋଲାପି ବା ହଳଦିଆ ପଗଡି ବାନ୍ଧିବା ବିଧି। ତେବେ ଏହି ବିଶାଳକାୟ ପଗଡି ଦୈନନ୍ଦିନ ଏବଂ ଘରୁଆ (informal) ବ୍ୟବହାର ଲାଗି ଉପଯୁକ୍ତ ନ ହୋଇଥିବାରୁ ଭିନ୍ନ ଭିନ୍ନ ସ୍ଥାନରେ ଭିନ୍ନ ଭିନ୍ନ ପ୍ରକାରର ଛୋଟ ଟୋପି ପରି ପଗଡି ସୃଷ୍ଟି ହେଲା, ଯାହାକି ଆଗରୁ ରେଡିମେଡ୍ ବଂଧା ହୋଇଥାଏ। ଯଥା - ଉତ୍ତର ଭାରତରେ ଶିମ୍‌ଲା, ମହାରାଷ୍ଟ୍ରରେ ଫେଟା ଇତ୍ୟାଦି। ଏହାର ସବୁଠାରୁ ଜନ ପରିଚିତ ନମୁନା ହେଲା ଲୋକମାନ୍ୟ ତିଲକ ଓ ଗୋପାଳକୃଷ୍ଣ ଗୋଖଲେ ଇତ୍ୟାଦି ପିନ୍ଧୁଥିବା ଶିରସ୍ତ୍ରାଣ। କିନ୍ତୁ ଏହା ଅପେକ୍ଷା ଟୋପି ବେଶୀ ପ୍ରଚଳିତ ହୋଇଗଲା। ପ୍ରକୃତରେ ଟୋପି ପଗଡିର ଏକ ସଂକ୍ଷିପ୍ତ ସଂସ୍କରଣ ମଧ୍ୟ଼ ମୁସଲ୍‌ମାନ୍ ପଗଡି ଏକ ଟୋପି ଉପରେ ବନ୍ଧା ଯାଉଥିଲା ଯାହାର ନାମ ଥିଲା କୁଲ୍ଲା। ଘରେ ପଗଡିଟା ଫଟାଇ ଖାଲି କୁଲ୍ଲାଟା ମୁଣ୍ଡରେ ରହୁଥିଲା। ସେହି କୁଲ୍ଲାର ନାନା ପରିବର୍ତ୍ତନ ହୋଇ ନାନା ପ୍ରକାର ଟୋପି ହେଲା।

ଇଂରେଜ୍‌ମାନେ ଭାରତ ଜୟ କରିବା ପରେ ସମସ୍ତ ଭାରତୀୟ ବିଶେଷ କରି ମୋଗଲ୍ ପ୍ରଥାକୁ ହେୟ ଓ ତୁଚ୍ଛ ପ୍ରତିପାଦନ କରିବାକୁ ଲାଗିପଡିଲେ। ଏହାର ଚରମ ପ୍ରକାଶ ମ୍ୟାକ୍‌ଲେଙ୍କ ଉଦ୍ଧୃତ ଉକ୍ତ "ପ୍ରାଚ୍ୟ ଦେଶର ସମସ୍ତ ଜ୍ଞାନ ୟୁରୋପର ଲାଇବ୍ରେରୀର ବହି ଆଲମାରୀର ଗୋଟିଏ ଥାକ ସଙ୍ଗେ ସମାନ ନୁହେଁ।" ଆଉ ଏକ ଫଳ ହେଲା ଯେ ଭାରତର ଉଚ୍ଚପଦସ୍ଥ ଲୋକମାନଙ୍କ ପୋଷାକରେ ଇଂରେଜମାନେ ତାଙ୍କ ଚାକରମାନଙ୍କୁ ଅର୍ଥାତ୍ ଖାନ୍‌ସାମା, ଅର୍ଦ୍ଦଳି, ଚପରାସୀମାନଙ୍କୁ ସଜ୍ଜିତ କଲେ। ଏହା ଭାରତୀୟମାନଙ୍କ ଉପରେ ମନସ୍ତାତ୍ତ୍ୱିକ ଆଘାତ କରୁଥିଲା ଏବଂ ଭାରତୀୟମାନଙ୍କର

ହୀନମନ୍ୟତାକୁ ବଢାଉଥିଲା । ବର୍ତ୍ତମାନ ସେ ପ୍ରକାର ପୋଷାକ ଖାନ୍‌ସାମା ଅର୍ଦ୍ଦଳି ଶ୍ରେଣୀ ସହିତ ଲୋକମାନସରେ ସମ୍ପୃକ୍ତ ହୋଇଯାଇଥିବାରୁ ଆଉ ତା'ର ପୁନରୁତ୍‌ଥାନ ସମ୍ଭବ ନୁହେଁ । ଏପରିକି ଅର୍ଦ୍ଦଳିଗଣ ମଧ୍ୟ ଆଉ ସେ ପୋଷାକ ପିନ୍ଧିବାକୁ ରାଜି ନୁହଁନ୍ତି । ସେମାନେ ମଧ୍ୟ ସଫାରି ସୁଟ୍ ପରି ପୋଷାକ ଚାହୁଁଛନ୍ତି ।

ପାଶ୍ଚାତ୍ୟ ପୋଷାକ ପୃଥିବୀର ସର୍ବତ୍ର କର୍ମ କ୍ଷେତ୍ରରେ ତ ସ୍ୱୀକୃତି ପାଇ ସାରିଛି । ଆମେ ଅବଶ୍ୟ ଏଥିରେ କେତେକ ପରିବର୍ତ୍ତନ ମଧ୍ୟ କରିଛୁ, ଯଥା- ବନ୍ଦଗଳା ଓ ସଫାରି ସୁଟ୍ । କିନ୍ତୁ ପ୍ରକୃତ ଭାରତୀୟ ପୋଷାକ ହେଲା ଧୋତି, କୁର୍ତ୍ତା ବା ପାଇଜାମା କୁର୍ତ୍ତା । ବିଶେଷ କରି ପାଇଜାମା କୁର୍ତ୍ତା ଲୋକପ୍ରିୟ ହୋଇଯାଇଛି । ଟେରିକଟ୍ ବା ପଲିଷ୍ଟର୍ ମିଶ୍ରିତ କନାର ଏହି ପୋଷାକର ସୁବିଧା ଅନେକ ଏବଂ ଦେଖିବାକୁ ମଧ୍ୟ ସୁନ୍ଦର । ଏହା ହିଁ ମୋଗଲ୍ ପୋଷାକର ଆଧୁନିକ ସଂସ୍କରଣ । ତେବେ ଯଦିଚ ଏହା ରାଜନୈତିକ କ୍ଷେତ୍ରରେ ସ୍ୱୀକୃତି ଲାଭକରି ସାରିଛି । ତଥାପି ଏ ପୋଷାକ ଏ ପର୍ଯ୍ୟନ୍ତ ଅଫିସ୍‌ମାନଙ୍କରେ ସ୍ୱୀକୃତି ହୋଇନାହିଁ । ସରକାରୀ କ୍ଷେତ୍ରରେ ଏ ପର୍ଯ୍ୟନ୍ତ ୧୯୫୪ ସାଲ୍‌ର ସର୍କୁଲାର ବଳବତ୍ତର ରହିଛି । ଅବଶ୍ୟ କାର୍ଯ୍ୟତଃ ଶେରୱାନୀ ଉଠିଗଲାଣି ଏବଂ ଆନୁଷ୍ଠାନିକ ପୋଷାକ ବନ୍ଦଗଳା ସୁଟ୍ ହୋଇସାରିଛି । କିନ୍ତୁ ଏଥିରେ କୌଣସି ସମ୍ପୂର୍ଣ୍ଣ ଭାରତୀୟ ପୋଷାକର ଉଲ୍ଲେଖ ନାହିଁ । ଫଳତଃ ଅନେକ ଗୋଳମାଳିଆ ପରିସ୍ଥିତି ସୃଷ୍ଟି ହୋଇଛି ।

ଭାରତୀୟ ମହିଳାମାନେ ଏ ସମସ୍ୟାରୁ ରକ୍ଷା ପାଇଛନ୍ତି । ଅନ୍ୟାନ୍ୟ ପ୍ରାଚ୍ୟଦେଶମାନଙ୍କରେ ନାରୀମାନେ ସ୍କର୍ଟ ପିନ୍ଧିବା ଆରମ୍ଭ କରିଥିଲେ । ଭାରତୀୟ ଉପମହାଦ୍ୱୀପରେ ମହିଳାମାନେ କିନ୍ତୁ ପାଶ୍ଚାତ୍ୟ ସାଜସଜ୍ଜାର ମୋହକୁ ଆଡେଇ ଦେଇପାରିଥିଲେ । ଏଣୁ ତାଙ୍କ ପକ୍ଷରେ କେବଳ ଦୁଇଟି ପୋଷାକ ଶାଢୀ ବା କମିଜ୍ । କମିଜ୍ ସାଥୀରେ ଶଲୱାର୍ ବା ଚୁଡିଦାର୍ ରୁଚି ଅନୁଯାୟୀ ପିନ୍ଧା ଯାଇପାରେ । ଏହି ଉଭୟ ପୋଷାକ ସୌନ୍ଦର୍ଯ୍ୟ, ଗରିମା ଓ ବ୍ୟବହାରିକତାରେ ଅନୁପମ । ଏଣୁ ନିୟମ ଦରକାର ପୁରୁଷ ପୋଷାକରେ । ଏ ବିଷୟରେ କୌଣସି ସର୍ବଗ୍ରାହ୍ୟ ପ୍ରଥା ନହେବା ପର୍ଯ୍ୟନ୍ତ ଆନନ୍ଦଶଙ୍କରଙ୍କ ପରି ଅନେକଙ୍କୁ ଅପମାନ ସହ୍ୟ କରିବାକୁ ପଡିପାରେ । ପ୍ରଥମ ଦରକାର ସରକାର ୧୯୫୪ର ଆଦେଶକୁ ଯୁଗୋପଯୋଗୀ କରିବା । ଯଥା କେଉଁ ପ୍ରକାର ଭାରତୀୟ ପୋଷାକକୁ ଆନୁଷ୍ଠାନିକ ବା formal ବୋଲି ଗ୍ରହଣ କରାଯିବ । ଅର୍ଥାତ୍ ସରକାରୀ ରାତ୍ରି ଭୋଜନକୁ କି ପ୍ରକାର ଭାରତୀୟ ପୋଷାକ ପିନ୍ଧି ଯିବାକୁ ହେବ, ଏହା ସ୍ଥିର ହେବା ଉଚିତ୍ ।

ଏକଥା ମଧ୍ୟ ସତ୍ୟ ଯେ ପୋଷାକରେ ଯଥେଚ୍ଛାଚାରକୁ ମଧ୍ୟ ଛାଡିଦେବା

ଉଚିତ୍ ନୁହେଁ। ଉପଯୁକ୍ତ ପୋଷାକ ମଧ୍ୟ ଅନୁଶାସନରେ ଏକ ଅଙ୍ଗ। ଏ ବିଷୟରେ ବଡ ବଡ କମ୍ପାନୀମାନେ ସରକାରଠାରୁ ଢେର୍ ବେଶୀ କଡା। ଅଧିକାଂଶ କମ୍ପାନୀରେ ସାର୍ଟ ଉପରେ ଟାଇ ବା ସଫାରି ସୁଟ୍ ବାଧ୍ୟତାମୂଳକ। ଅନେକ ସ୍ଥାନରେ ତ ସଫାରି ମଧ୍ୟ ସୁନଜରରେ ଦେଖାଯାଏ ନାହିଁ। ତେଣୁ ପୋଷାକରେ ମଧ୍ୟ ସେହି ସନାତନ ପ୍ରଶ୍ନ। ବ୍ୟକ୍ତି ସ୍ୱାଧୀନତା ଓ ଅନୁଶାସନ ମଧ୍ୟରେ ଭାରସାମ୍ୟ କେଉଁଠି ? ପୋଷାକରେ ବ୍ୟକ୍ତି ସ୍ୱତନ୍ତ୍ରତା ସୀମିତ କାରଣ ଓଡିଆରେ ମଧ୍ୟ ପ୍ରବାଦ ଅଛି "ଆପ୍ ରୁଚି ଖାନା ପର ରୁଚି ପହନ୍‌ନା।"

■

# ପାଦ୍ରି ସାହେବ୍

ପାଦ୍ରି କଥାଟା ଯେତେଦୂର ସମ୍ଭବ ପର୍ତ୍ତୁଗୀଜ୍ ଭାଷାର PADRE ଅର୍ଥାତ୍ Father ର ଅପଭ୍ରଂଶ। କେବଳ ରୋମାନ୍ କ୍ୟାଥଲିକ୍ ଖ୍ରୀଷ୍ଟିୟାନ୍‌ମାନେ ତାଙ୍କ ଧର୍ମ ଯାଜକଙ୍କୁ Father କହନ୍ତି। ତଥାପି ଏ ପାଦ୍ରି କଥାଟା ସମସ୍ତ ଖ୍ରୀଷ୍ଟିୟାନ୍ ଧର୍ମପ୍ରଚାରକ କି ପ୍ରୋଟେଷ୍ଟାଣ୍ଟ, କି କ୍ୟାଥଲିକ୍ ସମସ୍ତଙ୍କ ଲାଗି ଭାରତୀୟ ଭାଷାମାନଙ୍କରେ ପ୍ରୟୋଗ ହୁଏ। ପ୍ରଥମ ଖ୍ରୀଷ୍ଟିୟାନ୍ ମିଶନାରୀ ଧର୍ମପ୍ରଚାରକ କେବେ ଯେ ଭାରତକୁ ଆସିଥିଲେ ତା' କହିବା ସମ୍ଭବ ନୁହେଁ। କେରଳରେ ବିଶ୍ୱାସ କରାଯାଏ ଯେ, ଯୀଶୁଙ୍କ ବାରଜଣ ଆଦି ଶିଷ୍ୟଙ୍କ ମଧ୍ୟରୁ ଜଣେ ଅର୍ଥାତ୍ ଥମାସ୍ ଭାରତ ଆସି କେରଳରେ ଖ୍ରୀଷ୍ଟଧର୍ମ ପ୍ରଚାର କରିଥିଲେ। ତା' ଯଦି ହୋଇଥାନ୍ତା ତା' ହେଲେ ଖ୍ରୀଷ୍ଟଧର୍ମ ଭାରତରେ, ୟୁରୋପ ଅପେକ୍ଷା ବେଶୀ ଖାନଦାନୀ। କାରଣ ୟୁରୋପରେ ଧର୍ମପ୍ରଚାର କରିଥିଲେ ପାଉଲସ୍ ବା ପଲ୍, ଯେ କି ପ୍ରଥମ ବାରଜଣ ଶିଷ୍ୟଙ୍କ ଠାରୁ ଅର୍ବାଚୀନ। ଏହାକୁ ଛାଡିଦେଲେ ମଧ୍ୟ ଖ୍ରୀଷ୍ଟଧର୍ମ ପ୍ରଚାରକଗଣ ପର୍ତ୍ତୁଗୀଜମାନଙ୍କ ଆଗରୁ ଭାରତକୁ ଆସିଯାଇଥିଲେ। ୧୨୯୨ରେ ଦୁଇଜଣ ଇଟାଲୀର ରୋମାନ୍ କ୍ୟାଥଲିକ୍ ପାଦ୍ରି ଜନ୍ ଓ ନିକୋଲାସ ଭାରତକୁ ଆସିଥିଲେ ଏବଂ କେରଳର କୁଇଲନ୍‌ରେ ରୋମାନ୍ କ୍ୟାଥଲିକ୍ ଡ୍ରାୟୋସିସ୍ ସ୍ଥାପନ କରିଥିଲେ। କିନ୍ତୁ ଏମାନେ ସର୍ବଭାରତୀୟ ସ୍ତରରେ କୌଣସି ପ୍ରଭାବ ପକାଇ ପାରି ନଥିଲେ। ଏମାନଙ୍କର ପ୍ରଭାବ କେବଳ ପଶ୍ଚିମ ଉପକୂଳର କେତେକ ସ୍ଥାନରେ ହିଁ ସୀମିତ ଥିଲା।

ପ୍ରକୃତ ଧର୍ମ ପ୍ରଚାର ଆରମ୍ଭ ହେଲା ବ୍ରିଟିଶ୍ ଶାସନ ସଙ୍ଗେ ସଙ୍ଗେ। ପ୍ରଥମେ ପ୍ରଥମେ ଇଷ୍ଟ୍ ଇଣ୍ଡିଆ କମ୍ପାନୀ ଓ ପାଦ୍ରି ସାହେବ୍‌ଙ୍କୁ ମୋଟେ ସାହାଯ୍ୟ କରୁନଥିଲା। କମ୍ପାନୀ ଆସିଥିଲା ବର୍ଷକର ମାନଦଣ୍ଡ ନେଇ ଓ ଧୀରେ ଧୀରେ ତାକୁ ରାଜଦଣ୍ଡରେ ପରିଣତ କରିବାର ଚେଷ୍ଟା କରୁଥିଲା। ଏ ସମୟରେ ହିନ୍ଦୁ ପ୍ରଜା ଓ ମୁସଲମାନ୍ ନବାବ୍

ଉଭୟଙ୍କର ମନଧରି ଚଳିବା ଦରକାର। ପାଦ୍ରି ସାହେବ୍‌ଙ୍କ ବକ୍ତୃତା ଉଭୟ ସଂପ୍ରଦାୟଙ୍କୁ ଉତ୍ତ୍ୟକ୍ତ କରି ରାଜନୈତିକ ଓ ସାମରିକ ଉଦ୍ୟମରେ ନାନାପ୍ରକାର ବାଧା ସୃଷ୍ଟି କରି ପାରିଥାନ୍ତା। ତା'ଛଡା ସେ ସମୟରେ ଭାରତରେ ଥିବା ଇଂରେଜ୍‌ମାନଙ୍କର ପରିବାର ସାଧାରଣତଃ ଏଠାରେ ନ ଥିଲା। ଛୁଟି ନେଇ ଇଂଲଣ୍ଡ ଯିବା ପ୍ରାୟ ଅସମ୍ଭବ। ପନ୍ଦର ବା କୋଡିଏ ବର୍ଷ ପରେ ଥରେ ଯାଇହେଉଥିଲା। ଅଧିକାଂଶ ସାହେବ୍ ଲାଗିପଡିଥିଲେ ଅର୍ଥ ଉପାର୍ଜନରେ, ତା ସତ୍ ହେଉ ବା ନହେଉ। ଲକ୍ଷ୍ୟ କିପରି ବିତ୍ତଶାଳୀ ହୋଇ ଦେଶକୁ ଫେରିବେ। ଧନ ଥିଲେ ଇଂଲଣ୍ଡରେ କ'ଣ ନ ମିଳିବ। ଇଂଲଣ୍ଡରେ ଜମିଦାରୀ ଲର୍ଡ ବଂଶରୁ ପତ୍ନୀ, ପାର୍ଲିଆମେଣ୍ଟରେ ଆସନ, ସାମାଜିକ ପ୍ରତିଷ୍ଠା ସବୁ କିଣା ଯାଇପାରିବ। ଏହି ଭାରତ ଫେରନ୍ତା ହଠାତ୍ ବଡ ଲୋକଙ୍କୁ ସେ ସମୟରେ ଇଂଲଣ୍ଡରେ କୁହାଯାଉଥିଲା Nobob। ଏଭଳି ଅର୍ଥ ଉପାର୍ଜନ କରିବାକୁ ହେଲେ ପ୍ରଭୁ ଯୀଶୁଙ୍କ ଉପଦେଶ ଠାରୁ ବେଶ୍ ନିର୍ବିଘ୍ନ ଦୂରତ୍ୱ ରକ୍ଷା କରିବାକୁ ହେବ। ପୁଣି ଯେଉଁ ଇଂରେଜମାନେ ଭାରତକୁ ଆସୁଥିଲେ, ସେମାନେ ଶଙ୍କରାଚାର୍ଯ୍ୟ ବା ସେଣ୍ଟ୍ ଫ୍ରାନ୍‌ସିସ୍ ନଥିଲେ। ସୁଦୀର୍ଘ ପନ୍ଦର କୋଡିଏ ବର୍ଷ ବ୍ରହ୍ମଚାରୀ ରହିବା ତାଙ୍କ ପକ୍ଷରେ ଏକ ଅସମ୍ଭବ ବ୍ୟାପାର। ଏଣୁ ଏଠି ଦେଶୀ ରକ୍ଷିତାର ବନ୍ଦୋବସ୍ତ ହୋଇଯାଉଥିଲା। କଲିକତା ପ୍ରତିଷ୍ଠାତା ଜବ ଚାର୍ନକଙ୍କର ହିନ୍ଦୁ ପତ୍ନୀ ଥିଲେ ଓ ସେ ନିଷ୍ଠାର ସହିତ ହିନ୍ଦୁଧର୍ମ ପାଳନ କରୁଥିଲେ। ଅନେକଙ୍କର ମୁସଲ୍‌ମାନ୍ ବିବି ଥିଲେ ଓ ସେମାନେ ମଧ୍ୟ ତାଙ୍କ ଧର୍ମ ପାଳନ କରୁଥିଲେ। ମୋଟାମୋଟି ସମସ୍ତେ ଖୁସ୍ ଏବଂ କାହାର ଗରଜ ପଡିଛି ଯେ କୁଲ୍ୟା ଖୋଳି ଚକ୍ରକୁଳ ଆହ୍ୱାନିଲା ପରି, ପାଦ୍ରି ସାହେବ୍‌ଙ୍କୁ ନିମନ୍ତ୍ରଣ କରିବା।

ତେବେ ଧୀରେ ଧୀରେ ଏହି ଅବସ୍ଥାରେ ପରିବର୍ତ୍ତନ ଘଟିଲା। ବାଷ୍ପଚାଳିତ ଜାହାଜ ଯୋଗୁଁ ଇଂଲଣ୍ଡ ଯିବାକୁ କମ୍ ସମୟ ଲାଗିଲା। ସାହେବ୍‌ମାନେ ଛୁଟିରେ ଗଲେ ଓ ମେମ୍ ସାହେବ୍‌ମାନେ ଭାରତ ଆସିଲେ। ଫଳତଃ ସାହେବ୍‌ଙ୍କ ଯୋଜନାରେ ଇଙ୍ଗଭାରତୀୟ ସହଅବସ୍ଥାନର ପରିସମାପ୍ତି ଘଟିଲା। ପୁଣି ସେ ସମୟଟା ବ୍ରିଟେନ୍‌ରେ ଭିକ୍ଟୋରିଆଙ୍କ ସମୟ। ସେ ସମୟରେ ଖ୍ରୀଷ୍ଟିୟାନ୍ ଧର୍ମକୁ ବ୍ରିଟିଶ୍ ଶାସନର ଏକ ଅଂଶୀଦାର ରୂପେ ଦେଖିବା ଆରମ୍ଭ ହୋଇଯାଇଥିଲା। ଏଣୁ ଇଂରେଜ୍ ଅଫିସରଗଣ କେତେଟା ନିଜ ଅନ୍ତଃକରଣର ଆହ୍ୱାନରେ ଓ କେତେଟା ମେମ୍ ସାହେବ୍‌ଙ୍କ ଚାପରେ, ମିଶନାରୀ ପାଦ୍ରି ସାହେବ୍‌ଙ୍କ ପ୍ରତି ସହାନୁଭୂତି ଦେଖାଇଲେ। ଫଳତଃ ଊନବଂଶ ଶତାବ୍ଦୀ ଓ ବିଂଶ ଶତାବ୍ଦୀର ପ୍ରଥମ ଅଂଶରେ ପାଦ୍ରି ସାହେବ ଭାରତରେ ନିରଙ୍କୁଶ ଧର୍ମ ପ୍ରଚାର କଲେ। ଅବଶ୍ୟ କେବଳ କେତେକ ଉପଜାତୀୟ ଅଞ୍ଚଳ ଛାଡିଦେଲେ ସେମାନଙ୍କୁ କୌଣସି ଉଲ୍ଲେଖଯୋଗ୍ୟ ସଫଳତା ମିଳି ନାହିଁ। ଉପଜାତି ଅଞ୍ଚଳରେ ସେମାନଙ୍କର

ସଫଳତା ଅନେକ କାରଣ ଅଛି, ଯାହା ଆଲୋଚନା କଲେ ଗ୍ରନ୍ଥ ହୋଇଯିବ। ଏଠି ସେ ଆଲୋଚନା ଅବାନ୍ତର।

ତେବେ ପାଦ୍ରି ସାହେବ୍ ଯେ ଇଂରେଜ୍ ଶାସନଠାରୁ ସମ୍ପୂର୍ଣ୍ଣ ସହଯୋଗ ପାଉଥିଲେ ତା' ନୁହେଁ। ପାଦ୍ରି ସାହେବ୍‌ଙ୍କର ବ୍ରିଟିଶ୍ ସାମ୍ରାଜ୍ୟ ସହିତ ସମ୍ପର୍କ, ସହଯୋଗ ଓ ସଂଘର୍ଷର ଇତିହାସ। ବ୍ରିଟିଶ୍ ସାମ୍ରାଜ୍ୟର ଦୃଷ୍ଟିରେ ଭାରତ ଜନବଳ ଓ ଧନବଳର ଏକ ଭଣ୍ଡାର, ଯାହାକି ସାମ୍ରାଜ୍ୟର ଶକ୍ତିବୃଦ୍ଧି କରିବାରେ ବ୍ୟବହୃତ ହେବ। ଏଥିଲାଗି ପ୍ରଜାକୁ ଯେତେଦୂର ସମ୍ଭବ ଶାନ୍ତ ରଖିବାକୁ ହେବ। ସେମାନଙ୍କର ଧାର୍ମିକ ବିଶ୍ୱାସରେ ଆଘାତ ହେଲେ ସୀପାହୀ ବିଦ୍ରୋହ ପରି ଗୋଳମାଳ ହୋଇପାରେ। କିନ୍ତୁ ପାଦ୍ରି ସାହେବ୍‌ଙ୍କ ଦୃଷ୍ଟିଭଙ୍ଗୀ ବିଲ୍‌କୁଲ୍ ଅଲଗା। ଭାରତରେ ଯେଉଁ ଅସଂଖ୍ୟ ହିଦେନ୍ (ପୌତ୍ତଳିକ) ଅଛନ୍ତି, ସେମାନଙ୍କର ମଧ୍ୟ ଆତ୍ମା ଅଛି ଓ ସେମାନଙ୍କୁ ପ୍ରଭୁଙ୍କ ସୁସମାଚାର ଶୁଣାଇ ଉଦ୍ଧାର କରିବାକୁ ହେବ। ଏହାଦ୍ୱାରା ସେମାନେ ସ୍ୱୀକାର କଲେ ଯେ, ଭାରତୀୟ ମଧ୍ୟ ମନୁଷ୍ୟ ଓ ତା'ର କେତେକ ମାନବିକ ଅଧିକାର ଅଛି। ଫଳତଃ କେତେକ ପାଦ୍ରି ବ୍ରିଟିଶ୍ ଶୋଷଣର ବିରୋଧୀତା ମଧ୍ୟ କରିଥିଲେ। ସବୁଠାରୁ ବଡକଥା ସେମାନେ ଭାରତୀୟଙ୍କ ଭିତରେ ଇଂରେଜୀ ଶିକ୍ଷାର ପ୍ରସାର ଲାଗି ବହୁ ପରିଶ୍ରମ କରିଥିଲେ।

ପାଦ୍ରିଙ୍କର ପ୍ରଥମ ଲକ୍ଷ୍ୟ ଥିଲା ଧର୍ମ ପ୍ରଚାର। ଏଣୁ ସେମାନେ ଦେଖିଲେ ଯେ, ଜନସାଧାରଣଙ୍କ ପାଖକୁ ଖ୍ରୀଷ୍ଟଧର୍ମକୁ ନେବାକୁ ହେଲେ ଲୋକଭାଷାକୁ ହିଁ ମାଧ୍ୟମ କରିବାକୁ ହେବ। ସେତେବେଳେ ଭାରତୀୟ ଭାଷାମାନଙ୍କରେ ଗଦ୍ୟ ଅବିକଶିତ। ବିଶେଷକରି ଉତ୍ତର ଭାରତରେ, କାରଣ କଚେରୀର ଭାଷା ଥିଲା ଫାର୍ସୀ। ଚିଠିପତ୍ର ଯେଉଁ ଭାଷାରେ ଲେଖାଯାଉଥିଲା ତାହା ଏକ କିଂଭୂତ କିମାକାର ଖେଚେଡି ଭାଷା। ଯେପରି "ହୃଦିକମଳକୁ ଦୋରସ୍ତି କରି" ଇତ୍ୟାଦି। ଏ ସମୟରେ ବାଇବଲ୍ ତର୍ଜମା ଲାଗି ପାଦ୍ରିକୁ ଦେଶୀ ଭାଷାରେ ଗଦ୍ୟ ଶୈଳୀ ଆୟତ୍ତ କରିବାକୁ ହେଲା। ଏଥିଲାଗି ସେମାନେ ଭାରତୀୟ ପଣ୍ଡିତମାନଙ୍କର ସହାୟତା ନେଇ ଧୀରେ ଧୀରେ ଆଧୁନିକ ଗଦ୍ୟ ଶୈଳୀର ମୂଳପତ୍ତନ କଲେ। ବିଶେଷ କରି ବଙ୍ଗ ଦେଶରେ ଏମାନଙ୍କର ଭାଷା ଓ ଶିକ୍ଷା କ୍ଷେତ୍ରରେ ଅବଦାନ ବଙ୍ଗୀୟ ନବଜାଗରଣର ମୂଳପତ୍ତନ କରିଥିଲେ। ସେ ସମୟରେ ପଞ୍ଚକନ୍ୟାର ଏକ ପ୍ୟାରୋଡି ବଙ୍ଗ ଦେଶରେ ପ୍ରଚଳିତ ଥିଲା।

"ହେୟାର, କଲଭିନ୍, ପାମରଷ୍ଟ, କେରି, ମାର୍ଶମ୍ୟାନ ତଥା
ପଞ୍ଚଗୋରା ସ୍ମରେ ନିତ୍ୟ, ମହାପାତକ ନାଶନମ୍"।

ଯଦିଚ ଏହା କେତେକ ଇଙ୍ଗବଙ୍ଗଙ୍କର ଅତିରିକ୍ତ ଇଂରେଜ୍ ଭକ୍ତିକୁ ବିଦ୍ରୂପ କରି

ଲେଖା ଯାଇଥିଲା, ତଥାପି ଏହା ଧ୍ରୁବସତ୍ୟ ଯେ, ଉକ୍ତ ପାଞ୍ଚ ଗୋରାଙ୍କର ଶିକ୍ଷା କ୍ଷେତ୍ରରେ ଅବଦାନ ଅବିସ୍ମରଣୀୟ।

ଓଡିଶା ଓ ଆସାମରେ ମଧ୍ୟ ପାଦ୍ରିମାନେ ଓଡିଆ ଓ ଅସମୀୟା ଭାଷା ଲାଗି ଲଢିଛନ୍ତି। ଯେତେବେଳେ ଓଡିଶା ଓ ଆସାମ୍ ଉପରେ ବଙ୍ଗାଳୀ ଛାଇ ହୋଇଗଲେ ଓ "ଉଡିୟା ଏକ୍‌ଟା ସ୍ୱତନ୍ତ୍ର ଭାଷା ନୟ" ଓ "ଆସମିୟା ବାଂଲାର କିଞ୍ଚିତ୍ ବିକୃତ ରୂପ" ଇତ୍ୟାଦି ପ୍ରଚାର ଜୋର୍‌ସୋର୍‌ରେ ଚାଲିଥିଲା, ସେତେବେଳେ ପାଦ୍ରିମାନେ ଓଡିଆ ଓ ଅସମୀୟା ସପକ୍ଷରେ ମତ ଦେଇଥିଲେ ଓ ସରକାର ଉପରେ ଏହାକୁ ଶିକ୍ଷା ଓ କଚେରୀ ଭାଷା କରିବାପାଇଁ ଚାପ ପକାଉଥିଲେ।

ମନେହୁଏ, ଅନେକ ପାଦ୍ରି ଭାରତୀୟ ତତ୍‌କାଳୀନ ସମାଜର ଏବଂ ଇଂରେଜ ଶାସନର ଭୟଙ୍କର ରୂପକୁ ଉପଲବ୍ଧି କରିପାରିଥିଲେ। ଯେ ବି ଫିଅର କହିଛନ୍ତି - "ବଙ୍ଗ ଦେଶର ନିଦାରୁଣ ଦାରିଦ୍ର୍ୟର ସ୍ୱରୂପ ଇଂରେଜ୍ ଜାଣନ୍ତି ନାହିଁ। ଜଣେ ପୁରୁଷ ଲୋକର ଖାଦ୍ୟର ଖର୍ଚ୍ଚ ମାସକରେ ଦେଢ ଟଙ୍କା ଓ ଜଣେ ସ୍ତ୍ରୀଲୋକର ବାରଅଣା। ଅଥଚ ଲୁଣ ଟିକସ ଗୋଟେ ପରିବାର ଉପରେ ପଡେ ହାରାହାରି ମୁଣ୍ଡପିଛା ବର୍ଷକୁ ସାତ ଟଙ୍କା।" ଆଉ ଜଣେ (G.A. Macllay) ଲେଖିଛନ୍ତି "ଭାରତୀୟ ଗ୍ରାମବାସୀ ଲାଗି ଖାଦ୍ୟାଭାବ ସର୍ବଦା ଆଖି ଆଗରେ ଓ ତା' ପଛରେ ଦୁର୍ଭିକ୍ଷ। କିନ୍ତୁ ବିଡମ୍ବନା ଏହି ଯେ, ସେ ରହୁଛି ସମ୍ପଦର ଏକ ସ୍ୱପ୍ନ ଦେଶରେ। ଚାରିଆଡେ ଶସ୍ୟ-ଶ୍ୟାମଳା, ଭୂମି ଏବଂ ତା' ଭିତରେ ଗ୍ରାମବାସୀ ଖଟି ଖଟି ଉପବାସରେ ରହୁଛି। ତା'ର ପରିଶ୍ରମ ଉପରେ ବଞ୍ଚୁଛନ୍ତି ଶହ ଶହ ଲାଲ୍ କୁର୍ତ୍ତାଧାରୀ ସିପାହୀ, ସୁନେଲୀ ତଗମା ବାଲା ଚପରାସୀ ଏବଂ କେତେ କେତେ ବିଭିନ୍ନ ବିଭାଗର ଅଫିସର।"

ଆଉ ଏକ ପାଦ୍ରି (Rev. W. Urwick) କହିଛନ୍ତି "ଖାଲି ଟିକସ୍ ଓ ଟିକସ୍। ତା' ମଧ୍ୟରେ ତା'ର ହୁକା ଖଣ୍ଡିକ ହିଁ ଏକମାତ୍ର ସାନ୍ତ୍ୱନା। ସେ ପ୍ରତିବାଦ କରିପାରେ ନାହିଁ। ତା'ର ଏକମାତ୍ର ପ୍ରତିବାଦ ଓ ଶେଷ ପ୍ରତିଶୋଧ ଦୁର୍ଭିକ୍ଷରେ ମୃତ୍ୟୁ।" ଅନ୍ୟତ୍ର ସେ ହିନ୍ଦୁ ଓ ଇଂରେଜ୍ ସମାଜକୁ ତୁଳନା କରି କହୁଛନ୍ତି "ଉଭୟ ସମାଜରେ ବ୍ରାହ୍ମଣ ଓ ଶୁଦ୍ର ଦେଖିବାକୁ ମିଳେ। କାଳୀଘାଟରେ ହିନ୍ଦୁ ପୌତ୍ତଳିକତା ଓ ଜାତିବାଦର ଉଦ୍ଧତ ରୂପ ଦେଖିବାକୁ ମିଳେ ଏବଂ ସନ୍ଧ୍ୟାବେଳେ ଇଡେନ୍ ଗାର୍ଡେନ୍‌ରେ ଆଂଲୋଇଣ୍ଡିଆନ୍ ଜାତି ପ୍ରଥାର ନିର୍ଲ୍ଲଜ ପ୍ରଦର୍ଶନୀ। ପୌତ୍ତଳିକର ଗର୍ବ ବା ସରକାରୀ ଗର୍ବ ଏ ଦୁହିଁଙ୍କ ଭିତରୁ କେଉଁଟା ବେଶୀ ଅଯୌକ୍ତିକ ଓ ଅକ୍ଷମଣୀୟ ଠିକ୍ କରିବା କଷ୍ଟ।"

ଏହି ଭାବଧାରାର ପରିଣତି ଘଟିଥିଲା ଦୀନବନ୍ଧୁ ସିଂ ଏବଂ ଆଣ୍ଡ୍ରୁଜ୍‌ଙ୍କ ଭଳି ମହାପ୍ରାଣଙ୍କ ଠାରେ। ବର୍ତ୍ତମାନ ଗୋରା ପାଦ୍ରିଙ୍କ ସଂଖ୍ୟା ମୁଷ୍ଟିମେୟ ଓ ବର୍ଷକୁ ବର୍ଷ

କମି କମି ଯାଉଛି। ଖ୍ରୀଷ୍ଟଧର୍ମ ପ୍ରଚାର ଲାଗି ଭାରତୀୟ ଧର୍ମଯାଜକ ଅନେକ ଅଛନ୍ତି। ଏଣୁ ଯେଉଁ ପାଦ୍ରିମାନଙ୍କୁ ନେଇ ଏହି ପ୍ରବନ୍ଧ ସେମାନେ ଆଉ ନାହାନ୍ତି। କିନ୍ତୁ ଉପରେ ଯେଉଁ ଜାଗ୍ରତ ବିବେକର ନମୁନା ଦିଆଗଲା, ତା' ନୀରବ ହୋଇନାହିଁ। ପୃଥିବୀର ଅନେକ ସ୍ଥାନରେ ଖ୍ରୀଷ୍ଟିୟାନ୍ ଧର୍ମଯାଜକଙ୍କ ଭିତରୁ ଏକ ମୁଷ୍ଟିମେୟ ଶ୍ରେଣୀ ଜନସାଧାରଣଙ୍କ ଲାଗି ସଂଗ୍ରାମ, ଦରକାର ହେଲେ ସଶସ୍ତ୍ର ସଂଗ୍ରାମରେ ଭାଗ ନେଇଛି। ଏହା ଅବଶ୍ୟ ରୋମ୍‌ର ପସନ୍ଦ ହୋଇନାହିଁ। କିନ୍ତୁ ସେମାନେ ରୋମ୍‌ର ଶାସନ ଠାରୁ ବିବେକର ବାର୍ତ୍ତାକୁ ଯୀଶୁଖ୍ରୀଷ୍ଟଙ୍କର ବେଶୀ ନିକଟବର୍ତ୍ତୀ ବୋଲି ଭାବିଛନ୍ତି ଏବଂ ଫଳତଃ ପାଇଛନ୍ତି ବହୁ ନିର୍ଯ୍ୟାତନା। କିନ୍ତୁ ସେମାନେ ସେହି ନିର୍ଯ୍ୟାତନାକୁ ନିଜର ଚରମ ଗୌରବ ଏବଂ ଯୀଶୁଙ୍କ ନିକଟବର୍ତ୍ତୀ ହେବାର ମାଧ୍ୟମ ମନେ କରିଛନ୍ତି। ଯୀଶୁଙ୍କୁ ତ କଣ୍ଟାର ମୁକୁଟ ପିନ୍ଧାଇ ଓ କ୍ରସ୍ ବୁହାଇ ବଧଭୂମିକୁ ନିଆଯାଇଥିଲା।

■

# ନାଦିର ଶାହ ଓ ଦିଲ୍ଲୀ

ନାଦିର୍ ଶାହର ଆକ୍ରମଣକୁ ପ୍ରାଚୀନ ଦିଲ୍ଲୀ ଏକ ଦୁଃସ୍ୱପ୍ନ ବୋଲି ଭାବି ନେଇଥିଲା। ସାଧାରଣତଃ ଇତିହାସରେ ଆମେ ପଢୁ ଯେ, ନାଦିର୍ ଶାହ ଏକ ପ୍ରଚଣ୍ଡ ଡକାୟତ, ଯେ କି ଲୁଟିକରି ନେଇ ପଳାଇଥିଲା। ରାଜା ଓ ପ୍ରଜା ଉପରେ ତା'ର ପ୍ରଭାବ କ୍ଷଣସ୍ଥାୟୀ। କିନ୍ତୁ ପ୍ରକୃତରେ ତା' କ'ଣ ସତ୍ୟ। କ'ଣ ନାଦିର୍ ଶାହର ଆକ୍ରମଣ ଘୂର୍ଣ୍ଣିବାତ୍ୟା ପରି ଆକସ୍ମିକ? ନା ବହୁଦିନ ଧରି ଏହା ଲାଗି ପ୍ରସ୍ତୁତ ଚାଲିଥିଲା। ଏହାକୁ ରୋକାଯାଇ ପାରିଥାଆନ୍ତା କି? ଏହିପରି ଅନେକ ପ୍ରଶ୍ନ ଅଛି ଯାହା ବିଷୟରେ ଆଲୋଚନା କରିବା ଉଚିତ୍, କାରଣ ସେ ସବୁ ପ୍ରଶ୍ନ ବର୍ତ୍ତମାନ ମଧ୍ୟ ପ୍ରାସଙ୍ଗିକତା ହରାଇ ନାହାନ୍ତି।

ନାଦିର୍ ଶାହଙ୍କ ପରି ବ୍ୟକ୍ତି ଇତିହାସରେ ବିରଳ ନୁହଁନ୍ତି। ଯେତେବେଳେ ଶାସନର ମୂଳଦୁଆ ଭୁଷୁଡ଼ି ଆସେ ଏବଂ ଶାସନ ଓ ସମାଜର କଡ଼ି କାଠ ପରି କାମ କରୁଥିବା ସଂସ୍ଥାଗୁଡ଼ିକ ଦୁର୍ବଳ ହୋଇପଡ଼ନ୍ତି, ସେତେବେଳେ ଏକ ବିଚିତ୍ର ପରିସ୍ଥିତି ଦେଖାଯାଏ। ଅନୁଶାସନର ପ୍ରଭାବ ନଥିବାରୁ କ୍ଷମତା ଉପରେ ଅଧିକାର ଅବ୍ୟବସ୍ଥିତ ହୋଇଯାଏ। ଏହି ସମୟଟା ଭାଗ୍ୟାନ୍ୱେଷୀ ଜୁଆଡ଼ିଙ୍କର ପୁଷମାସ। ଏମାନଙ୍କର ମଧ୍ୟରେ ଯେଉଁମାନଙ୍କର ସାଙ୍ଗଠନିକ କ୍ଷମତା ଥାଏ ଓ ଯେଉଁମାନେ ନୂତନ ଅନୁଶାସନ ପ୍ରବର୍ତ୍ତନ କରିପାରନ୍ତି, ସେମାନେ ସାମ୍ରାଜ୍ୟ ସ୍ଥାପନ କରନ୍ତି ବା ନୂତନ ରାଷ୍ଟ୍ର ଗଠନ କରନ୍ତି। ଯେଉଁମାନଙ୍କର ତା' ନଥାଏ ସେମାନେ ଜାତିର ଦୁଃସ୍ୱପ୍ନ ବା ଦୁଷ୍କାଳ। କାରଣ ସେମାନେ ଭାଙ୍ଗନ୍ତି, କିନ୍ତୁ ଗଢ଼ିପାରନ୍ତି ନାହିଁ। ତଥାପି ଏମାନଙ୍କର ମଧ୍ୟ ଐତିହାସିକ ଆବଶ୍ୟକତା ଅଛି। ଏମାନେ ନିଜେ ନ ଗଢ଼ିଲେ ମଧ୍ୟ ନୂତନ ଗଠନ ଲାଗି କ୍ଷେତ୍ର ପରିଷ୍କାର କରି ଦିଅନ୍ତି।

ନାଦିର୍ ଶାହଙ୍କର ଅଭ୍ୟୁଦୟ ମଧ୍ୟ ସେହିପରି। ସେ ସମୟରେ ଏସିଆର

ଦୁଇଟି ମହାନ୍ ସାମ୍ରାଜ୍ୟ ଭାଙ୍ଗି ପଡୁଥିଲା। ଇରାନ୍‌ରେ ସଫାଭ୍ୱୀ ସାମ୍ରାଜ୍ୟ ଓ ଭାରତରେ ମୋଗଲ୍ ସାମ୍ରାଜ୍ୟ, ଉଭୟ ଭାଙ୍ଗିପଡିବା ଉପରେ। ଏ ଦୁଇ ସାମ୍ରାଜ୍ୟ ମଝିରେ ଆଫଗାନିସ୍ଥାନ ଯାହାକି ଏକ ଶାସନହୀନ ଅବ୍ୟବସ୍ଥିତ ଡକାୟତ ଦେଶ। ଆଇନ୍ ଅନୁଯାୟୀ ପୂର୍ବ ଆଫଗାନିସ୍ଥାନ ଅର୍ଥାତ୍ କାବୁଲ୍ ପର୍ଯ୍ୟନ୍ତ ମୋଗଲ ସାମ୍ରାଜ୍ୟର ଅଂଶ। ସେହିପରି ପଶ୍ଚିମ ଆଫଗାନିସ୍ଥାନ ଅର୍ଥାତ୍ ହେରାଟ୍ ଇତ୍ୟାଦି ଇରାନ୍‌ର ସଫାଭ୍ୱୀ ସାମ୍ରାଜ୍ୟର ଅଂଶ ବୋଲି ଗଣା ଯାଉଥିଲା। ସେତେବେଳେ ଆଫଗାନିସ୍ଥାନ ବୋଲି କୌଣସି ରାଷ୍ଟ୍ର ନଥିଲା। ଏହି ସମୟରେ ଆଫଗାନିସ୍ଥାନରେ ମହମୂଦ ଖାନ୍ ନାମକ ଏକ ଦୁଃସାହସିକ ଆଫଗାନ୍ ରାଜଧାନୀ ଇସ୍ପାହାନ୍ ୧୭୯୨ ସାଲରେ ଦଖଲ କରିଥିଲା। ଏହି ଅବ୍ୟବସ୍ଥାର ସୁଯୋଗ ନେଲେ ଏକ ତୁର୍କ ଭାଗ୍ୟାନ୍ୱେଷୀ, ନାଦିର୍ କୁଲି ଖାଁ। ସେ ଅବଶ୍ୟ ଇରାନ୍‌କୁ ଏହି ଦସ୍ୟୁର କବଳରୁ ମୁକ୍ତ କଲେ। କିନ୍ତୁ ପରେ ନିଜେ ଇରାନ୍‌ର ସିଂହାସନରେ ବସିଗଲେ।

ଇରାନ୍ ଓ ଭାରତବର୍ଷ ମଧ୍ୟରେ ଏକ ବିରାଟ ପ୍ରଭେଦ ଅଛି। ଇରାନ୍‌ର ସୁନିର୍ଦ୍ଦିଷ୍ଟ ଭୌଗୋଳିକ ସୀମା ନାହିଁ। ଏଣୁ ଇରାନ୍ ରାଜ୍ୟ କେତେବେଳେ ମଧ୍ୟ ଏସିଆ, ତୁର୍କୀ ଓ ଇରାନ୍ ଆଡକୁ ମାଡିଯାଏ। କେତେବେଳେ କ୍ଷୁଦ୍ର ଫାରସ ବା ଇସ୍ପାହାନ ପର୍ଯ୍ୟନ୍ତ ସୀମୀତ ଥାଏ। ଏଣୁ ନାଦିର୍ ଶାହ ଇସ୍ପାହାନ ଅଧିକାର କଲାପରେ ନିଜର ରାଜ୍ୟର ସ୍ଥାୟିତ୍ୱ ଲାଗି ରାଜ୍ୟ ବଢାଇବାକୁ ବାଧ୍ୟହେଲେ। ତେବେ କେଉଁଆଡେ ଯିବେ। ସବୁଠାରୁ ସୁବିଧା ଆଫଗାନିସ୍ଥାନ। କିନ୍ତୁ ସେତେବେଳେ ଏହା ମୋଗଲ୍ ସାମ୍ରାଜ୍ୟର ଏକ ଅଂଶ ଓ କାବୁଲ୍‌ରେ ମୋଗଲ ସୁବେଦାର ମଧ୍ୟ ଉପସ୍ଥିତ। କାବୁଲ୍‌ରେ ସୁବେଦାରଙ୍କର ପ୍ରଧାନ କାମ ହେଲା ଇରାନ୍ ଓ ମଧ୍ୟ-ଏସିଆ ଉପରେ ଆଖି ରଖିବା। ଏଥିରେ ସେ ହେଳା କରି ନଥିଲେ ଓ ଦିଲ୍ଲୀକୁ ରିପୋର୍ଟ ମଧ୍ୟ ଦେଇଥିଲେ। କିନ୍ତୁ ହାୟ, ଶୁଣୁଛି କିଏ ? ସେତେବେଳେ ଦିଲ୍ଲୀର ସିଂହାସନରେ ସମ୍ରାଟ ମହମ୍ମଦ ଶାହ ଆସୀନ। ଏହି ମହାନୁଭବଙ୍କୁ ମହମ୍ମଦ ଶାହ ରଙ୍ଗିଲା ମଧ୍ୟ କୁହାଯାଏ। ସଙ୍ଗୀତରେ ପାରଦର୍ଶୀ ଥିଲେ ଓ ସେହିପରି କଳାନୁରାଗୀ। କିନ୍ତୁ ସୁରା ଓ ସାକି ଛଡା ଆଉ କିଛି ବୁଝୁନଥିଲେ। ବିଶେଷ କରି ଯୁଦ୍ଧ, କୁଟନୀତି ଇତ୍ୟାଦି ରସହୀନ ବିଷୟରେ ତାଙ୍କର ଆଦୌ ରୁଚି ନଥିଲା। ଏଣୁ କାବୁଲ ଓ କାନ୍ଧାହାରରେ ଯାହା ହେଉଛି ହେଉଥାଉ। ଏହା ଭିତରେ ପ୍ରାୟ ସମସ୍ତ ପ୍ରଧାନ ପଦାଧିକାରୀମାନେ ମହମ୍ମଦ ଶାହଙ୍କ ବିରୁଦ୍ଧରେ ଷଡଯନ୍ତ୍ର କରୁଛନ୍ତି। ଏମାନଙ୍କ ମଧ୍ୟରେ ହାଇଦ୍ରାବାଦ୍‌ର ନିଜାମ୍ ଆସଫଜାହ ଓ ଲକ୍ଷ୍ନୌର ସୁବେଦାର (ପରେ ନବାବ) ସାଦତ୍ ଖାଁ ପ୍ରଧାନ। ଏମାନେ ଗୋପନରେ ନାଦିର୍ ଶାହଙ୍କ ସଙ୍ଗେ ଯୋଗାଯୋଗ ରଖିଥିଲେ ଏବଂ ତାଙ୍କୁ ଭାରତ ଆକ୍ରମଣ କରିବାକୁ

ପ୍ରବର୍ତ୍ତାଉ ଥିଲେ। ଏଣୁ ନାଦିର୍ ଶାହଙ୍କୁ କାନ୍ଦାହାର, ତା'ପରେ ଗଜନୀ ଓ ଶେଷରେ କାବୁଲ୍ ଅଧିକାର କରିବାର କୌଣସି ଅସୁବିଧା ହେଲାନାହିଁ।

ନାଦିର୍ ଶାହ କେବଳ ଡାକୁ ସରଦାର୍ ନଥିଲେ। ସେ ଥିଲେ ପାରସ୍ୟ ସମ୍ରାଟ। ଏଣୁ କୂଟନୀତିରେ ମଧ୍ୟ ଦକ୍ଷ ଥିଲେ। ମୋଗଲ ଦରବାର ଏତେ ମୂର୍ଖ ଓ ଏକଦେଶଦର୍ଶୀ ହୋଇଯାଇଥିଲେ ଯେ, ସେମାନେ ପାରସ୍ୟ ସାମ୍ରାଜ୍ୟ ସହିତ କୂଟନୈତିକ ସମ୍ପର୍କ ମଧ୍ୟ ରଖିଲେ ନାହିଁ। ନାଦିର୍ ଶାହ କ୍ଷମତାକୁ ଆସିବା ପରେ ଇରାନ୍‌ରୁ ଅନେକ ଶରଣାର୍ଥୀ କାବୁଲ୍ ଆଡକୁ ପଳାଇ ଆସିଲେ। ଏ ନେଇ ଇରାନ୍‌ର ଆପତ୍ତିର ଉପଯୁକ୍ତ ଉତ୍ତର ମୋଗଲ୍ ଦରବାର ପକ୍ଷରୁ ଦିଆଗଲା ନାହିଁ। ଯାହାକି କୂଟନୈତିକ ମର୍ଯ୍ୟାଦା ଅନୁଯାୟୀ ନୁହେଁ। ଏପରିକି କୂଟନୈତିକ ପ୍ରତିନିଧିମାନଙ୍କୁ ଅଟକାଇ ରଖାଗଲା ଏବଂ ନାଦିର୍ ଶାହଙ୍କ ଚିଠିର ଉତ୍ତର ଦିଆଗଲା ନାହିଁ। ଏହା ସେ ଅତ୍ୟନ୍ତ ଅନୁଚିତ୍ କଥା ଏଥିରେ ସନ୍ଦେହ ନାହିଁ। ଏହା ନାଦିର୍ ଶାହଙ୍କୁ ଭାରତ ଆକ୍ରମଣ କରିବାର ଏକ ଯୁଦ୍ଧର କାରଣ, ଯାହାକୁ କୂଟନୈତିକ ଭାଷାରେ CAUSUS BELLI କହନ୍ତି, ମିଳିଗଲା।

ଏଣେ ଭାରତରେ ମରାଠା ଶକ୍ତିର ଅଭ୍ୟୁଦୟକୁ ଭାରତର ଓ ଭାରତ ବାହାରର ଅନେକ ମୁସଲମାନ୍ ବଡ ସନ୍ଦେହ ଓ ଭୟର ସହିତ ଲକ୍ଷ୍ୟ କରୁଥିଲେ। ସେ ସମୟଟା ପେଶୱା ବାଜିରାଓଙ୍କ ସମୟ। ଦିଲ୍ଲୀ ପର୍ଯ୍ୟନ୍ତ ତାଙ୍କର ଘୋଡା ଛୁଟୁଛି। ୧୭୩୭ରେ ସେ ଦିଲ୍ଲୀ ଆକ୍ରମଣ କରିଥିଲେ ଓ ମୋଗଲ୍ ସେନାକୁ ବିଦ୍ୟୁତ୍ ବେଗରେ ଆକ୍ରମଣ କରି ହାରାଇ ସାରିଥିଲେ। ଯମୁନାର ଦକ୍ଷିଣରେ ଥିବା ଦେଶ ମୋଗଲ୍ ସମ୍ରାଟ୍ ପେଶୱାଙ୍କୁ ଦେବାକୁ ବାଧ୍ୟହେଲେ। ଏହାକୁ ନାଦିର୍ ଶାହ ଏକ ଯୁଦ୍ଧର କାରଣ ରୂପେ ବ୍ୟବହାର କଲେ। ସେ ପ୍ରଚାର କଲେ ଯେ ହିନ୍ଦୁସ୍ଥାନରେ ଇସ୍‌ଲାମୀ ଶକ୍ତିର ପୁନଃସ୍ଥାପନା ଲାଗି ସେ ଭାରତ ଆସୁଛନ୍ତି। ମୋଟ କଥା ହେଲା ଯେ ଇରାନ୍ ସବୁବେଳେ ଆଫଗାନିସ୍ତାନ ଆଡକୁ ବିସ୍ତାରର ଚେଷ୍ଟା କରେ। ଏଣୁ ବାବରଙ୍କ ସମୟରୁ କାବୁଲ୍ ମୋଗଲ୍ ସାମ୍ରାଜ୍ୟର ଏକ ଅବିଚ୍ଛେଦ୍ୟ ଅଙ୍ଗ ହିସାବରେ ଥିଲା ଏବଂ ପ୍ରଥମ ପାଞ୍ଚ ମୋଗଲ୍ ବାଦ୍‌ଶାହ ଠିକ୍ ବୁଝୁଥିଲେ ଯେ ଭାରତର ସୁରକ୍ଷା କାବୁଲ୍‌ର ସୁରକ୍ଷା ଉପରେ ନିର୍ଭର କରେ। କିନ୍ତୁ ତାଙ୍କ ପରେ ଆଉ ଏ ବିଷୟରେ କିଛି କରିବାର ଇଚ୍ଛାଶକ୍ତି ଓ ଅଧିକାଂଶ ସମୟରେ କ୍ଷମତା ମଧ୍ୟ ନ ଥିଲା। ତେବେ ଭାରତରେ ଯେପରି ମୋଗଲ୍ ବଂଶର ପତନ ଆରମ୍ଭ ହୋଇଥିଲା, ସେହିପରି ଇରାନ୍‌ରେ ମଧ୍ୟ ସଫାୱୀ ସାମ୍ରାଜ୍ୟର କ୍ଷୟ ଚାଲିଥିଲା। ଏଣୁ କେହି କାହାକୁ କିଛି କହି ପାରିନଥିଲେ। କିନ୍ତୁ ନାଦିର୍ ଶାହ ଇରାନ୍‌ର ରାଜା ହେବା ପରେ ଆଫଗାନିସ୍ତାନ ଆଡକୁ ତାଙ୍କ ଦୃଷ୍ଟି ଯିବା ସ୍ୱାଭାବିକ। ଏଥିରୁ ସ୍ପଷ୍ଟ ଯେ

ମୋଗଲମାନଙ୍କର କୂଟନୈତିକ ସେବା ବା Diplomatic Service ଅତି ଦୁର୍ବଳ ଥିଲା। ଏଠି ବର୍ତ୍ତମାନ କାବୁଲ୍‌ର ଅବସ୍ଥା ବିଷୟରେ ଦୁଇପଦ କହିବା ଅପ୍ରାସଙ୍ଗିକ ହେବନାହିଁ। ଆଫଗାନିସ୍ତାନର ଭାରତ ପକ୍ଷରେ ମହତ୍ତ୍ୱ ଅନେକ। ଆଫଗାନିସ୍ଥାନର ଆରମ୍ଭରୁ ଭାରତ ସହିତ ଭଲ ସମ୍ପର୍କ ଓ ପାକିସ୍ତାନ ସହିତ ଖରାପ୍ ସମ୍ପର୍କ। ଏହା ଭାରତର ସୁରକ୍ଷା ପ୍ରତି ଅତ୍ୟନ୍ତ ସହାୟକ। କାରଣ ପାକିସ୍ତାନକୁ ସେ ସୀମା ମଧ୍ୟ ଜଗିବାକୁ ହେବ। ମଝିରେ ଆଶଙ୍କା ହେଉଥିଲା ଯେ ରୁଷିଆର ସୈନିକ ହସ୍ତକ୍ଷେପ ପରେ ଆଫଗାନୀମାନେ ହୁଏତ ପାକିସ୍ତାନ ପ୍ରତି ତାଙ୍କ ମତ ବଦଳାଇ ଦେଇଛନ୍ତି। କିନ୍ତୁ ବର୍ତ୍ତମାନ ରୁଷ ସୈନ୍ୟ ଚାଲିଯିବାର ଏତେ ଦିନ ପରେ ସେହି ଆଫଗାନ୍ ସରକାର ପାକିସ୍ତାନର ଅନେକ ଚେଷ୍ଟା ସତ୍ତ୍ୱେ ସ୍ଥିର ରହିଛି। ଏଣୁ ଯେତେଦୂର ମନେହୁଏ ଆଗର ଅବସ୍ଥା ହିଁ ଚାଲୁଛି ଓ ଭାରତ ପାକିସ୍ତାନ ଆଫଗାନିସ୍ତାନ ଶକ୍ତି ସନ୍ତୁଳନ ଆଗଭଳି ଅଛି।

ବର୍ତ୍ତମାନ ନାଦିର୍ ଶାହଙ୍କ ପାଖକୁ ଫେରିଯିବା। ପ୍ରଥମରୁ ମନେରଖିବା ଉଚିତ୍ ଯେ, ନାଦିର୍ ଶାହଙ୍କର ଆକ୍ରମଣ ହଠାତ୍ ହୋଇ ନଥିଲା। ଏହି ଆକ୍ରମଣ ହେବ ବୋଲି ସ୍ପଷ୍ଟ ଜଣାଥିଲା। ୧୭୩୮ରେ ଇରାନ୍ ଭାରତ ଆକ୍ରମଣ ଲାଗି ସେନା ପ୍ରସ୍ତୁତ କରିବା ଆରମ୍ଭ କଲା। କିନ୍ତୁ କିଏ ପ୍ରତିକାର କରିବ। ଖାନ୍ ଦୌରାନ୍‌ଙ୍କ ଛଡା ପ୍ରାୟ ସବୁ ପାତ୍ର-ମନ୍ତ୍ରୀ ଗୁପ୍ତରେ ନାଦିର୍ ଶାହଙ୍କ ସଙ୍ଗେ ସମ୍ପର୍କ ରଖିଥିଲେ। ଏଣୁ ନାଦିର୍ ଶାହ ବିନା ବାଧାରେ ସମସ୍ତ ପଞ୍ଜାବ ଅତିକ୍ରମ କଲେ। ଶେଷରେ କରନାଲ୍ ଠାରେ ଯୁଦ୍ଧ ହେଲା। ଏଥିରେ ମଧ୍ୟ ସେହି ପ୍ରକାର ଅପାରଗତା ଦେଖାଦେଲା। ଦିନ ଦିନ ଧରି ନାଦିର୍ ଶାହଙ୍କ ଆକ୍ରମଣକୁ ମୋଗଲ୍ ସେନା ଅପେକ୍ଷା କରି ନିଜର ରସଦ ଧ୍ୱଂସ କଲା। ଯୁଦ୍ଧର କୌଣସି ଯୋଜନା ନଥିଲା। ଶେଷରେ ୧୪ ଫେବୃୟାରୀ ୧୭୩୯ରେ ଯୁଦ୍ଧ ହେଲା ଓ ମୋଗଲ୍ ସେନା ପରାଜିତ ହେଲା।

ମୋଗଲମାନଙ୍କର ଭୁଲ୍‌ର ଏକ ତାଲିକା କରାଯାଉ :

୧) ଯୁଦ୍ଧ ଏଡାଇବାର କୂଟନୈତିକ ଚେଷ୍ଟାର ସମ୍ପୂର୍ଣ୍ଣ ଅବହେଳା।

୨) ନିଜର ସୀମାନ୍ତ ପ୍ରଦେଶ ଆଫଗାନିସ୍ତାନର ସୁରକ୍ଷାରେ ଅବହେଳା।

୩) ଚାରିମାସ କାଳ ଆକ୍ରମଣକାରୀ ପଞ୍ଜାବରେ ନିଜର ସେନା ଚାଳନ କରୁଥିବା ବେଳେ ତାକୁ କୌଣସି ପ୍ରକାର ବାଧା ନଦେବା।

୪) ଯୁଦ୍ଧ ସମୟରେ କୌଣସି ହଠାତ୍ ଆବଶ୍ୟକତା ପାଇଁ ଅଲଗା ସେନା (Reserve) ନ ରଖିବା।

୫) ନିଜର ରସଦ ଓ ଅନ୍ୟାନ୍ୟ ଆବଶ୍ୟକ ସାମଗ୍ରୀ ଆସିବା ପଥରେ ସୁରକ୍ଷାର ବ୍ୟବସ୍ଥା ନ କରିଥିବା।

ନାଦିର୍ ଶାହ ଭାରତ ଆସିଥିଲେ ଦୁଇଟି ଉଦ୍ଦେଶ୍ୟ ନେଇ। ପ୍ରଥମ ଆଫଗାନିସ୍ତାନକୁ ମୋଗଲ୍ ସାମ୍ରାଜ୍ୟରୁ ବିଚ୍ଛିନ୍ନ କରି ଇରାନ୍ ସାମ୍ରାଜ୍ୟର ଅନ୍ତର୍ଭୁକ୍ତ କରିବା। ଦ୍ୱିତୀୟତଃ ଲୁଟ୍‌କରି ଇରାନ୍‌ର ଅର୍ଥନୈତିକ ଅବସ୍ଥାର ଉନ୍ନତି କରିବା। ଉଭୟରେ ସେ ସଫଳ ହୋଇଥିଲେ। ଭାରତ ଆକ୍ରମଣରେ ଏତେ ଧନ ପାଇଥିଲେ ଯେ, ଇରାନ୍‌ରେ ତିନିବର୍ଷ ଲାଗି ସେ ସମସ୍ତ ଖଜଣା ଓ ଟିକସ୍ ମାଫ୍ କରି ଦେଇଥିଲେ। ତା'ଛଡା ଇରାନ୍‌କୁ ଦିଲ୍ଲୀରୁ ଅନେକ କାରିଗର ନେଇ ଯାଇଥିଲେ। ଏଥିରୁ ଗୋଟିଏ ଜିନିଷ ଅନୁମାନ କରିହୁଏ, ସେ ସମୟରେ ଏତେ ଅବ୍ୟବସ୍ଥା ସତ୍ତ୍ୱେ ମୋଗଲ୍ ସାମ୍ରାଜ୍ୟ ଆର୍ଥିକ ଦୃଷ୍ଟିରୁ ଦେବାଳିଆ ନଥିଲା। ଜନବଳ ଓ ଧନବଳ ଉଭୟ ଥିଲା। ପ୍ରକୃତ ଅଭାବ ଥିଲା ସୁଦୃଢ ନେତୃତ୍ୱର।

ନାଦିର୍ ଶାହ ଦିଲ୍ଲୀରେ ଗଣହତ୍ୟା କରିଥିଲେ। ଗଣହତ୍ୟା ସ୍ପଷ୍ଟ ଉଦାହରଣ ହିସାବରେ ନାଦିର୍ ଶାହଙ୍କର ଦିଲ୍ଲୀକାଣ୍ଡ ଏକ ପ୍ରକୃଷ୍ଟ ନମୁନା। ଏହି ଗଣହତ୍ୟା ସକାଳ ଠାରୁ ସଂନ୍ଧ୍ୟା ପର୍ଯ୍ୟନ୍ତ ଚାଲିଥିଲା। କେତେ ଲୋକ ମଲେ ତା'ର ସଠିକ୍ ହିସାବ ନାହିଁ। ତେବେ ଭିନ୍ନ ଭିନ୍ନ ଅନୁମାନ ୮୦୦୦ ରୁ ୩୦୦୦୦ ପର୍ଯ୍ୟନ୍ତ ମରିଥିବାର ଜଣାଯାଏ। ଦିଲ୍ଲୀର ଅନେକ ଅଂଶ ନଷ୍ଟ ହୋଇଗଲା। ତେବେ ଏହାର କାରଣ ଦିଲ୍ଲୀର ଜନତା ଓ ଗଣମାନ୍ୟ ଲୋକଙ୍କର ମୂର୍ଖତା। ନାଦିର୍ ଶାହଙ୍କର ସେନା ଦିଲ୍ଲୀ ବାହାରେ ଥିଲା। କେବଳ ନାଦିର୍ ଶାହଙ୍କର ଅଙ୍ଗରକ୍ଷୀ ସେନା ଦିଲ୍ଲୀ ଭିତରକୁ ପ୍ରବେଶ କରିଥିଲେ। ଏଣୁ ସେମାନଙ୍କ ସଂଖ୍ୟା ବେଶୀ ନଥିଲା। ଆସିବାର ଦିନେ ଦୁଇଦିନ ପରେ ଇରାନୀ ସୈନିକ ଓ ଦିଲ୍ଲୀର ଦୋକାନଦାରମାନଙ୍କ ମଧ୍ୟରେ ଗୋଳମାଳ ଆରମ୍ଭ ହୋଇଗଲା। ଖୁବ୍ ଶୀଘ୍ର ଏହା ଇରାନୀଙ୍କ ଦଙ୍ଗାରେ ପରିଣତ ହୋଇଗଲା। ଏହାର ଏକ ପ୍ରଧାନ କାରଣ ହେଲା ନାଦିର୍ ଶାହଙ୍କ ମୃତ୍ୟୁର ଗୁଜବ। ଏଣୁ ଦଙ୍ଗାକାରୀମାନଙ୍କର ସାହସ ବଢିଗଲା। ସେମାନେ ଅନେକ ଇରାନୀ ସେନାଙ୍କୁ ମାରି ପକାଇଲେ। ରାତି ଯାକ ଦଙ୍ଗା ହେଲା। ସକାଳେ ନାଦିର୍ ଶାହ ତାଙ୍କ ସୈନ୍ୟମାନଙ୍କ ସହ ଚାନ୍ଦିନୀଚୌକ ଗଲେ। ରାସ୍ତାରେ ଅନେକ ଇରାନୀ ସୈନିକଙ୍କର ଶବ ଦେଖିଲେ। ଏଥିରେ ତାଙ୍କର ରାଗିବାର କଥା। ସବୁଠାରୁ ବିପଦଜନକ ଘଟଣା ହେଲା ଯେ, ନାଦିର୍ ଶାହ ସୁନହରି ମସଜିଦ୍‌ରେ ଠିଆ ହୋଇଥିବା ବେଳେ ତାଙ୍କ ଉପରକୁ ଗୁଳି ଚଳାଗଲା ଓ ଫଳତଃ ତାଙ୍କ ପାଖରେ ଠିଆ ହୋଇଥିବା ଜଣେ ଇରାନୀର ପ୍ରାଣ ଗଲା। ନାଦିର୍ ରାଗି ଦିଲ୍ଲୀବାସୀଙ୍କୁ ଉଚିତ୍ ଦଣ୍ଡ ଦେବାକୁ ସ୍ଥିର କଲେ ଏବଂ ତାଙ୍କ ହିସାବରେ ଇରାନୀ ସୈନ୍ୟମାନଙ୍କର ହତ୍ୟା ଓ ତାଙ୍କୁ ହତ୍ୟା କରିବାର ଚେଷ୍ଟାର ଉପଯୁକ୍ତ ଦଣ୍ଡ ଗଣହତ୍ୟା।

ଏଠି ମନେରଖିବାର କଥା ଯେ ବ୍ରିଟିଶ୍ ଭାରତ ଅଧିକାର କଲାପରେ ନାଦିର୍

ଶାହ ଦିଲ୍ଲୀ ଅଧିକାର କରିନଥିଲେ। ଦିଲ୍ଲୀର ଶାସନ ବ୍ୟବସ୍ଥା ମୋଗଲମାନଙ୍କ ହାତରେ ଥିଲା। ଆଇନ୍ ଶୃଙ୍ଖଳା ରକ୍ଷାକରିବା ମୋଗଲ୍ କୋତୱାଲଙ୍କର କାମ। ସେଥିଲାଗି ତାଙ୍କ ପାଖେ ଯଥେଷ୍ଟ ସେନା ଥିଲେ। ସେ ଓ ଅନ୍ୟାନ୍ୟ ମୋଗଲ ଅଧିକାରୀମାନେ ଜାଣିଥିଲେ ଯେ ଇରାନୀ ସେନା ସହର ବାହାରେ ଅଛି ଓ ଇରାନୀଙ୍କ ବିରୁଦ୍ଧରେ ଦଙ୍ଗାର ଫଳ କ'ଣ ହେବ। ପ୍ରଥମେ ଯେତେବେଳେ ଦରଦାମ୍ ନେଇ ଗଣ୍ଡଗୋଳ ହେଲା, ସେହି ସମୟରେ ହିଁ ହସ୍ତକ୍ଷେପ କରିବା ଉଚିତ୍ ଥିଲା। ଏହାପରେ ମଧ୍ୟ ଦଙ୍ଗାକାରୀଙ୍କ ବିରୁଦ୍ଧରେ ଉପଯୁକ୍ତ କାର୍ଯ୍ୟ କରିବା ଉଚିତ୍ ଥିଲା। ଏହି ଦଙ୍ଗା ଯଦି ରୋକା ଯାଇପାରିଥାନ୍ତା, ତା'ହେଲେ ଗଣହତ୍ୟା ହୋଇନଥାନ୍ତା। ନାଦିର୍ ଶାହଙ୍କର ମୃତ୍ୟୁର ଗୁଜବ ଯେ କି ବିପଜ୍ଜନକ ତା' ବୁଝିବା ଲାଗି ବେଶୀ ବୁଦ୍ଧିର ପ୍ରୟୋଜନ ନାହିଁ। ମୋଗଲ୍ ସରକାରର ରାଜଧାନୀ ଦଲ୍ଲୀରେ ଆଇନ୍ ଶୃଙ୍ଖଳା ରକ୍ଷା କରିବାରେ ଅପାରଗତା ଏହି ଗଣହତ୍ୟାର ପ୍ରଧାନ କାରଣ।

ଗଣହତ୍ୟା ବନ୍ଦ ହେବା ପରେ ଅସଲ ଅତ୍ୟାଚାର ଆରମ୍ଭ ହେଲା। ତାହା ହେଲା ଦିଲ୍ଲୀର ସୁନିୟୋଜିତ ଲୁଣ୍ଠନ। ସେ ସମୟର ମୂଲ୍ୟରେ ନାଦିର୍ ଶାହ ପ୍ରାୟ ୭୫କୋଟି ଟଙ୍କାର ଧନରତ୍ନ ନେଇ ଫେରିଥିଲେ। ତା'ଛଡ଼ା ଅଜସ୍ର ଘୋଡ଼ା, ହାତୀ, ଓଟ ଇତ୍ୟାଦି। ସେହି ୭୫ କୋଟି ଟଙ୍କାର ଆଜିକାର ହିସାବରେ ମୂଲ୍ୟାଙ୍କନ ଟିକିଏ କଷ୍ଟ। ତେବେ ଏହା ୧୭୩୯ର ଘଟଣା। ଉତ୍ତର ଭାରତରେ ୧୬୦୦ରେ ଗହମ ଟଙ୍କାକୁ ୯୦ ସେର, ୧୬୫୦ରେ ଟଙ୍କାକୁ ୧୦୭ ସେର ଏବଂ ୧୭୨୯ରେ ଟଙ୍କାକୁ ୧୨୯ ସେର। ଏହାକୁ ବର୍ତ୍ତମାନର ଗହମ ଭାଉ ସଂଗେ ତୁଳନା କରନ୍ତୁ। ସେତେବେଳେ ତୁଳନାରେ ଟଙ୍କାର ମୂଲ୍ୟ ୧୦୦ରୁ ଦେଢ଼ଶହ ଗୁଣ ହ୍ରାସ ପାଇଛି। ଏଣୁ ନାଦିର୍ ନେଇଯାଇଥିବା ଟଙ୍କାର ପରିମାଣ ୭୫୦୦କୋଟିରୁ ଆଠହଜାର କୋଟି ପର୍ଯ୍ୟନ୍ତ। ତାହା କେବଳ ଦିଲ୍ଲୀ ସହରରୁ। ସେତେବେଳେ ଦିଲ୍ଲୀ ବ୍ୟବସାୟର କେନ୍ଦ୍ର ନଥିଲା। ତଥାପି ଏହି କ୍ଷୟମାନ ରାଜଧାନୀରୁ ଏତେ ପୁଂଜି ବା Capital ବାହାରିଲା। ଏଣୁ ଭାବନ୍ତୁ ସୁରଟ୍ ବା ମୁର୍ଶିଦାବାଦ୍ ପରି ବଡ଼ ବ୍ୟବସାୟ କେନ୍ଦ୍ରରେ କେତେ ପରିମାଣରେ ପୁଂଜି ନଥିବ। ସେତେବେଳର ଗୋଟିଏ ବଡ଼ ପୁଂଜିପତି ପ୍ରତିଷ୍ଠାନ ଥିଲେ ମୁର୍ଶିଦାବାଦର ଜଗତ ଶେଠ୍। ତାଙ୍କର ପ୍ରତାପର ନମୁନା ହେଲା ସେମାନେ ଗୋଟିଏ ଗୋଟିଏ ହୁଣ୍ଡି, କୋଟିଏ ଟଙ୍କାର ମୂଲ୍ୟ ପର୍ଯ୍ୟନ୍ତ ଦେଉଥିଲେ। ଏହି ହୁଣ୍ଡି ହିଁ ଆଜିକାଲିର Demand Draft।

ନାଦିର୍ ଶାହ ମୋଗଲ୍ ବାଦ୍‌ଶାହଙ୍କୁ ଗାଦିରେ ବସାଇ ଚାଲିଗଲେ। କିନ୍ତୁ ଏହାର ଫଳ କ'ଣ ହେଲା? ଅଧିକାଂଶଙ୍କର ମତ ଯେ, ନାଦିର୍ ଶାହଙ୍କର ଆକ୍ରମଣ

ମୋଗଲମାନଙ୍କର ମେରୁଦଣ୍ଡ ଭାଙ୍ଗି ଦେଲା । କିନ୍ତୁ ପ୍ରକୃତରେ ମୋଗଲ୍ ମେରୁଦଣ୍ଡ ଭାଙ୍ଗି ସାରିଥିଲା । ନାଦିର୍ ଶାହଙ୍କର ଆକ୍ରମଣର ପ୍ରଧାନ ଫଳ ହେଲା ଯେ, ଆଫଗାନିସ୍ତାନ ଆଉ ମୋଗଲ୍ ସାମ୍ରାଜ୍ୟରେ ରହିଲା ନାହିଁ । ସାମ୍ରାଜ୍ୟର ସୀମା ହିନ୍ଦୁକୁଶ ପର୍ବତରେ ନ ରହି ସିନ୍ଧୁ ନଦୀ ଉପରକୁ ଘୁଞ୍ଚି ଆସିଲା । ଫଳତଃ ପଞ୍ଜାବର ନିରାପତ୍ତା ସବୁବେଳେ ବିପନ୍ନ ହୋଇ ରହିଲା । ବହୁକାଳ ଧରି ଆଫଗାନିସ୍ତାନ ଭାରତର ସାମ୍ରାଜ୍ୟର ଅଂଶ ରହିଥିଲା । କିନ୍ତୁ ଏହାପରେ ଆଉ ତା' କେବେ ସମ୍ଭବ ହେଲା ନାହିଁ । । ଇଂରେଜ୍‌ମାନେ ଅବଶ୍ୟ ଚେଷ୍ଟା କରିଥିଲେ । କିନ୍ତୁ ସେମାନେ ଶୋଚନୀୟ ଭାବରେ ଅସଫଳ ହେଲେ ।

କିନ୍ତୁ ଏହି ସ୍ୱପ୍ନ ସମ୍ପୂର୍ଣ୍ଣ ଭାବେ ଭୁଲି ହୋଇ ନାହିଁ । ପାକିସ୍ତାନର ଅନେକ ସେନାନାୟକ ଓ ରାଜନୈତିକ ପାକିସ୍ତାନ ଓ ଆଫଗାନିସ୍ତାନ ଏକ ମିଳିତ ରାଷ୍ଟ୍ର ବା Confederationର ସ୍ୱପ୍ନ ଦେଖୁଛନ୍ତି । ଏହା ଆଫଗାନିସ୍ତାନରେ କମ୍ୟୁନିଷ୍ଟ ସରକାର ବିରୁଦ୍ଧରେ ବିଦ୍ରୋହ ପାକିସ୍ତାନରୁ ପରିଚାଳିତ ହେବା ପରଠାରୁ ଆରମ୍ଭ ହୋଇଛି । ତା' ଆଗରୁ ଆଫଗାନିସ୍ତାନ ସ୍ୱପ୍ନ ଦେଖୁଥିଲା ସିନ୍ଧୁର ପଶ୍ଚିମରେ ଥିବା ଅଞ୍ଚଳକୁ ପାକିସ୍ତାନରୁ ଅଲଗା କରିବାକୁ । ଉଭୟ ସ୍ୱପ୍ନକୁ କେବଳ ଦିବାସ୍ୱପ୍ନ କହିବା ଅନ୍ୟାୟ ହେବ । ଏହାର ସୁଦୃଢ ଐତିହାସିକ ଭିତ୍ତି ଅଛି । ପାକିସ୍ତାନ ମଧ୍ୟ ଭାରତ ପରି ଭାରତ ସାମ୍ରାଜ୍ୟର ଦାୟାଦ । ଏହି ସାମ୍ରାଜ୍ୟ ହିନ୍ଦୁ, ବୌଦ୍ଧ, ପଠାନ୍, ମୋଗଲ୍, ଇଂରେଜ୍ ନାନାରୂପରେ ଦେଖାଯାଇଛି । ସେହି ସାମ୍ରାଜ୍ୟର ପଶ୍ଚିମ ସୀମା ସମସ୍ୟା ବର୍ତ୍ତମାନ ପାକିସ୍ତାନର । ଏଣୁ ସେହି ପ୍ରାଚୀନ ପ୍ରଶ୍ନ ସିନ୍ଧୁ ନଦୀ ବା ହିନ୍ଦୁକୁଶ ପର୍ବତ ? ବର୍ତ୍ତମାନ ପାକ୍ ଆଫଗାନ୍ ସୀମା ଇଂରେଜ୍‌ମାନେ ହାରିଯାଇଥିବା ଆଫଗାନିସ୍ତାନ ଉପରେ ଲଦି ଯାଇଛନ୍ତି ସତ । ଅସଲ ପ୍ରଶ୍ନ ହେଲା ଆତ୍ମ ନିୟନ୍ତ୍ରଣର । ପାକିସ୍ତାନର ଉତ୍ତର ପଶ୍ଚିମ ସୀମାନ୍ତ ପ୍ରଦେଶ ଓ ପୂର୍ବ ଆଫଗାନିସ୍ତାନରେ ଏକ ପଖତୁନ ଜାତି ରହନ୍ତି । ଏହି ସମସ୍ୟାର ବୋଧହୁଏ ସମାଧାନ ନାହିଁ ଓ ପାକିସ୍ତାନ ଆଫଗାନିସ୍ତାନ ସମସ୍ୟା ରହିଛି ଓ ରହିବ । ଇସ୍‌ଲାମ୍‌ର ଦୁହାଇ ଦେଇ ଏକ କନ୍‌ଫେଡେରେସନ୍ ସ୍ୱପ୍ନ ଜନ୍ନତ୍‌ମକୀନ୍ (ସ୍ୱର୍ଗତ) ଜିୟା-ଉଲ୍-ହକ୍ ବା ମୌଳବାଦୀ ନେତା ଗୁଲବୁଦ୍ଦିନ୍ ହିକମତ୍‌ୟାର ଦେଖିପାରନ୍ତି । କିନ୍ତୁ କାର୍ଯ୍ୟତଃ ଇସ୍‌ଲାମ୍‌କୁ ଏପରି ବ୍ୟବହାର କରିବାର ଚେଷ୍ଟାରେ ବାସ୍ତବିକତା ନାହିଁ ।

ନାଦିର୍ ଶାହଙ୍କ ଆକ୍ରମଣରୁ କୌଣସି ଶିକ୍ଷା ଲାଭ ମୋଗଲ୍ ଦରବାର ଭାଗ୍ୟରେ ନଥିଲା । କିନ୍ତୁ ବର୍ତ୍ତମାନର ଭାରତ ସେହି ଶିକ୍ଷାକୁ ଭୁଲିଲେ ଚଳିବ ନାହିଁ ।

■

# ଗଙ୍ଗୁ ତେଲି

ହିନ୍ଦୀରେ ଗୋଟିଏ ପ୍ରବାଦ ଅଛି "କାହାଁ ରାଜା ଭୋଜ୍ ଔର୍ କାହାଁ ଗଙ୍ଗୁ ତେଲି। ଅର୍ଥାତ୍ ସମ୍ଭ୍ରାନ୍ତ ଓ ଜନସାଧାରଣଙ୍କର ଜୀବନ ପ୍ରଣାଳୀ ଏବଂ ଜୀବନ ଦର୍ଶନ ଅଲଗା। ଏ ପର୍ଯ୍ୟନ୍ତ ରାଜା ଭୋଜ୍ ଅର୍ଥାତ୍ ସମ୍ରାଟ, ରାଜା, ନବାବ୍, ଅମୀର ଉମରାଙ୍କ ବିଷୟରେ ଅନେକ ଆଲୋଚନା ହେଲାଣି। ପ୍ରକୃତରେ ଇତିହାସରେ ଯେଉଁ ଉପାଦାନ ମିଳେ, ତା' ସମ୍ଭ୍ରାନ୍ତ ବା Elite ମାନଙ୍କର ଇତିହାସ। ଜନସାଧାରଣ ଅର୍ଥାତ୍ ଗଙ୍ଗୁ ତେଲିର ପ୍ରଧାନ ସମସ୍ୟା କିପରି ଜୀଇଁବ। ସେ କେବଳ ଖଜଣା ଦେବ, ତା'ର ଘର ଲୁଟ୍ ହେବ ଏବଂ ଯଦି ବେଶୀ ସାହସୀ ହୋଇଥାଏ ତା' ହେଲେ ସିପେଇ ହୋଇ ଭର୍ତ୍ତି ହେବ। ଫଳତଃ ହୁଏତ ଅକାଳମୃତ୍ୟୁ ବା କିଛି ଲୁଟପାଟ୍ ଜନିତ ପୁଂଜି ହାସିଲ୍। ତା'ଦ୍ଵାରା ଖୁଡିକି ଦରଜା ବାଟେ ଅଭିଜାତ ଶ୍ରେଣୀରେ ପ୍ରବେଶର ସମ୍ଭାବନା। ଏହି ଗଙ୍ଗୁ ତେଲିମାନଙ୍କ ଅବସ୍ଥା କିପରି ଥିଲା।

ସମସ୍ତେ କହନ୍ତି ଭାରତ ଜାତି ବା Caste ର ଦେଶ। ଯେ ଯେଉଁ ଜାତିର ଜନ୍ମ ହୋଇଛି ତାକୁ ସେହି ଜାତିର କର୍ମ କରିବାକୁ ହେବ ଏବଂ ସେହି ଜୀବନ ପ୍ରଣାଳୀ ଅନୁସରଣ କରିବାକୁ ହେବ। ମୁଁ ପିଲା ହୋଇଥିଲା ବେଳେ ୧୯୩୦ ଦଶନ୍ଧିରେ ଏକ ରେକର୍ଡ ଖୁବ୍ ଜନପ୍ରିୟ ହୋଇଥିଲା। ସେ ଗୀତର ଆରମ୍ଭ ଏହିପରି -

କିଏ ଶୁଣିବ ହୋ, ପାଠ ପଢି ହେଲୁ ନାଶ
ସମସ୍ତେ କାନରେ କଲମ ଖୋସିଲେ
ବିଲ ବାଡି ଗଲା ନାଶ।

ପରେ କବି ଦୁଃଖର ସହିତ କହୁଛନ୍ତି, "ଚଷାପୁଅ ଏବେ ପନ୍ଦର ଟଙ୍କିଆ କିରାନୀ ହେଲାଣି ଛାଡ"। ଅର୍ଥାତ୍ କାନରେ କଲମ ଖୋସିବାଟା ଏକ ବିଶେଷ ଜାତିର କାମ। ଏହା ଶତକଡା ପାଞ୍ଚାନବେଙ୍କ ପକ୍ଷରେ ସତ ହେଲେ ମଧ୍ୟ ବୁଦ୍ଧିମାନ

ଓ ପ୍ରତିଭାବାନ୍ ବ୍ୟକ୍ତି ଏଥିରୁ ବାହାରି ଯାଉଥିଲେ। ଏପରିକି ସେମାନେ ନିଜ ପରିବାରର ଜାତି ଉଚ୍ଚତର କରିବାରେ ସମର୍ଥ ହେଉଥିଲେ। କିନ୍ତୁ ଏହି କରିତ୍‌କର୍ମାମାନେ ଜନସାଧାରଣ ନୁହନ୍ତି। ଏଣୁ ଉପସ୍ଥିତ ଏମାନଙ୍କୁ ଛାଡି ଦିଆଯାଉ। ଏଠି ଆମେ ଆଲୋଚନା କରିବା ମୋଗଲ୍ ସମୟରେ ଜନସାଧାରଣଙ୍କ ଅବସ୍ଥା କ'ଣ ଥିଲା। ସେମାନେ କ'ଣ ଖାଉଥିଲେ, ପିନ୍ଧୁ ଥିଲେ ଓ କିପରି ରହୁ ଥିଲେ। ମୋଟ୍ ଉପରେ ସେମାନେ ଇଂରେଜ୍ ଶାସନ ସମୟରେ ଭଲରେ ଥିଲେ ନା ମୋଗଲ୍ ସମୟରେ। ଏହାର ଅଲୋଚନା ଆବଶ୍ୟକ। କାରଣ ଇଂରେଜ୍ ପ୍ରଚାର କରି ଆସିଛନ୍ତି ଯେ, ସେମାନେ ଭାରତୀୟ ରାଜା ନବାବ୍ ଅମଳର ଅବ୍ୟବସ୍ଥା ଦୂର କରି ଦେଶକୁ ଉନ୍ନତିର ପଥରେ ଆଗେଇ ନେଲେ। ଆମେ ତାହା ମୋଟାମୋଟି ମାନି ନେଇଛୁ ଓ ଅଧିକାଂଶଙ୍କର ବିଶ୍ୱାସ ଯେ, ଜନସାଧାରଣରଙ୍କର ପକ୍ଷରେ ଇଂରେଜ୍ ଅମଳ ଅତି ଭଲ ଥିଲା। ଭାରତୀୟ ଜନତାର ଦରିଦ୍ରତା ସମ୍ବନ୍ଧରେ ଉପାଦାନ ପ୍ରଧାନତଃ ବିଦେଶୀ ପର୍ଯ୍ୟଟକମାନଙ୍କର ଲେଖା ଉପରେ ନିର୍ଭରଶୀଳ। ଏହି ପର୍ଯ୍ୟଟକମାନେ ୟୁରୋପର ହୋଇଥିବାରୁ ଭାରତବର୍ଷରେ ବିଶେଷ କରି ଦକ୍ଷିଣ ଭାରତରେ ଲୁଗାପଟାର ସ୍ୱଚ୍ଛତା ଏବଂ ଅନ୍ୟାନ୍ୟ ଜିନିଷ ଯଥା ଖଟ, ପଲଙ୍କ ଇତ୍ୟାଦିର ଅଭାବରୁ ଧରି ନେଇଥିଲେ ଯେ, ଭାରତୀୟମାନେ ଅତି ଗରିବ। ଅଥଚ ଏହି ଜଳବାୟୁ ପକ୍ଷରେ ଅତ୍ୟଧିକ ପୋଷାକ ଅନାବଶ୍ୟକ। ସେହିପରି ଘର। ଆମର ସମସ୍ୟା କିପରି ଘରକୁ ଥଣ୍ଡା ରଖିବୁ। ୟୁରୋପରେ ସମସ୍ୟା ଓଲଟା ଘର କିପରି ଗରମ ରହିବ। ଏଣୁ ଭାରତର ଚାଳଘର ୟୁରୋପୀୟ ଆଖିର ଦାରିଦ୍ର୍ୟର ନମୁନା।

ପ୍ରକୃତ ତଥ୍ୟ ପାଇବାକୁ ହେଲେ ଆମକୁ ସେ ସମୟର ମଜୁରୀ ଓ ଦର୍‌ଦାମ୍‌କୁ ବିଶ୍ଳେଷଣ କରିବାକୁ ହେବ। ଏଥିରେ ମଧ୍ୟ ସାବଧାନ୍ ହେବାର ପ୍ରୟୋଜନ ଅଛି। ତାହାର କାରଣ ଭାରତର ଅଧିକାଂଶ ମୂଲିଆ ନଗଦ ମଜୁରୀ ପାଉ ନ ଥିଲେ। ସେମାନେ ଖାଦ୍ୟଶସ୍ୟ ଆକାରରେ ମୂଲ ପାଉଥିଲେ। ତା'ଛଡ଼ା ସମସ୍ତ ଭାରତ ଗୋଟିଏ ଅର୍ଥନୈତିକ ଏକକରେ ପରିଣତ ହୋଇ ନ ଥିଲା। ତେବେ ଯେତେବେଳେ ବଙ୍ଗଳା (ବିହାର ଓ ଓଡ଼ିଶା ସମେତ) ସବୁଠାରୁ ଶସ୍ତା ଥିଲା। ଉତ୍ତର ଭାରତ ଅର୍ଥାତ୍ ଦିଲ୍ଲୀ, ଆଗ୍ରା ତା'ଠାରୁ ମହଙ୍ଗା ଓ ସବୁଠାରୁ ମହଙ୍ଗା ଥିଲା ଗୁଜରାଟ। ସେତେବେଳର ଗହମ ଦର ଦେଖାଯାଉ - ୧୬୦୦ ଖ୍ରୀଷ୍ଟାବ୍ଦ ବା ଆକବରଙ୍କ ମୃତ୍ୟୁ ସମୟକୁ ଗହମ ଥିଲା ଟଙ୍କାରେ ୯୦ସେର। ତାହାର ପଚାଶ ବର୍ଷ ପରେ ଟଙ୍କାରେ ୧୦୭ ସେର। କିନ୍ତୁ ୧୭୩୦ ବେଳକୁ ବଙ୍ଗଳାରେ ୧୩୧ ସେର। ଆଗରୁ କହିଛି ଯେ ବଙ୍ଗଳା ଶସ୍ତା। ଏଣୁ ହାରାହାରି ଟଙ୍କାରେ ୧୦୦ସେର ଧରାଯାଇପାରେ। ସବୁ ଖାଦ୍ୟଶସ୍ୟ ମଧ୍ୟରେ

ଚାଉଳ ସବୁଠାରୁ ମହଙ୍ଗା ଓ ବାଜରା ସବୁଠାରୁ ଶସ୍ତା ଥିଲା। ଜାହାଙ୍ଗୀରଙ୍କ ସମୟରେ ଚାଉଳ ଥିଲା ଟଙ୍କାରେ ୫୪ ସେର ଏବଂ ବଜରା ଟଙ୍କାରେ ୧୮୦ ସେର।

କିନ୍ତୁ ଏହି ଦାମ୍‌ର ଜନସାଧାରଣଙ୍କ ଉପରେ ପ୍ରଭାବ କିପରି ଥିଲା ? ବର୍ତ୍ତମାନ ମଜୁରୀର ହାର ଦେଖଯାଉ। ଜାହାଙ୍ଗୀରଙ୍କ ସମୟରେ ମଜୁରୀ ଥିଲା ଦିନକୁ ଛଅ ପଇସା ଅକୁଶଳୀ ଶ୍ରମିକଙ୍କ ପାଇଁ। ଏହି ଛଅ ପଇସାରେ ସେମାନେ ପ୍ରାୟ ସାତ ସେର ଗହମ କିଣି ପରୁଥିଲେ। ବର୍ତ୍ତମାନ ବଜାରରେ ଯାହା ଗହମ ଦର ସେଥିରେ ଟଙ୍କା ଆକାରରେ ଦୈନିକ ଏକୋଇଶ ବା ବାଇଶ ଟଙ୍କା ହେବ। କିନ୍ତୁ ସାଧାରଣ ଲୋକେ ଗହମର ରୁଟି ଖାଉ ନଥିଲେ। ସେମାନେ ସାଧାରଣତଃ ବାଜରା ଖାଉଥିଲେ। ସେ ସମୟରେ ମୂଲ ପ୍ରାୟ ଶସ୍ୟରେ ଦିଆ ଯାଉଥିଲା। ଜାହାଙ୍ଗୀରଙ୍କ ସମୟରେ ଅକୁଶଳୀ ଶ୍ରମିକା ମୂଲ୍ୟ ଥିଲା ୧୬ ସେର ବାଜରା। କିନ୍ତୁ ଊନବିଂଶ ଶତାବ୍ଦୀର ପ୍ରଥମ ଭାଗରେ ଅର୍ଥାତ୍ ଇଂରେଜ୍ ରାଜତ୍ୱର ଆରମ୍ଭରେ ଏହା ଖସିଯାଇ ଅଢେଇ ସେରରେ ରହିଥିଲା। ଜାହାଙ୍ଗୀରଙ୍କ ସମୟରେ ଜଣେ ଲୋକ ମୂଲ ଲାଗି ତା'ର ପରିବାର ସ୍ୱଚ୍ଛନ୍ଦରେ ପୋଷି ପାରୁ ଥିଲା। କିନ୍ତୁ ତା'ର ଦେଢଶହ ବର୍ଷପରେ ଅର୍ଥାତ୍ କ୍ଲାଇବ୍ ବଙ୍ଗ, ବିହାର, ଓଡିଶାର ଦେଓ୍ୱାନୀ ଦେଲା ବେଳକୁ ଚଳିବା ଲାଗି ଘରର ସମର୍ଥ ଲୋକଙ୍କୁ ଅର୍ଥାତ୍ ଅତି ବୁଢା ଓ ପିଲାଙ୍କୁ ଛାଡି ସମସ୍ତଙ୍କୁ ମୂଲ ଲାଗିବାକୁ ପଡୁଥିଲା।

ନାନାଦି ପ୍ରମାଣ ଓ କାଗଜପତ୍ରରୁ ଜଣାପଡେ ଯେ, ମୋଗଲ୍ ସାମ୍ରାଜ୍ୟର ଉନ୍ନତି ସମୟରେ ଏ ଦେଶର ଗରିବ ଜନତା ବେଶ୍ ପୁଷ୍ଟିକର ଖାଦ୍ୟ ଖାଇ ପାରୁଥିଲେ। ୟୁରୋପୀୟ ପର୍ଯ୍ୟଟକମାନଙ୍କ ଲେଖାରୁ ଜଣାଯାଏ ଯେ, ଜନସାଧାରଣ ଉତ୍ତର ଭାରତରେ ରାତିରେ ଖେଚେଡି ଖାଉଥିଲେ ଯେଉଁଥିରେ ଘିଅ ପଡୁଥିଲା। ବାଜରା ବା ଗହମର ରୁଟି ସହିତ ଦୁଧ, ଦହି ଓ ଘିଅ ଖିଆ ଯାଉଥିଲା। ଘିଅ ସେ ସମୟରେ ଟଙ୍କାକୁ ଦଶ ସେର ଥିଲା। ଏଣୁ ମୂଲିଆ ପକ୍ଷରେ ମଧ୍ୟ ଘିଅ କିଣିବା ଅସମ୍ଭବ ନଥିଲା। ମୋଟ ଉପରେ ସପ୍ତଦଶ ଶତାବ୍ଦୀରେ ଭାରତୀୟ ଜନତାର ଜୀବନଧାରଣର ମାନ ଊନବିଂଶ ଶତାବ୍ଦୀ ଅପେକ୍ଷା ଉଚ୍ଚତର ଥିଲା। ଆହାର ବ୍ରିଟିଶ୍ ସମୟ ଅପେକ୍ଷା ଅନେକ ବେଶୀ ସନ୍ତୁଳିତ ଓ ପୁଷ୍ଟିକର ଥିଲା।।

ଅବଶ୍ୟ ସେତେବେଳେ ଦୁର୍ଭିକ୍ଷର ସମସ୍ୟା ଥିଲା। ୧୫୯୫ ରୁ ୧୭୯୨ ଅର୍ଥାତ୍ ପ୍ରାୟ ଶହେବର୍ଷ ମଧ୍ୟରେ ପ୍ରାୟ ୨୪ ଦୁର୍ଭିକ୍ଷ ପଡିଥିଲା। ଅର୍ଥାତ୍ ପ୍ରାୟ ପାଞ୍ଚ ବର୍ଷରେ ଥରେ। ତେବେ ଏହାର କାରଣ ସମସ୍ତ ଦେଶରେ ଖାଦ୍ୟାଭାବ ନୁହେଁ। ସେତେବେଳେ ପ୍ରଧାନ ଅସୁବିଧା ଥିଲା ଫସଲ ମହଜୁଦ୍ କରି ରଖିବାର ଗୋଦାମର ଅଭାବ ଏବଂ ଗୋଟିଏ ସ୍ଥାନରୁ ଅନ୍ୟ ସ୍ଥାନକୁ ଖାଦ୍ୟ ନେଇଯିବା ପାଇଁ ପରିବହନ

ସୁବିଧାର ଅଭାବ। ଏଣୁ ଏକ ଦୁର୍ଭିକ୍ଷ ସମୟରେ ଗୋଟିଏ ଜାଗାରେ ଗହମ ଟଙ୍କାକୁ ତିନି ସେର ଥିଲାବେଳେ ସେଠାରେ ଶହେ ମାଇଲ୍ ବା ଦେଢଶହ କିଲୋମିଟର ଦୂରରେ ଟଙ୍କାକୁ ତିରିଶରୁ ଚାଳିଶ ସେର ଦରରେ ମିଳୁ ଥିଲା। କିନ୍ତୁ ପରିବହନର ଅଭାବ। ସେ ସମୟରେ ପ୍ରଧାନ ପରିବହନ ବ୍ୟବସ୍ଥା ଥିଲା ଥୋଡିଆ ବଳଦ, ଓଟ ଇତ୍ୟାଦି ଭାରବାହୀ ପଶୁ। ସେମାନଙ୍କର ଗତି ଧୀର ଏବଂ ସବୁଠାରୁ ଅସୁବିଧା ଯେ, ତାଙ୍କ ଲାଗି ଯାହା ଖାଦ୍ୟ ଓ ପାଣି ଦରକାର, ଦୁର୍ଭିକ୍ଷ ସମୟରେ ତାହାର ସାଂଘାତିକ ଅଭାବ। ଏହି ସମସ୍ୟାର ପ୍ରତିକାର ରେଳ ହେବାପରେ ସମ୍ଭବ ହେଲା। ଇଂରେଜ ଅମଳରେ ଯେଉଁ ସବୁ ଦୁର୍ଭିକ୍ଷ ପଡୁଥିଲା ତା'ର କାରଣ ପରିବହନର ଅଭାବ ନୁହେଁ। ତା'ର ପ୍ରଧାନ କାରଣ ଭଲ ବର୍ଷମାନଙ୍କରେ ଖାଦ୍ୟଶସ୍ୟ ରପ୍ତାନୀ। ଏଣୁ ଦେଶର ଆପଦ ଭଣ୍ଡାର ବା Buffer Stock ନଥିଲା।

ସେତେବେଳେ ଲୋକ ସଂଖ୍ୟା କମ୍ ଥିବାରୁ ଜମିର ଅଭାବ ନଥିଲା। ସମସ୍ୟା ଥିଲା ଶ୍ରମ ଶକ୍ତି। ଅର୍ଥାତ୍ ଜଣେ ଚାଷୀ ନିଜେ ଯେତିକି ପାରିବ ପ୍ରାୟ ସେତିକି ଚାଷ କରୁଥିଲା। ଜମିର ଉର୍ବରତା ମଧ୍ୟ ଅପେକ୍ଷାକୃତ ଭଲ ଥିଲା। ବର୍ତ୍ତମାନ ତୁଳନାରେ ସମସ୍ତ ଜନସଂଖ୍ୟାର ଅପେକ୍ଷାକୃତ କମ୍ ଅଂଶ ଚାଷରୁ ଜୀବିକା ଅର୍ଜନ କରୁଥିଲେ । କାରଣ ଶିଳ୍ପ, ଅର୍ଥାତ୍ କୁଟୀର ଶିଳ୍ପ ଓ ବ୍ୟବସାୟରେ ଅନେକ ବେଶୀ ଲୋକ ଲାଗି ଥିଲେ। ମୋଗଲ୍ ସମୟରେ ଭାରତ ପୃଥିବୀର ଏକ ପ୍ରଧାନ ଶିଳ୍ପକେନ୍ଦ୍ର ଥିଲା ଓ ତାହାର ଶିଳ୍ପଦ୍ରବ୍ୟର ବିରାଟ ରପ୍ତାନୀ ବଜାର ଥିଲା। ଏଣୁ ଚାଷ ଉପରେ ଲୋକସଂଖ୍ୟାର ଚାପ ନଥିଲା ଏବଂ ଜମି ମଧ୍ୟ ଖଣ୍ଡ ଖଣ୍ଡ ହୋଇଯିବାର ସମସ୍ୟା ବହୁତ କମ୍ ଥିଲା। ଚାଷୀର ଅବସ୍ଥା ମଧ୍ୟ ମୋଗଲ୍ ସମୟରେ ଊନବିଂଶ ଶତାବ୍ଦୀର ବ୍ରିଟିଶ୍ ଅମଳ ଅପେକ୍ଷା ମୋଟାମୋଟି ଭଲ ଥିଲା। ଅବଶ୍ୟ ଏ କଥା ସ୍ୱୀକାର କରିବାକୁ ହେବ ଯେ, ଶିଳ୍ପ ବ୍ୟବସାୟ ତୁଳନାରେ ଚାଷ ସେ ସମୟରେ ମଧ୍ୟ ଅବହେଳିତ ଓ ଅନଗ୍ରସର ଥିଲା। ତାହାହିଁ ଭାରତୀୟ ଅର୍ଥ ବ୍ୟବସ୍ଥାର ପ୍ରଧାନ ଦୁର୍ବଳତା ଥିଲା।

ସେତେବେଳର ଭାରତୀୟ କୃଷିର ପ୍ରଧାନ ସମସ୍ୟା ଥିଲା ଜମିଦାରୀ ପ୍ରଥାର ସମ୍ପ୍ରସାରଣ। ଜମି ଦୁଇ ପ୍ରକାରର ଥିଲା। ପ୍ରଥମ ହେଲା ଖାଲସା, ଯାହାର ଖଜଣା ସମ୍ରାଟଙ୍କ ଅଧିକାରୀମାନେ ଆଦାୟ କରୁଥିଲେ ଓ ତାହା ସମ୍ରାଟଙ୍କ ଖଜଣାକୁ ଯାଉଥିଲା। ଏହାହିଁ ସେ ସମୟର କେନ୍ଦ୍ର ସରକାରର ପ୍ରଧାନ ଆୟ। ଆଉ ସବୁ ଥିଲା ଜାଗିର ବା ଜମିଦାରୀ। ନଗଦ ବେତନ ବଦଳରେ ଜାଗିର ଦିଆଯାଉଥିଲା। ଆକବର୍ ଚେଷ୍ଟା କରିଥିଲେ ଯେ ସବୁ ଜମି ଖାଲସା କରି ଦିଆଯିବ ଏବଂ ଜାଗିର ବଦଳରେ ନଗଦ ବେତନ ଦିଆଯିବ। କିନ୍ତୁ ତାହା ହୋଇ ପିରିଲା ନାହିଁ। ପରବର୍ତ୍ତୀ କାଳରେ ଜାଗିର

ବଢ଼ି ଗଲା। ପ୍ରାୟ ଜାଗିରଦାର୍‌ମାନେ ଖଜଣା ଦେବାରେ ହେଳା କରୁଥିଲେ। ଖଜଣା ବାକି ରହୁଥିଲା। ଏଣୁ ସେନାଙ୍କୁ ଦରମା ମିଳୁ ନଥିଲା। ଏଣେ ରଇତ ଉପରେ ଅତ୍ୟାଚାର ବଢ଼ି ଚାଲିଥିଲା। ମୋଟାମୋଟି ଆଉରଙ୍ଗଜେବ୍ ପର୍ଯ୍ୟନ୍ତ ଅବସ୍ଥା କାବୁରେ ଥିଲା; କାରଣ, ଖାଲସା ସମସ୍ତ ଜମିର ଏକ ଚତୁର୍ଥାଂଶ ଥିଲା। ତା’ ପରଠାରୁ ଧୀରେ ଧୀରେ ଅବସ୍ଥାର ଅବନତି ଘଟିଲା।

ଚାଷୀର ଅବସ୍ଥାର ସମ୍ପୂର୍ଣ୍ଣ ଅବନତି ଘଟିଲା ଇଂରେଜ୍ ଅମଳରେ। ଭାରତର ଶିଳ୍ପ ଭାଙ୍ଗିଯିବାରୁ ଜନସାଧାରଣଙ୍କ ପକ୍ଷରେ କୃଷି ଛଡ଼ା ଆଉ ଜୀବିକା ରହିଲା ନାହିଁ। ଫଳତଃ ଜମି ଉପରେ ଚାପ ବଢ଼ିଗଲା ଏବଂ ଜମି ସବୁ କ୍ରମଶଃ ଖଣ୍ଡ ଖଣ୍ଡ ହୋଇଗଲା। ଏହି ଅବସ୍ଥାରେ ଆହୁରି ଅବନତି ଘଟିଲା ଚିରସ୍ଥାୟୀ ବନ୍ଦୋବସ୍ତ ଲାଗି। ଏଥିରେ ଚାଷୀ ସମ୍ପୂର୍ଣ୍ଣ ରୂପେ ଜମିଦାର୍‌ର ଦୟା ଉପରେ ନିର୍ଭର ରହିଲା। ମୋଟ ଉପରେ କହିବାକୁ ଗଲେ ଏହି ଗଙ୍ଗୁ ତେଲିର ଦଳ ଅର୍ଥାତ୍ ଜନସାଧାରଣ ମୋଗଲ୍ ସମୟରେ ମନ୍ଦ ନଥିଲେ। ପୁଷ୍ଟିକର ଖାଦ୍ୟ ଦିଗରୁ ତ ଯଥେଷ୍ଟ ଭଲ ଥିଲେ। ଇଂରେଜ୍‌ମାନେ ସବୁବେଳେ ଗର୍ବ କରି ଆସିଛନ୍ତି ଯେ, ସେମାନେ ଭାରତରୁ ଅରାଜକତା ଦୂର କଲେ। କିନ୍ତୁ ଅରାଜକତାଟା ମଧ୍ୟ ମୋଗଲ୍ ସାମ୍ରାଜ୍ୟର କ୍ଷୟର ସମୟରେ ବଢ଼ି ଗଲା। ତା’ ଆଗରୁ ସମସ୍ୟା ଉତ୍କଟ ନଥିଲା। ପୁଣି ପ୍ରଶ୍ନ ଉଠିପାରେ ବ୍ୟବସ୍ଥାଟା କାହା ଲାଗି ? ଇଂରେଜ୍ ସମୟର ଶାନ୍ତି ଶୃଙ୍ଖଳା ଚିରସ୍ଥାୟୀ ବନ୍ଦୋବସ୍ତର ଜମିଦାରଙ୍କୁ ପ୍ରଜାଙ୍କୁ ଶୋଷଣ ଲାଗି ସାହାଯ୍ୟ କରୁନଥିଲେ କି ?

ରାଜା ଭୋଜ୍ ଓ ଗଙ୍ଗୁ ତେଲି ମଧ୍ୟରେ ଫରକ୍ ଅନେକ। ଏପରିକି କମ୍ୟୁନିଷ୍ଟ ସମାଜରେ ମଧ୍ୟ। ଏଣୁ ମୋଗଲ ସାମ୍ରାଜ୍ୟରେ ଫରକ୍ ଥିବାଟା ସ୍ୱାଭାବିକ୍। ତେବେ ମଧ୍ୟ ଗଙ୍ଗୁ ତେଲିର ଦୃଷ୍ଟିରୁ ଜାହାଙ୍ଗୀର, ଶାହଜାହାନ୍ ଅମଳ ବେଶ୍ ଥିଲା। ଖୋଦ୍ ଇଂରେଜ୍ ଅମଳରେ ଗଙ୍ଗୁ ତେଲି ପକ୍ଷରେ କ୍ରମଶଃ ଅବସ୍ଥା ଖରାପ ହେଲା। ମୁଣ୍ଡପିଛା ଜମିର ପରିମାଣ ଖୁବ୍ କମିଗଲା, କାରଣ ବେଶୀ ଲୋକ ଚାଷକୁ ଆଶ୍ରା କଲେ। ମୁଣ୍ଡପିଛା ଜମି ୧୮୯୦ରେ ଥିଲା ୨.୪ ଏକର। ୧୯୪୦ ବେଳକୁ ତାହା ୧.୮ ଏକରରେ ରହିଲାଣି। ଏଣୁ ଖାଦ୍ୟର ଅଭାବ ସ୍ୱାଭାବିକ। ଏଥିରେ ଆଉ ଅବସ୍ଥା ସୁଧରନ୍ତା କିପରି। ଇଂରେଜ୍ ଶାସନ ଭାରତର ଆଧୁନିକୀକରଣ କରିଛି। ଏକ ମଧ୍ୟବିତ୍ତ ଶିକ୍ଷିତ ଶ୍ରେଣୀ ସୃଷ୍ଟି କରିଛି ଇତ୍ୟାଦି ଇତ୍ୟାଦି। କିନ୍ତୁ ଏଥିରେ ଗଙ୍ଗୁ ତେଲିର ଯାଏ କେତେ ଆସେ କେତେ। ସେତ ଆଉ ଘିଅ ଖାଇ ପାରିଲା ନାହିଁ, ଯାହା ତାକୁ ମୋଗଲ୍ ଅମଳରେ ମିଳୁ ଥିଲା।

■

## BLACK EAGLE BOOKS

www.blackeaglebooks.org
info@blackeaglebooks.org

Black Eagle Books, an independent publisher, was founded as
a nonprofit organization in April, 2019. It is our mission to
connect and engage the Indian diaspora and the world at large
with the best of works of world literature published on a
collaborative platform, with special emphasis on
foregrounding Contemporary Classics and New Writing.